商务中心区蓝皮书

BLUE BOOK OF CBD

中国商务中心区发展报告 *No.4*（2018）

ANNUAL REPORT ON THE DEVELOPMENT OF CHINA'S
CENTRAL BUSINESS DISTRICT No. 4 (2018)

CBD：迈向高精尖的产业发展

名誉主编／龙永图　李国红

主　　编／郭　亮　单菁菁

副主编／邢　劲　武占云

社会科学文献出版社
SOCIAL SCIENCES ACADEMIC PRESS（CHINA）

图书在版编目（CIP）数据

中国商务中心区发展报告 . No. 4：2018 / 郭亮，单
菁菁主编. – – 北京：社会科学文献出版社，2018.9
（商务中心区蓝皮书）
ISBN 978 – 7 – 5201 – 3393 – 7

Ⅰ. ①中… Ⅱ. ①郭… ②单… Ⅲ. ①中央商业区 –
研究报告 – 中国 – 2018 Ⅳ. ①F72

中国版本图书馆 CIP 数据核字（2018）第 206061 号

商务中心区蓝皮书

中国商务中心区发展报告 No.4（2018）

——CBD：迈向高精尖的产业发展

名誉主编 / 龙永图　李国红
主　　编 / 郭　亮　单菁菁
副 主 编 / 邢　劲　武占云

出 版 人 / 谢寿光
项目统筹 / 陈　颖　薛铭洁
责任编辑 / 薛铭洁　祝　祺

出　　　版 / 社会科学文献出版社·皮书出版分社（010）59367127
　　　　　　地址：北京市北三环中路甲29号院华龙大厦　邮编：100029
　　　　　　网址：www. ssap. com. cn
发　　　行 / 市场营销中心（010）59367081　59367018
印　　　装 / 三河市龙林印务有限公司

规　　　格 / 开　本：787mm×1092mm　1/16
　　　　　　印　张：26.75　字　数：406千字
版　　　次 / 2018年9月第1版　2018年9月第1次印刷
书　　　号 / ISBN 978 – 7 – 5201 – 3393 – 7
定　　　价 / 128.00元

皮书序列号 / PSN B – 2015 – 444 – 1/1

本书如有印装质量问题，请与读者服务中心（010 – 59367028）联系

《中国商务中心区发展报告》
编　委　会

主要编撰者介绍

郭 亮 北京商务中心区管理委员会常务副主任，曾担任北京奥运森林公园建设管委会、北京市朝阳区发展和改革委员会的领导职务，长期从事城市与区域经济发展研究，具有丰富的实践管理经验。

单菁菁 中国社会科学院城市发展与环境研究所研究员、博士，城市规划研究室主任，中国城市经济学会副秘书长。主要从事城市与区域规划、城市经济、城市社会、城镇化等研究。先后主持或参加全国省、市、地区各类规划和研究课题80多项，其中主持课题56项，包括国家社科基金课题、中国社会科学院重大课题、中国社会科学院重点课题、中国社会科学院青年基金课题、中国社会科学院中英合作伙伴项目、中荷两国政府项目、省部委及地方委托课题等。出版专著2部，主编著作12部，参与了14部学术著作和《城市学概论》《环境经济学》等研究生重点教材的撰写工作，先后在国内外学术期刊和《人民日报》《光明日报》《经济日报》等发表文章100多篇，向党中央、国务院提交的政策建议多次得到国家领导人的批示，获得各类科研成果奖13项。

邢 劲 北京商务中心区管理委员会发展处处长，曾任北京商务中心区管理委员会产业促进处处长。长期从事商务区产业促进及发展研究工作，具有丰富的实践经验。

武占云 中国社会科学院城市发展与环境研究所助理研究员、博士，主要从事城市规划、城市与区域经济学研究。在国内外核心期刊发表中英文学术论文 30 余篇，撰写研究报告 10 余篇。先后主持或参与完成了 10 多项科研项目，包括国家社科基金 4 项、国家自然基金 3 项、教育部人文社科项目 1 项、博士后基金 1 项、中国社会科学院中英合作伙伴项目 1 项、中国社会科学院青年基金课题 1 项。

摘　要

当前，全球新旧动能转换加快，中国经济已由高速增长阶段转向高质量发展阶段，通过发展高精尖产业促进增长动力转换和产业转型升级是中国CBD发展的重要趋势。《中国商务中心区发展报告 No. 4（2018）》（以下简称《报告》）以"CBD：迈向高精尖的产业发展"为主题，立足新时代国家推进创新驱动和经济结构转型的重大背景，研究提出 CBD 促进产业转型升级、引领经济高质量发展的总体思路、重点任务及对策建议。《报告》总体框架包括综合篇、楼宇经济篇、总部经济篇、金融商务篇、文化创意篇、新经济篇、国际经验篇和 CBD 发展大事记八个篇章。

《报告》指出，随着供给侧结构性改革在 2017 年的深入推进，中国经济增长总体平稳，服务业增长对国民经济增长的贡献率达到 58.8%，CBD 作为带动区域经济增长的重要力量，进入了提质增效的高质量发展阶段，积极培育和发展高精尖产业既是经济形势使然，亦是 CBD 自身产业结构演进的要求。《报告》分别从产业的高、精、尖以及营商环境营造四个层面分析中国 CBD 产业转型升级的进展及成就。

一是高端引领，产业带动作用显著。CBD 知识技术密集度高和创新氛围活跃的资源禀赋赋予了其发展高精尖产业的天然使命，重点吸引了产业链条中的研发设计、品牌服务、会计咨询和运营决策等高端环节，同时，总部型、知识型、平台型和互联网型等新兴经济业态也大量在 CBD 涌现。

二是精致发展，高效集约特征突出。生产要素投入少、资源配置效率高、经济社会效益好是 CBD 高精尖产业的重要特征。2017 年，深圳福田CBD、北京 CBD、重庆解放碑 CBD 和广州天河 CBD 的地均 GDP 均超过了100 亿元/平方公里。各 CBD 围绕绿色低碳发展，通过推广绿色交通、绿色

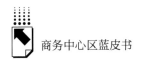

建筑，推进产业和能源结构调整等方式建立绿色经济发展长效机制。

三是品质尖端，创新驱动效应凸显。各 CBD 主要通过人才体系建设、企业服务创新、空间载体创新和楼宇服务创新等方式，推动形成完整创新链条和良好创新生态。

四是环境优良，营商环境持续优化。各 CBD 通过创新高精尖产业用地方式、加强企业信用评估及监管、推广楼宇服务管理标准化和完善产业发展政策支持环境等途径，为高精尖产业发展创造良好的营商环境。

尽管中国 CBD 在迈向产业高精尖和经济高质量发展过程中已经取得了令人瞩目的成就，但囿于历史和体制的局限、发展阶段和条件的差异，其发展仍面临着对"高精尖"理念存在理解偏差、高端人才相对短缺、知识产权保护滞后以及产业政策的精准性和长效性不足等问题。

从发展趋势看，国内外 CBD 的产业发展正日益呈现生产科技化、管理智慧化、服务精细化、结构生态化、产业融合化和产品共享化的趋势特征。放眼国际，全球 CBD 的产业结构正在发生深刻变革，如伦敦金融城向金融科技转型、荷兰埃因霍温向创意产业转型、美国曼哈顿向科技创新产业转型、新加坡向深化金融服务转型等。

针对当前存在的问题与不足，借鉴国际相关经验，本报告提出，应聚焦关键领域，积极培育新经济增长点；立足更高层次，进一步深化服务业对外开放；对接国际标准，着力优化营商环境；完善激励机制，打造高端人才集聚高地；搭建多元平台，强化产业创新体系建设。通过多管齐下，全方位推动 CBD 产业转型升级，实现经济高质量发展。

关键词： CBD　高精尖产业　转型升级　创新发展　营商环境

目　录

Ⅶ 国际经验篇

Ⅷ CBD 发展大事记

皮书数据库阅读**使用指南**

综合篇

General Report

B.1
CBD：迈向高精尖的产业发展

总报告编写组*

摘　要： 随着中国经济由高速增长阶段转向高质量发展阶段，通过发展高精尖产业促进增长动力转化和产业转型升级是中国CBD发展的重要趋势。当前，中国CBD日益呈现产业层次高端、资源配置高效、创新驱动特色显著、营商环境优良等发展态势，但囿于历史和体制的局限、发展阶段和条件的差异，仍面临着对"高精尖"理念存在理解偏差、高端人才相对短缺、知识产权保护滞后以及产业政策的精准性

---

* 单菁菁，中国社会科学院城市发展与环境研究所规划室主任，研究员、博士，研究方向为城市与区域经济发展战略、城市与区域规划、城市与区域管理等；武占云，中国社会科学院城市发展与环境研究所助理研究员，博士，研究方向为城市规划、城市与区域经济等；耿冰，中国社会科学院城市发展与环境研究所博士后，博士，研究方向为城市与区域规划。

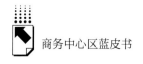

和长效性不足等问题。针对当前存在的问题与不足，借鉴国际相关经验，报告提出，应聚焦关键领域，积极培育新经济增长点；立足更高层次，进一步深化服务业对外开放；对接国际标准，全面优化营商环境；完善激励机制，打造高端人才集聚高地；搭建多元平台，强化产业创新体系建设。通过多管齐下，全方位推动 CBD 产业转型升级，实现经济高质量发展。

关键词： CBD 高精尖产业 转型升级 创新发展 营商环境

当前，全球新旧动能转换加快，产业结构正在发生深刻变革，呈现出产业发展高端化、地域集群化、产业间关系生态化的总体趋势。从国内形势来看，中国经济已由高速增长阶段转向高质量发展阶段，正处在转变发展方式、优化经济结构、转化增长动力的攻关期，如何培育新增长点、形成新动能，进而实现经济可持续和高质量发展，是当前全国各地普遍努力的目标。CBD 作为带动区域经济增长的重要力量，亦进入了提质增效的高质量发展阶段，积极培育和发展高精尖产业既是经济形势使然，亦是 CBD 自身产业结构演进的要求。本报告重点分析了 CBD 高精尖产业发展的现状、问题和趋势，并提出相关对策建议。

一 中国 CBD 高精尖产业发展现状

"高精尖"产业不仅是产业结构体系的高级化演进，更是一种新型的经济形态，相比产业的传统发展模式，其要素投入、产品价值、产业组织及其外部环境条件均发生了相应的变化。"高"体现在产业层次高、带动作用强、经济贡献大；"精"体现在生产要素投入少、资源配置效率高、资源环境成本低；"尖"体现在品质尖端、创新特色明显。同时，高精尖产业体系的构建涉及经济结构体系化的整体发展，因此，需要能够最大限度激发市场主体活力和激励相容的营商环境。本报告分别从产业的高、精、尖以及营商环境营造四个层面分析中国 CBD 产业转型升级的进展及成就。

（一）高端引领，产业带动作用显著

当前，中国 CBD 产业高端化发展呈现出三大特征，一是产业层次高且经济贡献大；二是产业价值链处于高位；三是新兴经济业态蓬勃发展。CBD 知识技术密集度高和创新氛围活跃的资源禀赋赋予了其发展高精尖产业的"天然使命"，CBD 不仅聚集了金融、商务服务、文化创意、科技服务等高端产业，而且重点吸引了产业链条中的研发设计、品牌服务、会计咨询和运营决策等高端环节，同时，总部型、知识型、平台型和互联网型等新兴经济业态也大量在 CBD 涌现。

1. 产业层次高且经济贡献大

众多 CBD 瞄准"高精尖"产业，逐渐推动传统的商务服务业、房地产业、批发零售业转变为高端商务服务业、金融业、文化创意产业、科技信息服务业、总部经济等高层次产业，这些高层次产业不仅提升了整个 CBD 的生产效率，同时为区域经济增长做出了积极贡献。

从地区生产总值来看，2017 年，广州天河 CBD、深圳福田 CBD、北京 CBD 位居前 3 位，GDP 均超过了 1500 亿元。杭州武林 CBD、重庆解放碑 CBD、天津河西 CBD 和大连人民路 CBD 紧随其后，GDP 总量均超过了 500 亿元。与 2016 年相比，GDP 增幅最大的分别是银川阅海湾 CBD、西安长安路 CBD 和深圳福田 CBD，增幅均超过了 100%（见表 1）。从地区经济贡献来看，广州天河 CBD、深圳福田 CBD、大连人民路 CBD 和银川阅海湾 CBD 的 GDP 占全市比重均超过了 10%（各地市 GDP 为市辖区统计范围数据），地区经济贡献突出。其中，位于西部地区的银川阅海湾 CBD，地区生产总值占全市比重位居各 CBD 之首，达到 26.71%，GDP 增幅达到 154.90%。

银川阅海湾CBD近年来以"两区、三基地和三平台"为定位①，积极培育总部经济、金融保险、电子竞技、电子商务和智慧商业等高精尖产业，经济规模和发展质量取得了双突破。

表1 2017年中国部分CBD经济发展比较（按经济总量排序）

排名	CBD	面积（平方公里）	GDP总量（亿元）	GDP增幅（%）	占全市比重（%）
1	广州天河CBD	20.00	2991.00	23.24	15.30
2	深圳福田CBD	6.07	2400.00	100.00	12.31
3	北京CBD	6.99	1620.00	45.95	6.31
4	杭州武林CBD	31.46	903.48	7.60	7.20
5	重庆解放碑CBD	1.61	672.40	6.80	4.28
6	天津河西CBD	42.00	553.00	11.04	3.09
7	大连人民路CBD	8.40	538.00	7.34	13.95
8	银川阅海湾CBD	2.88	260.00	154.90	26.71
9	郑东新区CBD	7.10	166.33	49.30	3.60
10	南京河西CBD	22.00	165.00	28.40	1.57
11	西安长安路CBD	4.55	153.20	135.69	2.77

注：（1）GDP增幅为2017年度相比2016年度的增长幅度；（2）全市GDP数据为市辖区范围GDP统计值；（3）天津河西CBD推动全域CBD建设，数据为天津市河西区的统计数据；（4）深圳福田CBD GDP统计口径为CBD及环CBD周边范围。

资料来源：根据《中国城市统计年鉴2017》和中国商务区联盟成员提供数据整理。

从对经济增长的贡献率提升来看，北京CBD表现得尤为突出。2013～2017年，北京CBD金融业和科技信息服务业经济贡献率分别由10%和7%增加至17%和12%，且入驻企业结构逐步优化，批发零售业新注册企业数占比由21.5%减少至15.4%，科技信息服务业新注册企业数占比由18%增加至32%（如图1所示）。

---

① "两区"指国家中阿经贸合作示范园区、国家内陆开放型经济试验区；"三基地"指总部经济集聚基地、中阿文化交流基地、伊斯兰经济专业服务基地；"三平台"指向西开放与国际交流先导平台、现代化国际城市核心展示平台、都市生态与低碳经济示范平台。

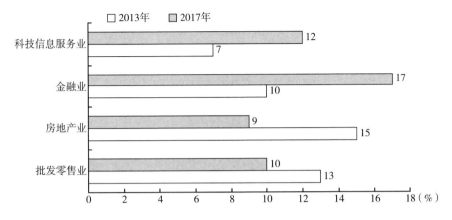

图 1　2013~2017 年北京 CBD 主导产业经济贡献率

资料来源：北京 CBD 管理委员会提供。

2. 产业价值链处于高位

随着服务经济的到来，全球产业呈现从基于全区价值链（GVC）的制造业全球化转向嵌入全球创新链（GIC）的服务业全球化。CBD 作为高端服务业的重要聚集区，区域内的企业大多位居产业价值链的高端环节，如法律服务、咨询与调查、会计审计、咨询和知识产权服务等，以及具有全球经济管控能力和决策能力的跨国公司总部。例如，北京 CBD 功能区聚集了跨国公司地区总部 117 家，占全市的 70%；深圳福田 CBD 集中了全市 70% 的持牌金融总部，50% 以上的创投机构；大连人民路 CBD 的法人金融机构及功能性总部数量占全市的 58%，是中国东北地区的金融、外汇结算中心；深圳福田 CBD 则建立了中国（南方）知识产权运营中心，成为全国首家区级"国家知识产权服务业集聚发展示范区"。

尤其是总部型企业，通过包括财务结算、投融资管理、市场营销、技术研发以及人力资源管理等总部经济活动带动总部产业及各类相关服务业融合发展（如图 2 所示）。各 CBD 瞄准高精尖产业，引导总部企业向价值链、产业链、创新链高端发展。2017 年，北京 CBD、深圳福田 CBD、重庆解放碑 CBD、上海虹桥 CBD、广州天河 CBD 的总部企业数量均超过了 100 家（见表 2）。北京 CBD 中心区的总部企业数量位居各 CBD 之首，达到 428 家，

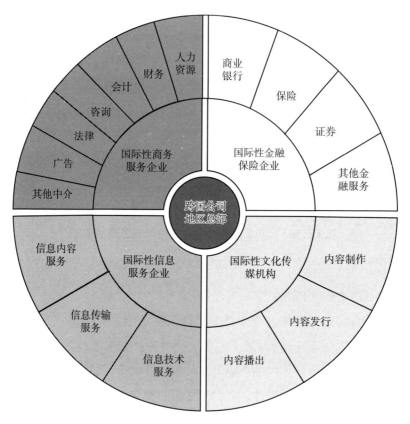

图 2　CBD 总部经济发展情况示意

相当于北京市总部企业一半以上都集中在 CBD 区域。三星、壳牌、丰田、大众等跨国公司地区总部，数量上只占 CBD 企业比重的万分之四，却贡献了 14% 的税收。位于西部地区的银川阅海湾 CBD、西安长安路 CBD 的总部企业也达到了 30 多家，吸引了跨国、跨区域企业的西部地区总部以及国际机构的办事处落户商务聚集区，显示出了较强的发展潜力。从总部企业数量占比来看，上海虹桥 CBD 总部企业占所有企业数量的比重达到 4.64%，位居各 CBD 之首，其次是银川阅海湾 CBD。作为新兴的商务功能区，银川阅海湾 CBD 近年来按照"立足宁夏、服务全国、面向世界"的发展理念，以"总部基地 + CBD"为定位，着力打造以企业集团总部或区域性总部基地为主，辅之以金融、投资、保险、法律、会计、信息、文化创意、广告中介等现代服务业，已成为我国西部地区重要的总部经济集聚地。

表 2 2017 年中国部分 CBD 总部企业数量比较（按总部企业数量排序）

	企业总量（个）	总部企业数量（个）	世界 500 强企业数量（个）	总部企业数量占比（%）
北京 CBD	47980	428	160	0.89
深圳福田 CBD	9800	342	98	3.49
重庆解放碑 CBD	9684	150	98	1.55
上海虹桥 CBD	2393	111	—	4.64
广州天河 CBD	71568	105	2	0.11
天津河西 CBD	12000	73	40	0.61
银川阅海湾 CBD	1172	44	7	3.75
大连人民路 CBD	—	35	58	—
郑东新区 CBD	16656	34	53	0.20
西安长安路 CBD	7342	33	26	0.45
宁波南部 CBD	3801	16	0	0.42
南宁青秀区 CBD	6235	8	12	0.13
杭州武林 CBD	3408	—	3	0.00
南京河西 CBD	4200	—	—	—

注：上海虹桥 CBD 为主功能区范围的数据，南宁青秀区 CBD 的总部企业数量为 2015 年数据，西安长安路 CBD 总部企业数量为 2015 年数据。

资料来源：根据中国商务区联盟成员提供数据整理，部分 CBD 由于数据缺乏未纳入评价。

3. 新兴经济业态蓬勃发展

CBD 内的企业具有知识和技术密集性高、创新活力明显、交互性强等特点，在集聚过程中，中间投入品共享、技术和知识溢出、关联企业的成长、风险分担的共同作用不断激发市场活力，催生新知识、新技术、新业态的产生，进而拓展了市场边界、产生了新增长空间。当前，全国各 CBD 新产业新业态蓬勃发展，创新型特色产业集群不断壮大，转型升级新引擎作用不断增强。深圳福田 CBD 积极发展"金融＋"产业，金融科技、绿色金融、公益金融、消费金融、文化金融等业态逐渐形成（见图 3）。此外，还成立了福田区供应链科技金融协会，推动区域供应链金融行业集约化、综合化发展；支持创意设计、时尚产业、建筑装饰设计等重点领域跨界融合。银川阅海湾 CBD

紧紧抓住 WCA 永久举办地及智慧城市"银川模式"等机遇，积极打造电竞文化综合体项目，努力培育电竞产业。西安长安路 CBD 聚集的商贸业达到 1600 余家，约占企业总量的四成，近年来积极推动商贸服务业转型升级。一是打破传统商业体以购物为主的消费模式，以主题性的文化元素来提升零售类商业的体验性和差异性；二是打造"联合办公空间＋创业加速器"等优势平台，为企业提供办公空间租赁及配套服务、全要素企业服务和加速服务。

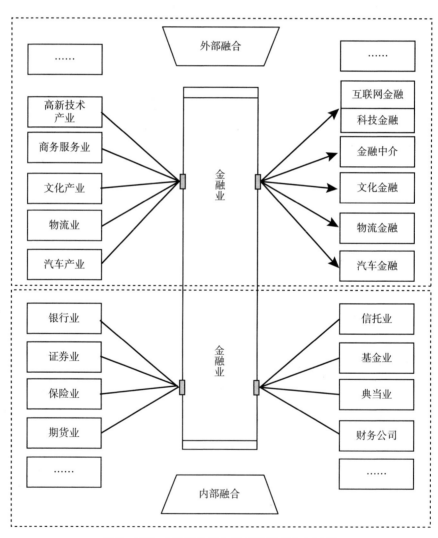

图 3　CBD 金融产业融合发展及新兴业态示意

（二）精致发展，集约高效特征突出

生产要素投入少、资源配置效率高、资源环境成本低、经济社会效益好是高精尖产业的重要特征。CBD 的集约高效发展主要体现在两个方面，一是土地集约利用程度高，资源配置效率高；二是能源消耗少，资源环境成本低。

1. 土地集约利用程度高，资源配置效率高

CBD 往往地处城市核心区域，高度集约性是其重要特征，通常在几平方公里内云集了大量的跨国公司和金融机构，实现了人流、物流、资金流等的高度集聚，集约高效、经济产出效率高是各 CBD 的普遍特征，CBD 核心区的地均生产总值往往高于其所在城市地均产值的数十倍，甚至数百倍（如表 3 所示）。2017 年，重庆解放碑 CBD、深圳福田 CBD、北京 CBD 和广州天河 CBD 的地均 GDP 均超过了 100 亿元/平方公里。其中，重庆解放碑 CBD 的地均 GDP 达到 417.64 亿元/平方公里，是重庆市均值的 1160.11 倍。北京 CBD 的地均 GDP 在 2017 年达到 231.76 亿元/平方公里，接近北京市平均水平的 150 倍。核心区面积仅有 2.88 平方公里的银川阅海湾 CBD，2017年的地均 GDP 达到 90.28 亿元/平方公里，是银川市地均 GDP 的 214.34 倍。

表 3　2017 年中国部分 CBD 地均产值比较（按地均产值排序）

排名	CBD	GDP 总量（亿元）	地均 GDP（亿元/平方公里）	全市地均 GDP（亿元/平方公里）	地均 GDP 与全市比值
1	重庆解放碑 CBD	672.40	417.64	0.36	1160.11
2	深圳福田 CBD	2400.00	395.39	9.76	40.51
3	广州天河 CBD	2991.00	249.00	2.63	94.68
4	北京 CBD	1620.00	231.76	1.56	148.17
5	银川阅海湾 CBD	260.00	90.28	0.42	214.34
6	大连人民路 CBD	538.00	64.05	1.50	42.64
7	西安长安路 CBD	153.20	33.67	1.43	23.59
8	杭州武林 CBD	903.48	28.72	2.02	14.24

续表

排名	CBD	GDP 总量 （亿元）	地均 GDP （亿元/平方公里）	全市地均 GDP （亿元/平方公里）	地均 GDP 与 全市比值
9	郑东新区 CBD	166.33	23.43	5.37	4.36
10	天津河西 CBD	553.00	13.17	1.50	8.77
11	南京河西 CBD	165.00	7.50	1.59	4.70

注：（1）各市地均 GDP 为市辖区地区生产总值与市辖区行政面积的比值；（2）天津河西 CBD 推动全域 CBD 建设，数据为天津市河西区的统计数据；（3）重庆解放碑 CBD 面积为 3.5 平方公里，表中 GDP 总量的统计口径为核心区 1.61 平方公里区域；（4）深圳福田 CBD GDP 统计口径为 CBD 及环 CBD 周边范围。

资料来源：根据《中国城市统计年鉴 2017》和中国商务区联盟成员提供数据整理。

2.能源消耗少，资源环境成本低

各 CBD 围绕绿色低碳发展，通过推广绿色交通、绿色建筑，推进节能减排，推进产业和能源结构调整等方式建立绿色经济发展长效机制。北京 CBD 以绿色交通为主导，实现绿色交通系统与土地使用的紧密结合，提升轨道交通和慢行交通的出行比例；积极发展绿色建筑，2017 年，北京 CBD 核心区获得 LEED—ND 金级预认证授牌，该认证项目创造了三个全国"第一"①；计划建设运营综合能源管理平台，监测分析区域各楼宇实时能耗。上海虹桥商务区核心区被住建部批准为"国家绿色生态示范城区"，积极推进绿色建筑、绿色能源、绿色交通、碳排放核算、碳交易等领域的工作，核心区 65 个项目获得国家二星级以上绿色建筑设计标志认证，认证面积 558 万平方米，其中 30 个项目获得国家三星级认证。深圳福田 CBD 完善绿色发展产业扶持政策，鼓励企业实施资源节约改造，重点培育节能环保等低碳服务业态；推行绿色供应链责任管理，强化重点用能单位管理，加大企业及公共机构节能监督检查力度。

（三）尖端品质，创新驱动效应凸显

所谓尖端就是技术、人才、管理和服务等处于领先地位，这包括高精尖

---

① 即国内第一个由政府主导的、多业主共同开发的区域获得 LEED—ND 项目，国内第一个获得 LEED—ND 认证的城市中央商务区，国内开发建设量最大的 LEED—ND 项目。

的人才体系、优质的企业服务和良好的创新创业生态等。

1. 重视高端人才体系建设

区域拥有高素质的人力资源是高精尖产业发展的重要前提条件，是技术、知识密集型价值创造活动的特定需要。CBD 国际化程度高、知识和技术密集度高，对于高端和专业人才有着特定的需求。因此，CBD 通过制定高端人才认定办法、完善人才培养和激励机制、加强人才公共服务和住房保障等途径来保障高精尖产业的人才需求。

北京 CBD 制定了重点领域发展需要的外籍高层次人才和紧缺人才的认定及激励政策，支持外籍人才在京发展；加强 HR 经理人俱乐部建设，运用优势资源开展有利于人才环境发展的工作和活动；积极推进国（境）外学历学位认证工作，2017 年前共办理认证近 8000 件，认证量位居全国第 4位。广州天河 CBD 与英国国际贸易部共同举办中英金融人才教育培训项目，为 1300 余位广州天河 CBD 乃至省市金融企业高级管理人员和专业人才提供了专业培训，成为地方性中英金融人才交流培训的标杆；积极对接天河人才港、沃德人力等人才服务机构，探索人才在政策扶持、场地租赁、人才招聘等方面的交流与合作。南京河西 CBD 积极鼓励区内高端人才申请南京市"高层次创业人才引进计划"、南京市"创新型企业家培育计划"、南京市科技顶尖专家集聚计划。宁波南部 CBD 与宁波诺丁汉大学达成战略合作协议，搭建大学生实习基地，为 CBD 人才储备提供孵化器。深圳福田 CBD 出台"福田英才荟"政策文件，大力引进高端创新人才及创业团队，建立区领导联系高层次人才机制，奖励产业发展与创新人才。

2. 优化创新创业生态环境

为促进产业转型升级和高精尖发展，CBD 通过企业服务创新、空间载体创新和楼宇服务创新等方式，形成了完整创新链条和良好创新生态，创新创业逐渐成为 CBD 的价值导向。

从企业服务创新来看，北京 CBD 采取数据协同、管理协同、服务协同等三种方式，探索 CBD 管委会"吹哨"，区域各职能部门"报到"的协同工作机制，建立部门协同服务工作模式，搭建多方位服务平台，满足企业各

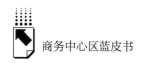

类服务需求。宁波南部 CBD 完善楼宇信息员制度，全面改造楼宇信息管理系统，强化与国地税、工商、警务等部门联动，提高入库园区企业信息准确性，有效实现对企业动态实时监控。深圳福田 CBD 推动组建供应链产业基金，研究出台专业服务业支持政策，积极发展人力资源服务、财税服务、法律服务等专业服务业态，引进法律科技企业和人工智能实验室，建立知识产权法律服务平台、企业法务云平台，为企业健康发展提供优质服务。武汉CBD 组建了运行社会事务服务中心，建立楼宇信息系统，开展商务区入驻企业调查分析，提高精细服务管理能力，满足企业不断增长的需求。

从空间载体创新来看，"互联网＋"的快速发展、非标准劳动的兴起，加之政府推动、用户需求升级等内在动力的共同作用，众创空间、联合办公空间、共享办公空间等多种形式的载体创新在 CBD 不断涌现。南京河西CBD 打造了四个特色众创空间，分别是创意实现的"米立方开放创意实验室"市级众创空间，孵化创业的"C＋＋青创空间"、创业分享及产品优化的"奇思汇"和科技创业及金融服务的"南京科技金融人才港"三个省级众创空间，截至目前，已经累计孵化项目数量超过 100 个，14 个项目获得融资或被并购，已完成新增孵化器在孵企业数 20 个。西安长安路 CBD 依托"优客工厂"平台，建设了为创业者、小微企业和自由职业者提供办公空间租赁及配套服务、全要素企业服务和加速服务的"联合办公空间＋创业加速器"。

（四）环境优良，营商环境持续优化

从微观上看，高质量发展就是创造一个能够最大限度激发市场主体活力、激励相容、与国际通行规则接轨的营商环境，使市场真正在资源配置中发挥决定性作用。因此，各 CBD 通过创新高精尖产业用地保障、加强企业信用评估及监管、推广楼宇服务管理标准化和完善产业发展政策支持环境等途径，为高精尖产业发展创造良好的营商环境。

1. 创新高精尖产业用地方式

为了顺应高精尖的产业发展需求，CBD 的土地规划、利用和运营必须

体现高质量发展的导向，以加强对优质企业的吸引。一是从用地方式改革上探索支持高精尖产业发展的路径，落实国家发展新产业新业态的供地政策。各地除了制定投资强度等项目准入条件，还通过多样化的供地方式、完善职住平衡、实施动态监管和定期评估制度等方式最大限度保障空间资源的合理高效利用。例如，北京市出台了《北京市人民政府关于加快科技创新构建高精尖经济结构用地政策的意见》，通过弹性年期出让土地、土地年租制、企业投资项目承诺制等方式，控制和降低土地使用成本，为高精尖产业发展提供有力保障。二是通过盘活商务楼宇、提升商务楼宇品质为高精尖产业发展提供优质空间载体。例如，重庆解放碑 CBD 通过老旧楼宇改造、盘活空置楼宇为发展高精尖产业提供优质空间载体。杭州武林 CBD 依托区域内的现有老大楼、老厂房、老场馆等独特楼宇资源，为高精尖产业的引进"度身定制"个性化需求。深圳福田 CBD 积极开展城市更新统筹规划工作，明确城市更新工作标准，实现一体规划、连片开发，增加产业发展空间。天津河西 CBD 制定了《河西区楼宇经济提质增效三年（2016～2018）行动计划》，加大楼宇空置资源盘活力度，已完成 68 万平方米的空间资源盘活。西安长安路 CBD 通过引入高端商业地产运营管理服务品牌，打造了 13000 平方米标杆式众创空间，并建设全省最大创客街区，大力推动楼宇经济提质升级。

2. 加强企业信用评估及监管

企业的信用管理在整个社会信用体系的建设中始终起着至关重要的作用，为了降低区域经济运行风险，提升经济发展质量和效益，CBD 普遍重视企业的信用评估及监管，积极推进诚信信息的采集、共享、使用和公开，完善企业守信激励和失信惩戒机制。例如，为了实现 CBD 企业风险实时监测，北京 CBD 不断完善企业诚信分类监管机制，建立了企业信用监管平台，根据企业信用风险评估模型和企业风险类型，建立了全面监测、重点监测、瞬时风险监测的监管模式，实现了对企业风险的实时评判，防范金融风险发生。

3. 推广楼宇经济服务标准化

楼宇经济是集聚于 CBD 内高档商务楼宇或办公楼宇中的经济形态，楼

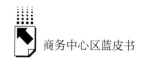

宇经济的品质是高精尖产业发展的重要载体保障。当前，CBD 通过制定楼宇物业管理标准、创建楼宇品质评价体系、加强楼宇经济监测评估等途径，全面提升楼宇管理精细化、智能化水平，引导楼宇健康发展。广州天河 CBD 与香港品质保证局合作，在全国率先开展楼宇物业管理标准化服务体系建设，发布天河 CBD 楼宇可持续发展指数，从环境、社会、经济三方面 24 个评定指标对区域内的楼宇进行全方位考评，推动天河 CBD 整体环境与国际接轨。北京 CBD 借鉴绿标、LEED 等国内外楼宇评价标准建立了 CBD 楼宇品质评价体系，该体系从选址与建筑设计、节能与设备管理、室内外环境管理、健康与安全管理、物业与租户管理、创新与因地制宜六个层面对区域内楼宇做出科学系统的全方位测评，引导楼宇全面提升品质。重庆解放碑 CBD 不断完善楼宇监测台账，实现了内环核心发展圈重点商务楼宇监测全覆盖，中环休闲体验圈楼宇监测比例达 60%，外环配套服务圈楼宇监测比例达 32%，有效引导楼宇经济健康发展。广西南宁金湖 CBD 制定了《南宁市青秀区商务楼宇物业管理服务指导意见》，引导和提升商务楼宇规范管理，并成立了楼宇经济决策咨询委员会，引入专家及专业人士作为楼宇经济发展智库，为商务区楼宇经济发展提供更高层次和更优质的咨询服务。长沙芙蓉 CBD 制定实施了《芙蓉区示范商务楼宇评选实施方案》，并建立了楼宇经济（商贸）信息平台和楼宇经济基础数据库，实现商务楼宇待招商面积动态管理和实时对外信息推送，为楼宇和驻楼企业提供更加便捷优质服务；天津河西 CBD 制定了《河西区商务楼宇等级评价标准》，郑东新区 CBD 出台了《郑东新区中央商务区星级商务楼宇评定办法》，全面推广实施楼宇服务管理标准化工作。

4. 完善产业发展政策支持环境

良好的政策支持环境是构建高精尖产业的有力保障，CBD 通过制定高精尖产业发展重点支持目录、建立产业发展专项资金、制定产业发展扶持办法或政策等途径，不断完善高精尖产业发展的政策支持环境。例如，北京市设立了高精尖产业发展基金，基金资金主要来源于本市支持产业发展的各专项资金，以及其他政府性资金、基金收益、社会捐赠和社会资金。北京

CBD 则借助北京市首批服务业扩大开放综合试点区的政策，积极推进外资独立经营培训政策突破、构建更加开放的金融业对外开放格局等试点改革。重庆解放碑 CBD 制定了《解放碑 CBD 集聚区发展引导资金管理办法》，重点支持引导新建楼宇招商、产业集聚区打造、优质企业稳存引增以及配套环境建设等。南京河西 CBD 实施《建邺区关于支持金融业和企业上市发展的暂行办法》，通过入驻扶持、金融创新扶持、上市扶持和人才扶持等政策积极鼓励金融企业上市，同时出台了商务商贸产业政策、文体会展业政策、科技及信息服务业政策。深圳福田 CBD 出台了"1＋9＋N"系列产业资金政策文件。"1"是指产业资金管理办法，"9"是指招商引资、总部经济与上市企业、金融业、现代服务业、先进制造业、科技创新、文化产业、建筑装饰设计、产业行业协会 9 个产业对应的政策，"N"是指特色细分行业政策、区域发展支持政策、产业空间支持政策等其他相关政策。

二 当前面临的问题和挑战

产业层次高端、资源配置效率高效、创新特色显著、营商环境优良是 CBD 实现经济高质量发展、产业高精尖发展的有利条件，CBD 在增长动力转换、产业转型升级等方面也走在区域经济发展的前列。然而，囿于历史和体制的局限、发展阶段和条件的差异，以及新产业新业态的快速涌现，中国 CBD 的产业转型和高精尖发展仍存在不少的问题和挑战，包括对"高精尖"的产业理念存在理解偏差、高端人才短缺制约产业创新、知识产权保护滞后以及产业政策的精准性和长效性不足等问题，如何突破上述发展瓶颈、加快构建高精尖产业体系是当前 CBD 面临的重要问题。

（一）"高精尖"产业理念存在理解偏差

"高精尖"的产业理念是近几年发展起来的，各地对什么是高精尖产业的理解存在不同程度的偏差。实际上，高精尖产业不仅局限于高新技术产业、知识密集型产业和新兴的高端产业，传统产业的高端形态和高端环节也

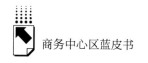

属于高精尖产业的范畴。由于上述理念偏差，不少 CBD 过度热衷于新兴业态的引入，对高精尖产业的超前谋划不足，对传统产业的改造升级引导力度不够，从而错失了产业转型升级的关键时期，产业提质增效进度缓慢。因此，CBD 应紧抓行业发展前沿，用新技术新业态全面改造提升传统产业，促进产业向价值链高端演进，全方位多角度构建高精尖产业体系。

（二）高端人才相对短缺制约产业创新

高端人才是构建高精尖产业体系的主体，各地 CBD 通过创新人才工作机制、优化人才环境和推进人才结构调整等途径积极引进高端人才，促进产业转型发展，CBD 的高端人才数量也有了持续增长。然而，受制于新兴产业的快速涌现、各地人才政策的局限等原因，以及大城市住房成本、交通拥堵和环境污染等现实问题，我国多数 CBD 对顶尖创新人才的吸引力仍不及世界同类城市，国际管理、高级运营、战略投资、研发设计以及新兴产业方面的人才缺乏阻碍着经济增长由要素驱动向创新驱动的转变，制约着 CBD 的产业创新发展。

（三）知识产权保护体系建设较为滞后

高精尖产业往往是知识密集型、技术密集型、创新型产业，以及传统产业的高端发展和创新发展，作为鼓励创新的知识产权保护制度显得尤为重要。然而，由于新兴业态发展迅速、行业监管力度不足、产权保护意识不强等原因，当前的知识产权制度滞后于保护创新成果的要求，短期内无法覆盖到产业创新发展的各个维度。因此，在创新变革的快速发展下，CBD 应改进知识产权保护的现有机制，最大限度保护创新成果、激发创新主体的活力，引导产业创新和知识产权聚集，为构建高精尖产业结构提供优良环境。

（四）产业政策的精准性和长效性不足

CBD 的快速发展在很大程度上得益于投资拉动和要素驱动，包括土地、人才、资本和税收等各类优惠政策，显然这类"输血型"政策的作用空间将趋于有限。政府在资源配置、项目选择、产业链形成等方面干预过多，区域经济发展严重依赖于政府政策，加之政府在土地、产业和人才政策等方面重资金奖励、轻创新鼓励，导致市场自发配置资源的作用没有充分发挥，企业的根植性、成长性和竞争性较弱。未来的政策导向应以供给侧结构性改革为突破点，回归到增长创新的本源，提升产业政策的精准性和长效性，为产业的高精尖发展和创新发展提供有效的制度保障。

三　CBD 产业转型发展趋势与展望

在全球经济格局发生重大变化的今天，加快产业转型升级事关经济可持续发展，国内外 CBD 都把产业转型升级作为加快经济发展方式转变的重要途径，并日益呈现六大发展趋势，即生产科技化、管理智慧化、服务精细化、结构生态化、产业融合化和产品共享化。

（一）生产科技化：知识创新成为经济增长的第一要素

产业转型升级是产业竞争力全面提升和经济迈上新台阶的关键。本轮产业革命的特点是以科技为驱动力，将科技和产业紧密结合在一起，形成"高精尖"的产业发展格局。

从国际看，以新技术突破为基础的全球产业变革呈现加速态势。世界各国纷纷推进科技创新以抢占新工业革命的制高点。为应对"脱欧"的挑战，英国在 2017 年底公布了《产业战略：建设适应未来的英国》，提出要重点发展人工智能和数据分析技术，大力推进其与网络安全、生命科学、建筑、制造业、能源以及农业技术 6 个主要商业领域的合作，用科技推动产业的转型。新加坡的产业转型升级蓝图列出了 23 个转型产业，包括金融业、电子业、建筑业、医疗保健等行业，在每一个产业的蓝图中均强调推动尖端科技在产业中的应用。

从国内看，我国经济发展已经进入新常态，发展方式将从速度型转向效率型，从主要依靠资源和低成本劳动力等要素投入转向科技驱动。北京市于

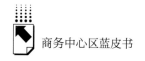

2017 年底出台了高精尖产业指导意见，提出将新一代信息技术、集成电路、医药健康、智能装备、节能环保、新能源智能汽车、新材料、人工智能、软件和信息服务以及科技服务业 10 个产业作为重点高精尖产业，依靠科技助力产业转型升级。

作为经济、科技、文化发展的引领者，CBD 吸引了大量的高端金融业、现代服务业及文化创意产业等前沿领域企业，这些企业的特点是科技含量高、发展潜力好、带动作用强、战略意义大，已经构成"高精尖"产业发展的一个重要引擎。但传统的 CBD 对金融服务业依赖性较大，随着本轮产业转型升级，世界各大 CBD，如伦敦金融城、美国曼哈顿、法国拉德芳斯等，均将金融与数字科技相结合，运用科技带动产业成功转型。由此可见，未来 CBD 产业发展趋势仍将以科技驱动为重点，依靠科技带动经济结构调整、转变发展方式，从而最大限度提高经济质量和竞争力。

（二）管理智慧化：精准高效成为全流程管理的主要特征

对比各国关于产业转型发展的战略规划，不难发现，智慧化管理已成为未来城市和企业管理的主要发展趋势，尤其是随着新技术的不断涌现，如大数据、云计算、物联网等，逐步实现管理的全流程智慧化，显著提升了管理效率，降低了管理成本。

在生产管理方面，随着工业 4.0 时代的到来，生产管理已进入智慧管理时期。物联网技术使生产的每个环节相互链接，每个设备都能相互沟通，更智能地完成生产流程。同时，互联网、物联网技术也大大缩短了地区之间的距离，管理者可以在任何时间任何地点对生产进行管理，提高了企业的生产效率，也为生产管理者提供了极大的便捷。

在企业管理方面，通过新技术搭建智慧的管理平台是目前越来越多企业首选的管理方式。如阿里巴巴公司开发的钉钉企业管理平台，可提供多人视频电话会议、企业员工协同办公、员工工作任务管理等一系列功能。此外还可以通过通信中心，连接各种硬件产品，如打印机、复印机、门禁、空调和电灯等，实现远程的各类操作。企业智能管理平台不仅可以在企业内部使用，也可以在企业之间，甚至整个 CBD 区域共同使用，形成了一个企业部门之间、企业与企业之间、产业与产业之间的共享平台，极大地减少了资源的消耗，提升企业管理的效率。

在政府管理方面，借助新技术，打破信息孤岛和数据分割，有效地调配城市公共资源，解决城市运行管理中各类长期性和突发性问题，实现管理的精细化、效能化。如杭州的"城市大脑"，把城市的交通、能源、供水等基础设施全部数据化，对整个城市进行全局实时分析，自动调配公共资源，实现精准、智慧、及时的城市管理，极大地提高了工作效率。在 CBD，新技术更先被采用，如钱江新城早已建立了智慧管理系统平台，武汉 CBD 也建成了视频监控系统等平台，提升了 CBD 管理效能和管理决策的精准性和时效性。

尽管智能化管理是未来的产业发展趋势之一，管理将会更加高效和精细化，部分管理工作也将被科技取代，但是管理的核心始终是人，如何平衡科技与人类之间的关系，实现更加人性化的智慧管理，是未来需要进一步思考的问题。

（三）服务精细化：个性化和定制化服务成为消费新潮流

新一轮科技革命和产业变革孕育兴起，世界各国都开始加快新技术的研究开发、加快新产业的战略布局。针对精准客户群，提供个性化和及时化服务的新技术、新业态、新商业模式正在涌现，产业结构调整的力度前所未有，步伐明显加快。

首先，新技术不断更迭，推动服务精准化。从大数据、云计算、3D 打印，到自动驾驶、人工智能、区块链，新技术在不断地更新与发展。不同于上一代由芯片、集成电路及其他硬件设备为主的数字科技创新，新一代数字科技更侧重软件及服务上的创新。更多的新技术被应用于相关产业中，有助于产业的精准定位，从而精准锁定目标客户群。例如，目前很多企业采用"人工智能＋大数据"技术精准分析用户群体的消费行为，根据用户的生活

习惯、消费习惯、个人偏好等行为习惯，向用户精准地推荐相关产品，从而降低企业的宣传成本，提高销售工作的效率。

其次，新兴行业不断涌现，突出服务个性化。目前，新兴业态可以分为以下几类：一是新技术产业化而形成的产业，如电子商务、新能源产业；二是用高新技术改造传统产业而形成的具备新的产业业态的产业，现代物流业、金融科技业；三是由原有的社会公益事业因产业化运作而形成的新型产业，如教育培训产业、文化传媒业、科研咨询业；四是随着人们生产生活需求多样性而产生的现代服务业，如创意产业等。新兴行业不断涌现，是满足市场需求的表现形式之一。曾经产业生产的产品单一化、标准化，个性化定制产品少且价格昂贵。但随着如今技术的发展，满足不同需求的新型行业不断涌现，如今，大到楼宇小到餐具，都可以按照客户的要求进行定制。新型行业的个性化服务加快了产业升级的速度，促进产业不断进行调整。这是当下各国产业发展的现状，也必然是未来一段时间内产业发展的趋势。

最后，商业模式不断创新。相对新技术而言，新商业模式则满足了产业转型升级的市场需求，是产业与市场之间对接的桥梁。如曼哈顿的净菜电商（Ready to Cook）——蓝围裙（Blue Apron），就是针对追求生活品质但时间紧缺的纽约客户市场而推出的新商业模式。未来还将涌现出更多的商业模式，使产品更贴近市场需求，从而带动经济持续地增长。

（四）结构生态化：有效耦合成为主流生产和服务方式

产业结构生态化，也就是通过生产体系或生产环节间的有效耦合，实现资源要素的合理配置，形成高效、稳定、和谐的产业结构。产业结构升级，既包括产业间的迭代升级，也包括产业内部的产品和技术升级，二者都离不开科技创新支持。科技创新有力地推动了新经济的成长和产业升级，并且随着产业形态的不断升级，对科技的依赖程度也随之增加，形成了一种可持续的优化发展模式。

目前各国都非常重视科技创新，高起点培育和发展新兴产业。通过培育重点领域的科技创新企业来引领和带动产业整体转型升级。同时，大力发展现代服务业也是产业转型升级中的重要环节。不同于传统服务业，现代服务业从业人员专业水平更高、知识技术更加密集，能够为战略性新兴产业发展提供必要支撑，有力推动产业结构优化升级。

未来，CBD 将继续依靠科技创新，实现产业结构生态化。通过优化产业结构，进一步鼓励从劳动密集型、资本密集型产业向技术密集型和知识密集型产业转型，以促进 CBD 经济持续、健康发展。

（五）产业融合化：跨界融合成为经济发展重要模式

产业融合已经是全球经济发展的重要趋势，并发生在各个领域中，促进产业结构不断合理化，通过相互融合和补充，形成新的产业形式。未来产业融合将趋向三个方面发展，即高科技的渗透融合、产业间的延伸融合以及产业内部的重组融合。

一是高科技的渗透融合。高科技及其相关产业向其他产业渗透、融合，并形成新的产业。如金融科技产业、电子商务产业、共享经济产业、新媒体产业等。高科技与传统产业的渗透和融合，成为引领产业转型发展的关键因素。一方面促进了传统产业的高附加值化，另一方面也促进了传统产业推陈出新，加快传统产业转型升级。

二是产业间的延伸融合。产业间通过互补的形式进行融合，从而增加原有产业的竞争力，并可能形成一种新的业态。通常表现在第三产业向第一产业和第二产业延伸和渗透，如服务业与农业、建筑业的融合，科技与金融业的融合等。如今这种产业间的延伸和融合已成为一种新的趋势，在伦敦金融城、美国曼哈顿等知名 CBD 中，已形成金融科技产业、科技文化创意产业等新兴产业形态，并带动 CBD 经济成功转型升级。

三是产业内部的重组融合。随着产业的升级，为了研发新产品或提供新服务，在同一产业内部联系紧密的部门或行业之间逐渐开始形成重组和融合，打破部门之间的壁垒，在技术、管理、研发等领域开展深度融合。融合后生产的产品表现出智能化、数字化和网络化的发展趋势。同时这种融合发

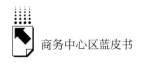

展也为 CBD 提供了更加智能和便捷的工作平台，进一步推动了 CBD 产业融合发展。

（六）产品共享化：共创分享成为新兴经济生态

移动互联网、物联网、大数据、云计算、基于位置的服务（LBS）、移动支付、近场通信等一系列信息技术的不断成熟和创新应用，推动了产品的共享化，促使一种新型产业——共享经济产业的爆发式发展。共享经济作为一种新的经济形态、新的资源配置方式和新的发展理念，集中体现了理念、技术、模式和制度创新的内在要求。

中国共享经济发展时间虽然不长，但在市场规模、创新应用、国际影响力以及制度创新探索等方面都走在了世界前列。网约车、在线短租模式创新引入国内后，在短时间内形成了较大的市场份额，共享单车、共享充电宝等一批创新型企业迅速成长，成为创新驱动发展的典型代表。

目前 CBD 的共享经济主要模式有：为供需双方提供对接服务的中介服务型共享模式；由有实力的企业搭建平台来吸引社会创新项目的众创型共享模式；由技术型企业搭建的平台来提供技术服务的服务型共享平台；多个企业共享生产设备、办公空间、员工资源等的协同型共享平台。

资源共享化、平台共享化、产品共享化将是未来 CBD 的主要发展趋势，并且将会有更多的企业参与到共享平台中。通过制造资源、生产能力的集成整合、在线分享和优化配置，推进中小企业优化整合，促进产业不断升级。

四　国际 CBD 向高精尖产业转型的经验借鉴

作为城市经济发展的核心区域，CBD 吸引了大量金融业、商务服务业、文化创意产业等高端企业，是引领世界各国经济发展的重要引擎。从发展角度看，伴随新一轮技术革命的蓬勃兴起，世界各地 CBD 也先后步入产业转型升级时期，并积累了一些可资借鉴的宝贵经验。

（一）英国伦敦金融城：向金融科技业转型

英国伦敦一直是欧洲的金融重镇，是全球最大的外汇交易、跨银行拆借、利率衍生性金融商品中心。但金融海啸后，伦敦受创严重，2009 年和 2010 年英国金融业对 GDP 的贡献呈现负增长，伦敦金融业涌现裁员潮，使得英国政府不再高度依赖金融业，开始逐步向科技产业转型。2010 年在英国首相卡梅伦和伦敦市长鲍里斯·约翰逊的主导下，伦敦开始实施科技城（Tech City）计划。

伦敦科技城位于伦敦东部，覆盖老街区（Old Street）、肖迪奇（Shoreditch）、斯特拉福德（Stratford）（如图 4 所示）。该区域曾经是伦敦的贫民区，以脏乱著称，由于其靠近码头，因此在该区域居住的人群多为码头工人及外来移民。随着伦敦东部的城市重建和科技城计划的实施，近年来大批的新兴互联网公司聚集于此，成为诸多科技公司和创业公司的大本营。由于其增长势头迅猛，可以与美国硅谷相媲美，因此伦敦科技城中心区域老街区一带又被称为"硅环岛"（Silicon Roundabout）。

伦敦科技城计划实施以来，吸引了如谷歌、Facebook、Twitter、微软、亚马逊、沃达丰、高通、思科等科技巨头公司的关注。它们为伦敦科技城提供了科技领域投资咨询服务、技术支持服务甚至直接参与科技城基础设施建设。在科技城计划提出的一年内，该区域的科技公司数量从 200 多家增加到 600 多家。据统计，2015 年伦敦科技城核心区 EC1V 和 EC2A 街区每平方公里拥有科技公司的数量分别达到 3288 家和 1580 家，成为名副其实的"欧洲小硅谷"。

如今伦敦科技产业蓬勃发展，成为全球科技公司首选的办公区域之一，吸引了大量科技人才和资金流入。伦敦产业转型成功的背后，有着强大的金融产业作为支撑，同时传统金融产业也在数字科技产业的带动下向金融科技产业转型升级，逐步将伦敦金融城打造成为全球金融科技第一城。

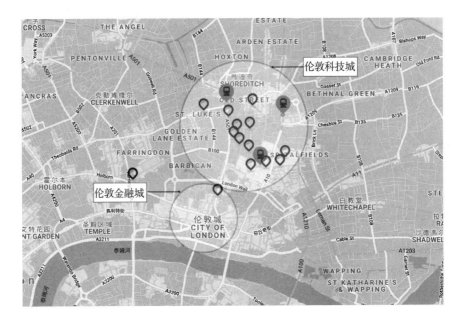

图4 伦敦科技城位置及区域内金融科技公司分布

资料来源：http://www.thestageshoreditch.com/tech-city-shoreditch。

作为欧洲一流的国际金融和商业中心，伦敦金融城具有充足的灵活性、雄厚的资本和现金技术平台以及强大的研究实力，吸引了全世界著名金融企业入驻，是国际金融产业的引领者。但是金融海啸后，伦敦金融城一度遭受重创。为了维护国际金融城的地位，激发产业发展的活力，伦敦金融城与其相邻的伦敦科技城相互融合，共同携手推动金融产业向金融科技产业转型发展。

近年来，伦敦金融科技行业迎来了空前大爆发，越来越多金融科技企业快速成长。在全球金融科技50强初创公司中，就有29家位于伦敦。除了Currency Cloud、Transferwise、Azimo等P2P汇款平台，以及Seedrs、Zopa、Crowdcube等众筹平台，以Applied Blockchain、SETL、Coinsilium为首的新一代金融科技初创公司，正尝试开创新局面，打造加密电子货币（Cryptocurrency）与区块链（Blockchain，一种新型信息存储与交换的技术工具）业务。与此同时，2010～2015年，英国的金融科技企业共筹集资金

54 亿美元，而欧洲其他地区的总和只有 44 亿美元。总结伦敦金融城产业转型成功经验，主要归功于其良好的环境政策、充足的发展资本、强大的人才支撑以及广阔的需求市场。

（1）良好的环境政策

英国有着世界领先的针对金融科技的监管环境，因其简化、透明和行业领先的监管办法而闻名。优良的政策环境得益于扶持性的管理监督体系，其中包括首创的监管体系以及为企业量身定制的用于简化管理流程的一系列举措（如表 4 所示）。除政府主导的监管机构，还建立了促进贸易开展的机构，如孵化器和加速器等，可以让新创立的企业快速融入当地金融科技产业环境中（如表 5 所示）。

表 4　监管、政府和贸易相关机构主体

机构主体	概况
监管和政府机构主体	
英国金融市场行为监管局	该机构是英国最主要的负责金融服务机构行为监管的部门，在为本国和境外金融服务机构在英国的运营执照颁发和授权中扮演了重要角色
英国审慎监管局	该机构负责银行业、建房互助协会、信用合作社、保险业和主要投资机构的监督和管理，金融科技公司在上述子领域的运营必须通过该机构的许可，方可在英国运营
英格兰银行	该机构是英国的央行，负责颁发银行业从业执照
国际贸易署	该机构负责协助跨洋公司在英国扎根和发展，提供投资机会、税务、雇用和签证建议等方面的指导意见
行业协会	
创新金融（Innovate Finance）	该协会用于服务金融科技社区和促进生态圈的成长，为创业公司与现有的行业内公司、投资者和企业家搭建桥梁
科技城市（Tech Cit）	该机构是一家支持在英国的数字化科技企业和企业家的非营利组织
英国 P2P 余融协会（UK P2P Finance Association）	该协会致力于通过政策和法规来保证 P2P 行业健康发展和竞争，确保每一位会员以高标准约束自身行为和提升行业认知
金融科技圈（FinTech Circle）	该机构为初创公司、投资人和现有金融科技企业提供联系网络

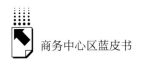

表5　支持和吸引外国金融科技的项目和计划

资源	描述
政府	
创新中心	创新中心是英国金融监管部门成立的,用于协助金融科技公司迅速了解英国金融监管政策的一个创新的项目
监管沙盒	监管沙盒项目可以为企业构建一个模拟的空间,企业在沙盒中对新产品进行测试,同时还可以测试服务、商业模拟和交付机制
"科技国家"	该项目是一款报告与在线互动工具,它可以帮助想要了解英国生态系统的企业,还可以分析促进英国数字经济的要素与能力
HQ–UK	该项目由英国政府和英国高科技城市联合运营,展示了为什么外国数字公司应在英国设立总部
全球企业家计划	该计划由英国贸易投资署牵头,为海外企业家和早期的科技企业或希望其业务转移到英国的初创企业提供帮助
孵化器与加速器	
L39	该孵化器是欧洲最大的以金融科技为中心的孵化器,为初创企业提供办公空间、业务指导、关系网络及市场活动
种子阵营	该机构是一家位于英国的风险投资加速器,为创新型欧洲初创企业提供种子基金
金融科技创业训练营	该训练营是一个与现有金融服务机构合作的加速器,为早期金融科技创业公司提供相关公开信息、应用程序接口以及专业的网络服务
巴克莱加速器	该加速器是一个为期13个月的计划,旨在帮助金融科技创业公司成长,让其进入该银行的网络并接受相关指导
埃森哲创新金融科技实验室	该项目是一个为期12周的指导计划,使初创企业能够与潜在的客户和完美的项目进行合作,并获得对银行业的独特见解

（2）充足的发展资本

英国的投资资本在金融科技企业初创期是很充裕的,然而处于成长期和成熟期的英国金融科技企业反而不能获得很多专项投资,但换言之,这也给投资者提供了投资机会。

据统计,2016年英国金融科技企业共获得了5.54亿英镑的专项投资。其中,约90%的资金投入到银行业、支付和借贷领域。大部分英国金融科技企业在创业初期都能够吸引到大量的投资,并且随着英国创新政策的实施,投资效果也会不断加强。

（3）强大的人才支撑

强大的科技人才和金融服务人才为英国金融科技业持续发展提供强有力的支撑。据统计，英国目前约有 6.1 万名金融科技从业人员[1]，同时，英国还在这些从业人员中不断挖掘和培育金融科技领域专家。此外，英国还在积极地吸引跨国科技巨头企业总部安营扎寨，从而为英国带来更多的专家和技术人才。

英国金融科技人才大部分聚集在伦敦，这与伦敦日益发展的科技社区（包括硅环岛科技城）、大量的顶级商学院和身为国际金融中心所吸引的金融专家等因素密不可分。目前伦敦拥有众多金融科技企业，包括 Azimo、Ebury、aToro、FundingCircle、Iwoca、Nutmeg、TransferWise 等，对于金融科技人才来说具有巨大的吸引力。而且，伦敦因为坐拥举足轻重的本土和国际的投资网络，使其有能力提供大量可利用的资本。

（4）广阔的需求市场

英国有着大量对金融科技的应用需求，这些需求以伦敦为主要市场根据地，贯穿了消费者、企业和大型的金融机构。在英国，生活中应用的金融科技产品正在慢慢地成为主流，证据表明，全球平均金融科技使用者占数字活跃人口比例为33%，而英国为 42%[2]。在整个欧洲范围内，英国拥有最多的中小型企业（约 520 万家），因此，英国代表了一个巨大的对金融科技解决方案的应用有极大兴趣的市场。从大型金融机构的角度来看，金融服务活动的密集程度，尤其是伦敦，展示了一个运用金融科技解决方案的绝佳平台。

（二）荷兰埃因霍温：向创意产业转型

埃因霍温（Eindhoven）位于荷兰南部，最早是一座贸易小镇。随着工业革命的传播，埃因霍温逐渐开始出现大量的工厂，其中就包括世界著名电器制造公司——飞利浦公司。埃因霍温因为飞利浦的到来而成为科技聚集的

① 资料来源：安永与英国财政部，《走在尖端》，2016。
② 资料来源：安永金融科技采用指数，2016。

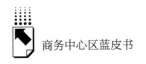

城市，整个城市的产业结构也得以改变，并被称为"飞利浦之城"。

随着产业格局的调整，飞利浦生产基地逐步转移至发展中国家。2001年，因新机场的建成，飞利浦总部搬出埃因霍温，迁往荷兰首都阿姆斯特丹。随着飞利浦的迁出，埃因霍温成为一座空城，留下大量的工业建筑，整座城市看起来十分荒芜。同时，埃因霍温人才大量流失，经济明显下滑，整个城市进入了停滞状态。埃因霍温政府决定对城市进行重建，以振兴当地经济，调整产业转型升级。除了重点发展科技产业之外，在飞利浦原总部所在地 Strijp-S 区，重点打造创意产业，在保护原工业产业建筑遗址的基础上，增加了现代的元素，将整个区域打造成集工作、居住、休闲于一体的创意之都，从而吸引高科技人才和艺术家入驻，最终打造成一座国际化的创意城市。

为了实现产业转型，埃因霍温政府采用了一系列方式。首先，飞利浦公司将 Strijp-S 区卖给了 Park Strijp Beheer，这是一个埃因霍温市政府与 Volker Wessels 公司之间的 PPP 伙伴公司。随之在 2006 年，Strijp-S 的重建计划正式启动。在项目启动初期，Park Strijp Beheer 委托了一家创新咨询公司 Creative Innovation Works，来帮助确定该项目的战略方向。经过综合考虑智慧城市、新型发展趋势以及 Strijp-S 的独特性和多样性后，确定了 Strijp-S 的发展目标是打造一个创意城市和生活实验室，从而激活城市创新和创造价值，增强个人和社区的幸福感，提高和维持生活质量。这一目标包括三方面的内容：第一，为创意人群提供工作的空间，该空间不仅提供工作场地，还是创意探索和实验的空间。第二，在保留的工业建筑遗址的基础上进行改造，为人们提供全新的文化体验。第三，人才吸引，作为网络创意人才的平台，提高国际知名度。

（1）打造产城融合的产业社区

产业"社区"意味着两点：一是这里有产业；二是这里是一个社区，能把人与人相互连接，激发人们进行富有创造力的工作，并且保证生活质量。

在 Strijp-S 项目中，住宅面积占开发总面积的11%，约有2500～3000户房屋，房屋类型包括工作室、办公场所、联排别墅和阁楼等。办公面积约9

万平方米，商业设施和文化设施约 3 万平方米，灵活的功能建筑空间约 3 万平方米。

此外，为了使 Strijp-S 区成为一个真正的集居住、商业、休闲娱乐、创意办公于一体的社区集合体，Strijp-S 区打通了原有的围墙，让区域内各个功能区相互融合。同时，完善交通设施，提高了交通的可达性。为了改变原厂区冷冰冰的工业印象，Strijp-S 区还增加了灯光和建筑物外立面的彩绘，增加了整个区域的视觉效果。

（2）尊重历史并面向未来的设计

飞利浦的遗留厂房是钢结构建筑，在这之上有着大量的管道网络，它们将气体、水、液体和电力运输到该区域的各个工厂之中。数百米的管道在离地面十多米的高度上将各个建筑连接。在改造中，大部分的管道被拆除，保留了少许建筑上的管道，并将这些管道变为承载景观、功能、临时装置等的载体。

在公共空间中也保留了大量的工业历史建筑，比如将曾经的工业历史建筑改造为创意空间、居住空间、餐饮空间、休闲空间；将大型混凝土砖板堆叠在一起形成座位、台阶和展示平台等。

此外，为了铭记飞利浦公司的历史，提升 Strijp-S 区的名声，埃因霍温政府联合飞利浦公司将 Strijp-S 区主道路打造成"飞利浦建筑之路"，根据游客的游览路径，展示飞利浦公司不同时期的大战历程，从而向工业历史致敬。

（3）打造创意硅谷和设计之都

由于埃因霍温产业的成功转型，在飞利浦离开后，埃因霍温的高新科技产业和创意产业蓬勃发展，激发了当地的创业氛围，也因此培育并吸引了大量的创意和设计相关产业，被称为"创意硅谷"。

著名的荷兰设计周便在埃因霍温举办，区别于米兰设计周（欧洲另一知名的设计周），埃因霍温的荷兰设计周更在乎创新的试验设计和着眼于未来的态度。观众们将看到的不是完美的成品，而是一步步见证每一个新奇点子是如何被实现的。

荷兰设计周的成功举办，离不开埃因霍温当地强大的人才支撑。曾被

《纽约时报》评为"世界最好的设计学院"的埃因霍温设计学院就位于此。此外，埃因霍温科技大学也以建筑和工业设计闻名世界。来自这两所学校的学生作品每年都会在荷兰设计周上让人们眼前一亮。正是由于埃因霍温创意产业的声名鹊起，形成了产业集聚效应，吸引了大批的设计师在 Strijp-S 区生根落户，同时也为 Strijp-S 区带来更多的创意。

也正是得幸于创意产业，即便在欧洲经济危机，荷兰其他城市的办公楼空置率较高的背景下，埃因霍温也始终没有遭受太大的影响，甚至工作间的租售十分抢手，只有非常有名的设计师才能租到 Strijp-S 区的工作室。

（三）美国曼哈顿：向科技创新产业转型

曼哈顿位于哈德逊河口曼哈顿岛，是纽约的核心区，分为下曼哈顿、中城区和上城区，由南部金融区和中城两个商业区构成整个纽约 CBD 核心区，是美国和世界的经济金融中心。在经历了金融危机后，曼哈顿 CBD 开始逐步从金融业向科技创新产业转型，"硅巷"（Silicon Alley）得以迅速发展。

以纽约曼哈顿中城南区的熨斗区、切尔西地区、SOHO 区和联合广场为起点，逐渐向曼哈顿下城和布鲁克林蔓延，这个无边界的科技产业聚集区被称为"硅巷"。与硅谷不同，硅巷的科技产业并不集中在芯片装置、硬件及某些软件应用上，而是在于新一代互联网科技创新。因此，近年来大量的科技创新企业集聚于此，硅巷又被称为美国"东部硅谷"、世界"创业之都"。

曼哈顿的成功转型得益于以下几点。

（1）与传统行业结合

随着信息技术的发展，科技已经不再是少数人的游戏，厨师、作家、时尚达人都在成为科技产业的一分子。跨越对更快更小芯片的追求，重塑传统产业，把不再满足客户需求的大型产业变得更高效、更个性化，是未来几十年的科技增长点。曼哈顿的成功转型，正是抓住了科技转变的这一转折点。

和硅谷不同，曼哈顿的科技人才大多被吸引到该地区发达的传统行业里。他们喜欢运用互联网技术为商业、时尚、传媒及公共服务等领域提供解决方案，把技术与传统行业相结合，用技术改革传统行业并建立细分市场，这种特征被称为"东岸模式"。据统计，2013 年纽约市非科技产业中的科技职位约占 52%，远高于硅谷和旧金山。凭借优势巨大的市场空间和客户群，纽约正在成为颠覆传统产业的科技提升引爆核。

在被科技所颠覆的都市传统产业中，纽约的新媒体算是典型案例之一。依托"世界媒体之都"的优势，纽约已成功转型为美国新媒体中心。一方面，纽约发达的传统媒体产业为新媒体的兴起孕育了人才；另一方面，作为媒体之都、艺术之都、时尚之都，纽约为以内容为核心的新媒体创业者提供了丰富的创作养料。为了推动新兴媒体形式、内容制造及传播方式的革新，纽约市政府提出创建"纽约制造"媒体产业中心（Made in New York Media Center），除了提供资金帮助外，更重要的是创造行业平台。

另一个科技对传统产业的渗透案例，是"用科技为自己加冕"的华尔街金融业。在华尔街，过去是金融投资科技，现在则是科技服务金融。将大数据、云计算、区块链、人工智能等新科技手段，运用于传统金融，使金融服务更快、更高效，是金融科技的核心出发点。而曼哈顿，正在超越硅谷，成为美国金融科技企业最喜欢落脚的地区。

华尔街的各类传统金融机构正是纽约金融科技繁荣的动力源泉。华尔街巨头追求技术创新，以保持自身竞争力。金融巨头的需求同时带动了初创企业的生长。可以说，曼哈顿已经成为金融科技独角兽的最佳孕育场。

（2）与市场紧密结合

如果说在硅谷会接触到顶尖的工程师，那么在硅巷则不止有顶尖工程师，还有广阔的资本市场和消费市场。在纽约，每天有 600 万人口进出，能接触到非常多的客户类型，容易产生贴近市场的思维。如果想打造一个天马行空的计划、大胆夸张的前瞻展品，可以在硅谷专心地打造；但是如果想要有人性化的设计思维、贴近市场、打造解决市场问题的产品，那么应该选择纽约。

首先，纽约的人口密度与多元性是这座城市的巨大资产。特大都市的人口密度带来了更大的市场，为创新创业提供了人口和商业的市场样本。其次，繁华的老城中心，为创新创业提供了城市问题的样本。很多大公司也看

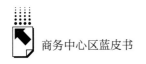

到解决城市问题而带来的商业机会，比如微软、谷歌等科技巨头，都将目光投向城市领域。

其次，作为国际金融中心，纽约也更受到众多投资家的青睐。良好的金融市场环境、大量的"孵化器"、优越的营商环境使创业公司可以更快地站稳脚跟。

（3）人才更新

对于纽约的科创公司来说，人才是最重要也是最稀缺的资源。由于缺乏顶尖的工程类院校，"没有工程师，没有程序员"是制约纽约科技产业发展的关键因素。

于是，纽约市政府发起"高科技人才输送管道"项目致力于人才的短期培养，把纽约居民培养为高科技公司的理想员工。这个项目的范例之一是熨斗学校（The Flatiron School）。成立于2012年的熨斗学校被誉为"编程学习领域的哈佛商学院"，与传统的培训项目不同，该学校像教授创意写作一样教授编程课程，完全不需要任何经验。通过12周的全日制编程培训，结业学员将成为完全称职的Web程序员。

在人才的长期培养上，纽约大力推广"纽约市应用科学"，制定了相应的政策来吸引世界顶尖院校与纽约共建教育基地，培养并吸引本土和全世界顶尖的应用科学人才。

（4）城市更新

在基础设施改善上，纽约政府率先推行管线改造计划，安装光纤线路进行高速数据传送，让纽约成为全美国宽带光纤铺设最为密集的城市之一。通过LinkNYC项目，将路边的传统电话亭改造为Wi-Fi服务站，使纽约实现全域Wi-Fi覆盖，为纽约客提供全球规模最大、速度最快的免费无线网络。此外，2014年纽约市政府与IBM还合作发起了"数字纽约"（Digital NYC）计划，为初创企业汇集整个地区的相关创业信息，包括纽约所有的科技公司、初创企业、投资者、创业孵化器、工作间、活动及招聘信息，成为纽约市的在线创业服务中心。

在空间更新上，匹配正在蓬勃发展的科技产业，纽约着力改造正在衰退的城市空间，为科技创新企业提供良好的办公环境，打造有活力而又鼓励参与的公共场所，激发创新人群的灵感。同时，还要将办公室里进行的科技革命反映到街道上，使科技更加显而易见。

（四）新加坡：向深化金融服务转型

为推动经济和产业转型升级，新加坡政府在 2016 年财政预算案宣布拨款 45 亿元作为推动"产业转型计划"的经费，并针对 23 个产业分别提出量身定制的"产业转型蓝图"。作为新加坡重要产业之一，金融服务业被列为产业转型蓝图的重点计划项目。

新加坡是全球第三大金融中心，仅次于伦敦及纽约。在外汇交易以及财富管理方面，新加坡的金融业积累了丰富的经验。目前，金融服务业占新加坡国内生产总值比例约 12%，并为 15.4 万人提供就业机会。快速的经济发展以及庞大的基础建设需求，为新加坡金融业的发展，创造有利的条件①。

面对全球经济竞争加剧以及颠覆科技无孔不入的冲击，新加坡金融管理局（MAS）于 2017 年 10 月宣布推出金融服务业产业转型蓝图，以巩固新加坡金融中心的地位，连接全球市场、支持亚洲发展、支持新加坡经济，为国内提供更多的就业岗位。目标是让新加坡金融服务业到 2020 年时，每年平均增长 4.3%，高于年均经济增长率 1 倍。此外，计划每年创造 4000 个就业机会，其中包括金融服务业 3000 个和金融科技业 1000 个。

为了达到此目标，新加坡金融管理局将从三大方面着手。

（1）商业策略

新加坡计划成为全球卓越国际财富管理中心、亚洲基金管理与落户中心，以及亚洲时区的全球外汇价格发现（Price Discovery）和流动中心。

金管局也会跟业界合作，把新加坡发展成亚洲集资与企业融资中心、亚洲基础建设融资服务枢纽、领先的亚洲固定收入中心，以及吸引全球资本的亚洲保险和风险转让中心（如表 6 所示）。

---

① 资料来源：新加坡经济发展局。

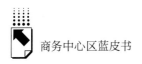

表6　新加坡金融产业转型措施：商业策略

目标	方式
全球卓越国际财富管理中心	运用创新科技及吸引优秀人才,使财富管理服务展现更优品质
亚洲基金管理与落户中心	MAS将通过外部基金管理强化新加坡资产管理的能力,吸引世界各地基金来新加坡注册落户
全球外汇价格发现和流动中心	新加坡现为全球第三大外汇交易中心,随着亚洲吸引外来投资额的不断增长,MAS将鼓励全球外汇交易在新加坡设立办公处,提高外汇交易的效率,提供更好的营商环境
亚洲集资与企业融资中心	协助亚洲地区新创企业通过新加坡平台与国际投资人取得合作通道,MAS已经在2017年宣布针对创投资本和私募基金简化相关法规
亚洲基础建设融资服务枢纽	MAS将与多边机构合作改善亚洲地区基础建设项目的可融通性,并将运用创新市场机制引导民间资本投入"一带一路"计划中
亚洲固定收入中心	2017年MAS推出绿色债券津贴计划,协助公司减少发行绿色债券的成本,MAS将通过相关措施回应企业对于离岸债务融通逐渐增加的需求
亚洲保险和风险转让中心	运用新兴科技如区块链技术,使新加坡成为亚洲地区的保险风险转移中心,并开展新兴保险科技解决方案

（2）创新和监管

MAS将会促进和扩大各类金融科技合作，推动创新商业模式，加强金融机构的网络安全，采用科技来简化金融机构的监管（如表7所示）。

表7　新加坡金融产业转型措施：创新和监管

目标	方式
加强金融科技合作	鼓励金融机构使用应用程序界面来强化机构间互动。与全球各地金融科技中心签署合作协议,扩大并强化新加坡与其他国家或地区的跨境金融合作,使新加坡成为金融科技创新公司的重要基地
推动创新商业模式	整合各个金融机构的电子付款措施,打造新加坡全国统一的电子付款QR Code,让消费者更加方便。其他措施包括建立数字ID,推动虚拟货币建设等
加强金融机构网络安全	鼓励金融科技相关的研发活动,将分散式账本技术运用于跨行支付系统及贸易融资管道
采用科技手段简化金融监管	运用科技手段简化金融机构的执法程序,发展科技金融监管

（3）就业与技能提升计划

金管局会扩大金融服务业的人才库，深化专业人才技能，并通过外派工作和旗舰性课程等方式培养更多本地金融专业人才。

另外，金管局也将加强"专业人员转业计划"（Professional Conversion Programme），协助中途转业者掌握新技能和转换到新工作岗位。政府将此作为转型重要工作之一是因为政府认识到如果不能妥善解决受转型影响员工的担忧，金融业就很难有任何改变和创新。而金融专业人员经过多年工作所建立的专业能力，极大一部分是能重新运用到其他相关行业的。因此，努力重新培训这些受影响的金融从业人员，让他们的技能与新工作相匹配是很重要的。

五　推动 CBD 产业高精尖发展的对策建议

21 世纪以来，以人工智能、清洁能源、虚拟现实、量子信息技术、系统生物技术为代表的新一轮科技革命，蕴含着产业变革的巨大能量。它深刻地改变着人类的生产生活方式，重构着从生产、分配，到交换、消费等社会经济活动的各个环节，不但引发了实体制造业领域的转型升级，也迫使服务业不断创新发展。适应和引领时代要求，着力构建高精尖产业结构已成为未来 CBD 经济发展的主流趋势。

（一）聚焦关键领域，积极培育新经济增长点

当前，新一轮科技革命引发了产业结构和服务模式的重大变革，不断催生出各种新技术、新产业、新模式、新业态。未来 CBD 区域的产业发展，必须聚焦产业变革的关键领域，在维护好传统优势产业的同时，积极培育新经济增长点。

一是高度关注智能化、信息化、生态化新兴产业。加快新一代信息技术、人工智能技术、系统生物技术等的转化应用，积极培育新兴业态，促进商业模式和服务模式创新，引领行业标准和服务标准构建，提前布局和占领

产业链高端。需要重点关注的产业领域包括大数据和云计算应用服务、量子信息技术应用服务、智能软硬件应用服务、智能机器人应用服务、智能终端应用服务、物联网应用服务、清洁能源产品销售及服务、新生物技术应用服务、虚拟现实与增强现实应用服务、智能家居和共享经济等。

二是推动传统优势产业实现智能化升级。积极发展智慧金融，建立金融大数据系统，鼓励金融企业根据市场需求不断创新金融产品和服务，积极发展科技金融、消费金融、财富管理、基金管理、移动支付、跨境互联网支付等新金融业态；大力发展智能商务，构建市场需求大数据系统，推广基于大数据、云计算和人工智能的新型商务服务系统，为企业和个人提供定制化的智能商务服务；推动文化传媒产业向新媒体和文化创意产业转型，高度关注移动视频、移动广告、网络直播、在线娱乐等行业的成长；推动电子商务创新发展，积极开发"内容营销＋消费体验"、线上线下协同销售等商业新模式。

三是引进和培育一批具有市场竞争力的总部集群。一方面，继续巩固CBD在金融、商务、文化传媒等主导产业领域的总部集群优势，支持和引导总部企业提升能级，增强资源配置能力；另一方面，聚焦新兴产业领域，通过优化发展环境、提供针对性服务等措施，支持成长性好、发展潜力大的中小企业（如"独角兽"企业）做大做强，引进和培育一批具有市场竞争力的新兴总部企业。

（二）立足更高层次，进一步深化服务业对外开放

2018年中国政府工作报告强调，要"推动形成全面开放新格局，进一步拓展开放范围和层次，完善开放结构布局和体制机制，以高水平开放推动高质量发展"。在推动形成全面开放新格局中，扩大服务业开放是重点。CBD是一个城市的经济枢纽，是高端商务聚集区，应立足更高层次，进一步深化服务业对外开放。

一是进一步推动服务业扩大开放。自2013年起，我国陆续在上海、广东、天津、福建、辽宁、浙江、河南、重庆、四川、湖北、陕西等地开始了

自由贸易试验区的探索，以自贸区建设进一步对接国际标准扩大对外开放。同时，2015 年北京被批准成为全国首个"服务业扩大开放综合试点城市"①。要深入学习和借鉴北京市以及国家自贸区扩大服务业开放的成功经验，围绕 CBD 的主导产业，逐步放宽商务服务、医疗卫生、科技教育、文化出版、旅游业、互联网、信息服务等领域的市场准入；加快推动电子商务、商贸物流、会计审计、建筑设计等竞争性领域的开放；鼓励外资投向创业投资、知识产权服务等商务服务业；支持达到市场准入标准的各类资本，按照法律规章要求和程序，发起建立各类保险公司、金融租赁公司、财务公司、汽车金融公司、消费金融公司等非银行金融机构；在依法依规的前提下，为各类外资银行在 CBD（商务中心区）设立银行分支机构，以及各类外资银行与民营企业共同发起成立中外合资的商业银行提供便利。

二是坚持"引进来"与"走出去"相结合。结合国家"一带一路"建设，不断扩大国际经贸合作，推动中国制造和中国服务"走出去"。鼓励各类企业积极承接对外承包工程，加快推进服务贸易转型升级，逐步向国际产业链的高端环节拓展延伸，在更高层次上参与国际竞争。充分发挥国际友好城市商会联盟以及境外友好商协会的作用，不断推进与跨国公司、国际组织、国际性商会的合作，加快构建国际化投资经贸合作网络。

（三）对接国际标准，全面优化营商环境

按照国务院关于简政放权放管结合优化服务改革的要求，以促进投资、贸易和经营便利化为目标，对接国际通行标准，努力建设国际一流的营商环境，为吸引企业、资金、人才向 CBD 集聚创造条件。

一是优化投资环境。以投资便利化为导向，围绕投资准入、投资审批、商事服务程序简化等方面出台具体的改革举措。在投资准入方面，对于内资企业和外资企业申请业务牌照或营业资质的标准及时限要逐步统一，做到一

---

① 《国务院关于深化改革推进北京市服务业扩大开放综合试点工作方案的批复》（国函〔2017〕86 号），http：//zhengce. beijing. gov. cn/library/192/33/50/438650/1275311/index. html。

视同仁，进一步促进内外资企业公平竞争；深化外资企业"一窗受理"的服务便利化制度改革，落实国家外商投资企业设立及变更备案管理暂行办法；不断拓展民间资本投资领域，支持重点领域政府和社会资本合作（PPP）项目。在投资审批方面，推进投资项目全链条"放管服"改革，大幅度精简各类前置审批事项，压缩和精简核准事项，减少各类审批环节，实现投资审批"一条龙""一张网"；建立投资项目在线审批监管平台和电子证照库，对于审批环节中的各类证照和批复等实现全流程信息共享，最大限度地减少企业的重复申报。在商事服务方面，借鉴北京市等地区的成功经验，推行工商登记全程电子化服务，通过网上填报、实名认证、智能审批、发放电子执照、实行电子档案管理等，实现企业申请人与政府管理人员"零见面"的全程化网上办理。在原有"七证合一"的基础上，继续整合海关、公安、出入境检测检疫、商务等部门的相关证件表格，加快实现各类涉企事项的"多证合一"和"一窗受理、联动审批"。

二是优化贸易环境。加快推进通关一体化制度改革，全面落实和推广"一次申报、分步处置""汇总征税、自报自缴"等管理模式，进一步提高企业货物的通关效率；考虑到CBD区域远程商务出行的人流大、频率高等特点，可借鉴国际经验，在CBD交通枢纽及办公集中地区建设城市候机楼或网络服务平台，将原来需要到机场办理的各类乘机手续前移至市区办理，简化旅行流程，使CBD区域的国内外商务通勤更加快捷轻便；对接国际标准建设服务贸易综合示范区，鼓励企业采取保税进口的方式积极开展跨境电商，设立跨境电商线下体验店，增加消费者的体验性，努力吸引境外消费逐步回流，促进内贸、外贸融合互动发展。

三是优化市场环境。全面推行政务服务的标准化和规范化，公布市场准入负面清单、各类行政许可证件清单、各类证明事项清单、中介服务事项清单、职业资格许可认定清单等，做到同一事项同等条件无差别办理；推动所有政务服务事项，按照"应进必进"的原则进入政务服务中心，为CBD企业提供"一站式、网络化、一条龙"的政务服务，实现"一号申请、一窗受理、一网通办"；建立CBD商务诚信监管体系和信用服务平台，实行企业信用信息公开和"红黑名单"制度，对于红名单企业实施政策激励措施，对于黑名单企业加强事中事后监管，对于严重违法失信企业采取市场进入限制，全面加强市场监管和诚信体制建设，优化市场经营环境。

（四）搭建多元平台，强化产业创新体系建设

大力推动智能化、信息化基础设施建设，搭建各类创新创业平台，完善创新创业激励机制，强化产业创新体系建设。

一是加强智能化信息基础设施建设。根据智能化时代的经济发展需要，不断升级优化网络基础设施，适度超前布局5G通信系统，加快推进大数据、云计算、物联网和天地一体化信息网络建设，推动以信息传输为核心的数字化、网络化基础设施，向集传输、存储、计算、感知、处理于一体的智能化基础设施转变。

二是搭建多元化创新创业平台。围绕构建创新链，搭建产学研一体化协同创新平台，鼓励科研机构、高校与企业携手共建产业创新开发联盟，围绕产业创新和转型升级协作开展新技术研发、新产品开发、产业标准制定等工作；鼓励和支持总部企业在 CBD 设立研发总部或研发机构，积极参与技术创新和产品创新；搭建市场信息大数据平台、终端与云端协同的云计算服务平台、人工智能开源软硬件基础服务平台、群智众创服务平台等，统筹利用大数据、云计算、人工智能等资源，为产业技术研发和实际应用提供海量数据、高效计算和人工智能服务；加强双创园区、产业孵化器、众创空间、在线创客平台的建设，搭建产业共性技术研发服务平台，为发展高精尖产业服务。

三是完善创新创业激励机制。制定出台相关政策措施，对总部企业在 CBD 设立研发总部或研发机构以及科技企业孵化器、创投孵化器、大学科技园等，实施免征房产税、房租补贴和免征城镇土地使用税等优惠扶持政策；建立综合性知识产权认证和交易中心，加大知识产权保护力度，积极完善知识产品评估、认证、保护与交易制度；探索建立知识产权交易要素市场，探索开发竞价交易、协议交易和份额化交易等新市场，鼓励引进知识产

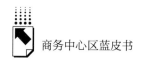

权的估价和流转等综合性服务，促进版权、著作权、商标、外观设计、专利、知识产权项目融资、维权、流转等领域的权益交易，通过价值实现激发创新创业活力。

（五）完善体制机制，打造高端人才集聚高地

针对 CBD 高精尖产业发展对各类国际化、复合型高端人才的迫切需求，必须进一步完善 CBD 人才引进和培养的体制机制及政策供给，强势吸引国际化高端人才和高端要素向 CBD 集聚。

一是制定政策吸引国际化高端人才集聚。根据 CBD 高精尖产业发展需要，结合当前产业融合发展的特点，制定实施高端人才引进计划，完善高端人才引进政策，为引进 CBD 产业发展急需或者具有较强创新发展潜力的国际化、复合型高端人才开通"绿色通道"；根据 CBD 的发展需要，研究设立国外高端人才居住证，试点建设国际人才社区，进一步吸引海外人才和国际高端要素向 CBD 集聚。

二是完善 CBD 人才培养和激励机制。发挥 CBD 高端企业集聚的优势，由管委会牵线搭桥，联合区域内企业和国内外大学及研究机构，鼓励支持校企合作办学，建立 CBD 高端人才培训基地，主动培育适应 CBD 高精尖产业发展需求的复合型、创新型人才。鼓励上市公司和创新型企业对于各类研发型、管理型、市场型的高端人才实行股权激励、期权激励或分红权激励，推动形成有利于集聚人才和鼓励创新的收入分配机制。

三是加强人才配套服务保障。制定一整套针对引进人才的配套服务体系，创新人才住房保障机制，协助解决高端人才进入 CBD 后面临的户籍办理、工作居住证办理、签证服务、子女教育、住房保障、医疗保险等一系列问题，为其工作和生活提供优质的服务保障。针对 CBD 外资、外企、外籍人才集聚的特点，要着重完善国际化医疗、卫生、教育和文化服务体系，增加国际教育、国际医疗和公共文化的服务供给，积极发展面向 CBD 国际化人群的国际医疗保险，争取把更多国际医疗机构纳入保险可报销范畴，探索建立 CBD 外籍工作人员的社会保险转移接续机制。

参考文献

田新民、胡颖：《以供给侧结构性改革推进"高精尖"产业结构的构建》，《经济与管理研究》2016 年第 8 期。

卜文娟：《北京：以科技创新引领高精尖产业发展》，《中国战略新兴产业》2018 年第 9 期。

中共北京市委、北京市人民政府印发《关于率先行动改革优化营商环境实施方案》的通知，http：//zhengce. beijing. gov. cn/library/192/33/50/438650/1283720/index. html。

Imran Gulamhuseinwala，《中英金融科技：释放的机遇》，Ernst & Young Global Limited，2016。

《让埃因霍温实现城市升级的更新项目—Strijp S》，https：//zi. media/@ yidianzixun/post/vFTrf4。

《城市更新之科技回归都市：从硅谷到硅巷》，https：//zine. la/article/368364faf57b11e7a11f00163e0c1eb6/。

魏海波：《提升科技创新能力　驱动经济转型升级》，《中国中小企业》2017 年第 8 期。

Industrial Strategy：building a Britain fit for the future，英国商业、能源和工业战略部，2017。

Industry Transformation Map，新加坡工业贸易部，2017。

Heather McKay. A short History of Tech City，https：//www. tech. london/news/a － short － history － of － tech － city。

B.2
2017年中国 CBD 发展评价

摘　要：随着供给侧结构性改革的深入推进，中国CBD转型升级步伐

摘　要：随着供给侧结构性改革的深入推进，中国CBD转型升级步伐
加快，各地CBD呈现由增量发展向质量发展转型、由传统产
业向高精尖产业转型、由设施建设向营商环境优化转型的特
征和趋势。本文聚焦经济维度、产业维度、开放维度和环境
维度等四个方面，对中国商务区联盟的21个CBD进行量化
评估。评价结果显示，2017年，中国CBD经济贡献突出、高
效集约特征显著、外向型经济持续增长、营商环境明显改善，
向提质增效的高质量发展阶段迈进。未来，CBD应从注重高
端人才引进和培养、创新高精尖产业用地方式、对接国际优
化营商环境等方面，加快构建高精尖产业结构，进一步提升
竞争力和影响力。

关键词：CBD　高质量发展　高精尖产业　营商环境

当前，全球经济仍处于深度结构调整中，中国审时度势地推动供给侧结
构性改革，回到增长本源创新，强调技术创新、制度供给、构建发展新体制，
以期通过供给端发力破除增长困境，释放增长红利。深化供给侧结构性改革

---

* 武占云，中国社会科学院城市发展与环境研究所助理研究员、博士，主要研究方向为城市规
划、城市与区域经济等；单菁菁，中国社会科学院城市发展与环境研究所规划室主任、研究
员、博士，主要研究方向为城市与区域经济发展战略、城市与区域规划、城市与区域管理等。

* 武占云，中国社会科学院城市发展与环境研究所助理研究员、博士，主要研究方向为城市规
划、城市与区域经济等；单菁菁，中国社会科学院城市发展与环境研究所规划室主任、研究
员、博士，主要研究方向为城市与区域经济发展战略、城市与区域规划、城市与区域管理等。

为 CBD 的产业转型发展提供了有利条件，是推动 CBD 由传统服务业向高精尖产业转型的重要力量。在这一背景下，中国 CBD 转型升级步伐加快，各地 CBD 呈现出由增量发展向质量发展转型、由传统产业向高精尖产业转型、由设施建设向营商环境优化转型的特征和趋势。未来，如何强化产业竞争力、提升资源配置效率、降低资源消耗、确保政策精准性和长效性、营造对接国际的营商环境，是 CBD 实现产业高精尖发展、经济高质量发展面临的重要问题。

一 中国 CBD 发展回顾

（一）供给侧改革助推高精尖发展

在经济服务化、产业结构服务化的产业演进背景下，发展高精尖服务业，提升服务业生产效率，提升服务业对经济增长的贡献率显得尤为紧迫和重要。供给侧结构性改革是针对目前生产中存在低效率、资源配置不当、技术进步缓慢、企业创新能力不足等问题提出的，更多的是考虑如何实现资源的有效配置、全要素生产率的提高和技术进步。高精尖产业的"高"体现在产业层次高、带动作用强、经济贡献大，"精"体现在生产要素投入少、资源配置效率高、资源环境成本低，"尖"体现在品质尖端、创新特色明显。因此，推动产业高精尖发展不仅是供给侧结构性改革的内在要求，也是供给侧结构性改革的重要结果。各地 CBD 积极围绕"高精尖"产业结构，不仅积极培育高新技术产业、知识密集型产业和新兴的高端产业，同时，推动传统产业向高端形态、高端环节转型。例如，重庆解放碑 CBD 积极培育融资租赁，银川阅海湾 CBD 引入电竞产业，深圳福田 CBD 大力发展供应链金融，而西安长安路 CBD 以主题性的文化元素来提升零售类商业的体验性和差异性，推动传统商业向新型零售转型。

（二）减量提质增效促进高质量发展

随着城镇化的快速推进，交通拥堵、人口膨胀、房价高涨、空气污染等

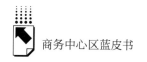

城市病问题日益凸显，如何根治城市病、提升城市品质成为各城市努力的目标。北京、上海、深圳等大城市最先提出"减量发展"理念，重庆、成都、天津、大连等城市提出"提质增效"理念，其目标都是通过提档升级全方位推动高质量发展。CBD作为城市人流、物流、资金流、信息流最为集中的区域，经过几十年的发展，不少CBD呈现高密度集聚而环境品质下降的问题，亟须通过精简规模、控制增量、挖掘潜量以提高地均和人均产出率，提升质量和效益，实现高质量发展。当前，各CBD通过提高企业入驻门槛、存量空间更新、楼宇腾笼换鸟和用地模式创新等方式实现减量增效法则。例如，重庆解放碑CBD积极推进"十字金街"沿线老旧楼宇改造，通过"形态、业态、文态"三位一体提档升级推动有机更新，复兴传统母城风貌。杭州武林CBD大力推进楼宇腾笼换鸟，并通过建设智慧楼宇生态链平台，掌握区内楼宇、园区商务资源和楼宇空间的动态信息。深圳福田CBD积极开展城市更新统筹规划工作，最大限度挖掘存量潜能。总体来看，各地CBD通过减量发展正向"规模约束、功能优化、空间提升"的高质量发展阶段演进。

（三）多措并举促进营商环境优化发展

联合国贸易和发展会议发布的《2018世界投资报告》显示，2017年中国成为全球第二大外资流入国、第三大对外投资国。外资企业作为重要的市场主体，向来是各地CBD招商引资的重点，然而过去主要靠优惠政策吸引外资的招商模式越来越不可持续，服务高效、管理规范、接轨国际的营商环境已成为各地CBD吸引外资企业和国内优质企业的制胜法宝。例如，广州天河CBD与香港品质保证局合作，出台了楼宇经济"天河标准"，探索与国际接轨的物业管理标准。上海虹桥CBD出台了《上海虹桥商务区管委会关于优化商务环境建设的政策意见》，重点支持商务区金融服务环境建设、人居环境优化等项目；北京CBD则通过建立企业信用评估体系、搭建政企交流平台、完善外籍人才服务机制等方式着力优化营商环境。

二 2017年中国CBD发展评价

本文聚焦经济维度、产业维度、开放维度和环境维度等四个方面，对中国商务区联盟的21个CBD进行量化评估

（一）经济维度

1.经济规模

从地区生产总值来看，2017年，广州天河CBD、深圳福田CBD、北京CBD位居前3位，GDP均超过了1500亿元。杭州武林CBD、重庆解放碑CBD、天津河西CBD和大连人民路CBD紧随其后，GDP总量均超过了500亿元。与2016年相比，GDP增幅最大的分别是银川阅海湾CBD、西安长安路CBD和深圳福田CBD，增幅均超过了100%（见表1）。

表1 2017年中国部分CBD经济发展比较（按经济总量排序）

排名	CBD	面积（平方公里）	GDP总量（亿元）	GDP增幅（%）	占全市比重（%）
1	广州天河CBD	20.00	2991.00	23.24	15.30
2	深圳福田CBD	6.07	2400.00	100.00	12.31
3	北京CBD	6.99	1620.00	45.95	6.31
4	杭州武林CBD	31.46	903.48	7.60	7.20
5	重庆解放碑CBD	1.61	672.40	6.80	4.28
6	天津河西CBD	42.00	553.00	11.04	3.09
7	大连人民路CBD	8.40	538.00	7.34	13.95
8	银川阅海湾CBD	2.88	260.00	154.90	26.71
9	郑东新区CBD	7.10	166.33	49.30	3.60
10	南京河西CBD	22.00	165.00	28.40	1.57
11	西安长安路CBD	4.55	153.20	135.69	2.77

注：（1）GDP增幅为2017年度相比2016年度的增长幅度；（2）全市GDP数据为市辖区范围GDP统计值；（3）天津河西CBD推动全域CBD建设，数据天津市河西区的统计数据；（4）深圳福田CBD GDP统计口径为CBD及环CBD周边范围。

资料来源：根据《中国城市统计年鉴2017》和中国商务区联盟提供数据整理。

从地区经济贡献来看，广州天河 CBD、深圳福田 CBD、大连人民路 CBD 和银川阅海湾 CBD 的 GDP 占全市比重均超过了 10%（各地市 GDP 为市辖区统计范围数据），地区经济贡献突出。其中，位于西部地区的银川阅海湾 CBD，地区生产总值占全市比重位居各 CBD 之首，达到 26.71%，GDP 增幅达到 154.90%。银川阅海湾 CBD 近年来以"两区、三基地和三平台"为定位，积极培育总部经济、金融保险、电子竞技、电子商务和智慧商业等高精尖产业，经济规模和发展质量取得了双突破。

2. 税收贡献

从税收贡献来看，2017 年，深圳福田 CBD、北京 CBD、天津河西 CBD 的纳税总额均超过了 200 亿元（见图 1）。其中，深圳福田 CBD 的纳税总额高达 1800.00 亿元，位居各 CBD 首位。深圳福田 CBD 作为一直以来深圳的金融、政治、经济中心，汇聚了 9800 家公司和企业，包括 129 座高端商务楼宇（其中纳税过亿元楼宇数量达到 65 座），98 家世界 500 强公司，为深圳乃至珠三角地区的经济社会发展持续贡献力量。北京 CBD 中心区的纳税总额达 428.70 亿元，位居第 2 位，北京 CBD 功能区的税收总额则超过了 1200 亿元，占所在朝阳区的 60%。然而，位于西部地区的广西南宁金湖 CBD、银川阅海湾 CBD、西安长安路 CBD 的纳税贡献并不理想，这些 CBD 需要着力提升经济效益和企业竞争力。

3. 楼宇经济

2017 年，上海虹桥 CBD、北京 CBD、广州天河 CBD、深圳福田 CBD、天津河西 CBD、大连人民路 CBD 和杭州武林 CBD 的商务楼宇数量均超过了 100 座，众多 CBD 的单座楼宇税收贡献超过了亿元，甚至 10 亿元，纳税过亿元楼宇数量位居前 5 位的分别是深圳福田 CBD、广州天河 CBD、杭州武林 CBD、北京 CBD 和天津河西 CBD，均超过了 40 座，相比 2015 年、2016 年有了大幅提升。其中，深圳福田 CBD 的纳税过亿元楼宇有 65 座，占比高达 50.39%（见图 2）。北京 CBD 纳税过亿元楼宇也达到了 52 座，并在楼宇标准化和智慧楼宇方面积极探索，建立了企

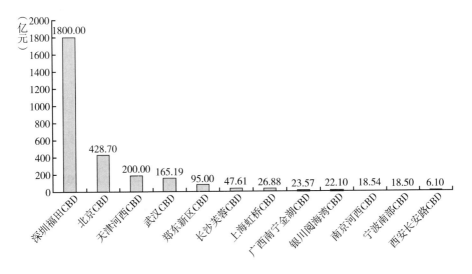

图 1　2017 年中国部分 CBD 纳税总额比较

注：南京河西 CBD、武汉 CBD、西安长安路 CBD 为 2016 年数据；上海虹桥 CBD 为核心区 3.7 平方公里内企业上缴各类税收总额；北京 CBD 为中心区税收数据；天津河西 CBD 为河西区统计数据。

资料来源：根据中国商务区联盟成员提供数据整理，部分 CBD 由于数据缺乏未纳入评价。

业信用评估体系与楼宇管理系统联动机制，借鉴绿标、LEED 等国内外楼宇评价标准，建立了 CBD 楼宇品质评价体系，对区域内楼宇做出科学系统的全方位测评，逐渐优化楼宇业态结构、全面提升区域楼宇品质、保障区域经济运行安全。

（二）产业维度

1. 产业创新

产业创新是 CBD 产业发展的重要特征，2017 年各地 CBD 业态创新、模式创新依然显著，除了东部地区 CBD 是新知识、新业态、新技术最为集中的区域外，西部地区在业态和模式创新方面表现尤为突出（见表 2）。

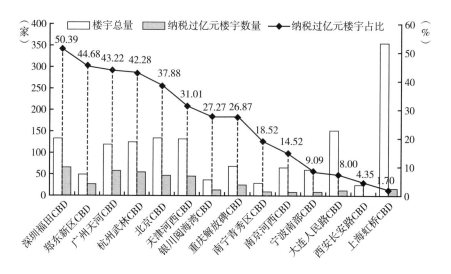

图2　2017年中国部分CBD楼宇经济情况

注：南京河西CBD为2016年数据；北京CBD为中心区数据。

资料来源：根据中国商务区联盟成员提供数据整理，部分CBD由于数据缺乏未纳入评价。

表2　中国西部地区部分CBD产业创新发展情况

CBD	产业创新情况
重庆解放碑CBD	• 跨境电商：依托重庆自贸试验区、中新合作示范项目开放平台，积极发展跨境电商，吸引丰趣海淘跨境电商总部、海基亚供应链平台、英国德本汉姆百货、CBT进口超市等落户 • 商业创新：当当O2O实体书店、永辉超级物种等一批新零售商落户
西安长安路CBD	• 商贸创新：推动传统商贸向以文化创意为内核的主题性商业转型 • 共享经济：以共享经济理念打造"优客工厂"联合办公空间，为创业者、小微企业和自由职业者提供办公空间租赁及配套服务，为入驻企业提供完善的公共资源共享平台、咨询服务平台、融资平台等服务
银川阅海湾CBD	• 新兴金融：建成"宁夏保税国际商品展销中心（全球汇）"，积极培育融资租赁、信托担保和互联网信贷等金融业态 • 电竞产业：紧抓WCA永久举办地及智慧城市"银川模式"等机遇，积极打造电竞文化综合体项目，培育电竞产业新业态
广西南宁金湖CBD	• 商业创新：结合东盟博览会、青秀区文化旅游节，积极推进"文化＋商业"融合发展，培育新型零售业态

注：产业创新活跃是当前各地CBD的普遍特征，《中国商务中心区发展报告No.3》分析了各地CBD的产业创新总体情况，本报告仅重点分析西部地区具有代表性的CBD。

资料来源：根据中国商务区联盟成员提供数据整理，部分CBD由于数据缺乏未纳入评价。

2. 总部经济

在总部企业集聚方面，CBD 是国内外大型企业总部选址布局的重要集聚地。2017 年，北京 CBD、深圳福田 CBD、重庆解放碑 CBD、上海虹桥 CBD、广州天河 CBD 的总部企业数量均超过了 100 家（见表 3）。北京 CBD 的总部企业数量位居各 CBD 之首，达到 428 家，相当于北京市总部企业一半以上都集中在 CBD 区域。三星、壳牌、丰田、大众等跨国公司地区总部，数量上只占 CBD 企业比重的万分之四，却贡献了 14% 的税收。超过一半的深圳市认定总部企业集聚在福田中心区。累计总部 342 家（金融总部 98 家、银行 44 家、证券 16 家），2017 年福田总部企业实现增加值占地区生产总值比重四成以上。位于西部地区的银川阅海湾 CBD、西安长安路 CBD 的总部企业也达到了 30 多家，吸引了跨国、跨区域企业的西部地区总部以及国际机构的办事处落户商务集聚区，显示出了较强的发展潜力。从总部企业数量占比来看，银川阅海湾 CBD 总部企业占所有企业数量的比重达到 3.75%，位居各 CBD 之首，其次是深圳福田 CBD。作为新兴的商务功能区，银川阅海湾 CBD 近年来将按照"立足宁夏、服务全国、面向世界"的发展理念，以"总部基地 + CBD"为定位，着力打造以企业集团总部或区域性总部基地为主，辅之以金融、投资、保险、法律、会计、信息、文化创意、广告中介等现代服务业，已成为我国西部地区重要的总部经济集聚地。

表 3　2017 年中国部分 CBD 总部企业数量比较（按总部企业数量排序）

	企业总量（个）	总部企业数量（个）	世界 500 强企业数量（个）	总部企业数量占比（%）
北京 CBD	47980	428	160	0.89
深圳福田 CBD	9800	342	98	3.49
重庆解放碑 CBD	9684	150	98	1.55
上海虹桥 CBD	2393	111	—	4.64
广州天河 CBD	71568	105	2	0.11
天津河西 CBD	12000	73	40	0.61
银川阅海湾 CBD	1172	44	7	3.75
大连人民路 CBD	—	35	58	—

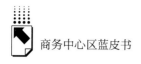

续表

	企业总量 （个）	总部企业数量 （个）	世界500强企业数量 （个）	总部企业数量占比 （%）
郑东新区 CBD	16656	34	53	0.20
西安长安路 CBD	7342	33	26	0.45
宁波南部 CBD	3801	16	0	0.42
南宁青秀区 CBD	6235	8	12	0.13
杭州武林 CBD	3408	—	3	0.00
南京河西 CBD	4200	—	—	

注：上海虹桥 CBD 为主功能区范围的数据，南宁青秀区 CBD 的总部企业数量为 2015 年数据，西安长安路 CBD 总部企业数量为 2015 年数据。

资料来源：根据中国商务区联盟成员提供数据整理，部分 CBD 由于数据缺乏未纳入评价。

（三）开放维度

围绕党的十九大关于"发展更高层次的开放型经济，推动形成全面开放新格局"要求，各地 CBD 持续加大开放型经济探索力度，积极与高水平国际经贸规则对接。一是营造优良的国际化营商环境，积极与高水平国际经贸规则对接；二是依托自由贸易试验区、"一带一路"建设、服务业扩大开放试点等国家新一轮对外开放战略，积极支持区域内的企业、行业协会与境外国家组织建立常态化合作机制，支持企业海外投资业务，推动更多企业"走出去"，有效对接国际创新资源。

从外资利用情况来看，2017 年，北京 CBD 和上海虹桥 CBD 的外资利用数量处于全国领先地位，均达到了 42.58 亿美元（见图 3）。尤其是北京 CBD，外资企业在其经济发展中具有举足轻重的地位，经济贡献度十几年来基本维持在 60% 左右。北京 CBD 是首都首批服务业扩大开放综合试点区，这为北京 CBD 不断深化改革、寻求产业政策突破提供了契机。目前，北京 CBD 正在推进外资独立经营培训政策突破、构建更加开放的金融业对外开放格局等试点改革。2017 年，北京 CBD 外资企业数量首次超 1 万家，达 10057 家，实现税收 512.8 亿元。重庆解放碑 CBD 依托中新合作示范项目开放平台和重庆自贸试验区建设契机，积极对接重庆市"三个三合一"

开放平台体系①，2017 年吸引了丰趣海淘、英国德本汉姆百货、CBT 进口精品超市等跨境电商项目入驻；积极对接新加坡中国文化中心、新加坡中华总商会等，强化沟通交流，成立重庆中新示范项目战略研究中心。相对而言，大连人民路 CBD、南京河西 CBD、宁波南部 CBD 和西安长安路 CBD 的外向型经济发展相对滞后，外资利用总量不足 1 亿美元。位于中部地区的郑东新区 CBD 的外向型经济发展较为突出，2017 年外资利用总量达到 1.15 亿美元，相比 2015 年增幅高达 156%。

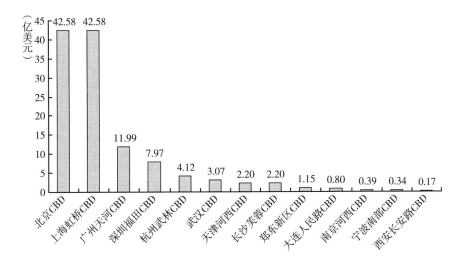

图3　2017 年中国部分 CBD 外资利用比较

注：广州天河 CBD、天津河西 CBD、武汉 CBD 为 2015 年数据。

资料来源：根据中国商务区联盟成员提供数据整理，部分 CBD 由于数据缺乏未纳入评价。

（四）环境维度

高质量发展需要能够最大限度激发市场主体活力和激励相容的营商环境，使市场真正在资源配置中发挥决定性作用。为营造服务高效、管理规范、接轨国际的营商环境，各地 CBD 普遍重视与国际规则接轨的标准制定

---

①　"三合一"指交通（通信）枢纽、口岸、保税区这三种开放基础。

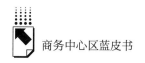

和动态监测评估,包括土地准入标准、企业信用评价、楼宇标准和高端人才认证标准等,对于企业的入驻、服务和退出等实行全生命周期管理和服务,具体如表4所示。

表4　2017年中国部分CBD营商环境优化情况

优化内容	具体做法
人才服务	• 北京CBD:制定了重点领域发展需要的外籍高层次人才和紧缺人才的认定和激励政策;积极推进国(境)外学历学位认证工作 • 广州天河CBD:积极组织企业参评"天河区创新创业人才""广州市1+4人才""高端外国专家引进项目"和"2018年中国政府友谊奖"等各类人才评选活动;开拓海外高层次人才引进新模式;与英国国际贸易部共同举办中英金融人才教育培训项目 • 南京河西CBD:积极鼓励区内高端人才申请南京市"高层次创业人才引进计划"、南京市"创新型企业家培育计划"、南京市科技顶尖专家集聚计划 • 宁波南部CBD:与宁波诺丁汉大学达成战略合作协议,搭建大学生实习基地,为CBD人才储备提供孵化器 • 深圳福田CBD:出台"福田英才荟"政策文件,大力引进高端创新人才及创业团队;建立区领导联系高层次人才机制,奖励产业发展与创新人才 • 宁波南部CBD:积极与有关机构合作,着力为企业开展引才引智提供精准服务;积极与浙工大、宁大等院校接洽,并联合专业招聘机构,制订高校人才培养、引进及就业合作计划,联手打造产学研基地
企业服务	• 北京CBD:采用数据协同、管理协同、服务协同等三种方式,推进部门协同管理平台,优化企业手续办理途径,推行CBD区域工商登记全程电子化试点,缩短企业工商注册时间;推进以大数据中心和信息交换枢纽为主要功能的平台建设,实行信息资源共享;建立企业信用评估体系,实现对企业风险的实时评判,根据企业风险类型,建立全面监测、重点监测、瞬时风险监测的监管模式 • 重庆解放碑CBD:主动协调服务,创新服务手段,建立解放碑CBD企业微信群、HR经理微信群、企业协会微信群,整合资源服务 • 上海虹桥CBD:出台《上海虹桥商务区管委会关于优化商务环境建设的政策意见》,通过年度项目申报,对于环境营造、公共服务、"会商旅文"等重点领域的项目给予专项资金支持,支持方式包括无偿资助、贷款贴息、政府补贴和政府购买服务等 • 广州天河CBD:建立常态化服务企业机制;实施政府购买服务;为企业办理场地证明;深入开展常态化安商稳商行动;开展政策宣讲及协助申报工作 • 宁波南部CBD:完善园区专业性公共服务平台,成立了影视后期制作中心、商标品牌服务中心、数字创意孵化平台、青年文创空间等八大服务平台;首创税务24小时服务机制,为商务区企业办理税务工作提供便利 • 西安长安路CBD:创立优客工厂,为入驻企业提供完善的公共资源共享平台、咨询服务平台、融资平台等系列服务于小微初创型企业的资源平台

续表

优化内容	具体做法
楼宇服务	• 北京 CBD：创建楼宇评价体系，引导楼宇健康发展；持续完善平台建设，打牢技术基础；深化楼宇信息采集制度，扩大工作覆盖面 • 重庆解放碑 CBD：完善楼宇监测台账，实现重点商务楼宇监测全覆盖 • 广州天河 CBD：开展楼宇可持续发展指数评定工作，在楼宇管理领域接轨了"香港标准"，创造"天河标准"，发布《广州市天河中央商务区楼宇可持续发展指数》白皮书；梳理挖掘楼宇空间、建设完善楼宇经济数据库，加强营利性服务业重点企业的统计监测工作 • 广西南宁青秀 CBD：编制《青秀区楼宇经济发展相关政策汇编》，为商务区楼宇企业特别是重点楼宇送去青秀区在楼宇经济发展方面的扶持政策；探索建立楼宇经济"一企一策"个性化楼宇配套政策 • 宁波南部 CBD：在商务区引入并推广国际金钥匙物业项目，致力打造优质物业管理特色楼宇及金钥匙样板项目工程，提升园区物业管理精细化水平；完善楼宇信息员制度，全面改造楼宇信息管理系统，有效实现对企业动态实时监控 • 天津河西 CBD：开发完善楼宇经济信息平台，动态了解楼宇经济运行情况；依托社会机构，建设楼宇共享服务平台，为商务楼宇入驻企业及员工提供贴心、高效、便捷的服务；推行楼宇物业服务标准化工作；加强对重点楼宇、重点企业的走访联系
政策保障	• 北京 CBD：借助北京市首批服务业扩大开放综合试点区的政策，积极推进外资独立经营培训政策突破、构建更加开放的金融业对外开放格局等试点改革 • 重庆解放碑 CBD：实施《关于进一步加快楼宇经济和总部经济发展的意见》《渝中区促进产业发展扶持办法》，重点支持引新建楼宇招商、产业集聚区打造、优质企业稳存引增以及配套环境建设等 • 南京河西 CBD：实施《建邺区关于支持金融业和企业上市发展的暂行办法》，通过入驻扶持、金融创新扶持、上市扶持和人才扶持等政策积极鼓励金融企业上市，同时出台了商务商贸产业政策、文体会展政策、科技及信息服务业政策 • 深圳福田 CBD：出台了"1＋9＋N"系列产业资金政策文件。"1"是指产业资金管理办法，"9"是指招商引资、总部经济与上市企业、金融业、现代服务业、先进制造业、科技创新、文化产业、建筑装饰设计、产业行业协会 9 个产业对应的政策。"N"是指特色细分行业政策、区域发展支持政策、产业空间支持政策等其他相关政策 • 长沙芙蓉 CBD：芙蓉区制定出台《促进产业发展的扶持办法》，在新建楼宇、老旧楼宇提质改造、楼宇配套服务、引进物业服务等多个方面，为楼宇经济发展提供政策支持

资料来源：根据中国商务区联盟成员提供数据整理，部分 CBD 由于数据缺乏未纳入评价。

三　结语与展望

2017 年，中国服务业增加值占 GDP 比重为 51.6%，服务业对经济增

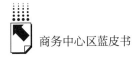

长的贡献率达到 58.8%，成为推动经济增长的主动力。CBD 作为服务业的重要集聚区，围绕产业的提质增效，通过积极构建"高精尖"产业结构、全方位推动创新转型、大力优化营商环境等举措，有效带动了区域产业结构转型升级，在推动区域经济向高质量发展阶段演进方面做出了积极贡献。"高精尖"经济结构不仅是产业结构体系的高级化演进，更是一种新型的经济形态，相比产业的传统发展模式，其要素投入、产品价值、产业组织及其外部环境条件均发生了相应的变化。未来，CBD 应更多地通过理念重塑、结构优化、要素升级、体制创新等方面培育新增长点，形成新动能。

一是在发展理念方面，把"高质量发展""高精尖产业"作为确定发展思路、制定各项政策的根本要求和着力点，加快服务业创新驱动和新动能培育，推动传统产业提质增效，向全球价值链高端攀升，深化服务业高水平全面开放，推动产业向高端化、国际化演进。

二是在环境营造方面，加强知识产权保护与运用，积极引进知识产权中介服务机构，提高知识产权侵权代价和违法成本；推动资源要素向激励人才的方向倾斜，探索实施人才培训福利计划，积极引入现代金融、高端商务、文化创意、大数据、互联网创新等方面的高端复合人才，赋予高端人才更大的发展自主权，完善高精尖产业的人才支撑体系。

三是在机制创新方面，积极探索包容创新的机制体制，建立跨界融合新行业和新业态的协同监管机制；加快服务业标准化建设，支持具备能力的社会组织和产业技术联盟牵头制定满足市场和创新需要的标准，实施企业标准自我声明公开制度，推进优势、特色领域标准的国际化。

参考文献

李柏峰：《新常态下北京构建"高精尖"经济结构的对策建议》，《北京经济管理职业学院学报》2016 年第 4 期。

王玉海等：《北京市构建"高精尖"经济结构的提出背景、作用定位极其内涵界定研究》，《领导之友》2017年第23期。

唐建国：《北京加快发展高精尖产业的路径机制研究》，《前线》2016年第12期。

张月友、董启昌、倪敏：《服务业发展与"结构性减速"辨析——兼论建设高质量发展的现代化经济体系》，《经济学动态》2018年第2期。

楼宇经济篇

Building Economy

B.3

新时期 CBD 楼宇经济发展
动态与提升路径

张 杰*

摘　要：　CBD 楼宇经济代表着城市服务经济发展的新高度，在新时期我国经济发展呈现出一系列新特征的现实背景下，楼宇经济也呈现出新的发展趋势。本文概述了新时期 CBD 楼宇经济发展的新标准、新发展、新转型等发展动态，指出了管理智慧化、服务柔性化、经济生态化等新的发展特点，提出了社区治理新内涵、生态网络新集群、数字财富新流量等新的发展趋势，建议逐步走出一条发展新时代全球化 CBD 楼宇经济的新路径。

* 张杰，首都经济贸易大学教授，城市经济与公共管理学院副院长，北京 CBD 发展研究基地研究室主任。

关键词： 楼宇经济　转型　趋势　CBD

　　国家统计局数据显示，2017 年末中国城镇常住人口 81347 万人，城镇人口占总人口比重（城镇化率）为 58.52%，比 2016 年末提高 1.17 个百分点。然而，中国常住人口城镇化率距离发达国家 80% 的平均水平还有很大差距，城镇化道路蕴含的经济潜力将为新时代经济发展持续释放动能；城镇化率的不断提升，也意味着越来越多的人口资源将持续进入城市，尤其是大城市、特大城市和超大城市。而最能代表城市经济发展特征的经济形态，就是 CBD 楼宇经济。

　　CBD（中央商务区）是城市高端服务业发展的集聚地和坐标点，作为城市中心商务区，CBD 通过聚集产业、总部、人才、消费、文化等高端要素，整合人流、物流、资本流、信息流等发展要素，通过横向金字塔式产业空间资源配置和纵向总部管理功能深刻地影响着城市经济发展进程，也彰显着城市高端服务业的现实状态和发展方向。

　　CBD 楼宇经济，是城市经济发展的高级形式，是一种集聚于 CBD 功能区内高档商务楼宇或办公楼宇中的经济形态，它主要以商务楼宇和办公楼宇为载体，通过聚集人才、知识、信息、资本、技术和创新等经济发展要素而形成高密度、立体性、总部型、全球化等特点的高端服务业发展平台，代表着城市服务经济发展的新高度。

　　新时期，人民日益增长的美好生活需要和不平衡不充分的发展之间的矛盾成为现阶段我国社会发展的主要矛盾，相应地，经济发展也呈现出一系列新特征。供给侧结构性改革不断深入，长三角、珠三角、京津冀等都市圈经济迅速发展，城市容量不断增加，城市活力不断提升，CBD 楼宇经济呈现出新的发展趋势与提升路径。

一　新时期 CBD 楼宇经济发展动态

　　当前我国经济新常态具有三个特点：从高速增长转为中高速增长、经济

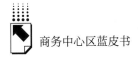

结构不断优化升级、从要素驱动和投资驱动转向创新驱动。相应地，借助于大数据、互联网、共享经济等创新要素，CBD 楼宇经济在新时期呈现出新的发展动态。

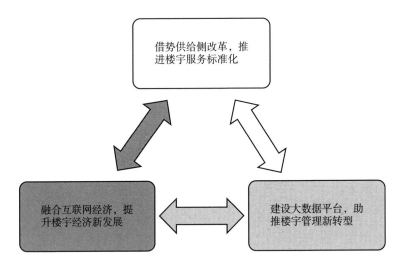

图 1 新时期 CBD 楼宇经济发展动态

（一）借势供给侧改革，推进楼宇服务标准化

供给侧结构性改革被确定为我国"十三五"时期的发展主线，要求保持经济中高速增长、推动产业迈向中高端水平。在供给侧改革的大背景下，成都市通过推进楼宇标准化，促进楼宇经济提高供给质量，取得了较好效果。

受全球经济形势下滑和市场环境变化的影响，成都市商务楼宇曾一度出现产业承载能力下滑、产业集聚效益下降、楼宇同质化竞争激烈等一系列问题。通过借势供给侧改革，成都市着力推进楼宇经济调整标准化。2015 年成都市依据《成都市商务写字楼等级划分》启动商务写字楼等级评定工作，历时四个月，评出了 8 栋超甲级和 10 栋甲级商务写字楼。随之开展了"三去一降一补"的一系列工作。2015 年底，成都市优质写字楼市场累计供应达到 224.5 万平方米。目前成都纳税亿元以上楼宇超过 28 栋，主要集中分布在中央商务区（CBD）等片区。

为保证推进标准化评级工作有序推进，成都市以市商务委为依托成立了"成都市楼宇等级评定委员会"，下设办公室，负责委员会日常管理工作。在委员会指导下，办公室通过委托等级评定机构、建立楼宇经济专家库、派遣楼宇等级评定监督员等步骤，对全市楼宇等级评定工作实施全程监督和日常管理。

目前，成都市楼宇等级评定委员会逐步健全了监督管理和执行机构，制定出台了《成都市商务写字楼等级评定实施细则》，完善了商务写字楼等级评定顶层设计，增加了客户满意度调查和专家组暗访环节，强化了评定后续等级复核管理，进行了标准化评定。

楼宇管理和服务标准化的评定较为有效地促进了 CBD 楼宇经济发展。目前，成都市培育金融、文化创意、电子商务、服务外包、研发设计等服务业专业特色楼宇 70 余栋、吸纳楼宇存量近 330 余万平方米；培育税收亿元楼宇 39 栋。

（二）建设大数据平台，助推楼宇管理新转型

2015 年 11 月，党的十八届五中全会公报提出实施"国家大数据战略"。大数据（Big Data），指以海量化信息资产为基础进行数据深入挖掘分析，并通过数据处理得出模型和规模性、趋势性发展结论与建议。大数据有 5V 特点，即 Veracity（可信度）、Velocity（时效性）、Volume（数据量）、Variety（多样化）、Value（价值度）。

地处主城区，贵阳市云岩区聚集了大量的信息流和资金流，云岩 CBD 楼宇经济所处区位、贵州发展环境等均具有一定先发优势。但随着传统楼宇经济转型调整，也面临着增幅放缓、效益下滑的现实困境。为此，云岩 CBD 瞄准大数据产业来助推楼宇管理转型升级。

2016 年 8 月，京玖大厦在贵阳市云岩区应用总部投入使用，贵州中黔金融资产交易中心有限公司（黔金所）、腾讯糖尿病防控大数据中心等 27 家大数据企业入驻，力图通过大数据战略引领贵阳 CBD 楼宇经济转型发展。

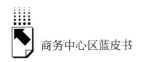

云岩区大数据应用总部项目地处贵阳市一环北京路9号，建筑面积3.6万平方米，毗邻贵州医科大学老校区，是金融服务业、大数据产业和大健康产业发展的楼宇聚集区，2016年入驻企业25家。入驻楼宇企业中，贵州黔金所是贵州省第一家获得省金融办牌照的互联网金融企业，2015年获得"中国互联网金融最具成长力企业"称号；亨达科技是贵州大数据代表性企业，曾承办2015年中国数博会数据安全服务，具有深厚发展潜力；文思海辉是知名技术研发服务提供商，主营业务涉及美国、欧洲、日本等地。

大数据产业为CBD楼宇经济发展带来了新契机。2015年，京玖大厦正式招商，成为云岩大数据应用总部示范大楼并进一步推进实现大数据与金融、保险、咨询、信息服务等生产性服务业融合发展。此外，云岩区还对入驻总部大楼的企业提供金融担保、人力资源派遣、投资、财务等服务；云岩区大数据"双创"产业导向基金每年1000万元，通过政策性导向引导产业方向，进而引入社会资本扩大基金规模，或以股权投资等方式支持楼宇入驻企业快速发展。

在大数据战略推动下，2017年云岩区辖区京玖大厦、华融大厦、黔灵大厦等一批大数据总部大楼不断发展壮大，全区大数据企业达到227家，产业规模达140亿元，同比增长16.67%。

中原地带，2017年12月，河南省郑州市郑东新区楼宇经济发展信息平台建设完成，这也是河南省第一个楼宇经济大数据平台，旨在促进郑东新区CBD楼宇经济的转型发展。

数据显示，郑东新区中央商务区截至2015年底辖区总部企业达21家，渣打银行郑州分公司等13家金融外资总部企业入驻世博大厦。2016年，郑东新区CBD区域形成了21栋亿元楼，全口径纳税额突破105亿元。2017年，CBD商务楼宇平均使用率达到95.74%，平均使用率提高11%，CBD开发空间不断拓展。

按照郑东新区CBD的发展部署，楼宇经济大数据平台依托郑东新区工商、国地税等部门基础数据，以辖区内商务楼宇招商运营为主要内容，以建立楼宇经济动态数据库为主要目标，对楼宇招商、企业入驻等详细信息进行定期采集和分析处理，用以决策 CBD 楼宇经济的发展态势和发展方向。

大数据平台为郑东新区 CBD 发展提供了新引擎。郑东新区楼宇办计划通过楼宇扶持政策，借力大数据产业，在 2018 年培育 32 栋亿元楼，持续推动郑东新区楼宇经济提档升级，构筑新时代 CBD 现代楼宇经济体系。

（三）融合互联网经济，提升楼宇经济新发展

"互联网＋"行动计划由李克强总理在 2015 年政府工作报告中首次提出，旨在发展壮大新兴业态，打造新的产业增长点，全面激发市场和社会活力，进入创新驱动发展的"新常态"，促进国民经济提质、增效、升级。

在此背景下，2015 年 4 月，北京市丰台区启动"互联网＋楼宇经济＋政府产业促进"活动，并正式上线新版投联网。这是内地首家提供投资要素交易服务的互联网市场平台。

投联网是应用互联网技术为投资要素交易提供线上线下服务的市场平台，该平台提供资金、技术、空间、人才等投资要素和政策咨询、审批代理以及财税、法律等专业行政和投资性服务，企业、投资者、政府、咨询机构均可从中获益。

首都寸土寸金，加上功能疏解，楼宇经济在北京等特大城市 CBD 中崛起并快速提升，是国家政策导向和经济发展阶段递进的必然结果。近年来，随着北京城南行动计划强力推进，北京城乡接合部地区建设、疏解首都非核心功能等工作大幅提速。丰台丽泽 CBD 商务楼宇快速发展，为聚集高精尖产业储备了空间。

目前，丰台丽泽 CBD 地区现有商务楼宇 180 栋，总建筑面积 925.5 万平方米。其中 10 余栋单体建筑面积达到 10 万平方米以上，绝大多数在五环以内，主要分布在二环至四环之间。大规模大体量的商务楼宇，适合金融服务、文化创意以及高精尖新等不同高端产业发展，为控制增量、整合存量的北京互联网经济提供了上升空间。

向南千里之外，2016 年 4 月，福建省三明市梅列区政府与齐家网签订

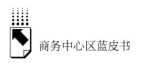

合作协议，在徐碧 CBD 建设"互联网＋"主题楼宇项目。为做大经济总量，促进经济转型升级，梅列区以楼宇经济发展为导向，依托互联网产业，着力提升徐碧中央商务区品质，打造集区域总部、电子商务和金融服务于一体的经济发展高地。

按照"政府投资，企业运营，政策引导，互利共赢"思路，梅列区确定齐家网作为专业运营团队和战略投资合作者，以兴化商会大厦作为"互联网＋"主题楼宇经济集聚区。2014 年齐家网在垂直类家装电商平台的市场份额占到 33.4%，2015 年 9 月齐家网首推互联网装修 2.0 新模式，倡导运用技术手段提高企业运营效率。成立 11 年以来，该公司已在全国 115 个城市建立了分支机构。双方开展合作后，齐家网将充分发挥运营经验和能力，建设创客空间、孵化中心、公共服务中心、运营中心、体验中心、商学院等功能区，为创业者提供资源整合渠道，引导互联网企业集聚发展，引进国内知名互联网企业及配套服务商，培育有较强市场竞争力的网商队伍。根据约定，第一年招商入驻企业不少于 20 家，入孵项目达到 30 个，孵化成功率达 90% 以上。梅列"互联网＋"主题楼宇经济正在助推徐碧 CBD 迈入新的发展阶段。

二 新时期 CBD 楼宇经济发展趋势

新时期，CBD 楼宇经济发展无论是楼宇自身的管理服务，还是经济形态的调整变化，都呈现出新的发展趋势，高质量发展成为新的发展方向和诉求。楼宇经济发展在管理智慧化、服务柔性化、经济生态化等方面呈现出新的发展特点。

（一）楼宇管理智慧化

"e"时代楼宇经济必然要借助互联网实现传统商务楼宇的产业集聚化、办公生态化、管理系统化、服务集成化。

楼宇经济载体逐步由单体大楼向功能区域发展。依托中心商圈、CBD

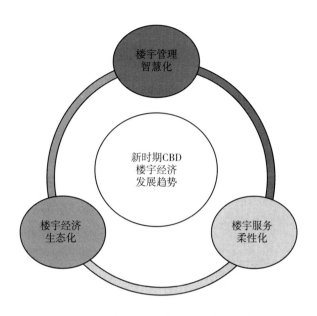

图 2　新时期 CBD 楼宇经济发展趋势

金融区、科技园区、文化园区、专业市场、产业园区、新新小镇等功能性区域，CBD 区域的楼宇群逐渐融合发展，形成了中央商务区等不同形式的载体空间，承载着新一轮的楼宇经济发展。CBD 及其拓展区域商务楼宇逐渐增多，不同程度地融合了贴心化服务、国际化配套、个性化办公等"智能型""智慧化"运营方式，楼宇经济功能复合化。

目前，推动楼宇管理精细服务逐渐成为趋势，尤其是 CBD 商务楼宇的管理，从注重安全、稳定、规范的服务管理发展到 LEED 节能、绿色环保、个性文化等精细化方面，更加关注人文细节、个性需求和用户体验。

（二）楼宇服务柔性化

链条式、循环型、延展性成为 CBD 楼宇经济聚合发展的三大要素。通常以商业为基础、金融为高端、服务为渠道，楼宇经济从单一产业主导逐步发展成为混合式、生态型、共融性园区经济，产业业态也从相对单一的现代服务业逐步在空间和种类上不断拓展，并进而形成了各具特色、兼容共生的

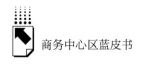

产业集聚区。

由于楼宇经济的群空间逐步扩大，加之经济发展、科技进步、低碳环保，商务楼宇逐步智慧化、人性化、自然化。商务楼宇的客户商务目标明确、人文定位清晰、商务空间舒适、提倡绿色环保和人文关怀。

随着互联网技术的普及和社会生活的发展，CBD 商务楼宇用户的要求不断提升，楼宇之间的沟通、分享、链接等网络和现实社交活动日益增加，联合办公、视频办公、花园商务、咖啡商谈、柔性办公、文化沟通等 CBD 楼宇的办公模式日益灵活、多样、个性，楼宇服务柔性化，楼宇经济在互联网的网络中日益碎片化、亮点化、即时化。

（三）楼宇经济生态化

一方面，联网沟通，进而共享办公；另一方面，随着 CBD 高端服务市场的相对稳定和生态经济网络的逐步建立，CBD 楼宇开始更多地展现从单向出租或单向销售阶段转向商务楼宇持有与运营两相分离的新特征，即从以往的"租售公开"或"租售并举"模式走向现在越来越多的物业"企业自持"，转而又从以往的注重经济效益到现在越来越注重经济社会、人文生态、国际影响等综合效益，并进而提升到 CBD 楼宇群区域的联结、互动、辐射，到所在城市和都市圈经济层次和创新需求的跃升、关联、拉动，到城市群区域经济的影响、文化、传承以及自然生态的追求、还原和引领。

目前，由于楼宇的财富效应、人文社区、品牌功能、创业空间、网络平台等复合功能日渐明确，引致 CBD 楼宇经济的生态化已经成为明显发展趋势，具体表现就是当前楼宇经济进入了"共享时代"，更注重公共空间的共享，更倡导"企业平台化、员工创客化、用户个性化"自循环生态圈模式，更追捧众创空间、新型孵化器、创意办公空间、低密度大型工业敞亮氛围等自然商务办公，更崇尚自然、互动、交流和绿色、共享，楼宇经济空间平台化、共享化、生态化。

三　新时期 CBD 楼宇经济发展提升路径

当前我国城市经济竞争已经进入凝聚高端服务业实力、追求高质量高效率发展的新阶段，从某种意义上说，CBD 高端服务业就是以楼宇经济为载体的高质量、高效率的生态经济业态。

从我国经济环境变化和经济发展阶段转换的情况分析，供给侧结构性改革下一步的逻辑选择就是城市治理的科学化、标准化、社会化；而大数据、互联网、共享经济等创新技术、业态或模式，则进一步更新了 CBD 楼宇经济的发展内涵和全球张力。

新时期，CBD 楼宇经济的发展路径，需要重点考虑从社区治理角度提升内涵管理，从生态网络出发提升总部集群，从数字财富着眼提升国际流量，逐步发展新时代全球化的 CBD 楼宇经济。

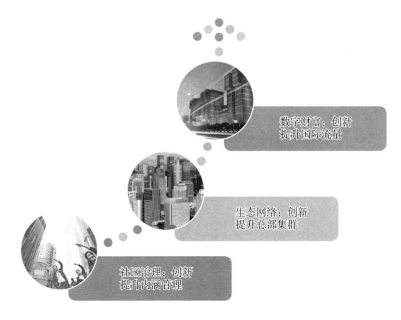

图 3　新时期 CBD 楼宇经济发展提升路径

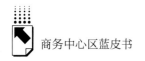

（一）社区治理：创新提升内涵管理

作为顺应楼宇经济蓬勃发展的社会服务管理创新产物，楼宇经济社区在生产、生活、生态等三个空间上功能复合，且具有传统城市社区所不具备的延展性、共享性、创新性、网络性。随着我国经济发展更加注重内涵发展、质量发展、特色发展，CBD 楼宇经济需要通过社区治理创新提升内涵管理。

2016 年 12 月《杭州市楼宇经济发展"十三五"规划》发布，提出杭州楼宇经济将构筑"两主七副多点"空间格局，将环西湖主中心板块和钱江新城、钱江世纪城主中心板块作为杭州市楼宇经济发展的核心板块，顺应杭州城市从西湖时代向钱塘江时代迈进的发展趋势。从杭州楼宇经济发展的态势来看，楼宇经济发展的空间格局与城市发展的空间格局相对吻合，符合城市发展与治理的基本趋势。

杭州 CBD 位于下城区武林商圈。CBD 楼宇经济多年来持续发展。下城区是杭州主城区的商务中心区，获评中国最具投资价值 CBD 和中国楼宇经济发展十大实力城区，2002 年提出"向蓝天要空间、向空间要效益"楼宇经济发展理念；2004 年产生浙江省第一幢亿元楼宇（标力大厦）；2009 年挂牌成立浙江省首家楼宇综合服务中心，探索形成了以合作共治为特色的楼宇经济服务模式。

"十二五"期间，下城区 CBD 区域新增商业商务楼宇面积 180 万平方米，形成了诸多楼宇社区。在楼宇社区治理体系中，以社区服务中心为平台，系统性地配置街道指导员、街道招商员、社区联络员、物业管理员、安全员（片警）以及国税、地税、工商三部门办事员"一楼六员八人"的管理服务团队，承担楼宇社区治理的常规服务。依托楼宇社区，下城区 CBD 在全国率先开展楼宇社区标准化服务体系建设，率先推出楼宇经济发展指数，楼宇经济发展工作成效显著。2016 年，下城区 CBD 区域超千万元楼宇达 90 幢，超亿元楼宇达 50 幢。

从全国来看，社区治理的创新发展正在以不同的方式迅速扩散。但就内涵而言，还需要在搭建各方广泛参与发展平台、培育特色楼宇经济社区开放式共用平台、着力解决静态交通压力等基础设施、建设智慧楼宇社区、构建楼宇社区新时期治理体制等方面不断提升创新内涵，实现 CBD 楼宇增量扩容和楼宇资源的经济效益最大化。

（二）生态网络：创新提升总部集群

楼宇经济的本质，就是通过高密度、集约式、大容量的建筑空间，集聚高附加值、高人力资本、高技术含量的经济要素，产生扩大化、辐射性、总部级的区域经济效益。

新时期，随着国内外经济环境变化和网络 5G、智能物联、远程链接、云平台等新技术的应用，CBD 单体楼宇的作用逐步缩小，以区域性楼宇群为单元的"总部 +"乃至大面积楼宇集聚而成的"直立开发区"形态的内生性经济网络逐步形成，成为楼宇经济新效益提升的现实选择。

在建设生态网络方面，成都武侯区 CBD 的做法值得关注。2017 年 11 月，成都市武侯区举行"新一线城市楼宇服务产业生态圈建设指引武侯发布暨文创武侯载体招商推介会"，"文创专业楼宇孵化基地"授牌仪式。在此次会议上发布了《成都·武侯楼宇服务产业生态圈建设指引》，为企业入选武侯楼宇提供了诸多参考：人民南路科技商务区楼宇是文创、金融、大健康、科技、总部企业首选；红牌楼商圈楼宇是现代商务商贸业、临空经济、高端物流企业首选；武侯新城楼宇是电子商务、智能制造、都市工业、动漫设计企业首选。此外，该指引对于如何打造武侯楼宇服务产业生态圈的建设路径，提出了五大具体行动：实施老旧楼宇更新改造行动；实施专业楼宇有序打造行动；实施楼宇综合服务提升行动；实施绿色生态楼宇创建行动；实施以楼聚产、以产兴区行动。

在产业发展带动下，国内外龙头企业开始关注武侯 CBD。截至 2017 年 12 月，武侯 CBD 区域引入世界 500 强企业达到 93 家，并累计引进安邦保险等市级重大项目 241 个，为进一步拓展武侯楼宇入驻主体规模、提升武侯楼宇经济的产业集聚效应奠定了基础。

着眼全国楼宇集群的生态化、网络化发展，今后还需要在深入发掘

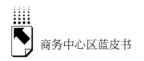

CBD 区域经济内部性生态联系的基础上，在提炼产业内涵、提高总部能级、提升经济层次等方面下功夫：尽快成立 CBD 商业商贸、规划设计、知识产权、税务会计、咨询管理等服务业总部，积极吸引 CBD 金融、文化、商务等区域性总部，大力吸引财富管理、研发投入、人力资源等职能总部，积极培育国际物流、电子商务、高科技企业、创新孵化器、共享空间、数字管理等国际性总部楼宇，努力打造 CBD 楼宇生态总部经济中心。

（三）数字财富：创新提升国际流量

作为高端服务业的载体和商务服务创造财富的空间，楼宇经济的起点在于一幢幢楼宇的收入、经济生态的构建和国际流量的形成。在当今全球化的时代，楼宇经济作为高端服务和总部经济的载体，承载着提升城市在全球分工协作体系中地位的关键作用。

2017 年 11 月，世界商务区联盟在巴黎拉德芳斯发布了全球商务区吸引力报告。该报告由世界商务区联盟轮值主席单位巴黎拉德芳斯 CBD 发起，联合安永（EY）与城市土地学会（ULI），组织国际专家团队共同研究编写。报告分析了影响全球商务区吸引力的因素，并指出未来打造全球商务区的 5 个趋势。报告对入选的 17 个全球商务区进行了综合排名，伦敦金融城、纽约曼哈顿 CBD、东京丸之内商务区名列前三。中国入选商务区包括北京 CBD、香港中环和上海陆家嘴 CBD，排名分别为第 9 名、第 13 名、第 14 名。

自 2000 年全面加快建设以来，北京 CBD 逐步形成了商务、金融、文化、科技相融合发展的经济生态，楼宇经济效应日益显著。根据北京 CBD 管委会数据，目前入驻企业达 47000 家，规模以上法人企业 1700 余家；地区生产总值超 1200 亿元。营业收入超 6000 亿元，税收超 400 亿元，以北京市不到万分之四的面积，贡献了全市 5% 的 GDP、5.5% 的营业收入。目前聚集总部企业 428 家，包括 200 余家世界级高端服务业企业和近百家跨国公司研发机构，是中国最大的服务外包承接区和需求提供区域，已形成以国际金融为龙头、以高端商务为主导、国际传媒聚集发展的产业格局。在北京新版城市总体规划中，北京 CBD 定位于国际金融功能和现代服务业集聚地，重点提升国际商务、文化、国际交往功能，继续吸纳国际流量，建设国际一流中央商务区。

据上海市统计局公布数据，2017 年 1~8 月，在浦东的外商直接投资实际到位金额为 78 亿美元，占整个上海市投资额的 46%；浦东外贸进出口总额为 19.565 亿元人民币，占全市的 60.7%；8 月底认定的跨国公司地区总部入驻数为 277 家，占全市比重 45.4%。截至 2017 年一季度，上海浦东陆家嘴 CBD 区域 31.78 平方公里的土地上有 239 座 8 层以上商办楼宇，其中年税收亿元人民币以上的楼宇超过 90 栋。这些数字财富和背后的经济容量，凸显出陆家嘴 CBD 在上海乃至中国经济层面的分量。而国内外金融、商业、科技等公司云集浦东，催生并助推城市经济发展中以商务楼、功能板块和区域性设施为主要载体的楼宇经济，在展示国际财富聚集效应的同时也提升着城市的辐射能级和全球影响力。数据显示，仅在浦东陆家嘴 CBD 内，目前集聚着持牌类金融机构 800 多家，各类金融专业服务企业逾 700 家，法律、会计、审计、咨询等商务服务企业超过 4000 家。这些现代服务业与落户浦东的跨国公司地区总部互动发展，成为上海建设"五个中心"以及形成全球影响力的重要支撑。

放眼全球，按照扩大国际影响力度——加强国际交流活动——提升国际服务水平等三个方面的发展路径，CBD 楼宇经济的国际化，还需要分别从经济发展、国际交流和环境服务等方面不断提升，切实加强扩大国际影响力度，提升国际机构总部——形成全球经济创新区；加强国际交流活动，展示区域魅力形象——熔铸世界文化交往区；提升国际服务水平，完善国际交往设施——构建生态城市服务区等方面的工作力度，尽快融入国际 CBD 发展第一阵列，并构筑国际 CBD 网络层次的数字财富空间。

参考文献

李明超：《城市治理导向的楼宇经济社区发展模式探讨》，《同济大学学报》（社会科学版）2017 年 6 月 25 日。

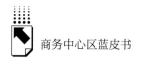
文萌川、潘广全、张萍等：《标准化助力楼宇经济供给侧改革初探》，《中国标准化》2017年第9期。

覃岩峰、李林：《大数据助推楼宇经济发展》，《郑州日报》2017年12月14日。

姚煦、钟关勇：《云岩区大数据引领楼宇经济升级》，《贵州日报》2016年8月3日。

陈建、于立霄：《"互联网＋楼宇经济＋政府产业促进"活动在京启动》，中国新闻网，2015年4月15日，http：//www. bj. chinanews. com/news/2015/0415/44773. html。

罗鸣灶、肖庆松：《梅列将打造"互联网＋"主题楼宇经济》，《三明日报》2016年4月27日，http：//sm. fjsen. com/2016－04/27/content_ 17718595. htm。

祝婷兰：《杭州"十三五"楼宇经济布局确定》，《杭州日报》2016年12月15日，http：//www. hangzhou. gov. cn/art/2016/12/15/art_ 812262_ 4409431. html。

王军：《成都武侯"新一线城市楼宇服务产业生态圈建设指引"发布》，人民网－四川频道，2017年10月13日，http：//sc. people. com. cn/n2/2017/1013/c345167－30828607. html。

《世界商务区联盟发布商务区吸引力报告，北京CBD排名全球第九、中国第一》，2017年11月30日，http：//www. sohu. com/a/207452121_ 100015392。

北京商务中心区管理委员会：北京商务中心区（CBD）概述，2018年4月25日，http：//bjcbd. bjchy. gov. cn/content/4/。

于俊：《高力国际：繁荣的楼宇经济助力浦东建设全球城市核心区》，中新网，2018年4月18日，http：//www. chinanews. com/house/2018/04－18/8494533. shtml。

黄鹤群：《"互联网＋"：楼宇经济转型升级的新空间》，《现代经济探讨》2017年第4期。

夏效鸿：《楼宇经济发展步入"2. 0时代"》，《杭州日报》2016年6月13日。

张杰：《中央商务区CBD楼宇经济发展研究》，首都经济贸易大学出版社，2011。

B.4
中央商务区楼宇经济高质量
发展机制研究

黄德树　林穗生　张梦娥　鲁俊峰　吴梦颖*

摘　要：　随着经济全球化的发展，楼宇经济在国内外已成为衡量城市
　　　　　经济发展水平的重要标志。中央商务区是区域经济的集中体
　　　　　现，楼宇经济则是中央商务区的显著特征，二者集聚水平都
　　　　　很高，都具有极强的辐射带动力。本文通过分析对比国内外主
　　　　　要城市 CBD 楼宇经济的经验做法，把握其内在运行规律，并结
　　　　　合广州天河 CBD 楼宇经济发展现状，总结出发展楼宇经济的体
　　　　　制机制，为更好地发展城市 CBD 楼宇经济提供经验参考。

关键词：　中央商务区　楼宇经济　思路　对策

　　中央商务区（CBD）是指一个国家或大城市主要商务活动进行的地区，
是一个城市现代化的象征和标志，是城市经济、科技及文化的密集区。楼宇
经济是一种城市特色经济，依靠写字楼、区域基础设施等载体，以现代服务
业为主要内容，具有产业集聚、增加税收、扩大就业和带动区域经济发展的
综合作用。CBD 是区域经济的集中体现，楼宇经济则是 CBD 的显著特征，

---

　*　黄德树，广州市天河中央商务区管委会党组书记、常务副主任；林穗生，广州市天河中央商
　　务区管委会企业服务处处长；张梦娥，广州市天河中央商务区管委会企业服务处副处长；鲁
　　俊峰，广州市天河中央商务区管委会公共事务协调处主任科员；吴梦颖，广州市天河中央商
　　务区管委会企业服务处科员。

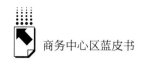

二者集聚水平都很高，都具有极强的辐射带动力。

近年来，随着经济全球化的发展，楼宇经济在城市经济中占据着越来越大的比重，是名副其实的税收蓄水池。国外楼宇经济起步较早，发展模式趋于成熟，发展势头强劲，如纽约曼哈顿、伦敦金融城、法国拉德芳斯等世界知名商务区；国内楼宇经济发展则正处于上升阶段，其中城市 CBD 区域的楼宇经济已基本形成了一定的发展格局，如北京 CBD、上海陆家嘴 CBD、广州天河 CBD、深圳福田 CBD 等。本文通过分析对比国内外主要城市 CBD楼宇经济的经验做法，把握其内在运行规律，并结合广州天河 CBD 楼宇经济发展现状，总结出发展楼宇经济的体制机制，为更好地发展城市 CBD 楼宇经济提供经验参考。

一　中国楼宇经济发展现状

当前，我国楼宇经济发展迅速。各地楼宇经济，呈现出不同发展态势，北京 CBD、上海陆家嘴 CBD 等发展基本成熟的 CBD，其区域的楼宇经济重在发展高附加值、高技术含量、高人力资本、全球总部型产业链；长沙芙蓉CBD、武汉 CBD 等区域的楼宇经济在规划建设、资源配置、政府引导等层面政府主导市场化程度较高；杭州钱江新城 CBD、深圳福田 CBD 等地的楼宇经济发展自成一体，正在走地方特色发展道路，其中杭州在推动楼宇经济发展过程中，进行了大量实践，拥有较为丰富的经验。全国各地在推进楼宇经济发展过程中，实践做法虽不相同，但主要围绕以下四个方面展开。

（一）积极规范引导，促进产业集聚

发展楼宇经济是市场行为，但并不意味着政府放任自流、坐视不管，在城市及产业规划方面，政府采取必要的措施进行规范引导。北京 CBD 定位于吸引全球性、区域性跨国公司总部、国内大型企业集团区域性总部分支机构及联合中国企业和民营企业的 500 强企业；深圳福田 CBD 则积极构建以创新金融、高端信息业、电子通信、手机产业、金融及商务服务业为主的楼宇经济群。

（二）注重政策扶持，创新招商模式

为实现楼宇企业数量及质量全面发展，制定扶持楼宇经济发展的系列奖励政策及措施；同时为突出品牌特色，积极转变招商模式，发挥多方招商主体的作用，提升楼宇招商的效率和质量。杭州钱江新城 CBD 健全招商体制，在区域内打造重点楼宇和定制特色楼宇，并在对外招商中重点推进，将楼宇的二、三次调整招商作为楼宇招商的着重点。

（三）加大资源整合，定制特色楼宇

通过提高产业层级、建筑置换、旧城改造等多种方式，加大整合楼宇资源，快速推进楼宇的升级扩容。深圳福田 CBD 采取"腾笼换鸟"策略，推进"四旧"改造，转换并释放新的用地空间，以此来建设高标准、大规模、产业集聚的特色楼宇；淘汰一批落后产能，留下一批环保并符合城市特色发展的产业，引进一批有核心竞争力的信息产业、研发性总部等。

（四）提升服务水平，营造良好环境

政府积极转变角色，加强对楼宇的引导及服务，为政府与楼宇以及楼宇之间搭建沟通平台，及时解决楼宇建设、管理以及招商过程中出现的各类问题。武汉 CBD 注重精细化服务，建立"楼宇经济 + 智慧社区"服务平台，对楼宇的使用情况、企业入驻率、分类税收贡献率进行统计分析，并提供政商交流信息的推送功能。杭州武林 CBD、天津河西 CBD 成立楼宇经济服务中心，通过派出"管家"的方式上门为楼宇进行服务。

二 国际 CBD 楼宇经济发展的经验借鉴

（一）伦敦金丝雀码头新兴金融区——华丽蜕变

金丝雀码头位于伦敦东部，坐落在伦敦码头区（London Dockland）的

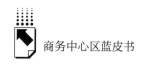

道格斯岛（The Isle of Dogs）上，总面积 0.51 平方公里。经过 30 多年的开发建设，金丝雀码头已发展成为世界闻名的商务区，已建成写字楼面积 150 万平方米，在建面积 98 万平方米，容纳就业 11.5 万人，年访客近 5000 万人，成为金融、银行、法律、商务服务、媒体、科技等行业的全球（区域）总部聚集地和欧洲高端商圈。然而在 20 世纪 60 年代，由于海运事业的萎缩及其他原因，伦敦的港口码头，包括金丝雀码头逐渐衰落，直至被废弃。1988 年，在英国政府主导下，金丝雀码头改造项目正式实施，并通过以下举措完成华丽蜕变。

一是统一开发，由政府批准成立专门的平台公司，保证整个项目在规划、建设和运营管理等各个环节上的协调一致。二是定位高端，始终坚持高端的产业定位。三是产城融合，使有限的土地与建筑发挥高使用效益，实现产业与城市功能的有机融合。四是交通优先，完善的立体交通是金丝雀码头发展中的重要因素，特别是轨道交通。五是合作定制，为客户"量身定制"总部大楼，加快大型金融机构总部的入驻和集聚。

（二）东京丸之内中央商务区——整体提升

丸之内中央商务区是日本东京都千代田区皇居外苑与东京车站之间一带的区域，是日本有名的商务金融区，同时也是三菱集团的大本营。商务区总面积 1.2 平方公里，集中了 104 栋大楼，4000 家企业，就业人数高达 23.1 万人。金融保险及服务业占比较大，是全世界商务金融活动最频繁、最方便、最有效率的区域。在经历了 20 世纪六七十年代的高速成长后，已成为日本的"形象"；在当今竞争日益激烈的全球化背景下，丸之内中央商务区积极应对挑战，于 1996 年由政府牵头对该地区的基础设施和建筑物进行第三次大规模再开发，于 2013 年完成。

再开发的思路是从 CBD 向 ABC（宜人的商务中心）更新转换，构建 ABLE 城市（Amenity 宜人、Business 商务、Life 生活、Environment 环境），再塑中心和标杆地位。改造的关键是建立了一种 PPP（Public-Private-Partnership）官民协调机制，政府参照当地居民及企业的期望和喜好来实施改造。

改造的目的不仅要让在该地区生活、工作的人，也要让外来游客及路人感到舒适和愉悦。改造内容包括建筑物的改建和更新、基础设施的整治、历史文化的继承、导入多样性功能、区域管理、社区建设等六个方面。

（三）香港中环 CBD——自由开放

香港中环 CBD 是世界上著名的中央商务区，地理位置优越并具有高效的交通系统和健全的基础设施，是香港的心脏地带和商业中心，也是世界金融中心。其产业集聚和发展的原因有以下几点。

一是香港位于远东贸易航路要冲，地处亚太地区要塞，是世界航运中心；拥有优良的维多利亚海湾，也是中国市场与世界市场的结合枢纽。二是安定的社会秩序和公平的竞争环境使香港成为国际资本源源流入和扩大经营的好地方，极大地促进了香港经济的发展。三是自由开放的市场经济体制和政策，被称为"世界最自由经济体系"，政府对经济和市场奉行"积极不干预"政策。四是健全的法律制度及良好的法治精神为香港经济的发展提供了制度保障和智力支持。五是便捷的交通、发达的通信以及完善的配套设施使香港成为世界各地巨富大贾的理想投资场所。六是完善高效的行政体系为各行业提供了所需的各种服务，政府的行政效率高。

除此之外，政府组织与非政府组织的互补也是香港政府管理的一大特色，既避免了政府臃肿、减少了行政开支，又提供了完善高效的服务。随着"一带一路"及粤港澳大湾区建设，香港中环 CBD 又被赋予新的时代使命。

三 广州天河中央商务区发展楼宇经济的做法

作为国家中心城市，广州市致力于发展商业经济，是名副其实的"千年商都"，天河区作为寸土寸金的广州新城市中心区，为发展和壮大区域经济实力，使有限的土地资源产生更大的经济效益，以广州市天河中央商务区（以下简称"天河 CBD"）为核心载体，致力于大力发展楼宇经济，积极培育新的经济增长点，为经济发展提质增效。作为广州市国家中心城市功能的

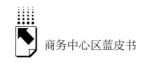

主要承载区和国际一流的中央商务区，天河 CBD 规划总面积 20 平方公里，建成区 12 平方公里，当前，天河 CBD 的楼宇建设已初具规模，甲级写字楼 118 栋，平均楼高 40 层以上，总建筑面积约 1300 万平方米，在区域规划建设、楼宇管理运营方面取得了一系列发展成果。

（一）规划先行，奠定天河 CBD 楼宇经济的发展基础

天河 CBD 的楼宇经济集中在建成区天河北和珠江新城，发展历经 20 余年。从建设之初开始，广州市政府就对天河 CBD 的商业、商务综合用地进行了统一规划，并在开发建设的过程中不断完善、提升，为天河 CBD 的楼宇经济发展打下了坚实的基础。

20 世纪 80 年代，在编制天河体育中心地区综合规划时，采用了城市综合开发的理念，将天河北定位为以天河体育中心为核心的多功能、复合化的商业和商务中心，将商业贸易区的地块布局在体育中心周边，并由市城市建设总公司进行了连片开发。20 世纪 90 年代初中期，围绕天河体育中心，以中信广场、天河城为代表的周边商务办公和商业建筑群逐步建成，这是天河区楼宇经济发展的最早片区。1997 年，为进一步提升环境品质和城市形象，广州市城市规划局委托广州市城市规划设计所开展"广州火车东站至天河体育中心重点地段城市设计"，进一步优化了地区用地结构，突出了中信广场的标志性建筑景观效果，并提出二层步行系统设计方案。随着天河路商圈与天河北商务区逐渐发展成型，天河北楼宇经济发展迈向成熟，中信广场、中石化大厦、中国市长大厦、中泰广场等大量甲级写字楼以及天河城、正佳广场、太古汇、万菱汇等大型购物商场云集于此，吸引了众多金融保险机构、跨国公司总部、国内大型企业。

20 世纪 90 年代，广州城市建设进入快速发展时期，珠江新城的建设应运而生，被选址作为广州建设国际化大都市的新城市中心，用地面积 6.6 平方公里。随着珠江新城的开发，天河 CBD 楼宇经济向南拓展。1993 年 6 月完成的《广州新城市中心——珠江新城综合规划方案》中，分区规划部分明确了西区以商务办公为主要功能，面积 1.48 平方公里，以"统一规划、

统一征地、统一开发、统一出让、统一管理"为原则,按"小块用地公开招标"的模式进行开发,并在控制性规划中对商务地块规划建设目标与原则、土地用途、容积率、建筑高度、建筑布置等内容进行了规定,奠定了珠江新城现代化金融、办公中心区规划管理和开发建设的基础。2001 年,广州市城市规划勘测设计研究院进行了"广州新城市中心珠江新城规划检讨"的研究,对珠江新城的规划进行了新一轮的调整,统一了建设管理概念和控制指标,加强了开发政策研究和规划导控能力,提出了由高架步行道、地下人行隧道、步行街构成的立体化步行系统。目前,珠江新城大部分项目已经建成使用,广州周大福金融中心、广州国际金融中心、高德置地广场、合景国际金融广场、富力中心大厦等高楼构成了珠江新城特色鲜明的地标建筑群。

2005 年,国务院批复天河中央商务区为全国三大中央商务区之一,据了解,这也是全国为数不多的由国务院批准成立的 CBD 之一。

(二)多元招商,形成楼宇经济的强大动力

为进一步促进楼宇经济,天河区一直鼓励主体多元化参与招商,政府政策招商、业主自主招商、招商机构创新招商各有优势,形成密切配合的联动效应,铺设天河 CBD 楼宇招商网络。

政府强化楼宇招商,打造特色楼宇。广州市政府楼宇招商工作重点着力于两个方面。一是从土地出让阶段开始,强化规划引导策略,超前规划商务楼宇功能定位,明确楼宇经济发展的主要业态,培育具有特色的楼宇经济片区。在招商引资选址上对相近行业的企业引导集聚,形成了一批批金融、通信、现代服务业等品牌特色楼宇。比如,2018 年 3 月出让的天河区广州国际金融城起步区 AT090941 地块,就规定了竞买人须为金融保险企业,且金融企业自持物业不得低于项目计算容积率总建筑面积的 50%。二是成立了专门的区域性政府招商服务机构——广州市天河中央商务区管委会,对区域内从事楼宇开发、楼宇物业、楼宇招商和楼宇管理服务的资源进行整合,制定楼宇政策,注重培养特色楼宇,深入参与到楼宇招商的过程中,建立楼宇

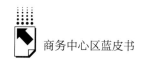

招商工作体系，打造了一批税收超亿元楼宇，有力促进天河 CBD 楼宇经济的蓬勃发展。目前，天河 CBD 纳税超 1 亿元的楼宇 51 栋，纳税超 10 亿元的楼宇 15 栋，每万平方米写字楼 GDP 达 2.4 亿元，汇聚了花旗银行、IBM、安联保险等 184 个世界 500 强企业项目，以及全市 70% 的中外资金融机构、以全球四大会计师事务所为代表的全市 1/3 的会计师事务所、以大成和广信君达为代表的全市 1/3 的律师事务所，楼宇经济发展势头强劲、经济效益良好，成为区域经济发展的重要支撑。

楼宇业主自主招商。目前天河 CBD 的大部分写字楼主要是楼宇开发商自持产权或自持部分产权，楼宇开发商出售楼宇产权给各个不同业主的比例较小。这种模式不仅有利于入驻企业统一管理，从招商引资的角度来看也有利于业主进行整体招商。因此，楼宇业主会根据楼宇实际情况，成立专门的招商部门或者房托公司，明确楼宇功能定位和目标客户，以具备市场竞争力的租金、高效的物业管理以及专业化、个性化商务服务吸引目标客户落户楼宇。此外，随着金融业的发展，房地产投资信托基金（REITs）成为创新楼宇管理招商的一种新模式。

专栏一　REITs 助推广州国际金融中心发展

广州国际金融中心（简称“西塔”）是越秀集团投资 75 亿元建设的具备国际领先标准的超甲级写字楼，广州第二高楼，总建筑面积超过 45 万平方米，办公面积 18 万平方米，地面以上共 103 层，楼体高度达到 432 米。2012 年越秀 REITs 完成了广州国际金融中心的收购交易后，西塔就以 REITs（房地产投资信托基金）的模式进行写字楼投资运营管理，运营主体为越秀房托资产管理有限公司。越秀房地产投资信托基金是全球首只投资于中国内地物业的上市房地产投资信托基金，于 2005 年在香港联合交易所挂牌，其物业组合包括广州白马大厦、财富广场、城建大厦、维多利广场、新都会大厦、广州国际金融中心、上海越秀大厦及武汉越秀财富中心等。2017 年越秀房托总资产 350 亿元，资产规模进入亚洲房产基金（REITs）前十位。在写字楼招商运营方面更具灵活性和积极性，通过制定积极有效的租赁政策和灵活的续租策略，吸引了知名优质企业进驻，不断优化租户结构，目前出租率维持在98.7%，楼宇税收超过10亿元。

资料来源：新浪财经。

招商机构创新招商。除了政府部门和楼宇业主外，以五大国际地产行为代表的地产中介机构在楼宇招商方面也发挥了重要作用。与其他招商主体相比，专业招商机构的优势主要集中在两方面：一是拥有丰富的资源网络，掌握的资源信息充足、更新速度更快，了解市场行情，对市场的敏感度更强。二是具备专业的服务能力，可以根据楼宇的功能、定位和特定需求情况，有针对性地推荐匹配度高的客户，熟悉签约、保证金缴纳、物业交接等相关手续和法律服务，在谈判过程中也能提供专业的指导，提高写字楼成功签约的效率。在天河CBD的楼宇中，大部分楼宇都发挥了地产中介机构的力量，不过合作的方式各有不同，部分楼宇如珠江城大厦聘请高力国际为珠江城项目的前期策划及招商代理，部分楼宇如广州周大福金融中心、广州国际金融中心，运用地产行的平台发布了广告。随着服务越来越专业化，房地产中介机构已从简单的信息提供者转化为全方位智能化的服务提供者，在楼宇招商的过程中将发挥越来越重要的作用。

专栏二　仲量联行促进侨鑫国际成功招商

仲量联行是专注于房地产领域的专业服务和投资管理公司，是《财富》500强上榜企业，业务遍及全球80个国家，拥有近300个分公司，员工总数近80000人，2017年在华南地区服务项目100多个，其中一个重要项目就是位于广州天河CBD的侨鑫国际金融中心。侨鑫国际由美国SOM事务所设计，楼高228米，总建筑面积约21万平方米，于2014年落成，2016年投入使用。仲量联行提前四年进行介入，自2012年起受委托为写字楼及商铺前期策划定位顾问及前期工程和物业管理顾问，进入招商阶段受委托作为首席租赁代理及示范层物业管理顾问，为业主提供具备国际化水准、具备连贯性的顾问服务，协助业主把控营销推广及示范层现场的接待服务工作，为项

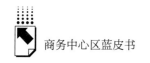

目量身设计出租推广策略，定制目标租户拜访计划，有序、主动出击接触与锁定潜在租户，成功为项目引进多家知名龙头租户，如安利亚洲旗舰体验馆、雷格斯商务中心、瑞士领事馆、网易游戏华南区总部等，项目投入前4个月预租率达到75%，投入后10个月满租。

资料来源：仲量联行。

（三）运营阶段：制定标准、优质团队、激发活力、鼓励创新

1.制定标准，持续提升楼宇价值

2015年开始，天河中央商务区管委会与香港品质保证局合作，在全国率先开展楼宇物业管理标准化服务体系建设，率先推出楼宇可持续发展指数，发布了"天河标准"——《广州市天河中央商务区楼宇可持续发展指数白皮书》，三年内完成了区域内48栋重点楼宇的"楼宇可持续发展指数"评定，从环境、社会、经济三方面24个评定指标对楼宇进行全方位考评，以简易直接和量化的指标协助物业管理公司订立楼宇可持续发展表现的基准线，通过对楼宇评定成果的分析总结，推动楼宇管理服务提升，保持新建楼宇的发展优势，提升旧楼楼宇的社会价值，减少资源消耗，提高使用者的满意度，推动天河CBD整体环境与国际接轨，吸引更多大型优质企业落户天河CBD。2018年将继续完成20栋楼宇的可持续发展指数评定。

2.优质团队，促进楼宇管理更加国际化

在天河CBD核心区域的超甲级商业物业中，以周大福金融中心（广州东塔）、广州国际金融中心（IFC，西塔）、太古汇、天环广场、凯旋新世界等为代表的港资企业开发项目超过30个，超过总数五成。而由五大地产行、香港管理服务团队、港籍高管负责管理运营的超甲级物业比例更是超过九成，优质的国际化楼宇管理团队，促使楼宇管理运营更加国际化。

3.鼓励创新，促进楼宇服务更加便利化

广州天河CBD对楼宇内的企业服务既发挥了政府主体的作用，又发挥了辖内企业的创新服务作用。一方面，天河CBD管委会通过开展政府购买事务

服务工作，为辖区内重点楼宇的企业提供专业化的入驻咨询与日常运作支持服务。2017 年以来，共帮助 59 家重点企业完成落户手续，累计引入注册资本达 23 亿元人民币，创造了良好的 CBD 的营商服务环境。在商务楼宇内建立党建实体阵地，"把支部建在楼上"，凝聚党员力量，推进党群服务站建设，全力打造 CBD 商务楼宇党建新模式，从培育发展楼宇经济向楼宇社区跨越。另一方面，联合利用技术平台提供专业楼宇服务的"楼小二"公司，推出"互联网＋政务服务"的企业专属政务咨询服务，借助"智慧城市互联网＋"楼宇管理链条，融入政务服务，促使天河政务服务向写字楼延伸。

专栏三　楼小二写字楼综合服务平台
——以优质服务助力 CBD 写字楼经济发展

楼小二写字楼综合服务平台是 2014 年在广州成立，围绕"让办公更简单"的目标，通过向物业公司输出技术解决方案提升写字楼物业管理效率，向楼内企业提供专业的行政后勤配套解决方案提升运作效率的一种创新的写字楼垂直 100 米平台服务模式，2017 年被评为"中国创新 50 强"。目前在广州、北京、上海、成都等地累计运营服务写字楼 200 多栋，服务企业超过20000 家，服务覆盖近 60 万白领人群。其中，在天河 CBD 服务的楼宇超过20 栋，包括广州周大福金融中心、富力盈凯、天盈广场、保利中心、中石化大厦等。具体服务模式包括：一是楼小二平台自主研发了智能的访客管理系统，帮助写字楼物业降本提效，并可实时查询管理访客数据，有效提高楼宇服务品质。二是与京东、顺丰、"四通一达"等主流物流商合作，探索建立了楼宇垂直 100 米物流服务体系，提升了物流商的末端服务效率及楼内企业用户的办公体验。三是携手国内众多产品和服务供应商，为楼内企业提供饮用水、保洁、绿化办公集采等行政后勤配套产品和服务，一站式解决企业"非核心竞争力"业务，让企业运转更高效，办公更简单。四是整合优化写字楼广告资源，打造"自媒体＋体验式营销＋社群互动"的楼宇生态广告体系，让品牌商快速、精准抵达楼内 B 端、C 端用户，有效提升品牌影响力，也为楼内企业用户提供下午茶、加班福利、电影票等福利。五是从

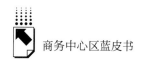

"连楼成网，发展非公党建""联合建立楼宇商会""联合建立楼宇政务服务平台"等方面探索建立互动型的楼宇生态政企服务体系，助力政府服务。

资料来源：云系科技。

4. 激发活力，促进楼宇多平台沟通合作

连续两年获评"中国最具活力中央商务区"。组建"楼宇联盟"微信群，开展楼宇业主沙龙活动，搭建楼宇业主交流平台。持续开展"天河CBD 杯"羽毛球、篮球、笼式足球等系列体育活动，吸引了众多楼宇企业参赛，搭建了良好的沟通交流平台。创新组织"声动 CBD"等文化活动，成立以辖内金融机构、领事机构和律师、会计师等高端白领为基础的"金领合唱团"，为天河 CBD 的合唱爱好者搭建交流平台。2017 年成功举办首个国家级街舞联赛——第二届中街联赛天河 CBD 广东站赛事，成为全广东比赛规模最大、参赛队伍最多、舞台效果最好、最具影响力的顶级街舞联赛。国际创新活力不断提高，吸引国际灯光节、国际服装节和国际垂直马拉松广州系列赛等国际时尚活动在天河 CBD 落户，提升天河 CBD 国际影响力。

四 建立新时代楼宇经济发展机制的思路和对策

习近平总书记在党的十九大报告中指出："经过长期努力，中国特色社会主义进入了新时代，这是我国发展新的历史方位。"[①] 现阶段我国经济已由高速增长阶段转向高质量发展阶段。站在新时代新起点，楼宇经济作为现代化经济的集中体现，建立其高质量发展体制机制显得尤为重要。高质量的楼宇经济发展机制的建立，应发挥市场、政府、楼宇业主、实体经济、创新和开放的共同作用。

---

① 习近平：《决胜全面建成小康社会　夺取新时代中国特色社会主义伟大胜利——在中国共产党第十九次全国代表大会上的报告》，人民出版社，2017。

（一）发挥市场的决定性作用

党的十八届三中全会通过的《中共中央关于全面深化改革若干重大问题的决定》指出，"建设统一开放、竞争有序的市场体系，是使市场在资源配置中起决定性作用的基础"。党的十九大通过党章明确了"发挥市场在资源配置中的决定性作用"[1]。从基础性作用到决定性作用，意味着在新时代我国社会主义经济体制改革的进程中，市场对资源的配置作用越发重要。

亚当·斯密指出，市场在资源配置中是最具效率的。建立新时代楼宇经济发展机制同样要首先明确市场的决定性作用。充分尊重市场、信任市场，借助和依靠楼宇市场本身进行租金定价，租户的选择、进入和退出，不利用行政力量干预租金涨跌、干预业主进行租户选择。

（二）发挥政府的贯穿性作用

发挥市场在资源配置中的决定性作用并不是孤立的，而是始终与"更好发挥政府作用""推进供给侧结构性改革"紧密结合在一起。建立新时代楼宇经济发展机制离不开政府的作用，一是引导性作用，政府在楼宇开发建设规划上的顶层设计，优化楼宇空间布局，整合空间资源，打造错位发展的专业楼宇经济发展集群。二是激励性作用，政府对楼宇经济发展制定有针对性的扶持和奖励政策，通过政策的激励可引导楼宇市场更加公平、有序、健康的竞争，引导高端产业更加集聚，并促进楼宇在招商和运营中提高质量和水平。三是整合性作用，政府通过整合资源，引导社会资源流动，优化资源配置结构，提高资源使用效率，避免恶性竞争造成的资源浪费；同时为不同的楼宇间搭建交流的平台，建立常态化联系机制，增强区域楼宇间的黏性，促成楼宇间的资源共享与商业合作。四是支持性作用，政府通过与楼宇业主合作，联合招商、共同推介，协助楼宇提升知名度和吸引力。五是服务性作用，政府通过对楼宇集聚区的周边环境进行不断优化和升级改造，提升中心

---

① 《中共中央关于全面深化改革若干重大问题的决定》，《人民日报》2013年11月16日。

商务区的整体形象，为楼宇经济的发展营造良好的外部环境。同时重点关注并及时解决楼宇建设、运营中遇到的各种问题，为楼宇提供全方位的政务服务，降低楼宇建设和运营的行政成本。六是维稳性作用，政府通过依法行使行政手段加强监管，对楼宇经济发展中扰乱市场秩序、违反公平竞争等行为进行合理的打击，维护楼宇经济发展的稳定环境。

（三）发挥楼宇业主的主体性作用

企业作为市场主体处于社会经济的中心，是社会经济发展的根本动力，是社会资源的主要配置者。在楼宇经济的发展中，楼宇业主具有最直接的市场敏锐性。充分发挥楼宇业主的主体性作用，尊重业主的发展理念，弘扬企业家精神，能够极大地调动业主在开发建设和经营管理楼宇中的积极性，激发和释放楼宇活力。

（四）发挥实体经济腹地的支撑作用

2018年"两会"期间，习近平总书记在参加内蒙古、广东等代表团审议时，就经济高质量发展多次发表重要讲话，强调只有把实体经济做实做强做优，才能更有利于建设现代化的经济体系。[①] 习近平总书记指出不论经济发展到什么时候，实体经济都是我国经济发展、在国际经济竞争中赢得主动的根基。实体经济是一国经济的基础，是真正创造财富的经济形态，是社会财富的真正载体。要想做到稳健高质量地发展楼宇经济，实体经济的重要性不容忽视，只有实体经济变优变强，才能为楼宇经济的发展吸引更多的优质客户和资金支持。因而必须创造良好的环境、提供完善的制度推动实体经济的健康良好发展。

（五）发挥创新的驱动作用

党的十九大报告中明确指出创新是引领发展的第一动力，是建设现代化

---

① 龚克：《振兴实体经济是赢得主动的根基》，《学习时报》2017年3月15日（A3）。

经济体系的战略支撑。① 发挥创新的驱动作用，对增强新时代楼宇经济发展的长期动力具有重要意义。首先，发挥创新的驱动作用要以楼宇业主为主体，明确业主的市场主体地位，让楼宇业主成为技术创新投入和创新成果产业化的主体，激发业主自身的创新能力，不断丰富楼宇招商方式和改进楼宇运营的模式。其次，政府应明确当地楼宇经济发展的特殊性，创新服务方式和管理模式，通过制订科学可行的顶层规划引导楼宇经济发展，通过出台切实可行的扶持政策刺激楼宇经济发展，通过营造良好的整体区域创新氛围鼓励楼宇经济发展，通过推进楼宇服务标准化建设规范楼宇经济发展。最后，要借助科研的力量，促进产学研深度融合，促进科技成果转化，利用智慧化的方式挖掘楼宇经济发展的空间和动力。

（六）发挥扩大开放的引领作用

对外开放是我国一项长期的基本国策。国务院总理李克强在 2018 年政府工作报告中提出，推动形成全面开放新格局。② 进一步拓展开放范围和层次，完善开放结构布局和体制机制，以高水平开放推动高质量发展。提升楼宇经济发展的质量需要积极扩大开放。遵循共商共建共享的原则，牢牢抓住"一带一路"的契机，坚持"引进来"和"走出去"并重，加强创新能力开放合作，形成联动互补的开放格局。对楼宇业主来说，应积极与其他楼宇合作，建立区域楼宇联盟，共商区域楼宇经济发展的新理念新模式，共建区域楼宇经济发展的软硬环境和商业氛围，共享区域公共社会资源和区域经济发展的成果。对政府来说，应积极建设国际一流营商环境，创造更有吸引力的投资环境，促进贸易和投资自由化、便利化，不断提升区域的国际化水平。

---

① 习近平：《决胜全面建成小康社会　夺取新时代中国特色社会主义伟大胜利——在中国共产党第十九次全国代表大会上的报告》，人民出版社，2017。

② 李克强：《2018 年国务院政府工作报告》，2018。

B.5
推动楼宇经济标准化发展的
地方实践与经验

邬晓霞*

摘　要：　楼宇经济作为我国社会经济发展到一定阶段的产物，具有一
　　　　　定的特殊性。近年来，楼宇经济及楼宇经济标准化的概念在
　　　　　国内先后出现，部分较发达的城市已在逐步探索"楼宇经济
　　　　　标准化"。通过梳理北京、成都、广州天河 CBD 的楼宇经济
　　　　　标准化进程，可总结出具有借鉴性的经验，包括完善楼宇等
　　　　　级建设标准、逐步确立楼宇建设规划、强化楼宇经济管理及
　　　　　服务、加强楼宇经济的现代化，以及降低楼宇运营成本等。

关键词：　楼宇经济　楼宇经济标准化　智慧楼宇　绿色楼宇

一　楼宇经济标准化的内涵及理论基础

（一）楼宇经济的内涵

中国的楼宇经济首先出现在深圳及上海，随后出现在沿海的一些发达城
市，并日益被其他城市所接受。所谓"楼宇经济"，即以出租、出售、开
发、经营为主要目标，并以办公及生产服务等特性为主的商务楼和基础设施

* 邬晓霞，首都经济贸易大学城市与公共管理学院，副教授，研究方向为城市与区域经济。

为载体，通过集聚具有高密度、高附加值等特性的企业形成的一种特色经济形态。通常，楼宇经济可成为带动经济发展的新增长点。它在我国的兴起是社会经济发展到一定阶段必然产物，具体而言，有如下五个主要原因。

第一，土地集约利用的要求。当前大城市土地资源日益紧缺，城市经济的进一步发展需要一种以"集约化发展"为基础和特征的经济形态的出现，而楼宇经济正是以集约发展为基础。

第二，楼宇经济的发展应当符合现代服务业、知识经济的发展需求。各大城市的现代服务业蓬勃发展，已日益成为经济发展的重要支柱。而现代服务业的进一步发展和集聚，需要楼宇提供相应的办公场所。

第三，价值链分解的结果。早期的企业办公在研发、管理、设计、生产等方面在空间上是一体的。但随着全球分工的不断加剧，价值链开始呈现快速分解的态势，此时，各个生产活动开始分离，打破了过去企业自建自用办公场所的传统，观念也从单一中心、独立行为、地方观念向多个中心、互相依存、全球观念开始转变。

第四，楼宇集聚的内在要求。在楼宇出租竞争日益激烈的情形下，楼宇集聚能显著提升集聚区内的空间形象和吸引力。

第五，政府规划导致的现象。政府为了促进城市经济的健康发展，越来越注重根据产业发展的情况和城市功能区的集聚情况制订发展规划，同时，政府规划的各种功能区，其功能实现的空间载体，正是楼宇。

（二）楼宇经济标准化的内涵

当前国内并无"楼宇经济标准化"的统一概念。根据现有文献，本文认为所谓"楼宇经济标准化"，即应当在强调楼宇的建筑等级及标准的确定化基础上，定期对楼宇进行量化评级，强调三大"发展"理念，即绿色发展、智能发展、舒适发展。同时，楼宇经济标准化还应建立健全相应的物业管理标准及服务标准，加强服务意识的培养。此外，政务服务应当注重智能化、便捷化及全覆盖化。

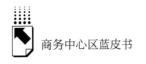

二 国内楼宇经济标准化的探索与实践

截至目前，国内在楼宇经济标准化方面做得较为出色的有北京、成都及广州。具体而言，北京 CBD 楼宇经济标准化主要聚焦于"智慧楼宇"的建设，成都 CBD 则强调楼宇经济的规划标准制定，广州天河 CBD 则主要聚焦于 CBD 的经济、社会、生态的可持续发展方面。

（一）北京 CBD 智慧楼宇建设

北京 CBD 的楼宇主要聚焦于建设"智慧楼宇"，积极建立 CBD 楼宇经济平台，实现在线服务、楼宇租售、商业配套服务等；建立完善楼宇经济运行数据分析平台，有效监控经济指标、楼宇入驻率等商务运营情况，对楼宇企业的行业分类、办公面积、职工人数等方面信息，销售收入、利润、税收、服务业增加值等经济指标进行全面统计；搭建电话语音呼叫和网络在线咨询平台，分类接入相关服务窗口，实现虚拟化服务；梳理街道涉及企业服务的全部事项和区内业务部门涉及企业服务的代办事项，明确定期办结的企业服务代办机制，全面提升楼宇企业满意度。2017 年，北京 CBD 从四个方面对楼宇经济开展了一系列工作。

第一，强化部门协同，优化服务水平。通过与区公安、工商、环保、食药监、烟草专卖局等部门沟通协调，协助国贸三期 B 入市完毕。同时充分利用与区工商部门建立的协作机制，协助环球金融中心等 7 个重点项目中的 240 余家企业完成了关系落地、13 家企业通过绿色通道加快了手续办理，楼宇服务水平不断提升。

第二，创建楼宇评价体系，引导楼宇健康、绿色发展。借鉴绿标、LEED 等国内外楼宇评价标准，结合实践经验和专业意见建立了 CBD 楼宇品质评价体系。该体系从六个层面（即选址与建筑设计、节能与设备管理、室内外环境管理、健康与安全管理、物业与租户管理、创新与因地制宜）对区域内楼宇做出科学系统的全方位测评，引导楼宇全面提升品质。

第三，持续完善平台建设，打牢技术基础。充分利用 CBD 功能区产业转型升级及楼宇经济管理系统，在对该系统一期平台数据整合分析的基础上，完成对系统二期平台的开发和完善工作，实现对产业空间的统筹、管理、引导和服务，同时也完成了对街乡在经济管理上的数据共享、管理共享和技术支撑，为各项楼宇工作机制的实施提供了坚实基础和有力保障。

第四，深化楼宇信息采集制度，扩大工作覆盖面。北京 CBD 深化楼宇信息采集制度，将楼宇信息采集固定为 4 个报告期的楼宇定时自行更新的信息采集制度。同时，联合属地街乡，召开楼宇工作会，不断扩大楼宇工作机制覆盖范围，存量楼宇从 176 座增加到 200 座，楼宇联系员队伍从 170 人扩大至 246 人。

（二）成都 CBD 楼宇经济服务标准

2012 年，成都率先制定首个商务写字楼等级评定市级地方标准，成为国内首个将商务楼宇从建筑载体上升到楼宇经济层面进行研究、推进和服务的城市。2015 年 12 月底，成都启动商务写字楼等级评定工作，此项工作从标准化、规范化起步，推动成都楼宇经济发展体系向国际标准看齐。

截至 2018 年 4 月 20 日，成都纳税亿元以上楼宇达 65 栋，拥有 30 栋超甲级、甲级写字楼，其中首批 18 栋超甲级、甲级商务写字楼平均入驻率比 2017 年同期增长 13.12 个百分点，较全市商务写字楼平均入驻率增长水平高出 16 个百分点；第二批 12 栋超甲级、甲级商务写字楼入驻率平均增幅达到 23.48%，部分楼宇增幅高达 50%，两倍于全市写字楼市场平均水平。

此外，由成都市商务委员会、成都市标准化研究院、成都市楼宇经济促进会起草的《楼宇经济术语》《商务楼宇公共服务规范》《商务楼宇等级要求》三项标准被国家标准委批准为推荐性国家标准计划修订项目。

（三）广州天河 CBD 楼宇可持续发展指标

天河中央商务区是三个经国务院批准的全国性中央商务区之一，12 平

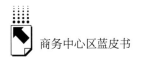

方公里的建成区上已经落成甲级写字楼 118 栋，投入使用面积超过 1300 万平方米，为超过 6 万家公司、50 万人提供了办公场地和参与全球竞争的平台，拥有国际化、高标准的管理运营，在构建推动经济高质量发展体制机制上走在全国前列。

1. 指数的背景和研发

从 2015 年开始，香港品质保证局（HKQAA）与广州市天河中央商务区管理委员会（以下简称"天河 CBD 管委会"）就"如何提升天河中央商务区的楼宇管理水平与经济效益、树立区域品牌、提升招商引资"等课题进行了探讨。探讨的重点在于在现有的商务楼宇资源下，开发商该如何有效合理地提升空间使用效率、吸引客户入驻，商务楼宇该如何从管理及日常运作中进行调整，以实现在关注白领身心健康的同时兼顾楼宇的可持续发展。最终，双方达成了引进楼宇可持续发展指数的评审计划，并发布了天河标准《广州市天河中央商务区楼宇可持续发展指数白皮书》，由香港品质保证局对天河 CBD 区域内写字楼进行评定标准的培训及现场评定。

天河 CBD 楼宇可持续发展指数（HKQAA SBI-THCBD），是基于香港的楼宇可持续发展指数（HKQAA SBI）的框架及评定标准，通过参考国内相关的法律法规和最新的国际标准，收集国内外楼宇可持续发展的最新资料，以及一些主要的 ISO 标准，同时结合前期对天河 CBD 区域内楼宇的拜访及能源使用数据调查，对指标框架进行调整，最终修订成更加适合天河 CBD 区域楼宇的评定指标，包含社会、经济、环境三个范畴，共 24 个评定指标以及 8 个加分指标（见附录一）。天河 CBD 楼宇评定对比香港地区评定，不同之处在于天河 CBD 楼宇评定指标加入了新的元素，如智能信息化使用、母婴室建设和管理、无障碍设施、社区关怀、税收、就业、租金等，另外考虑到楼龄和硬件设施对楼宇评定客观影响，还额外增加了加分指标，嘉许通过努力改善项目并取得成果的物管公司，使评定指标更加适合天河 CBD 区域的楼宇经济发展需求，从而实现可持续发展的长远目的。

2. 评定程序

楼宇评定的程序由 4 个环节组成。第一，填写楼宇可持续发展表现报告：由参与指数评定的物业管理公司收集楼宇相关数据和信息，并在 HKQAA SBI-THCBD 评定手册及报告模板上填写楼宇报告期内的可持续发展表现，提交给香港品质保证局。第二，完成 HKQAA SBI-THCBD 评分：由香港品质保证局安排楼宇可持续发展指数的验证人员进行现场验证自我评定内容与实际情况。经过验证的数据和信息与广州天河 CBD 楼宇可持续发展指数的评定标准进行比对，计算各指标的得分，对于符合最高标准的楼宇给予最高分 3 分，以此类推。然后计算平均分，为 HKQAA SBI-THCBD 最后得分（见附录二）。第三，表现报告归档：汇总楼宇表现报告的信息，并由天河 CBD 管委会归档到 HKQAA SBI-THCBD 数据库。第四，由天河 CBD 管委会对表现优秀的楼宇给予嘉奖并颁发认证标志。

三 经验总结及借鉴

（一）完善楼宇等级建设标准

根据楼宇特征，对楼宇行业进行分类（如根据办公面积、职工人数等信息），明确星级楼宇评级标准，并定期开展评级，同时进行专业化、精品化管理，为通过评定的楼宇颁发验证标志。此外，应当格外注重发展特色楼宇，对相关楼宇进行奖励。

（二）逐步确立楼宇建设规划

参考各地楼宇建设的实际情况，由各地商务委员会、标准化研究院、楼宇经济促进会牵头，起草《楼宇经济术语》《商务楼宇公共服务规范》《商务楼宇等级要求》等。并及时对规划的执行进行评估，以适时调整相应规划。

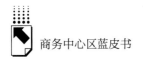

（三）强化楼宇经济管理及服务标准

强化政府服务功能，建议规范楼宇建设综合管理与服务，有效推动产业导向、环境整治、物业管理、配套服务等方面的完善。建立政府与楼宇之间的沟通渠道，及时解决其建设和招商中的困难、问题。同时，利用高科技手段完善楼宇附近停车场的建设和公共交通的便捷性建设。创新服务模式，组织招商引资责任单位对企业进行上门走访，为各个入驻楼宇提供便利。

创新政府监管模式，推动 CBD 信用监管平台上线运行，建立信用评估体系与楼宇管理系统联动机制；打造智慧楼宇品牌，强化楼宇平台功能，探索区域经济发展转型升级新模式，促进产业空间的提质增效和区域经济发展转型升级；推进部门协同管理平台，优化企业手续办理途径，力争推行 CBD 区域工商登记全程电子化试点，缩短企业工商注册时间；推进以大数据中心和信息交换枢纽为主要功能的平台建设，实行信息资源共享。

（四）加强楼宇经济的现代化监测

运用"互联网＋"等手段，加强综合化、现代化的监测，为政府决策、招商引资、监管服务及企业投资提供数据支持，并为各个楼宇企业提供上门服务和直通车式服务。建立健全"楼宇经济数据库"和"创建亿元税收楼宇经济数据库"信息平台，整合企业和工商、地税、国税等的信息交换，及时更新数据，实现资源共享，以准确把握楼宇发展情况。

建立企业信用监管平台，实现对企业风险的实时评判，根据企业风险类型，建立全面监测、重点监测、瞬时风险监测的监管模式，企业信用监管平台将与楼宇管理系统实现联动。

（五）降低楼宇运营成本，倡导绿色楼宇建设

在楼宇经济可持续发展的培训及评审过程中发现，部分楼宇还是比较注

重楼宇的可持续发展，有基本的节能意识，但只有少部分楼宇能够拟定节能减排的规划并定期检验执行的效果。节能降耗能很直接降低楼宇经济支出，也是体现楼宇对减少碳排放的社会责任的重视。

天河 CBD 通过对 48 栋甲级写字楼的评审，与各楼宇建立了一个交流平台，同时，管委会亦会分享现时国内外以及天河 CBD 区域内所应用的节能减排技术，例如 VAV 变风量空调系统、冷冻温差节能技术、冷凝水回收节能技术、水泵风机变频节能、电梯能量回收和能源管理系统等，展开节能环保措施。除了在技术上进行改进，亦提倡楼宇管理者了解最新的节能降耗资讯，向业主推荐开展节能工作，以及自发组织人员通过头脑风暴开展创新性的节能环保工作等。

北京 CBD 建设运营综合能源管理平台，监测分析区域各楼宇实时能耗；开展核心区后期绿色运营工作，把控运营标准；开展楼宇能源审计工作及节能改造项目统计申报工作。

参考文献

楼宇经济百度百科，https：//baike. baidu. com/item/楼宇经济/8912552？fr = aladdin。

张杰：《中央商务区（CBD）楼宇经济发展研究》，首都经济贸易大学出版社，2011。

何继新、付杰：《国内外楼宇经济的实践及对天津楼宇经济发展的启示》，《城市观察》2015 年第 1 期。

广州市天河中央商务区管理委员会：《广州市天河中央商务区楼宇可持续发展指数》，2018。

北京商务中心区管理委员会：《CBD 功能区"十三五"时期发展规划》，2016。

成都市人民政府，http：//www. chengdu. gov. cn/chengdu/home/201801/13/content_08c231bc0b1d4a1a8fac2b0485c6688f. shtml。

吴岩、陈怡晨、郑玲：《楼宇经济标准体系框架构建初探》，《中国标准导报》2012 年第 12 期。

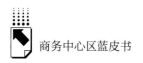

附录一 天河 CBD 楼宇可持续发展指数（HKQAA SBI-THCBD）框架

评核重点		评核项目	
		表现指标	加分指标
社会（SO）	SO1 使用者健康和舒适程度	SO1.1 用户满意度—服务	SO1.1.1 制定并执行服务流程及标准
		SO1.2 用户满意度—室内气温	
		SO1.3 用户满意度—噪音控制	
		SO1.4 用户满意度—室内空气质量	SO1.4.1 制定并执行空气质量监测计划及管理制度
		SO1.5 自来水质量	
		SO1.6 用户满意度—智能信息化使用	SO1.6.1 推广智能信息化项目
		SO1.7 用户满意度—人性化的管理	SO1.7.1 母婴室建设及管理
	SO2 楼宇安全	SO2.1 楼宇坚固程度和质量	
		SO2.2 防火	
		SO2.3 电梯和自动扶梯安全	
		SO2.4 应急预案	SO2.4.1 制定并执行应急预案
		SO2.5 防止罪案	SO2.5.1 制定并执行安全管理制度
	SO3 社区基建	SO3.1 无障碍设施	
	SO4 和谐社区关系	SO4.1 社区关怀	
经济（EC）	EC1 楼宇价值	EC1.1 税收	
		EC1.2 就业	
		EC1.3 出租率	
		EC1.4 租金	
环境（EN）	EN1 使用天然资源	EN1.1 自来水利用	
		EN1.2 可生物降解或有机材料利用	
		EN1.3 废物回收	
	EN2 物种多样性	EN2.1 楼宇生态	
	EN3 气候变化	EN3.1 温室气体（GHG）排放	EN3.1.1 制定并执行节能减排计划
	EN4 破坏臭氧层	EN4.1 于大气中排放破坏臭氧的物质	

附录二 天河 CBD 楼宇可持续发展指数（HKQAA SBI-THCBD）评分准则

表现指标	评分准则		
	1 分	2 分	3 分
SO1.1　用户满意度－服务	表现指标的评分＝调查问卷中对应之项目的平均得分,如果完成的问卷没有达到上面提到的最少回应要求,计分为 1 分		
SO1.2　用户满意度－室内气温	表现指标的评分＝调查问卷中对应之项目的平均得分,如果完成的问卷没有达到上面提到的最少回应要求,计分为 1 分		
SO1.3　用户满意度－噪音控制	表现指标的评分＝调查问卷中对应之项目的平均得分,如果完成的问卷没有达到上面提到的最少回应要求,计分为 1 分		
SO1.4　用户满意度－室内空气质量	表现指标的评分＝调查问卷中对应之项目的平均得分,如果完成的问卷没有达到上面提到的最少回应要求,计分为 1 分		
SO1.5　自来水质量	根据《二次供水设施卫生规范》规定没有完成任何检测工作,或情况不明	根据《二次供水设施卫生规范》规定要求每年对水箱和管道进行一次全面清洗、消毒,并对水质进行检验,但只完成一部分检测工作,检查中发现管道系统需要整改的地方仍有遗留	根据《二次供水设施卫生规范》规定要求每年对水箱和管道进行一次全面清洗、消毒,并对水质进行检验,完成全部检测工作,检查中发现管道系统需要整改的地方也已完成
SO1.6　用户满意度－智能信息化使用	表现指标的评分＝调查问卷中对应之项目的平均得分,如果完成的问卷没有达到上面提到的最少回应要求,计分为 1 分		
SO1.7　用户满意度－人性化的管理	表现指标的评分＝调查问卷中对应之项目的平均得分,如果完成的问卷没有达到上面提到的最少回应要求,计分为 1 分		
SO2.1　楼宇坚固程度和质量	不能证明该大楼是否遵循《广州市房屋安全管理规定》,或情况不明	可以证明其遵循《广州市房屋安全管理规定》要求每年进行一次房屋安全检查	可以证明其遵循《广州市房屋安全管理规定》做好修缮记录,保全设计施工图,建立房屋安全档案。如发现房屋可能存在危险时,应及时报告鉴定管理机构,并进行鉴定

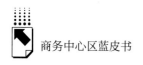
续表

表现指标	评分准则		
	1分	2分	3分
SO2.2　防火	根据《中华人民共和国消防法》检测要求 没有执行规定的检查，或情况不明，或最近12个月内有因违反本规定的行为而受到处罚	根据《中华人民共和国消防法》检测要求 至少每年一次进行消防设施的全面检测，执行规定的检查，需要整改的地方比较重大或曾经有因违反本规定的行为而受到处罚，但最近12个月内未发生处罚	根据《中华人民共和国消防法》检测要求 至少每年一次进行消防设施的全面检测，执行规定的检查，需要整改的地方不太重大或未曾因违反本规定的行为而受到处罚
SO2.3　电梯和自动扶梯安全	根据《中华人民共和国特种设备安全法》检测要求 没有执行规定的定期检查和保养，或情况不明，或最近12个月内有因违反本规定的行为而受到处罚	根据《中华人民共和国特种设备安全法》检测要求 至少每15日执行规定的检查和保养，需要整改的地方比较重大或曾经有因违反本规定的行为而受到处罚，但最近12个月内未发生处罚	根据《中华人民共和国特种设备安全法》检测要求 至少每15日执行规定的检查和保养，需要整改的地方不太重大或未曾因违反本规定的行为而受到处罚
SO2.4　应急预案	<7项	7至8项	>8项
SO2.5　防止罪案	>1宗	1宗	0宗
SO3.1　无障碍设施	<3项	3至5项	>5项
SO4.1　社区关怀	每年定期组织 ≤1项	每年定期组织 2项	每年定期组织 ≥3项
EC1.1　税收	<1亿元	1亿~5亿元	≥5亿元
EC1.2　就业	<3000人	3000~6000人	>6000人
EC1.3　出租率	少于50%出租率	不少于50%至75%出租率及 不少于25%之按年升幅	>90%出租率或 >75%出租率及不少于10%之按年升幅
EC1.4　租金	<100元/（月·米^2）	100元/（月·米^2）至200元/（月·米^2）	≥200元/（月·米^2）
EN1.1　自来水利用	>1703.72立方米/1000平方米	696.98立方米/1000平方米至1703.72立方米/1000平方米	<696.98立方米/1000平方米

续表

表现指标	评分准则		
	1 分	2 分	3 分
EN1.2 可生物降解或有机材料利用	<2 种	2~3 种	>3 种
EN1.3 废物回收	<360.61 公斤/1000 平方米	360.61 公斤/1000 平方米至 976.16 公斤/1000 平方米	>976.16 公斤/1000 平方米
EN2.1 楼宇生态	<2 种	2 种	>2 种
EN3.1 温室气体（GHG）排放	>109.41 吨/1000 平方米	53.1 吨/1000 平方米至 109.41 吨/1000 平方米	<53.1 吨/1000 平方米
EN4.1 于大气中排放破坏臭氧的物质	>12.02 公斤/1000 平方米	0 公斤/1000 平方米至 12.02 公斤/1000 平方米	0 公斤/1000 平方米

B.6
关于银川阅海湾中央商务区
楼宇经济的思考

罗 丹*

摘 要： 在当今城市经济社会发展中，楼宇经济已经成为转方式、调结构、促就业、破瓶颈、补短板的重要手段，且有实现经济持续健康发展、培育新的经济增长极、拓宽城市发展空间等多重积极效用。银川阅海湾中央商务区是宁夏回族自治区、银川市打造楼宇经济、发展总部经济的重要平台，针对商务区辖区空间有限，可供开发利用的土地日趋减少等现实情况，如何由"土地招商"向"楼宇招商"转变，向空间要效益、向空间谋发展，向存量要增量，扩大园区经济发展总量，是银川阅海湾中央商务区发展建设中的一个重要的问题。本文对银川阅海湾中央商务区楼宇经济发展现状进行探讨分析，并从制订规划、加强招商、做活资源、优化服务四个方面提出意见建议，希望可以为园区楼宇经济发展提供借鉴和参考。

关键词： 中央商务区 楼宇经济 内涵特征

在我国城市经济发展中，楼宇经济主要是指以新开发和闲置的商务楼或商业楼为载体，通过出租、售卖、合作等多种形式，招商引进现代服务企业

---

* 罗丹，银川阅海湾中央商务区管委会经济合作部招商干事，研究方向为楼宇经济。

和都市型工业，培育形成新税源，促进城市经济发展，进而打造一种现代服务业与商务楼宇载体相结合的高级经济形态。

随着现代服务业的发展，楼宇经济已经发展成为中心城区转变经济发展方式、调整优化产业结构、促进就业和税收及有效拓展空间发展瓶颈的重要途径，成为区域经济发展的一个新的经济增长点，对促进经济持续健康发展具有重要意义。

银川阅海湾中央商务区是宁夏回族自治区、银川市打造楼宇经济、发展总部经济的重要平台，针对辖区面积和发展空间有限，可利用和开发的土地日益稀少等现实因素，如何突破楼宇发展的瓶颈约束，扩大楼宇经济发展总量，向空间要效益、向空间谋发展，为区域经济发展拓展新的经济增长点，成为银川阅海湾中央商务区发展建设中的一道研究课题。通过本文的研究，希望能够对银川阅海湾中央商务区的楼宇经济发展起到一定的借鉴和参考作用。

一 楼宇经济的内涵和特征

（一）楼宇经济的内涵

楼宇经济是一种经济现象，当城市和社会经济发展到一定阶段时候，楼宇经济现象便自然形成。从本质上看，楼宇经济的发展观念体现的是一种空间战略思维，它依托现代化城市的"楼宇"，有效利用土地要素，拓展空间资源，变"平面经济"为"立体经济"，从而提高原有空间的使用率和产出率，增加持续的就业与税收，推进城市区域经济的发展。

（二）楼宇经济的特点

1. 节约空间

楼宇经济在较小的土地面积上，形成了放大数倍的发展载体，使土地资源和其他资源得到集约利用，最大限度利用了土地资源，使城市经济的发展方式从外延式扩张转变为内涵式深化。

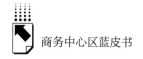

2. 高效益值

商务楼宇地处城市中心区，这里的土地资源有限、地价不菲，选择入驻的企业一般均为经营好、规模大的优质企业。楼宇经济所在地通常是城市的高效益集聚地，自发吸引周围地区的人才、资金、资本、服务等生产要素和资源向楼宇所在地流动集中，故而产生了高效益价值，即其每平方米产生的经济效益远远超过一般的城市功能空间产出的经济效益。

3. 辐射力强

一是通过吸引利税高、经营好的企业入驻，为城市经济发展培育充沛的税源。二是楼宇内有企业入驻，便会产生记账、代理、咨询等多方面的服务需求，"有需求即有市场"，楼宇创造的商机吸引周边地区会展、律所、会计等中介服务以及休闲娱乐产业向楼宇所在地聚集并快速发展。三是楼宇产生的企业集聚效应，带动人才和资本资源向楼宇聚集中心区聚合，助力地区产业结构的升级。

4. 潜力巨大

以前一个地区的经济发展很大程度上是依赖于土地的，即我们所说的"土地财政"，但是，城市经济发展，城市新区建设等地域扩张，可利用开发的土地资源越来越稀少，地价也越来越高，"土地财政"的模式受到制约，发展变得不可持续。楼宇经济因其具有突破发展瓶颈的属性，不再受资源局限，使得发展从平面过渡到立体，因此蕴藏巨大的经济发展潜力。

二 楼宇经济对城市发展的贡献

1. 经济增长

入驻企业在商务楼宇的集聚，可以优化资本要素、技术要素、人力资源要素、信息要素等要素配置，有利于形成分工有序、合作共赢的规模经济效应，并带动相关产业集聚于楼宇中，有助于快速构筑上下游齐备的完整产业链，进而推动区域经济增长，带动产业升级换代。

2. 培育税收

入驻商务楼宇的大多为现代服务业企业，其中又以企业总部办公为主，这些企业一般都是独立核算的法人机构，产生的税收都直接归纳税所在地的政府，可以说每一栋楼宇都是新的财税源，楼宇经济发展的好，"一栋楼宇胜似一条街""一栋楼宇强于一个工业小区"，完全可以实现。

3. 产业升级

入驻楼宇的企业大部分为规模大、经营好、利税高的优质企业，这些企业的集聚将碰撞产生出更多的创新活动，例如项目合作、人才交流、拆并重组等有创新价值溢出的各项活动，进而催生更多的新技术、新业态和新方式。

4. 城市转型

改善城区形象、提升城区品位、营造优质营商环境可以通过建设一批交通便利、环境优美宜人、服务配套完善的商务写字楼宇来实现。同时，大公司、大集团总部、研发中心和新业态、新经济企业落户到楼宇，在满足周边企业相关需求的同时，也提升了整个城区的服务能力和城市魅力及活力。

三　银川阅海湾中央商务区楼宇经济发展分析

银川阅海湾中央商务区（以下简称商务区）自 2011 年启动建设以来，商务区坚持建设与招商并举，管理与服务并重，高起点规划，高标准建设，高质量招商，高效率管理，初步建成了一个框架结构舒展、功能布局合理、景观风格别致、项目大厦林立的现代化滨水型生态商务区雏形，基本形成了总部经济、现代金融、跨境电商、文化旅游等多业态运营模式。

（一）发展现状

1. 楼宇招商引资情况

目前，运营中的楼宇有 13 栋，建筑面积约 30 万平方米，分别为宁夏建筑设计研究院商务办公楼、中国大唐办公楼、路桥集团总部办公楼、CBD

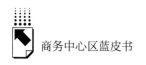
金融中心、CBD 保险大厦、"全球汇"展示中心、银基大厦、鸿丰大厦、电投 B 座、天元金融大厦、烟草大厦、银帝大厦、无线电博物馆。其中 CBD 金融中心、CBD 保险大厦、"全球汇"展示中心、电投 B 座为商务区负责招商楼宇，目前累计引进企业 1330 家，涉及金融、电商、文化、旅游、咨询、信息科技等类型企业，楼宇入驻率可达 90%。

2. 特色楼宇发展情况

按照"一楼一策"的要求，以 CBD 金融中心、CBD 保险大厦及电投 B 座三大平台为抓手，对现代服务业进行点对点招商，重点引进银行、保险、基金、证券、资产管理等金融企业，进一步发挥金融产业集聚效应，打造金融聚集示范区。目前 CBD 金融中心、CBD 保险大厦、电投 B 座引进金融类企业 633 家，注册资本近 200 亿元，交易规模超过 240 亿元。金融类总部企业共 24 家，我区首家全国性法人财产保险公司——建信财产保险有限公司落户商务区，区域性总部企业有华融西部开发投资股份有限公司、长安责任保险股份有限公司宁夏分公司、中国人寿保险股份有限公司宁夏分公司、九州证券股份有限公司宁夏分公司等，银行、证券、保险、基金、担保等多元化发展格局初步形成，金融组织体系日趋完善。

3. 楼宇纳税情况

CBD 金融中心注册入驻企业 854 家，涵盖保险、金融仓储、基金、证券、担保、小贷助贷等多个领域，交易规模超过 225 亿元，创税 12 亿元，其中中阿创业产业园带动作用凸显，实现税收 7.9 亿元，成为全区税收增长的主要力量。CBD 保险大厦引进 59 家保险及相关金融业态企业入驻，实现税收 2.1 亿元。电投大厦于 2017 年 8 月正式投入运营，引进亚联盟金融资产交易所等 23 家资产管理、投资中介、电子商务类企业，轻资产、新业态企业聚集发展能力不断增强，预计可实现税收 1 亿元。

（二）主要做法

1. 优化楼宇业态结构

加强对重点楼宇的跟踪分析，提前介入、分类施策、个性服务、逐案优化，促进楼宇尽快投入使用。一是"定制楼宇"提总量。目前"定制楼宇"项目有两个，绿地中心和正丰未来中心。依托绿地中心，打造一个集电竞产业研发基地、电竞产业示范中心、电竞场馆、电竞周边以及其他类别商品的多元化、泛娱乐化的新型公园。绿地集团目前已经在起草相关建设的计划书，待计划书出来后，再协商后续的合作模式。依托正丰未来中心，借助阅海湾商务区文交所挂牌契机，正在组织筛选一批底蕴深厚、资源丰富的优秀文化企业入驻正丰未来中心。"定制楼宇"二次装修由商务区负责，装修费用抵扣房屋租金。二是"腾笼换鸟"创增量。实行园区企业入驻"动态"管理，全面清退纳税贡献低的企业10余家，清退面积约2000平方米，提高了楼宇产出效益；根据来访客商需要，有针对性地向客商进行楼宇推介，鼓励楼宇产权单位增强主动性，通过资产置换、策划改造等市场行为，使空置楼宇、效益偏低楼宇"枯木逢春"，全面提升楼宇的有效利用率。

2. 组建楼宇服务团队

线下实行"楼长制"，线上"智慧楼宇"，双管齐下，推动园区楼宇经济向产业特色化、规模化方向发展。实行"楼长制"，由园区主要领导担任楼宇总楼长，下设执行楼长、属地楼长，联合各楼宇物业和阅海湾产业发展公司商管部。目前，主要在企业登记注册、帮助企业申请政府性优惠政策方面提供服务，日后还将再融入税务、工商注册、党建等服务功能；正在编制"楼长制服务项目"手册，涵盖企业最关心的行政审批类、人才服务等内容，让企业对"楼长制"服务内容一目了然；依托现有的"智慧楼宇"信息管理系统，对楼宇资源状况、楼宇分布、经营管理状况等各类信息实现动态监测，打破楼宇间信息孤岛和数据壁垒，实现信息实时共享。

3. 健全楼宇配套设施

加大对楼宇配套设施的规划和引进力度，在楼宇周边建设完善餐饮、休闲、娱乐、购物等配套功能，根据楼宇企业入驻情况和办公人数，合理规划楼宇附近的停车区域，实施地下交通工程；配套发展商务酒店、城市候机楼等商务设施，提升园区商务配套；设立人才公寓，为优质企业进驻楼宇创造更优越的配套条件；免费为入驻企业开放会议室、健身房、足球场、网球场

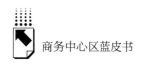

以及健身娱乐等文体设施。截至目前,园区内投运的 13 栋楼宇有 6 栋已经配备餐厅,CBD 保险大厦开立了健身房,"Y-BOX 阅海湾智能无人超市"为企业白领提供了全新的智慧消费体验;阅海湾商务区内首家五星级酒店银川喜来登酒店将于 9 月 28 日开业,人才公寓已经正式投入使用,建信财产保险有限公司等 10 余家公司近 30 人入驻公寓;地下交通工程预计今年 9 月可以投入使用,将改善园区道路交通问题。

(三)楼宇经济发展优势

商务区楼宇经济发展在区域环境、发展定位、产业政策等方面有比较优势,具体体现在:一是区位优势。金凤区地处银川市中心,是银川市的行政中心、文化中心、城市休闲娱乐中心,是银川市发展势头最快的区域。位于金凤区的银川阅海湾中央商务区是发展现代服务业的重要平台,目前辖区基础设施完善,自然环境优美,景观水道秀丽,总部经济、金融保险、智慧产业、文化旅游等轻资产、新业态蓬勃发展,人流、物流、资金流、信息流顺畅流通,为发展楼宇经济提供了良好的先决条件。二是环境优势。银川阅海湾中央商务区作为西部高端滨水生态型中央商务区,西南两面临水,和素有银川绿肾之称、面积达 2 万亩的阅海湿地相接,湖泊碧波迷蒙,空气清新宜人。三是政策优势。入驻阅海湾中央商务区,除了享受自治区、银川市、金凤区相关优惠政策外,还可根据项目情况享受减免房租、城市配套费全免、免费人才公寓、"直通车"服务、"一事一议"等方式灵活、合作共赢的政策优惠。四是服务优势。银川市民大厅与银川阅海湾中央商务区相距仅 1 公里,银川市民大厅内设置办事窗口 500 余个,可办理审批及公共服务事项400 余项,可为入驻企业提供"一站式"的政务服务,助力企业发展。

(四)楼宇经济发展存在的问题

同时,我们应该看到,不论是商务区,还是放眼银川市或金凤区,"智慧楼宇"口号提出很多年,但真正称得上智能化、信息化的楼宇并不多,达到 5A 级服务标准的物业更是寥寥,楼宇经济发展依然处于初步阶段,集聚性、高效益等特性均没有得到释放。

1. 经营理念不新，功能定位模糊

受地域经济发展、开放开发水平较低、企业经济实力不强等因素影响，商务区楼宇经济和其他先进城市、地区的楼宇经营理念相比，发展观念还显得落后，综合楼宇多，特色楼宇、专业化楼宇少，现代化、智能化商务楼宇也不多，缺少品牌楼宇。

2. 规划相对滞后，无法形成集聚

银川市早期发展的商务楼宇大多是自发形成的，又因兴庆区是银川市的老城区，经济发展起步较早，成熟的商务楼宇多集中在兴庆区。后期因缺少完整的楼宇发展规划支持，使得楼宇分散布局，无法形成完整的商务环境和良好的集聚效应，对形成产业优势、规模发展非常不利。

3. 设施配套不完善，服务水平不高

一是硬件设施有待优化。同银川市其他区域楼宇相比，商务区内新建楼宇多，在硬件条件上有了很大改善，但也存在功能定位不明确，会议、娱乐、停车等配套设施不完善等问题。二是服务能力有待增强。目前，园区楼宇缺少专业化的物业管理团队，日常的物业管理质量与水平参差不齐，无法满足高档写字楼、总部型企业所需的高品质服务。

4. 入驻企业规模偏小，楼宇品牌实力不强

除了受地域经济发展、企业实力不强等客观因素影响，园区不少楼宇在开发前期定位不明确，建成后过多看重入驻率，而不关注入驻企业的业态、规模和档次，入驻企业普遍是承担销售、贸易企业的"办事处"职能，大中型国企、上市公司总部较少，致使楼宇税收单位产出价值偏低，楼宇产业结构层次处于价值链中低端；或为了尽快回笼资金，企业拆零出售楼宇产权，楼宇招商运营质量难以保障；特色楼宇目前仍然以金融产业为主，从事文化旅游、电子竞技、软件开发、新闻出版、影视传媒等现代服务业的特色楼宇较少，楼宇经济业态较为单一。

5. 政策支持不足，管理措施有待加强

不论是自治区还是银川市，迄今没有形成鼓励楼宇经济发展的政策办

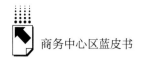

法，也缺少对楼宇标准化建设的规范性文件，在一定程度上影响楼宇招商效果；楼宇经济管理体系不完善，缺乏有效的管理措施和手段，以企业登记地和经营地不符为例，因不能及时统计楼宇税源数字和变化，造成了税源流失，使得政策制定的针对性和有效性受到影响。

四　加快楼宇经济发展的几点想法

银川阅海湾中央商务区的楼宇经济发展有相对劣势，但比较优势也明显，可以说是挑战和机遇并存。发展楼宇经济符合园区发展定位和目标，也与自治区、银川市经济发展目标相辅相成。要立足商务区发展实际，发挥优势补齐短板，推动园区楼宇经济实现进度和效益双提升。

1. 科学规划

一是做好楼宇经济总体规划。建议将商务区确立为银川市的楼宇经济聚集区，积极引进全国性金融、文化、旅游、电商等各类现代服务业机构来商务区设立总部、区域总部或分支机构，通过资产置换、财政补助等形式逐步引导现有的现代服务业机构、政府单位等搬迁至商务区。二是做好楼宇业态发展规划。着力打造金融、文化、旅游、电商等主导产业品牌楼宇，积极引导相近、相似产业集聚发展，打造一批总部大厦、金融大厦、电竞大厦、文旅大厦等特色楼宇。通过政策引导、加强规划等手段，统筹协调园区内楼宇在不同产业领域或相近领域招商运营，避免园区内的楼宇定位雷同、恶性竞争、重复建设。

2. 加强招商

加快建立区域间的楼宇经济分工协调发展机制，形成政府、中介、业主、物业合同协作、联动招商的工作体系。组织和参与招商活动，由领导带队面向大型总部企业"上门"招商，或与开发商等市场组织协同策划和举办楼宇推介会；坚持以商引商和项目招商，充分发挥已入驻企业的集聚效应进行产业链招商；与戴德梁行等知名中介机构、各地商会及楼宇物业建立合作关系，及时了解楼宇企业最新消息。

3. 做活资源

一是存量资源。针对现有楼宇资源，协助楼宇产权单位制定楼宇整合、改造、提升方案，政策支持企业利用自主改造、合作、基金并购等形式，在存量资产改造升级方面开展"资产＋资本"的对接合作，提高楼宇使用率和单位产值。二是政策资源。结合民族区域自治和先行先试的优势，在财政支持、基础配套、公共服务、人才支撑等方面研究制定有别于其他地区的优惠政策来鼓励楼宇经济的发展。在支持楼宇开发商方面，要鼓励企业自己持有、自己开发、自己运营，对打造"商务花园"、风格特色楼宇等方面的企业更要加大扶持力度。

4. 优化服务

一是优化服务模式。建立企业服务站，先期要做到党务、政务、社务"三务"进楼宇，后期将协调工商、税务等职能部门在企业服务站设置咨询电话、临时办公点，放置宣传手册等，将与企业息息相关的公共服务前移至楼宇，打通服务企业的"最后一公里"。二是优化服务平台。定期召开由商务区、企业参加的联席会议，互通信息，解决问题；举办"白领课堂""白领沙龙"等活动，为企业员工搭建沟通交流的平台。三是积极开展"楼宇评星评级"创建活动，交流总结楼宇管理、服务的好经验、好做法；开办"楼宇经济高层论坛"，组织专家咨询等活动，提炼和总结楼宇经济发展规律，指引本地楼宇经济发展方向和重点。

5. 细化管理

一是在物业管理方面，发展壮大园区现有物业公司——银川阅海湾玉禾田物业服务有限公司，与知名的商务楼宇物业管理顾问公司、物业管理公司建立合作关系，在物业服务、标准建立等方面建章立制、提高水平。二是依托组织部门"引凤归巢"等人才计划，引进高层次管理人才，特别是楼宇总部经济、文化旅游、电子竞技等新经济新产业需要人才。三是在规范管理上，注重商务楼宇的业态布局，合理调整周边业态，配套发展商业零售、餐饮休闲、文化娱乐等设施。

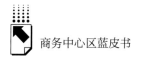

参考文献

陈飞：《楼宇经济对城市经济的贡献研究》，天津师范大学硕士学位论文，2016。

张拴虎：《中心城市老城区发展楼宇经济的机制与模式》，《广东社会科学》2014 年第 3 期。

陈栋：《首府楼宇经济呼唤孕育"掘金地"》，《华新时报》2007 年 2 月 14 日。

蔡建勋：《鼓楼区楼宇经济发展现状及对策》，2015 年 11 月 30 日，http：//glrd. nigl. gov. cn/art/2015/11/30/art_ 36757_ 2303012. html。

夏效鸿：《抓好楼宇经济"三个提升"》，《杭州日报》2015 年 10 月 19 日。

总部经济篇

Headquarters Economy

B.7

新形势下北京 CBD 总部经济
发展趋势及对策建议

赵燕霞*

摘　要：　总部经济已经成为商务中心区发展的一种重要经济形态，集中体现了 CBD 区域竞争力。北京 CBD 是北京跨国公司地区总部集聚的重要区域，在我国推动经济高质量发展、非首都功能疏解等形势下，北京 CBD 总部经济发展也进入新阶段，要着眼于服务首都城市战略定位和"高精尖"经济结构构建，实现发展质量和能级提升，引领国际一流的现代化高端商务中心区建设。

关键词：　总部经济　商务中心区　高质量发展　非首都功能

---

* 赵燕霞，北京方迪经济发展研究院副院长。

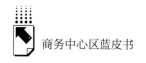

总部经济是一种资源配置力经济，总部经济发展水平是一个国家和地区经济竞争力和影响力的重要体现。从国际城市发展规律来看，商务中心区（CBD）往往是城市集聚大型企业总部尤其是跨国公司总部的重要区域。纽约曼哈顿、巴黎拉德芳斯、东京新宿等，已经成为各城市总部经济发展水平和竞争能力的集中体现。北京 CBD 经过近 20 年的建设发展，已经初步形成了总部经济与高端服务业高度集聚、协同互促发展的经济格局，对北京市及朝阳区经济发展产生了积极的影响。

当前，我国经济由高速增长阶段转向高质量发展阶段、以北京非首都功能疏解为"牛鼻子"的京津冀协同发展国家战略加快实施、北京深化落实首都城市战略定位建设国际一流的和谐宜居之都，这些都对北京 CBD 总部经济发展产生重大而深远的影响。新形势下，CBD 总部经济发展将出现新的特点、新的趋势，也需要树立新的发展理念，以新思路、新举措推动与首都城市战略定位相匹配的总部经济发展，更好地服务国家战略和区域发展。

一 北京总部经济发展格局及 CBD 企业总部集聚特征

总部经济是首都经济的重要特征。《北京城市总体规划（2016～2035年)》明确提出要培育壮大与首都战略定位相匹配的总部经济。近年来，北京总部经济发展态势良好，已经成为首都经济发展的重要力量，不仅在构建"高精尖"经济结构、落实"四个中心"城市战略定位方面发挥了重要引领支撑作用，而且对于推动京津冀协同发展、代表国家参与全球经济竞争等方面也做出了积极的贡献。

（一）北京总部经济发展格局

北京总部经济发展水平居全国首位，2017 年《财富》世界 500 强企业榜单中北京有 56 家企业入围，连续 5 年位居全球城市首位；2017 年中国企业 500 强榜单中北京有 104 家入围；北京也是跨国公司地区总部的重要集聚地，累计认定跨国公司地区总部 167 家（见图 1）。总部经济已经成为首都经济发展的重要力量，到 2016 年底，北京认定的总部企业 4007 家，实现营业收入 9.4 万亿元，利润总额 2.4 万亿元，分别占全市规模以上企业的 67.8% 和 88.7%[1]。

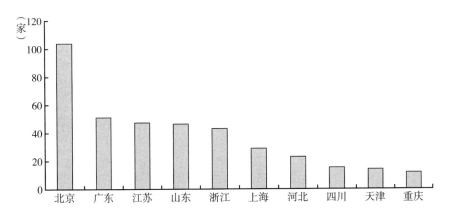

图 1　2017 年中国企业 500 强排名前十的省份

资料来源：中国企业联合会、中国企业家协会发布的中国企业 500 强榜单。

从重点产业功能区总部经济发展来看，中关村国家自主创新示范区、CBD、金融街、北京经济技术开发区、奥林匹克功能区和顺义临空经济区这六大高端产业功能成为总部企业的集中承载区域。六大高端产业功能区聚集了全市 50% 以上的总部企业，而且各产业功能区初步形成了差异化发展格局。如金融街金融总部集聚特征明显，金融业企业总部实现收入占金融业收入的八成以上，占金融街总收入的六成左右；CBD 跨国公司地区总部集聚，跨国公司地区总部实现收入约占六大高端产业功能区跨国公司地区总部总收入的六成左右[2]。

（二）北京 CBD 企业总部集聚特征

北京商务中心区是北京中心城区发展较为成熟的高端产业功能区，也是

---

① 资料来源：《北京总部经济迎来五大机遇》，《人民日报》2017 年 6 月 2 日。
② 资料来源：赵桂林、郑瑞芳：《首都六大高端产业功能区发展情况分析展望》，《前线》2016 年第 5 期。

北京市首批认定的总部经济集聚区之一。依托优越的区位条件、发达的生产性服务业体系、良好的国际商务环境以及较高品质的城市服务功能，吸引了众多总部型企业集聚，成为北京总部经济发展的重要空间载体。当前，北京CBD区域已经集聚了各类总部企业 428 家[①]，占朝阳区总部企业的 46.9%，占北京市总部企业的 10.7%。总体来看，北京 CBD 企业总部集聚主要呈现以下几个特征。

一是国际化特征突出，跨国公司地区总部高度集聚。CBD 区域是北京涉外资源密集、国际化程度最高的区域，成为众多跨国公司、外资企业进驻北京的首选之地。目前，CBD 区域已经集聚了壳牌、丰田、三星等 80 余家跨国公司地区总部，占朝阳区的 70% 左右，占全市的 50% 以上，是北京跨国公司地区总部集中度最高的区域。近年来，依托北京市服务业扩大开放综合试点示范区建设，CBD 国际化商务环境进一步优化，吸引了特斯拉、第一视频等新兴跨国公司地区总部入驻。

二是服务业总部为主体，与功能定位相匹配的总部加快集聚。从行业来看，CBD 区域的总部企业主要集中在商务服务、批发零售、金融等第三产业领域，第三产业总部企业数量占 90% 以上。其中，商务服务业和批发零售业是总部企业最为集中的两大行业，分别占总部企业总数的 1/4 左右。在商务服务业领域，CBD 区域不仅集聚了大量的投资管理类的总部企业，而且也吸引了会计、律师、广告、咨询、人力资源管理等专业服务领域的总部企业入驻。在批发零售业领域，CBD 区域主要集中了一大批跨国经营企业的贸易类总部和销售类总部。金融类企业总部是 CBD 总部经济发展的第三大行业领域，占总部企业总数超过 10%，吸引了一批国际性金融机构地区总部以及国内知名企业的财务管理、资产管理、汽车金融等新兴金融机构入驻。

近年来，随着 CBD 区域产业结构的优化调整，与区域功能定位相匹配的金融、商务服务、文化创意等领域的企业总部加快集聚，总部经济的行业

---

① 资料来源：北京商务中心区管委会网站。

构成也逐步优化。如在文化创意产业领域，CBD 区域不仅集聚了人民日报、中央电视台、环球时报等一批国内外知名文化传媒总部，而且依托国家文化产业创新实验区建设，吸引了互联网传媒、广告、数字创意、设计服务、文化贸易等新兴业态的总部企业及分支机构集聚。到 2017 年底，包括 CBD 在内的国家文化产业创新实验区内共有上市文化企业 81 家[①]。

三是产业带动效应显著，有力支撑 CBD 区域经济发展。目前，总部企业已经成为 CBD 经济发展的重要主体，总部企业实现收入占 CBD 总收入的60% 以上，税收约占 CBD 总税收的 40% 左右。同时，总部企业对区域生产性服务业、文化创意产业等高端服务业的带动作用也非常明显。一方面，总部企业虽然数量少，但其创造的收入、利润和税收贡献大，往往是所在行业发展的龙头企业，直接带动所在行业的发展；另一方面，总部企业的入驻，会产生关联带动效应，不仅吸引同领域关联服务机构的集聚，而且由于众多总部集聚产生的服务需求会带动其他生产性服务机构集聚发展。因此，CBD 区域总部企业的行业构成也在一定程度上体现了该区域的产业结构，2016年批发零售、金融和商务服务三大行业实现的收入占区域总收入的82.62%；文化创意产业实现收入 902.1 亿元，占区域总收入的 12.53%（如图 2 所示）。

CBD 区域的总部企业关联带动效应已经充分体现出来。如在文化创意产业领域，中央电视台、北京电视台以及国际传媒机构等总部型机构集聚，带动了众多的平面媒体、数字网络媒体、电视制作公司、节目发行公司、广告公司、演出经纪公司等中小型文化创意企业入驻，形成了具有竞争力的传媒产业集群。目前 CBD 区域已经集聚了 5000 余家各类文化创意企业，其中国际传媒机构达到 170 余家。同时，总部经济发展也带动了金融、信息服务、商务服务等生产性服务业快速发展，尤其是集聚了一批国际知名的服务机构，包括 250 余家外资金融机构、全球十大律师事务所、四大人力资源服务公司、十几家全球著名的咨询公司等高端服务资源。

[①] 资料来源：国家文化产业创新实验区网站。

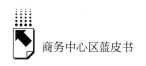

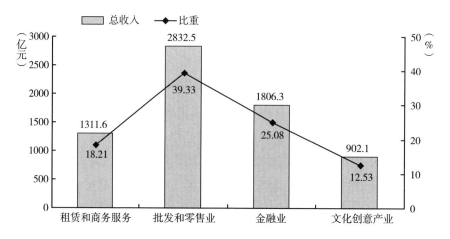

图2 北京CBD重点行业收入及占总收入比重

资料来源:《北京市朝阳区统计年鉴2017》。

二 新形势下CBD总部经济发展新趋势

当前,中国特色社会主义进入新时代,开启全面建设社会主义现代化国家新征程,首都北京也进入加快建设国际一流的和谐宜居之都的新阶段。面对新的形势,北京CBD发展迎来了新的黄金机遇期,总部经济发展也将出现新的趋势。

(一)我国进入高质量发展新阶段,CBD总部经济发展将迎来新动能

党的十九大报告指出,中国特色社会主义进入新时代,开启全面建设社会主义现代化国家的新征程。我国经济发展也进入了新时代,由高速增长阶段转向高质量发展阶段,迫切需要加快建设创新引领、协同发展的现代化经济体系。

从产业发展视角看,要着力构建实体经济、科技创新、现代金融、人力资源协同发展的产业体系,更加注重知识技术、人力资本、资金等各类生产

要素的优化配置，形成共生共赢的产业新生态，培育具有全球竞争力的世界一流企业，推动经济发展的质量变革、效率变革和动力变革。构建四个要素协同发展的产业体系，对商务中心区产业发展不仅提出了新的要求，即现代金融、人力资源服务等生产性服务业发展要更好地服务于实体经济和科技创新，而且也为商务中心区依托较完善的产业服务体系发展总部经济提供新的动能。

分析国外知名商务中心区发展的最新态势发现，高端商务功能与创新创业功能融合互促发展成为区域经济增长的新引擎。如纽约曼哈顿出现"硅巷"这一新的空间形态，吸引了众多互联网科技企业的集聚发展，被誉为美国"东部硅谷"。"硅巷"形成的一个主要原因就是曼哈顿商务区集聚了大量金融、广告传媒、专业服务等服务类机构，形成了有助于创新创业的产业生态环境，而且区域内完善的商业和公共服务设施，对青年科技人才也具有很强的吸引力。

当前，北京 CBD 也开始出现金融商务、文化创意与科技创新融合发展的态势，依托非首都功能疏解腾退的空间吸引了众多科技创新型企业和众创空间集聚。2017 年，CBD 功能区新注册的科技服务类企业超过 6000 家，占新注册企业的 34%，成为区域内企业数量增长最快的行业；拥有国家级众创空间 9 家，占全区 50% 以上；集聚了掌阅科技、优客工场、映客等一批独角兽企业。CBD 这一发展态势，正是我国构建实体经济、科技创新、现代金融、人力资源协同发展产业体系的集中体现，也将成为新阶段 CBD 持续发展的新动能，这对 CBD 总部经济发展也带来了新的契机，有助于集聚和培育科技创新型企业总部，进一步丰富 CBD 总部经济的产业类型，增强CBD 对周边区域乃至更大范围区域的创新引领、要素配置和服务支撑等综合性辐射带动作用。

（二）以疏解北京非首都功能为"牛鼻子"的京津冀协同发展纵深推进，对 CBD 总部经济发展既是机遇又是挑战

实施区域协调发展战略，是着力解决我国发展中的不平衡不协调问题、

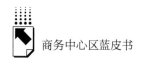

决胜全面建成小康社会的重要战略举措，也是拓展区域发展新空间、建设现代化经济体系的重要支撑。其中，以疏解北京非首都功能为"牛鼻子"推动京津冀协同发展，就是实施区域协调发展战略的一项重大战略部署。

当前，京津冀协同发展正处于纵深推进、攻坚克难的关键阶段。疏解北京非首都功能，既是推动京津冀协同发展的"牛鼻子"，也是治理北京大城市病、更好地落实首都城市战略定位、支撑国际一流的和谐之都建设的重要抓手。当前，非首都功能疏解从"小疏解"迈入"大疏解"阶段，在疏解领域上，从以一般制造业、批发市场和物流基地为重点开始转向四类非首都功能的全面疏解；在疏解主体上，从以零散项目、点状疏解为重点开始转向以点带面、集中连片的全面疏解；在推动主体上，开始转向央地协同、三地协作、政府与市场合力推进的新格局。在非首都功能"大疏解"背景下，CBD 总部经济发展既面临着严峻的挑战，也迎来了难得的历史机遇。

从挑战来看，包括央企总部在内的总部型企业也属于非首都功能疏解的类型之一，尤其是中心城区不仅要疏解一部分存量的央企总部，而且产业增量中也将严控总部企业的新迁入或新设立。位于中心城区的北京 CBD，未来总部经济发展需要有所为有所不为，不能简单地吸引总部企业集聚，而是要更加聚焦与首都城市战略定位相匹配的总部经济，重点集聚文化创新、科技创新、国际交往类的跨国公司地区总部和民营企业总部，更好地服务"四个中心"功能建设。另外，雄安新区和北京城市副中心作为北京发展的新"两翼"，正在高标准规划建设，承担着非首都功能集中承载地的责任，其中城市副中心将承接中心城区包括总部经济在内的高端商务功能疏解，雄安新区也将承接北京的总部企业疏解转移。如何与"两翼"差异化联动发展，这将是包括 CBD 在内的中心城区发展总部经济需要关注的问题。

从机遇来看，一方面，通过非首都功能疏解，北京 CBD 区域能够腾退出一定的空间资源，在优先保障"四个服务"功能、"留白增绿"、完善公共服务设施的同时，还可以适度用于"高精尖"经济发展。在北京市整体减量发展、中心城区严控建设总量的要求下，这将有助于挖掘 CBD 区域空间潜力，为引入高质量的总部资源提供载体保障。如雅宝路区域 15 座楼宇

46.5 万平方米的服装市场正在疏解，腾退后的空间将引入具有文化创意、科技研发、国际交往功能的企业入驻。其中雅宝商城改造成"悦港梦想加空间"，成为区域首个办公商业业态升级项目。另一方面，通过实施"疏解整治促提升"专项行动，如 2018 年朝阳区将推进雅宝路区域转型提升、文化三里屯区域整治提升等一批重点项目，进一步改善 CBD 区域的宜居宜业环境和营商环境，加快建设国际一流的现代化高端商务中心，进而增强对于国际高端总部资源的集聚力。

（三）北京城市总体规划的全面实施，对 CBD 总部经济发展提出更高要求

党中央、国务院批复的《北京城市总体规划（2016～2035 年）》，是首都发展的法定蓝图，是贯彻习近平总书记对北京工作的一系列重要指示精神，建设好伟大社会主义祖国的首都，迈向中华民族伟大复兴的大国首都、国际一流的和谐宜居之都的纲领性文件。新一版总体规划的理念、思路实现了重大创新，由传统的扩张性规划转向减量发展、优化空间结构的规划，对人口规模、建设规模实施"双控"，并着眼于治理"大城市病"、打造以首都为核心的世界级城市群，着力改变单中心发展模式，构建"一核一主一副、两轴多点一区"的城市空间结构，实现首都功能的优化提升。

新一版城市总体规划的全面实施，对北京 CBD 总部经济发展产生重要的影响，主要体现在两个方面。

一是对中心城区功能疏解提升的定位要求，为北京 CBD 总部经济发展明确了方向。新一版城市总体规划对中心城区的功能定位，一方面是优化提升"四个中心"功能，增强综合竞争力和国际影响力；另一方面是疏解非首都功能，提升城市品质。其中对 CBD 所在的中心城区东北部地区，核心是要强化国际交往功能，建设国际一流的商务中心区和国际科技文化体育交流区。这就明确了未来 CBD 发展与首都城市战略定位相匹配的总部经济，就是要聚焦中心城区东北部地区承担的国际交往功能，集聚高端商务、文化创意等领域的企业总部。

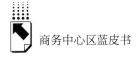

二是城市减量发展及产业功能区集约高效发展的要求，对CBD发展总部经济提出更高要求。新一版城市总体规划按照国际一流和谐宜居之都建设的要求，统筹生产、生活、生态空间，提出要压缩生产空间规模，提高产业用地利用效率。在服务业空间布局方面提出了分类引导发展的思路，对于北京商务中心区、金融街等较为成熟的功能区，核心是要提升发展质量，提高国际竞争力。与一般企业相比，总部型企业往往具有高知识含量、高附加值、低资源消耗等特征，正是产业功能区集约高效发展的方向。同时，总部型企业的资源配置能力和辐射带动能力也往往是城市商务中心区国际知名度和影响力的重要体现。因此，新一版城市总体规划对北京商务中心区高质量发展的要求，在一定程度上也是对商务中心区发展总部经济的要求，就是要站位国际视野，支持和引导具有国际竞争力的企业总部发展，并带动金融、信息、商务服务等现代服务业高端化发展，打造国际知名的CBD。

三　新形势下CBD总部经济健康发展的对策建议

新形势下，北京CBD总部经济发展将进入新阶段，要按照高质量发展的要求，要服务于首都城市战略定位和"高精尖"经济结构构建，创新发展思路，优化总部经济发展环境，推动总部经济发展质量和能级提升，助力国际一流的现代化高端商务中心区建设。

（一）聚焦区域功能定位，培育总部经济发展新增长点

新形势下，北京总部经济发展需要处理好疏解与提升的关系，既要疏解部分央企总部，也要培育壮大与首都城市战略定位相匹配的总部经济。CBD总部经济发展也要符合北京总部经济发展的大思路、大方向，就是要发展与"四个中心"建设及区域功能定位相匹配的总部经济，即聚焦国际交往、国际商务、文化创新、科技创新等功能，引导和支持金融、商务服务、文化创意、科技创新等相关领域企业总部发展。

坚持引进与培育并重，打造一批具有市场竞争力的总部集群。当前，各

区域发展总部经济都非常重视总部企业的引进，通过出台优惠政策、提供针对性服务等举措吸引总部企业。事实上，大部分总部企业都是从中小企业逐步成长起来的。在北京疏解中心城区功能、优化城市空间格局背景下，CBD 区域发展总部经济应转变思路，由过去的重引进转向引进与培育并重。一方面，不能盲目引进总部企业，要更注重引进品质，吸引具有较强竞争力的企业总部集聚；另一方面，更要重视培育，聚焦符合功能定位的产业领域，通过优化发展环境，支持成长性较好、创新创业能力较强的中小企业做大做强，培育出一批具有市场竞争力的总部企业。建议 CBD 可以积极探索准总部企业的挖掘、发现和培育机制，比如"隐形冠军"企业、"独角兽"企业等，其具有成长为总部企业的潜在条件。据调查，德国"隐形冠军"企业几乎在全球各地都设立了分支机构，成为具有全球竞争力的跨国总部企业。CBD 可以加强对这类型企业的重点关注，有针对性地开展扶持引导。

积极吸引新兴产业总部集聚，培育总部经济发展新动能。当前，新一轮科技革命不仅引发了实体制造业领域的创新升级，而且对服务业创新发展也产生了积极影响。大数据、物联网、人工智能等技术在服务业领域的广泛应用，使得产业融合发展态势加速，催生了一批服务业新业态和商业新模式，逐渐成为服务业发展的新动能。因此，未来 CBD 区域总部经济发展，一方面，要进一步巩固金融、商务服务、文化创意等主导产业领域特色总部集群的竞争优势，支持和引导总部企业提升能级，增强资源配置能力；另一方面，要把握文化科技融合、服务业跨界融合等产业融合发展新趋势，积极吸引新兴金融、互联网文化、跨境电子商务等新业态领域的总部型企业入驻，打造总部经济发展的新增长点。比如，互联网与传媒产业融合发展产生的互联网媒体产业发展非常迅速，也涌现出一批规模大、实力强的总部型企业，2017 年全国互联网企业 100 强榜单中，传媒行业就占到 30 个。CBD 可以依托文化传媒产业集聚优势，积极吸引互联网媒体领域的总部企业集聚。

（二）紧抓国家开放战略，加快国际高端总部资源集聚

从发展历程看，CBD 实际上就是在服务国家对外交往功能中，依托密

集的涉外资源吸引各类国际要素集聚而逐步发展起来的。因此，未来CBD发展应进一步强化国际交往功能，在服务北京国际交往中心建设中实现更高质量的发展。当前，我国开放发展也进入塑造全面开放新格局、培育国际竞争合作新优势的新阶段。紧抓国家新一轮开放发展的重大战略机遇，积极吸引国际高端总部资源集聚，这既是CBD强化国际经贸枢纽功能的重要抓手，也是CBD实现经济提质增效发展的现实需要。

当前，CBD区域开放发展面临着两大重要机遇，一是"一带一路"建设。作为首都，北京在我国推进"一带一路"建设中具有独特的地位，是我国与"一带一路"沿线国家开展国际交往的重要窗口。北京也正在积极全方位融入"一带一路"建设，加快构建开放型经济新体制，为CBD国际化发展提供难得机遇。二是北京市服务业扩大开放综合试点。朝阳区是北京市服务业扩大开放综合试点示范区，在全市率先开展商务服务、金融服务、科技信息服务、文化创意产业等六大重点领域的政策创新试点，从外贸工商登记、外汇集中运营管理、外籍人才服务机制等方面取得了重大改革突破，未来将继续推动示范区建设，深化改革创新，优化区域国际化营商环境，助力区域开放型经济发展。

未来CBD应充分利用好两大机遇，坚持双向开放，增强总部经济的全球资源配置能力和国际竞争力。一方面，围绕服务业扩大开放重点领域，积极吸引跨国公司地区总部及其研发设计、财务结算、资产运营等实体职能落户CBD；依托"一带一路"合作平台，引导沿线国家的跨国企业设立地区总部。同时，鼓励现有跨国公司地区总部提升能级，拓展服务类实体经营业务，增强总部企业的辐射带动力。另一方面，依托"一带一路"建设的各类国际化平台，用好服务业扩大开放政策，支持国内总部型企业"走出去"发展，鼓励贸易类总部企业拓展研发设计、国际营销、品牌输出等业务，支持金融、商务服务、科技服务等领域的总部型企业在"一带一路"沿线国家和地区拓展服务网络，提升总部企业的国际化经营能力。

（三）挖掘疏解空间潜力，拓展总部经济发展的空间载体

近年来，CBD区域一直在探索存量资源的更新模式，一方面，对100

多栋商务楼宇进行摸底调查，制定相关政策，积极引导楼宇开展腾笼换鸟和产业转型升级；另一方面，鼓励企业主体或引入社会主体，探索旧厂房盘活改造利用模式，为"高精尖"产业发展提供空间载体。在减量发展背景下，CBD 区域规划建筑面积实行总量控制，如何挖掘利用好非首都功能疏解的空间，对于区域功能提升、产业发展以及总部经济发展都是至关重要的。

打造高品质绿色智能楼宇吸引总部企业入驻。大型跨国公司地区总部选址时，在考虑区位交通、商务氛围、人才吸引力等基本条件时，对商务办公楼宇的品质也越来越重视，绿色生态建筑、人性化的空间设计、智能化管理、适宜 24 小时办公需求的高品质物业服务等往往成为跨国公司选择办公楼宇的重要标准。因此，CBD 区域应积极鼓励在建或拟建楼宇开发商打造生态化、智能化的高品质商务办公楼宇，引导现有楼宇进行更新改造，支持楼宇主体提升物业管理服务精细化水平，打造对总部企业具有吸引力的空间载体。

鼓励总部企业参与旧厂房的改造利用。从商务办公空间发展态势来看，低密度、独栋式、开放式的商务楼宇成为许多总部企业，尤其是科技创新型和文化创意型总部企业青睐的办公场所，这也是国外许多知名企业总部向大城市周边小城镇转移的重要原因。与国外相比较，我国大城市周边的小城镇商务环境并不完善，对总部企业的吸引力并不强。但是，在 CBD 这样成熟的商务区，可以利用旧工业厂房改造成为独栋式的办公场所，既能够为总部企业提供个性化、生态型的办公环境，也能够满足总部企业所需要的商务服务需求。建议 CBD 区域出台相关政策，鼓励总部型企业积极参与区域内旧厂房的改造利用，使之成为发展总部经济的新空间载体。

（四）优化国际化营商环境，激发总部企业发展活力

经过多年建设发展，CBD 区域营商环境不断完善，根据世界商务区联盟 2017 年发布的《全球商务区吸引力报告》显示，北京 CBD 位列全球第九位，中国第一位。但是与伦敦金融城、纽约曼哈顿、东京丸之内等国际知名商务区相比，还存在一定差距。如何进一步优化营商环境，构建国际

一流的营商环境，是 CBD 区域吸引总部企业、发展总部经济的重要着力点。

进一步深化"放管服"改革，为总部经济发展提供高效便利服务。近年来北京市及朝阳区在"放管服"改革方面取得了积极成效。比如在商事制度改革方面，全面推行"证照分离""多证合一"，企业办理注册登记的时间缩短到 3~5 天，但是与国内部分省市以及国际相比还有优化空间。未来应继续推进市场准入、项目审批、登记注册等方面的改革，深入推进"互联网＋政府服务"，切实提高服务效率。同时，建立政府部门与总部企业的常态化对接机制，及时了解企业诉求，开展针对性服务。

深化服务业扩大开放重点领域的改革探索，营造与国际接轨的营商环境。建议在金融、文化创意、商务服务等领域继续放宽市场准入。比如在金融领域，国家提出要进一步放宽或取消银行、证券、基金管理、期货、金融资产管理公司等外资股比限制，统一中外资银行市场准入标准。CBD 区域可以在金融领域开展改革试点，积极吸引外资金融总部机构入驻，支持和引导现有外资金融机构提升能级。同时，CBD 区域应进一步完善投资和贸易便利化、竞争有序的市场环境、法治化建设等方面的营商环境，增强对国际总部资源的吸引力。

聚焦高端人才需求，打造高品质综合服务体系。一个区域对总部资源的吸引力在很大程度上取决于对高素质人才的吸引力。CBD 区域应进一步深化外籍人才永久居留制度和出入境管理服务创新，打造高品质国际人才社区，完善国际化公共服务设施建设，提升对外籍人才的服务水平。同时通过人才公租房建设、定制公共交通、增加绿色空间、优质公共服务供给等打造高品质发展环境，满足各类高层次人才就业居住的现实需求。

参考文献

赵弘：《总部经济新论》，东南大学出版社，2014。

魏后凯、李国红:《中国商务中心区发展报告 No. 1 (2014)》,社会科学文献出版社,2015。

刁琳琳:《借力疏解促首都经济高质量发展》,《北京日报》2018 年 3 月 30 日。

昝杨杨:《北京 CBD 文化传媒产业发展战略研究》,《北京经济管理职业学院学报》2016 年第 2 期。

B.8
总部经济的需求偏好和对 CBD 的软硬环境要求

包晓雯　唐琦　曾刚*

摘　要： 发展总部经济，是开启我国更高层次开放型经济的重要战略支点，也是推进我国地区产业转型和区域协调发展的有效路径与发展模式。基于企业总部空间选择与决策行为的相关研究，以及总部经济形成条件、动力机制等现有理论基础，依托区位理论的分析框架，从空间位置、经济要素、集聚条件、营商环境四个方面刻画总部经济发展的需求偏好。同时，通过对企业总部集聚的城市 CBD 空间结构与功能演化的规律以及全球城市发展规划建设的主要趋势的探讨，提出新时期总部经济需求偏好下的城市 CBD 的软硬环境建设要求。

关键词： 总部经济　需求偏好　CBD　软硬环境

　　总部经济是全球化进程中企业价值链和区域资源禀赋实现空间耦合的高端经济形态（赵弘，2012；宋蕊，2009）。作为价值链网络结构中的高附加值环节，企业总部实现与制造基地的空间分离，并通过供应商网络治

---

* 包晓雯，华东师范大学城市与区域科学学院讲师，博士，研究方向为城市与区域规划、人文地理学等；唐琦，浙江财经大学经济学院讲师，博士后，研究方向为人文地理、区域经济学等；曾刚，华东师范大学城市与区域科学学院终身教授，博导，研究方向为区域经济学、人文地理学等。

理对全球资源进行整合，开展设计、研发和营销等总部功能性活动。企业总部在空间节点上的集中，通过影响城市（区域）空间结构变化，激发地区经济发展活力，增强价值链上空间经济协调合作，从而大大提升地方在区域乃至全球体系中的经济领导力与控制力、发展能级与国际地位。因此，总部经济发展水平常常代表着地方（国家）经济发达程度、全球贸易利得多少、全球竞争优势大小等。中国经济正处于高速增长转向高质量发展的关键阶段，习近平总书记指出，要在质量、效率、动力变革基础上发展更高层次的开放型经济。因而，总部经济已经成为加快我国地方产业升级、嵌入全球价值链高端、促进区域经济转型和协调发展的重要战略支点与发展路径。

一　总部经济相关理论研究基础

受经济全球化力量的推动，总部经济的集聚形态是由企业尤其是大企业依据产业战略配置要求和不同地区综合成本优势，将自身的生产性服务活动与制造活动在相应空间进行选择和布局的结果（刘志彪、张少军，2009）[①]。国内外有关总部经济的研究由来已久，其关注方向主要集中在两个层面：第一，以总部企业为对象，研究总部企业成长和区位分布的影响因子，以及从集聚外部性等方面探讨企业迁移的动力机制等。第二，以发展总部经济为出发点，从价值链视角，探讨总部经济形成机理、对城市（区域）的影响效应以及地方总部经济发展战略及其相关环境建设等。

（一）总部企业选址的影响因子与机理

在解释城市系统中经济决策者的区位选择时，Gottman（1970）提出以总部企业为研究对象的第四产业区位论，引起国外学者对企业总部布局及政

[①] 刘志彪、张少军：《总部经济、产业升级和区域协调——基于全球价值链的分析》，《南京大学学报》（哲学·人文科学·社会科学版）2009 年第 6 期。

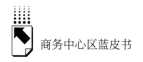
策制定的研究探讨（Semple，1973，1985；Quante，1976；Pred，1977）[1]。应对经济全球化背景下的区域社会、经济发展，传统区位论的影响因子被加以重新取舍与具体化（Athreye，2004；Ilian，2005；Wu，2009；贺灿飞等，2005）。根据不同理论视角（经济学、管理学、地理学），中外学者围绕不同国别（地区）、不同企业对象（跨国企业总部、地区总部、上市企业等），对总部企业空间选址的影响因子进行了深入探讨，为总部企业空间价值判断提供了相应理论基础。Heenan（1979）通过对美日跨国公司决策者的问卷调查，总结出影响两国企业总部区位选择的十六因素。而且，在支持性服务业、接近主要国家市场、通信条件等因素选择上，两国企业表现出完全一致的偏好程度。Ho（1998）认为跨国公司的全球布局要受到地理位置、市场可达性、航空与信息服务中心的影响。Mucchielli（1998，2008）提出影响企业总部的区位选择的四要素，即市场需求和市场发展潜力、生产要素成本、由来自同一母国（或地区）的子公司所形成的集聚效应、当地政府所推出的吸引外资相关优惠政策。Yeung 和 Perry（2001）分析新加坡成为跨国公司亚太地区总部集聚中心的原因，认为地理位置的远近、全球战略的需要和商务服务的便利性起到重要作用[2]。根据 2000 多家上市企业空间数据的研究，潘峰华等（2013）认为中国企业总部选址的影响因素包括金融业发展水平、机场条件、经济规模、经济全球化水平、城市的规模等级、行政等级等[3]。香港毕马威咨询公司（KPMG，2017）的调研报告表明，亚太地区经营的全球大型商业银行的地区型总部的区位选择因素为：人的因素、基础设施的因素、市场的因素以及金融的因素（如表 1 所示）。

---

① 严翔、于涛、汪鑫：《全球化背景下城市总部经济研究进展及思考》，《现代城市研究》2011 年第 9 期。

② Yeung H, Poon J, Perry M. Towards a Regional Strategy: the Role of Regional Headquarters of Foreign Firms In Singapore. Urban Studies, 2001 (38).

③ 潘峰华、刘作丽、夏亚博等：《中国上市企业总部的区位分布和集聚特征》，《地理研究》2013 年第 9 期。

表1 国内外学者有关企业总部选址影响因素的研究

学者	研究对象	影响企业总部空间选择的因素
Heenan（1979）	跨国公司	政治稳定性、支持性基础设施、区域地方市场重要性、支持性服务、与公司全球总部的毗邻程度、与目标市场的距离、航空条件、交流、生活成本、住房、教育与医疗设施、税收与激励政策、国际化与多元文化倾向、政府对 MNC 的态度、办公空间等
Aoki 和 Tachiki	跨国公司	基础设施条件的便利程度、商业和经济环境、劳动力市场、政府政策
Ho（1998）	跨国公司	地理位置、市场可达性、航空服务中心、信息服务中心
Mucchielli（1998,2008）	跨国公司	市场需求和市场发展潜力、生产要素成本、由来自同一母国（或地区）的子公司所形成的集聚效应、当地政府所推出的吸引外资相关优惠政策
Yeung（2001）	所有企业	接近消费者、接近本地企业、接近区域内的企业、商业服务的质量、商务成本
Klier（2002）	所有企业	地区声誉、潜在顾客、研发集中程度、管理体制、高素质员工、房地产成本、工厂基础设施、金融体系、清洁环境、生产质量、人身安全
Little（2003）	跨国公司	税收优势、人才资源、生活质量、城市区位、政府支持、CEO 偏好
Davis（2004）	跨国公司	服务多样性的规模效应、金融服务业的集聚效应、总部的外部规模效应
哥本哈根商学院	所有企业	政府支持、运营成本、生活成本、金融环境、周边联系、国内市场一体化程度、商业环境、通信设施、劳资关系
James C. Davis（2017）	跨国公司	城市联系（connectively）
潘峰华等（2013）	上市企业	金融业发展水平、机场条件、经济规模、经济全球化水平、城市的规模等级、行政等级
毕马威（2017）	跨国公司	人的因素、基础设施的因素、市场的因素以及金融的因素

资料来源：根据国内外有关总部选址影响因素的研究整理。

　　归纳企业总部迁移的作用机理，基于企业内部成本与效益（戴维斯等，2008）、需求与期望效用的博弈，以及外部的规模经济、集聚经济的共同作用，总部型功能机构与加工制造基地实现空间分离，企业总部向拥有高级资源要素与环境条件的中心城市集中，而制造基地向低生产成本的区域集聚。

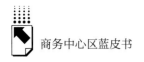

（二）总部经济及其发展条件

国内外学者纷纷概括并研究总部经济内涵（Semple，1973；Henderson & Ono，2008；Vanessa & Xavier，2009；蔡来兴，1995；赵弘，2004）。总部经济被视为城市的核心发展战略，尤其是后发国家与地区嵌入全球高端价值链、治理链的有效模式。国内学者普遍认为总部经济形成是需要一定基础条件的。赵弘（2004）认为发展总部经济需具备人力与科教资源、区位与交通、信息获取与交流及基础性资源禀赋、法制环境与文化氛围、专业化服务支撑体系①。除都关注人力资源、区位优势、信息交流因子外，王如忠、朱拓（2009）认为发展总部经济还应有完备的商务服务设施、良好的城市基础设施、明确的区域产业发展规划和完整的产业链、城市文化的包容性②。张泽一（2015）强调发展总部经济的区域必须拥有高素质人力资源和科教资源、良好的区位优势与交通设施网络等条件。他认为高端人才、知识资源能有效为企业总部知识密集性价值创新活动提供低的成本。大城市具备的这种独特创新要素是其发展总部经济最为关键的要素之一，也是最为有利的条件（王军，2007）。纽约"总部经济"发展就得益于这些特殊资源禀赋，即高素质人力资源、科教资源、文娱设施资源，以及为集聚的高级员工提供高品质的生活服务能力③。而良好的地理位置、便捷的交通网络设施则能够大大降低总部与其他分部、子公司、生产基地间距离以及沟通成本，增强处理企业事务的时效。

二　总部经济的需求偏好

总部经济发展是存在空间吸引与选择价值判断的。从行为学派理论看，

---

① 赵弘：《总部经济》，中国经济出版社，2004。
② 王如忠、朱拓：《上海总部经济发展的影响因素及其对策：基于 SWOT 分析框架的研究》，《上海经济研究》2009 年第 10 期。
③ 张泽一：《北京总部经济的特点及提质升级》，《经济体制改革》2015 年第 1 期。

企业总部空间选择是企业投资决策的结果。鉴于上文企业总部空间选择与决策行为的相关研究,以及总部经济形成条件、动力机制等现有的理论基础,本文运用现代区位理论的基本分析框架(总部企业、总部经济),从空间位置、经济要素、集聚条件、营商环境四个方面深入刻画总部经济的需求偏好。

(一)空间位置偏好——大都市区或大中型城市

当今全球经济版图上,企业总部呈现出特定的空间特征(或迁往特定目的地),即向大都市区或大中型城市集聚(Friedman J. & Woltt G.,2005)的选择偏好。企业总部高度集中的"总部城市"(藤田、奥塔,1993)成为城市经济发展的重要模式之一。20 世纪 60 年代,美国企业总部集聚特征相关研究表明,约 56% 的 500 强企业总部主要位于纽约、芝加哥、匹兹堡等大城市。Strauss-kahn(2009)、Vive(2005)等人对美国 500 强公司总部迁移轨迹的研究,也发现企业总部呈现从较小的专业化城市向纽约、芝加哥等大城市迁移的规律性。尽管受成本因素、规模边际效应等影响,纽约企业总部出现阶段性的空间扩散,即向次一级的中心城市迁移(Ross,1987;Tonts,2010),但由于商业和金融领域巨大的全球影响力,目前纽约依然成为企业投资的首选目的地之一。美国最大的 500 强企业中,三分之一以上把总部设在纽约,7 家大银行中的 6 家以及各大垄断组织的总部都在这里设立据点(KMPG,2017)。在其他发达经济体中,总部企业也表现出高度相似的空间规律。法国、意大利、澳大利亚、日本等国的著名大城市也是本国企业总部(包括跨国公司及其地区总部)高度集聚的选择偏好空间。

在企业迁移决策模型中,Louw(1996)认为在定位与选择的决策阶段,地理位置、资源易得性、设施临近性、公共交通、环境质量等多空间要素起到重要作用[①]。大都市区或大中型城市具备的优势地理位置、可进入性高的交通条件、优良的经济开放性、历史带来的累积效应等条件,使得这些区域

---

① 朱华晟、王缉慈、李鹏飞等:《基于多重动力机制的集群企业迁移及区域影响——以温州灯具企业迁移中山古镇为例》,《地理科学进展》2009 年第 3 期。

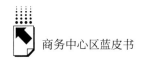

成为总部企业空间集聚的偏好对象。

随着我国制造业的长足发展与本土企业的茁壮成长，大部分制造业500强企业总部也表现出在北京、上海、深圳等大城市高度集聚的特征①（武前波、宁越敏等，2010，2011）。此外，林必越（2012）在长期跟踪泉州民营企业空间迁移路径时，也发现许多企业总部向厦门、上海等中心城市迁移，呈现出民企总部从中西部往东部、从中小城市往大城市的变迁规律。

（二）生产要素偏好——知识信息、高端人才与金融资本

学者们普遍认为企业总部选址与企业的R&D、销售代表处的高级职员及与其他企业同行之间的非正式或者"软"信息交流等流动密切相关（Ekholm & Forslid，2001；Duranton & Puga，2005；Fujita & Thisse，2006）。Rosenthal和Strange（2004）认为企业总部行为偏好是基于知识溢出、劳动力和人才市场池作用、自然优势的投入分享及当地市场效应与消费机会等。而Asheim（1998）认为区域创新网络使集群内的相关企业集聚有利于形成彼此学习环境，认为网络环境有利于集群整体创新。

总部经济功能具有知识、集约、辐射共赢等特性（赵弘，2004；高洪深，2007）。与生产基地功能截然不同，占据价值链高端的总部功能决定着总部生产要素需求偏好，其对知识信息、高端人才与金融资本的需求尤其显著。一方面，知识信息、人才资源、无形资产等高级生产（创新）要素决定着战略决策、资本运作、市场营销、技术研发等总部功能的实现。彼得·德鲁克也指出"知识"是"真正具有控制力的资源与绝对决定性生产要素"。戴德胜等人（2008）认为具有丰富的有关市场状况、竞争对手、国家政策等信息的空间对总部决策制定起重要作用②。另一方面，企业总部又能通过集群内部信息、金融等资源的分享和交换而获得溢出效应。公司总部在

---

① 武前波、宁越敏：《中国制造业企业500强总部区位特征分析》，《地理学报》2010年第2期。

② 戴德胜、姚迪：《从企业总部地址迁移变化看CBD的发展态势》，《规划师》2006年第10期。

空间选择时会重点衡量知识可获得性与信息交流的效率。此外，KPMG（2017）在总结跨国企业选择因素中，认为人的因素、市场因素、金融因素以及基础设施都十分重要。但相比较而言，人的因素的重要性远胜于基础设施、市场因素及金融因素的重要性。

（三）集聚条件偏好——外部集聚经济效益

马歇尔（1920）指出，因知识溢出效应、专业劳动力和专业供应商产生的集聚外部性促使企业空间集聚现象。企业总部集聚的核心动力是为了获得集聚经济效益。Davis（2004）、Henderson（2005）等在深入探讨企业总部空间集聚动力机制时，认为是多样性服务业产业集聚外部性带来的规模经济效应促进企业总部的集聚行为。商业服务业的多样性有利于总部效率提高（埃斯尔，1982）。在多样性服务规模效应、金融服务业聚集、总部外部规模效应的共同影响下，企业总部会更倾向于商务服务多元化、总部集中的城市所在地。Davis（2008）指出，在其他条件相同情况下，企业总部越多的城市将会吸引更多新的总部入驻。鉴于企业总部与生产基地的空间分离是企业资源最优配置和利益最大化的需求结果，贺灿飞（2007）等认为是外部集聚经济带来的成本节约和效率提升促使企业总部在不同空间尺度上高度集聚。因而，企业总部总是偏好高等级生产性服务业集中的大都市区域。

（四）营商环境偏好——开放、公平、便利的营商环境

营商环境是影响地方经济发展的制度环境集合，是基于地理环境、资源禀赋的正式制度、非正式制度以及政府的服务水平和廉政透明等的集合（聂辉华，2018）[1]。营商环境是基础设施环境、制度创新环境的有机整合，它主要包括地方法治环境、市场环境、社会环境、政务环境、开放环境等方面。大量跨国企业的研究证实，具有更好的"制度"、更有力的产权保护、

---

① 聂辉华：《改善营商环境　如何评价考核地方官员最关键》，http：//www.sohu.com/a/225712175_665455。

更少政策扭曲的国家将比其他国家更加富裕（Knackand Keefer，1995；Acemoglu et al.，2001；Easterly & Levine，2003；Rigobon & Rodrik，2005；Stroup，2007；Fielding & Torres，2008；Fabro & Aixalá，2009）[①]。世界银行研究显示，仅提高政策可预见性就能使企业增加新投资的可能性提高30%（World Bank，2004b）[②]。中国地区各省市营商便利程度评分与地区实际利用外资规模程度呈现出高度正相关（如图1所示）。此外，改善营商环境不仅有利于吸引外资、促进增长（姚树洁等，2006；2008），同时也将有助于促进国内私人投资的增加，且国内私人投资远多于外商直接投资（World Bank，2004a）[③]。中国在世界经济体营商便利度排名位列第78，其主要原因是监管障碍，对于行政问题、杠杆两可的法律规定，不可预测的立法环境等（包括行政问题、模棱两可的法规规定不可预测的立法环境）。欧盟商会对中国投资环境调研（2017）中也表示，45%的商业信心调查受访者表示，他们曾因监管障碍而错过商机，而知识产权法律执行情况是中国政府为创新公平竞争环境所需重要改善的方面。在中国，大型企业总部位置选择会受到政治背景与政策干预的影响，高行政等级带来的信息和政策优势是企业总部选择迁往经济发达以及高行政等级城市的重要原因（Pan，2015）。

因经济发展水平、总部经济能级，不同的国家或地区会采取不同的外汇政策、税收优惠政策，以及表现出不同的人才培养和引进支持力度。策略空间会在企业总部选择策略成本上起到关键作用。KMPG（2017）针对新加坡作为亚太地区跨国企业设立地区总部的首选地点（如图2所示），认为其重要的特质即为适于地区总部的税务、商业、金融和监管方面的优惠政策。各国政府通常落实一些提供税务宽减或促进地区总部商业运作的优惠措施，例如提供资助、津贴，或降低监管要求等，以吸引跨国企业在当地设立地区总部。

---

① 董志强、魏下海、汤灿晴：《制度软环境与经济发展——基于30个大城市营商环境的经验研究》，《管理世界》2012年第4期。

② World Bank. World Development Report 2005：A Better Investment Climate for Everyone，Oxford University Press，2004b.

③ World Bank. Doing Business in 2005：Removing Obstacles to Growth，Washington，D. C.，2004a.

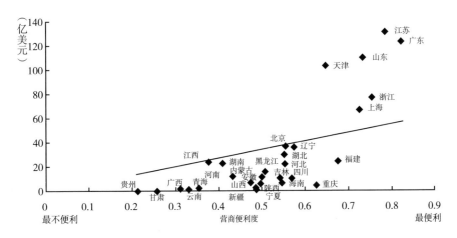

图 1　中国各地区营商便利度与实际利用外资额的关系

资料来源：营商环境报告数据库，中国商务部。

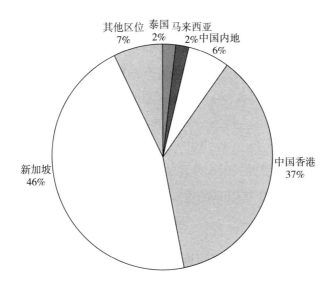

图 2　2017 年福布斯全球 2000 强在亚太地区的比例

资料来源：KPMG. The case for a Hong Kong RHQ tax incentive，kpmg. com/cn。

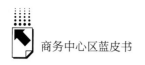

三 总部经济战略下城市 CBD 的软硬环境建设

在集聚效应影响下，企业总部不仅高度集聚在大中城市，还呈现出城市内部高度集聚的态势（潘峰华，2013）。大型企业产业链的"脑体分离"，以总部形式运营和管理的产业链高端环节（如咨询、研发、营销等）在城市 CBD 内集中，使 CBD 成为总部经济最早空间载体和最经典的发展模式（李海舰、聂辉华，2002）[①]。无论是著名的全球城市伦敦、纽约、东京等，还是中国典型的总部城市北京、上海，其城市 CBD 内集聚着比例极高的总部型企业（如图 3、图 4 所示）。

与其他城市空间结构类型（工业区或城市郊区）相比，城市 CBD 的物理和形态特征呈现显著差异，具有高层建筑集中的特点（Haggett，2001；Heineberg，2001；Waugh，2000）。随着总部企业不断集聚入驻，传统 CBD 日益受到挑战。受"塑造具有活力和人文精神内涵的城市中心""维系城市传统文脉""振兴城市传统 CBD 区域"等"新城市主义思潮"的城市更新理论与实践影响，城市 CBD 已经向多元空间结构和复合功能方向演化，表现出如总部基地（Advanced Business Park，ABP）、游憩商业区（Recreational Business District，RBP）、中央活动区（Central Activity Zone，CAZ）等发展模式。与此同时，低碳城市、生态城市、智慧城市的全球城市发展趋势，也为现代城市 CBD 的规划建设提出了新的挑战、新的发展方向与软硬环境建设要求。

（一）城市 CBD 硬环境建设要求

基于总部企业空间选择偏好和总部经济发展条件的研究，总部经济发展离不开城市 CBD 硬环境支撑。便利的交通网络、完善的基础服务设施、高

[①] 李海舰、聂辉华：《全球化时代的企业运营——从脑体合一走向脑体分离》，《中国工业经济》2002 年第 12 期。

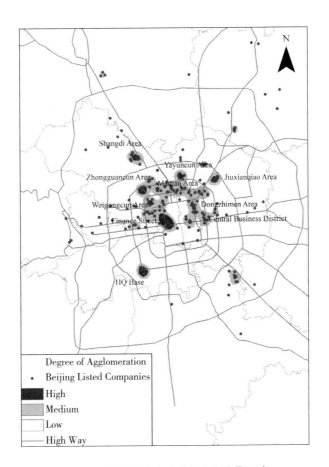

图3　北京市上市企业总部空间集聚示意

资料来源：Pan F，Guo J，Zhang H，et al. Building a "Headquarters Economy"：The geography of headquarters within Beijing and its implications for urban restructuring，Cities，2015，42。

品质的商务楼宇都是 CBD 总部经济发展的客观需求。当今，面临迅猛发展的网络、生态、智能科技带来的物质空间重大变革，同时更加关注"以人为本"的核心理念，总部经济将从以下四个方面对城市 CBD 硬环境建设提出新要求。

1. 办公空间环境要求——多元化、低碳化的办公环境

商务办公楼宇承载着 CBD 内多元的现代服务产业活动，因而需要多样

图4 上海陆家嘴金融城金融、航运服务业总部集聚示意

资料来源：华东师范大学城市规划研究院："十二五"上海陆家嘴金融贸易区规划。

与灵活的空间设计，以适应不同产业差异化的办公空间需求。事实上，法国拉德芳斯区的EPAD早期规划建设中，为满足不同时期不同企业的办公需求及CBD商务职能需求，已经规划制定多元化办公楼。如针对全国及跨国公司总部的目标客户群，充分考虑办公室采光设计要求、控制建筑物高度和间距。20世纪70年代，为更好适应区内金融保险业、商业服务业、化学工业、信息咨询业等商务办公用房的需求，借鉴美国经验，EPAD采用更加灵活多样的办公楼设计，注重多样的建筑物外部形态、室内空间设计和设施配置，注重空间的功能、生态与文化统一，以服务于不同性质、不同规模的公司需求。①。

① 张开琳：《巴黎拉德芳斯 Sub-CBD 建设及其经验借鉴》，《城市开发》2004 年第 12 期。

进入 21 世纪，应对全球气候变化的低碳城市发展战略为 CBD 建设提供了新的发展思路。世界著名的伦敦 CBD、东京 CBD、纽约 CBD 等都致力于低碳发展路径，大力推进 CBD 内低碳化建筑与办公空间建设。伦敦市通过建筑改造伙伴计划与绿色建筑标识体系打造绿色建筑及绿化群体，还着力于凸显城市文化品位、艺术特色、生态标准、建筑质量。东京 CBD 一直稳步施行有关新建筑物能源效率及低碳设计的政策与措施，通过绿色建筑项目（2002 年出台），所有大型楼宇需要做环境绩效评估，通过绿色标识方案，评估公寓环境的性能。

2. 交通设施环境要求——高效的生态交通网络

交通是城市中央商务区的关键要素，是体现现代化城市服务功能的一项基本指标。国际著名中央商务区发展经验表明，在空间有限、形态聚集的 CBD 中，都会面临出行量大且时间集中、交通用地不足且污染严重、交通方式多样但缺失步行系统等挑战。为解决以上问题，城市 CBD 内需要建设高效的生态交通网络。生态交通网络意指融自然生态、社会和谐、经济高效于一体的交通设施体系。其中，自然生态主要强调设施的资源利用率高、污染小，景观环境优美。社会和谐指生态与可持续发展理念价值倾向下的交通模式选择；经济高效是指交通网络结构布局平衡，设施利用率高，能源消耗小等(左长安，2010)①。城市 CBD 高效的生态交通网络建设主要涉及：①区内外多元交通方式的有机衔接。②交通站点与道路体系的科学布局。③公共交通的优先发展，如发展轨道交通网络等。④停车设施的高效优化。⑤交通空间的人性化、生态化发展，推进绿道与步行系统建设，塑造品质宜人空间。⑥交通组织立体化发展，充分利用有限空间实现可持续的交通。

3. 基础设施环境要求——信息化、智能化的基础服务设施

信息时代，CBD 信息中心功能强弱已经成为国际经济中心城市和一般大城市的区分标志。网络通信技术的发展大大增强城市 CBD 信息服务功能

---

① 左长安：《绿色视野下 CBD 规划设计研究》，天津大学博士学位论文，2010。

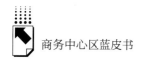
的吸引力；而信息技术与金融投资互动又会强化 CBD 作为控制和交易中心的力量。显而易见，纽约、伦敦、东京等城市的 CBD 都是全球信息处理、远程通信、金融投资等的核心节点。同时，信息技术（如网络会议、电子商务、家庭办公等）克服交往的时空障碍，大大减少 CBD 交通需求量与空间物质场所需求，提高空间利用效率，开拓 CBD 空间新发展模式，为持续入驻更加专业化、高级化的服务产业提供潜在发展空间。在新一轮智能技术和数字技术影响下，发展"智慧 CBD"为城市总部企业集聚空间提出更高的建设要求与标准。CBD 基础服务设施的智能化技术改造体现在：一是信息技术高度集成、信息服务深度拓展运用；二是城市 CBD 智慧化空间治理和打造更为舒适便捷的社会生活环境。

4. 空间整体环境要求——人性化的空间环境

在可持续发展和人本主义思想影响下，CBD 的物质空间建设更加注重环境品质和生活质量，强调空间内社会、经济、文化功能的活力及延续。人性化公共空间成为 CBD 规划建设的重要导向。其主要表现在：①城市 CBD 内的休闲、娱乐和游憩等复合性功能作用越来越显著。伦敦金融城、巴黎拉德芳斯、多伦多伊顿中心、东京银座、香港中环等都是世界闻名的旅游休憩观光区。②信息网络时代里，CBD 不再仅关注资金等经济要素的运营，而是着力于社会、经济、文化、生态等多种资源的协调配置。因此，传统 CBD 的功能主义与冷漠的形象空间逐步被"以人为本"的生态空间与场所替代。现代 CBD 物质空间建设围绕人的适宜感受与需求来规划设计道路尺度、水体、绿化、广场、文化、艺术、商务活动；同时还将进一步避免 CBD 夜晚和节假日的孤城现象，使其成为 24 小时充满活力的商务中心区。

目前，城市 CBD 空间环境建设关注人性化景观特色及空间形态。在功能组织上，融合 CBD 商业购物、旅游休闲、娱乐文化等多元功能；借助组织灵活、态度灵活的建筑共享空间载体，发挥各功能活动对地方社会生活、公共活动的影响。在物质形态上，围绕公共空间组织建筑、交通、绿化等，强调建筑与公共空间渗透，营造地域化空间秩序与特色。在文脉传承上，地方文明与时代精神相交融，尊重传统城市机理与空间形式，激活历史场所，创造充满地方文化魅力与吸引力的发展空间。

（二）城市 CBD 软环境建设要求

与发展城市总部经济的硬环境相比，CBD 软环境是增强对总部企业空间集聚引力、发展具有地区根植性总部经济的关键所在。适应总部经济发展战略，从高端创新要素、专业化生产性服务业集群以及地方营商环境三个方面探讨现代 CBD 软环境的建设需求。

1. 要素环境需求——知识、人才、金融资本等创新要素集聚

由于 CBD 的高租金属性，多元化的高端人才、知识信息技术池、金融资本等创造高价值的创新要素才是 CBD 总部经济软环境建设的关注重点之一。对全球总部企业来说，伦敦金融城的强大吸引力来自区内面向全球的金融人力资源集群、众多的知名大学、学院及学术研究机构，以及在"产学研一体化"价值链整合下形成的特定知识信息技术池。因而，城市 CBD 要素环境建设需求可从以下方面进行考量：大力引进海外高层次的研发、管理、服务型人才等；培育本土专业化服务型人才；搭建知识创新服务平台；完善高层次人才配套服务措施，为人才发展提供良好的创新创业环境及全方位服务。

2. 集聚条件需求——专业化生产性服务业集群发展

企业总部集聚依赖于地区生产性服务业发展的便利程度，企业总部需要大量的金融、法律、咨询、设计、营销等高端服务业基础。以全球城市——伦敦为例，伦敦 CAZ（中央活动区）的核心区域集聚着多元化的专业经济集群，这其中包括伦敦金融城的金融服务，律师学院和皇家法院周围的法律集群，布里奥斯伯里的大学区、梅菲尔区的房地产和对冲基金集群，医疗服务以及周边地区哈利街和西区的剧院（如图 5 所示）。因而，围绕企业总部对专业化的生产性服务业的总体需求，CBD 软环境建设应该着重于适合本地的现代服务业重点领域，如有利于企业战略决策功能的信息服务、决策咨询相关服务业集群；有利于运营活动的法律、会计、中介

咨询等商务服务业集群；有利于融资活动的银行、证券、风投等金融服务业集群；有利于高端生产要素供给的教育、培训、文化服务业集群。同时，根据重点服务产业的集群化、网络化发展方向，提升专业化服务水平，完善服务设施环境。

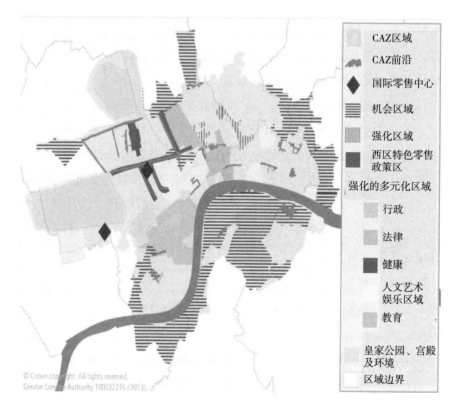

图5 伦敦 CAZ 规划及现代服务业空间示意

资料来源：London City planning 2017。

3. 营商环境需求——公平、透明、便利的国际化营商环境

加强制度创新以推进公平、透明、便利的国际化营商环境建设，是中国及其地方政府增强城市软环境、软实力的重要抓手。建设公平、透明、便利的国际化营商环境需要关注以下五个方面的环境需求：（1）法治环境。可以通过加强法治政府建设、营商制度完善、多元化商事纠纷

解决机制健全、知识产权保护、企业退出机制完善和营商法治精神的弘扬等方面，推进公平、公正的法治环境建设。（2）政务环境。可以从规范行政审批、推行电子政务、加强行政效能监察、促进企业投资便利化、改革注册登记制度、提高行政权力运行透明度等方面，推进形成更加透明高效的政务环境。（3）市场环境。依照国务院标准，切实放宽市场准入，深化商事制度改革、加快信用体系建设、完善市场监管体系；进一步取消行政事业性收费项目，降低收费标准，优化实体经济发展环境等，推进建设竞争高效的市场环境。（4）社会环境。可以从社会安全感、稳定用工环境、建设社会生活共同体、加大人才引进和培养力度、加强外国人服务与管理、营造国际化营商文化氛围等方面开展深入建设。（5）开放环境。加强与"一带一路"沿线国家合作、强化与欧美等发达国家合作、深化与新兴经济体合作、开创与港澳台合作新局面、完善境外投资促进体系、提升口岸港口国际化水平。

参考文献

Global Cities, Connectivity, and the Location Choice of MNC Regional Headquarters, 2017,

Marc G. Baaij, Tom J. M. Mom, Frans A. J. Van den Bosch, Henk W. Volberda, Why Do Multinational Corporations Relocate Core Parts of Their Corporate Headquarters Abroad?, Long Range Planning, 2015, 48: 46 – 58.

Davis J C H. The agglomeration of headquarters. Regional Science and Urban Economics, 2008, 38 (5): 445 – 460.

Heenan A. The Regional Headquarters Decision: A Comparative Analysis. Academy of Management Journal, 1979, 22: (2), 410 – 415.

Pan F, Guo J, Zhang H, et al. Building a "Headquarters Economy": The geography of headquarters within Beijing and its implications for urban restructuring, Cities, 2015, 42: 1 – 12.

白玫：《中国企业总部迁移理论与政策研究》，经济管理出版社，2016。

林必越：《民营企业总部迁移影响因素与绩效研究》，经济科学出版社，2014。

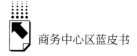

赵弘：《北京建设世界高端企业总部之都研究》，知识产权出版社，2012。

贺灿飞、肖晓俊：《跨国公司功能区位实证研究》，《地理学报》2011年第12期。

王承云、毛睿奕、张婷婷：《上海跨国公司总部的空间集聚及影响因素》，《经济地理》2010年第6期。

魏后凯、白玫：《中国上市公司总部迁移现状及特征分析》，《中国工业经济》2008年第9期。

李俊辰：《金融创新投资大涨加重英国谈判筹码——脱欧后的伦敦金融城走向（十四）》，《上海证券报》2017年8月1日。

贺灿飞：《公司总部地理集聚及其空间演变》，《中国软科学》2007年第3期。

B.9

总部经济发展与城市功能转型

——上海实践与探索

钱　洁*

摘　要： 本文聚焦当前比较热点的总部经济，从上海城市功能转型的
视角，论述了总部经济的定义、分类以及上海总部经济发展
的历程，系统梳理了上海总部经济发展面临的突出问题，并
从更有利于上海全球城市崛起的角度提出了相应的对策建议。

关键词： 总部经济　城市功能　功能转型

经济全球化和信息技术的高速发展，使得全球经济环境发生了深刻变
化，企业的组织结构及资源配置方式也随之产生了新变革，企业内部价值链
基于区域比较优势，将总部布局在中心城市，将制造基地布局在成本较低地
区，中心城市逐渐集聚了众多企业总部，总部经济作为一种全新的城市经济
形态应运而生。近年来，"总部经济"作为一种新兴的经济发展模式，日益
引起理论界和政府的关注，学术界对总部经济进行了系统研究和阐述，实践
中，国内外主要城市纷纷把发展总部经济作为转变经济发展方式、实现产业
结构升级的重要途径之一。尤其是在全球城市的研究中发现，随着产业的国
际转移，企业逐渐形成全球布局的态势，跨国公司总部及其全球网络也成为
全球城市辐射力、影响力和控制力的重要组成部分。基于此，上海在向卓越

---

* 钱洁，上海市人民政府发展研究中心，政治经济学博士，研究方向为全球城市、公共政策等。

全球城市崛起过程中，一直注重引进企业总部、培育总部经济，将发展总部经济作为城市创新转型的重要举措。

一 总部经济概念和相关理论

20世纪80年代以来，随着经济全球化和区域一体化的深入发展，企业总部和总部经济现象日益引起学术界和产业界的关注。而在我国第一家设立跨国公司地区总部的，是21世纪初落户上海的法国阿尔卡特公司。在此之后，越来越多的跨国公司总部落户中国，总部经济也开始在国内逐步兴起。

（一）企业总部的概念和分类

关于"企业总部"，并没有非常明确的定义。如果从理论上说，任何有多个分支机构的企业，必然会明确一个总部以承担协调功能，但是在实际操作中，企业总部的认定往往与政府政策相关，因此会涉及产值、税收等一系列涉及规模和质量的指标。事实上，我国商务部和各省市对企业总部的认定标准并不统一，一般认为，对一个企业而言，总部是指各类高端资源所在的机构，通常是企业的决策中心或功能中心，具有战略决策、资源配置、资本经营、业绩管理、外部公关等重要职能。相应的，把设置相对独立、执行总部职能的企业或机构称为"总部企业"。按照不同的分类标准，企业总部大体可分为如下几类。

（1）按层级划分，目前设在我国的企业总部有全球总部、亚太总部、大中华总部、中国总部、地区总部等。一般来讲，"总部"大多设在具有一定能级的中心城市，其管理幅度通常和其所在城市的经济辐射半径一致。以美国通用汽车公司为例，其全球总部设在美国"汽车城"底特律，负责公司全球范围内的总体决策和管理，其亚太总部原来设在新加坡，现已迁到上海，负责亚太地区，包括中国、韩国、日本等十多个市场的决策与管理。

（2）按业务划分，企业总部可分为行政中心、资金运营中心、营销中心、研发中心等类型。企业根据发展战略需要和各地资源禀赋的差异，按照业务流程划分为不同部门，并分布在相应资源丰富的地区，形成业务分工明显的"总部"架构。

（二）总部经济的概念及其影响

国外理论界对"总部经济"并没有明确的概念界定，总的来说，"总部经济"是指企业在具有优良的基础设施条件和市场环境，人才、技术、信息、知识、资本等资源比较集中的中心城市设立总部，开展投融资管理、财务结算、市场营销、技术研发以及人力资源管理等总部经济活动，带动相关产业发展，并与周边地区产业基地形成合理的价值链分工。因此，总部经济客观上表现为企业追求经济效率最大化的一种生产经营布局配置，体现的是总部企业与周边生产基地之间的产业链关系，实质上是经济全球化、信息化和产业分工深化背景下，区域中心城市与周边中小城市之间功能分工的关系。也就是说，中心城市通过总部机构更多地发挥控制、指挥和协调功能，而周边城市发挥专业化生产、加工、研发等功能。从实际效应看，其内涵应该包含两个层面。

首先，企业总部一般在大城市集聚。一方面，由于总部机构发挥功能需要依赖大量的信息，因此必须设立在信息枢纽或信息中心区域；另一方面，总部机构需要大量专业性服务业的配套支撑，如金融、会计、咨询等。基于此，大部分跨国公司总部都会倾向于设立在大城市。美国经济学家西蒙（Simon）[1] 认为，公司总部总是和金融中心在一起，是大量信息的产生者和消费者，在某个极其容易获得重要信息和特定不对称信息的特定地点聚集，一般是级别较高的行政区或经济中心城市。而巴尼（Barney）[2] 进一步指出，公司总部更倾向于设立在有总部功能的世界级城市，这些城市具备有利于总部发挥延伸功能的相对优势，特别易于接近供应商、顾客、技术人才库、专业劳动力、专门信息等资源和基础设施。

---

[1] Simon B., Asymmetric information as a key determinant for locational choice of MNC headquarters and the development of financial centers: A case for China, Economic Reviewm, 16.

[2] Barney W., NewYork: the Big Apple in the 1990s, Geoforum, 31.

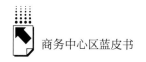

其次，企业总部集聚之后对城市经济具有较大推动作用。相关理论研究和国内外有关城市的发展实践表明，总部机构需要大量专业性服务的配套，但是其本身也会引致大量服务需求，从而进一步促进现代服务业的发展。因此，可以说总部企业在一个城市的集聚，是产业发展尤其是服务业高端化发展的重要体现，是企业战略与城市发展高度契合、相互促进的结果。与此同时，以企业总部为核心的区域产业链和创新链网络也已经成为推动城市群经济发展的重要动力。具体来看，总部经济对地区经济的影响，包括增加个人和企业税收、投资带动、促进关联产业发展、实现消费乘数、扩大就业等。例如企业总部引致的专业性服务需求，就会带动金融、会计、咨询、投资、融资、设计、信息网络等一系列现代服务业的发展，也会促进租赁、航空、高端餐饮和消费、房地产等一系列生活性服务业的发展。

二　上海发展总部经济的现状与形势

总部经济是经济全球化、信息化深入发展背景下，企业决策功能与生产功能分离的产物，不仅优化了企业的生产布局，提高了企业效率，更促进了所在城市及其周边区域的发展。基于此，吸引更多总部机构特别是跨国公司地区总部落户，已经成为我国一线城市的重要发展目标。从2002年开始，上海积极吸引跨国公司地区总部进驻，这既是上海扩大开放和提高利用外资质量、水平的重要举措，也是促进城市功能转型、推动上海全球城市崛起的关键任务。当前，上海已经是中国大陆跨国公司地区总部最集中的城市，并且这一优势还会长期保持下去。这将进一步带动高端产业资源的集聚，提升区域产业的知识密集性和关联带动性，对上海经济的发展起到更大的影响和辐射作用，甚至还会推动整个区域产业结构的优化和调整。

（一）上海总部经济发展的历程和现状

20世纪20年代开始，上海作为远东第一大城市，就是一个集聚众多企业总部的国际性大城市。改革开放之后，上海最早意识到要大力发展现代服务业，而吸引和培育企业总部，就是推动现代服务业发展的重要举措。2002年7月，上海率先发布了《鼓励外国跨国公司设立地区总部的暂行规定》，2008年、2011年上海连续修订后颁布了《上海市鼓励跨国公司设立地区总部的规定》及《实施意见》，通过多项举措，鼓励在沪跨国公司将上海的办事和运营机构升级为总部。

1. 上海企业总部机构数量不断增加

2002年7月上海颁布了《鼓励外国跨国公司设立地区总部的暂行规定》，9月就认定了第一批跨国公司地区总部。数据显示，到2015年12月为止，已经有535家跨国公司地区总部、312家外商投资性公司、396家外商研发中心落户上海，落户的跨国公司总部机构总数达到了1243家。从增速上看，2006~2015年，地区总部的年均增速达到了15%，年均增量达到了42家，世博会之后年均增量达到了46家，几乎每两年就能增加100家（如表1所示）。不仅如此，上海还集聚了100多家央企总部及功能性机构，民营500强企业总部17家，上市公司总部300多家。

表1 2006~2015年上海跨国公司总部机构数

单位：家

年份	跨国公司地区总部	外商投资性公司	外商研发中心	跨国公司总部机构总数
2006	154	150	244	548
2007	184	165	244	593
2008	224	178	274	676
2009	257	190	304	751
2010	305	213	319	837
2011	353	240	334	927
2012	403	265	351	1019
2013	445	283	366	1094
2014	484	295	379	1158
2015	535	312	396	1243

资料来源：上海市商务委员会编著《2016年上海总部经济及商务布局发展报告》，上海科学技术文献出版社，2018，第2页。

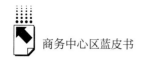
2. 上海企业总部创造了可观的经济效益

根据外商投资企业联合 2016 年报数据，截至 2015 年，跨国公司地区总部产生了巨大的经济效益。从投资额看，全部跨国公司地区总部累计投资总额为 457 亿美元①，平均每个地区总部的累计投资超过了 8800 万美元；从营业收入看，2015 年上海跨国公司地区总部全部营业收入总计为 5926 亿元人民币，平均每个总部超 11 亿元人民币；从纳税额看，2015 年上海跨国公司地区总部纳税总额总计为 417 亿元人民币，平均每个总部超 8000 万元人民币，超过上海外资企业平均值的 8 倍，在全市第三产业税收百强榜中，2015 年跨国公司地区总部占据 15 席；从吸纳就业看，2015 年，跨国公司地区总部以全市外资企业 1.26% 的企业数量吸纳了全市 5.83% 的就业人数，总量达 17.73 万人，户均达 343 人，户均吸纳就业人数约为全市外资企业平均数的 4.64 倍。

3. 上海企业总部助推了城市功能转型

上海已经落户的 535 家地区总部中，亚太区总部达 95 家，亚洲区总部达 10 家，北亚区总部达 5 家，2015 年新设跨国公司地区总部 45 家，其中亚太区总部就有 15 家。总体来看，落户上海的跨国公司地区总部功能不断拓展，大部分地区总部已经逐渐从单一性总部向综合性总部转变，具备了区域性乃至全球性的日常管理与决策、集中采购、全球研发、物流中心、资金管理等多种功能。上海市商务委的调研分析就发现②，落户上海的跨国公司地区总部中，95% 以上承担两种以上功能，超过 80% 承担了重大投资的决策功能，超过 60% 承担了资金融通和管理功能，35% 是有采购和销售功能。承担这些核心功能，这说明上海作为跨国公司桥头堡的作用愈加明显，其辐射亚太的功能已初步形成。

---

① 上海市商务委员会编著《2016 年上海总部经济及商务布局发展报告》，上海科学技术文献出版社，2018，第 3 页。

② 上海市商务委员会编著《2016 年上海总部经济及商务布局发展报告》，上海科学技术文献出版社，2018，第 4 页。

4. 上海总部集聚区不断增多

上海的总部机构在空间分布上，呈现出以中心城区的 CBD 为主，郊区新城和产业区为补充的特点。总体上看，核心 CBD 与郊区新城、产业园区功能互补，可以承担不同产业、不同功能的企业总部。具体来看，陆家嘴、徐家汇、淮海中路、南京西路等传统总部经济集聚区，主要吸引了跨国公司、国内大企业总部；张江高科、金桥出口加工区、漕河泾开发区等产业园区，主要吸引了与制造业和高科技产业相关的总部机构，如外资企业的生产性总部、全球研发中心等；而市北高新技术园区、普陀长风生态集聚区等新兴的现代服务业发展基地，往往能够吸引长三角区域的大型民营企业总部。同时，随着商用飞机、宝武钢铁以及金砖国家银行总部入驻世博园区，世博区域的总部集聚态势也越发明显。

（二）上海总部经济发展面临的主要形势

虽然上海发展总部经济取得了巨大的成就，但是依然面临着诸多新的环境，这些因素会对未来的发展、走势和路径有着深远的影响。

1. 国际经济形势更加复杂

全球经济危机为上海发展国际总部经济带来重大机遇，但发达国家实施再工业化战略却为上海带来了严峻挑战。根据 2011 年上海财经大学 500 强企业研究中心关于"经济危机下大企业发展路径"的调研显示：跨国公司在中国的业务较稳定，美国和欧洲的业务受到较大冲击，因此，一些跨国公司母公司准备调整原有投资计划，将中国作为未来战略发展重点。但近年来，美国、日本、英国、欧盟等发达国家通过重新认识制造业的价值、积极解决资源环境问题、加大投入研发和教育培训、直接扶持战略性新兴产业等措施实施再工业化战略，特别是在美国总统特朗普上台之后，在税收等综合政策效应下，部分跨国公司总部的功能和业务开始回归本土。因此，未来跨国公司总部发展到底会呈现何种形势，依然难以有效判断，不仅取决于上海本身卓越全球城市崛起的进程，更取决于中国大国复兴的态势。

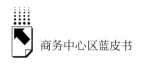
2. 国内总部经济竞争更加激烈

当前，总部经济以其较强的经济效益和带动作用得到了国内各个城市的重视，除了上海、北京、广州、深圳这样的一线城市，甚至是一些稍具条件的城市如杭州、天津和青岛也都在加大发展总部经济的力度，竞争日趋激烈。其中，北京、上海、广州、深圳四个一线城市近年来先后出台了7个支持总部经济发展的政策文件，覆盖了财政补贴、税收优惠等多个方面，涉及与总部经济发展所需的资金、人才、土地、发展环境、政府服务等多项政策。其中，尤为强调财税激励政策、人才服务政策和政务配套政策。统计结果显示，在4个城市7大总部经济支持政策文件中，财税激励占33.8%，人才服务占27.7%，政务配套占16.9%。不仅如此，一些二线甚至三线城市，对于成长性企业将总部迁往上海等一线城市也在进行越来越严格的限制。在这种情况下，上海未来新增企业总部的压力必然会增加。

表2 上海、北京、深圳、广州的总部经济支持政策

序号	最新总部经济政策	发布时间	发文单位
1	《关于鼓励跨国公司在京设立地区总部的若干规定》	2009年5月21日	北京市政府
2	《关于鼓励跨国公司在京设立地区总部的若干规定实施办法》	2009年6月24日	北京市商务委等8部门
3	《上海市鼓励跨国公司设立地区总部的规定》	2011年12月19日	上海市政府
4	《关于〈上海市鼓励跨国公司设立地区总部的规定〉的实施意见》	2012年8月8日	上海市政府办公厅
5	《关于加快发展总部经济的实施意见》	2013年6月15日	广州市政府
6	《广州市总部经济奖励补贴资金管理办法》	2013年6月15日	广州市政府
7	《深圳市鼓励总部企业发展暂行办法》	2012年8月31日	深圳市政府

资料来源：何勇、田志友：《我国一线城市发展总部经济政策的比较与研究》，《科学发展》，2014年第7期。

3. 上海城市发展面临机遇和挑战

当前，在自贸区建设的基础上，上海自由贸易港的建设也在启动中，更

大的开放力度、更高的开放水平都会让上海成为跨国企业全球布局中的重要一环。不仅如此，上海在建设具有全球影响力的科创中心过程中，也不断吸引全球研发中心的落户，进而推动这些研发中心成为科技型企业的地区总部。但是，在一系列重大利好的同时，我们也要看到劳动力成本持续上升，商务成本不断上升，用地指标不断减少，以及较高的房价水平，这些都为上海发展总部经济带来新的约束条件。

三　上海总部经济发展面临的主要问题

立足于上海全球城市崛起的长远目标，对标纽约、伦敦、巴黎、东京这样的一线全球城市，从更好地推动上海城市功能转型的角度上看，上海总部经济发展仍然有一些关键的问题亟待解决。

（一）对总部经济的理解和认识仍不充分

首先，由于管理体制的原因，总部经济的主管部门往往是商务部门，因此，这些部门相对更加聚焦在企业性总部，强调通过企业总部的落户带来直接的经济产值和税收。这就在一定程度上忽视同样具有较强集聚和辐射作用且带有总部经济功能的其他一些非企业类总部机构，如联合国的分支机构、各类国际性组织、行业协会以及专业机构总部等。其次，在政策导向上，把发展总部经济的重心主要集中在吸引跨国公司地区总部的落户，在一定程度上忽视了大量有实力、成长性好的民营企业总部，特别是在总部机构的认定标准等方面，门槛过高，这些民营企业总部难以纳入，也就无法享受相应的支持政策。事实上，与外资跨国企业总部加快落地的态势相比，上海近年来内资企业总部的增速就相对缓慢。最后，相对更强调新增量，而忽视了对存量资源的有效提升。例如，许多先进制造领域的外资公司更希望、也有实力将现有项目公司直接转型为带有"生产功能"的地区总部，实现制造基地向管理型总部的自然升级。但目前还相对缺乏足够的支持政策。

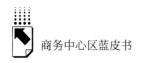

（二）总部经济的结构还有待优化

从落户上海的跨国公司地区总部看，制造业企业占比约三分之二，服务业企业占比约三分之一，虽然，跨国公司总部的类型从制造业逐步拓展到商业、广告、人力资源等服务领域，但是目前上海企业总部70%还是属于机械、化工、食品等传统制造业，属于先进制造业和现代服务业的企业总部数量还相对较少，这不仅与上海产业创新转型的方向不一致，也与上海全球城市功能提升的目标有差距。从内资总部企业看，主要以金融、投资管理及贸易和平台企业居多，高新技术和新兴产业总部企业相对偏少。在德勤公司2015年公布的《亚太地区高科技高成长企业500强》中，上海仅有10家企业上榜，而北京则有51家。在纳斯达克上市的国内企业112家中，上海仅有10家，北京超过30家，相对而言，上海在总部经济的结构优化方面亟须提升。

（三）总部经济的功能还有待提升

目前，上海的外资总部尚处于从投资控股中心向运营中心升级的过程中。因此，绝大多数总部还是以成本中心的形式存在，靠母公司提供的经费运转，以服务性为主，与管辖区域内业务部门没有直接的上下级关系，没有人事任命权，主要作用仅仅是作为在中国的一个公共平台或联络事务所，在价值观、企业文化和人力资源方面全面地协调各业务部门在中国的发展。也就是说，很多企业总部是行政性管理性质的，还没有涉及投资决策、资金管理等高价值环节。这样的总部，虽然经济效应未必低，但是其外溢效应和带动效应却相对不足。

（四）各区对总部经济的争夺过于激烈

上海各区在发展现代服务业、推动CBD建设的过程中，往往缺乏清晰的功能定位和明确的产业导向，各个区都希望能够吸引企业总部、发展高端服务业，为此纷纷推出一系列的财政、税收、土地等优惠政策。这不但导致部分 CBD 和产业园区形态相似、功能雷同、同质竞争，甚至出现为吸引总部企业，在地价以及财政税收上进行恶性竞争，还有部分企业因为优惠政策而在不同区的 CBD 和产业园区之间变更注册地、经营地，不但无端浪费了财政资源，更由于扭曲了资源配置规律，企业、政府等各个主体都受到了损失。不仅如此，在生产性服务与制造环节分离的趋势下，即便在同一地区，企业也往往倾向于拆分成运营总部和生产基地，因注册地不同而导致的税收归属问题还使城市核心 CBD 与传统产业园区之间产生竞争。

（五）与总部经济相匹配的营商环境仍需进一步改善

根据粤港澳大湾区研究院发布的《2017 年世界城市营商环境评价报告》，纽约、伦敦、东京、新加坡、巴黎、洛杉矶、多伦多、香港、上海和首尔的营商环境位居全球前十名。相对而言，上海的政策环境、商务环境、生活和服务环境等方面仍需完善和提高，在法制、规制和管制上与国际惯例有一定差距。尤其是跨境资金的流动管制较为严格，导致上海在一定程度上不可能成为跨国公司的区域性资金管理中心。同时，上海对总部经济的扶持政策也相对有限，目前所能提供的仍局限于税收补贴、个调税扶持等企业层面的优惠政策，而缺乏有利于形成总部经济发展的制度性环境的目标和实施路径。

四　进一步提升上海总部经济水平，实现高质量发展的重大举措

上海未来要从全球城市崛起的视角出发，从城市功能提升和产业结构转型升级的角度考虑，将总部经济发展作为城市重要战略，培育和引进并重，将上海打造成为国内外企业总部集聚区，国内外社会组织和国际机构总部集聚区，成为立足中国、辐射亚太、影响全球的国际资源配置中心、管理中心。

（一）进一步丰富总部经济内涵

一是将非企业性总部和机构纳入总部经济的框架范畴内。除继续培育和

吸引各类企业性总部外，上海应充分发挥自身特色和优势，以更宽阔的视野鼓励、吸引国内外各类知名的非企业性机构，如政治、文化、教育和科研组织来上海设立总部机构，进一步提升上海的国际化程度。二是推动总部经济发展要做到"内外并重"。随着国内企业整体规模和竞争力的提升，内资总部企业对地区总部经济的贡献度越来越大。上海应利用各种优势，利用建设"一带一路"桥头堡的机遇，鼓励各类大型央企、金融机构在沪设立第二总部，支持国内著名的民营企业、上市公司在上海设立研发、资本运作和营销总部。同时，建立本土总部企业认定标准，加大对本土总部企业落户的激励。三是更注重现有企业的功能提升。积极鼓励已经落户的企业，通过内部资源整合，将上海的机构和企业升级为区域性总部、营销中心或研发中心，使其稳固地扎根于上海并在全球经济转型中快速发展。

（二）积极培育和扶持根植上海的本土型总部企业发展、壮大

从国内外相关经验来看，从本土成长起来的总部企业由于与所在地政府联系紧密，与当地文化契合度高，对当地经济发展的贡献度也比较高。上海在吸引外部总部企业和机构落户上海的同时，也要进一步扶持根植于本地的总部企业。因此，上海今后应该在继续深化国有企业体制改革，做大做强上海国资控股集团，培育一批立足上海、经营全球的国有控股集团。与此同时，积极利用上海的科技、人才、教育、资本、市场等方面的综合优势，精准培育和扶持一批高新技术、新兴产业、互联网、新金融等领域的高成长性企业，将这些"独角兽"企业培育成具有全球资源配置能力的总部型机构。

上海要进一步优化企业总部结构，提升总部经济的能级和外溢效应。一是具有投资、管理、结算等职能的综合运营的跨国公司总部，打造有上海各区特色的运营总部集群，加快推动上海经济转型发展。二是研发型总部，主要是新能源汽车及汽车电子、新一代移动通信、云计算、物联网等战略性新兴领域，着力增强上海创新驱动能力。三是民营企业的综合性总部。四是国有企业的运营型总部。

（三）加强跨国公司地区总部的产业和功能引导

一是以引进"地区总部""研发中心"和"服务外包"项目成为吸收外资的新亮点，积极鼓励和推荐外商投资地区总部在上海开展业务，帮助企业做大做强，积极引进上述企业上下产业链的相关企业，坚持效益原则，将土地需求量与投资额、产出效益以及环境保护相结合，不断提高投资强度。二是以自由贸易港建设为契机，引导、鼓励在沪跨国公司地区总部通过整合内部的产品链、分工体系和销售网络，将中国乃至亚太地区的投资决策、资金管理、国际营销、采购配送以及技术研发等功能向上海集聚，使上海的跨国公司总部机构真正具有辐射性、控制力的功能性总部，使其成为跨国公司全球运营网络的关键枢纽节点。

（四）建立总部经济发展的区域协调机制

采取点片融合，实现差异竞争和协调发展，建立上海各区现代服务业发展和总部机构落户的协调机制，引导各区以更优的营商环境和完整的产业配套服务能力来吸引企业总部，从而形成以区域产业功能为特点的总部经济空间布局，即上海郊区可以配置一些高科技企业的跨国公司地区总部、企业研发中心以及生产型服务业基地，与市中心 CBD 彼此联通，形成中心城区与郊区新城、产业园区功能互补的空间发展格局。同时，为了更有效地促进企业跨区域配置资源，优化产业链的空间布局，形成更有效的区域发展机制，建议根据经济规律和产业链布局的一般原则，让企业根据自身需要设置企业总部和生产基地，在这个大格局下，不同行政区域之间，不同开发区、功能区和管委会之间，建立税收和产值分成的机制，从而充分调动各个行政区、开发公司、管委会的参与积极性。

（五）加强适应总部经济发展的制度环境建设

上海要深入推动自贸区改革经验和举措向全市复制，对照国际标准和惯

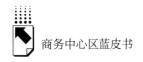

例不断加强营商环境建设。一是建立与国际投资规则相适应的法规制度，不断完善负面清单管理模式，为总部企业的设立及扩大投资提供公开、透明、稳定的政策指引。二是以金融创新突破总部经济发展的瓶颈，增强总部经济活力，上海在建设国际金融中心战略方面应在中央政策和国家法规层面之下的金融制度方面有所突破，比如在人民币自由兑换、外资进出等方面，给予部分跨国公司亚太总部更大便利。三是推动内外资总部企业融合发展。通过搭建产业发展与合作平台，鼓励内外资企业充分发挥自身优势，在上海开展深层次产业合作，形成相互交织的产业集群和网络链接。四是积极加强社会事业配套。通过不断优化各类教育、医疗等优质配套资源，进一步引入国际知名的学校和医疗机构，打造更多国际化社区，提供多语种公共服务，让来沪工作的外国人及其子女更好地融入上海。

参考文献

赵弘：《总部经济及其在我国的发展》，《江海学刊》2005 年第 1 期。

史忠良、沈红兵：《中国总部经济的形成及其发展研究》，《中国工业经济》2005 年第 5 期。

余典范：《总部经济区位选择及影响因素：基于上海的实证研究》，《经济管理》2011 年 6 月 15 日。

包海兵、匡玲丽：《海关特殊监管区域向自由贸易园区转型的几点思考》，《世界海运》2012 年 10 月 15 日。

江若尘、余典范、翟青等：《中国（上海）自由贸易试验区对上海总部经济发展的影响研究》，《外国经济与管理》2014 年第 4 期。

周振华：《全球城市演化原理与上海 2050》，格致出版社，2017。

金融商务篇

Financial Business

B.10

科技金融的发展现状、面临
形势与初步对策[*]

张明喜[**]

摘　要：　科技金融研究在近年来内涵逐渐丰富，本文首先对科技金融
　　　　　进行基本界定。然后总结我国科技金融的发展现状，指出科
　　　　　技金融政策体系和工作机制逐步完善，财政投入方式不断优
　　　　　化，创业投资活动更加活跃，银行信贷产品不断丰富，多层
　　　　　次资本市场得以完善，科技保险取得新突破，科技金融服务

* 本文研究过程得到科技部 2016 年战略研究专项项目"适应创新驱动发展的投融资体系研究"
（项目编号：ZLY201607）、2017 年度上海市社科规划一般课题"优化上海政府创业投资引导
基金配置效率研究"（项目编号：2017BJB005）、2018 国家高端智库重点课题"科技创新与
金融创新的耦合关系与重大问题研究"等资助。感谢武夷山、房汉廷、沈文京和我院科技金
融研究团队成员等对本报告所做的贡献和宝贵意见，文责自负。
** 张明喜，经济学博士，科学技术部中国科学技术发展战略研究院研究员，研究方向为科技金
融和科技财税理论。

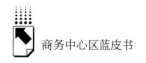

平台更加完善。进入新时代后，我国科技金融发展面临着科技革命尤其是金融科技的复杂形势，面临科技和经济融通发展的复杂挑战，面临着改革思路和路径选择动态调整的复杂背景，面临创新体系的灵活性和全球化需求，面临将资金的潜在供给变为有效供给的困难，面临创新创业企业相对轻资产的复杂基础。助力创新是科技金融改革的核心目标，加快建设创新型国家是科技金融改革的战略任务，加快构建新产业体系是科技金融改革的根本遵循。

关键词： 科技金融　发展现状　创新驱动　改革

一　科技金融的基本界定

在学术界，有关科技金融的内涵有多种，具有代表性的主要有以下几种：一种是工具论。如赵昌文等（2009）指出，科技金融是促进科技研发、高新技术发展和成果转化的一系列金融工具，包括支持产业发展的金融政策体系、金融服务体系等，也包括为科技研发、成果应用和技术创新等活动提供金融支持的政府、企业和中介组织等。科技金融是当前国家金融体系和创新体系的重要组成部分。另一种是本质论。房汉廷（2010）认为，科技金融是一种创新活动，是一种技术经济范式，是一种科学技术资本化过程，是一种金融资本有机构成提高的过程。

为了本书的研究便利，结合我国科技金融工作实践和理论研究，本报告倾向于科技金融的实践性表述。科技金融指通过创新财政科技投入方式，引导和促进银行业、证券业、保险业、金融机构及创业投资等各类资本，创新金融产品，改进服务模式，搭建服务平台，实现科技创新链条与金融资本链条的有机结合，为初创期到成熟期各发展阶段的科技企业提供融资支持和金融服务的一系列政策和制度的系统安排。

二　我国科技金融的发展现状

回顾科技金融发展历程，从 1985 年《中共中央关于科学技术体制改革的决定》中首次提出开展创业投资和科技贷款，2006 年《国家中长期科学和技术发展规划纲要（2006~2020 年）》配套制定多种金融支持政策，到 2010 年党的十七届五中全会提出促进科技和金融结合，科技部会同中国人民银行、中国银保监会、中国证监会通过制定政策、开展试点、加强引导等多种方式，在全国范围内深入推进科技金融结合，为科技创新插上金融创新的翅膀，在促进科技成果转化应用、突破科技企业融资瓶颈、培育新兴产业等方面发挥了重要作用。

（一）科技金融政策体系和工作机制逐步完善

党的十八大以来，党中央、国务院高度重视科技金融工作。2013 年，习近平总书记指出，"要坚持科技面向经济社会发展的导向，围绕产业链部署创新链，围绕创新链完善资金链"。2014 年，科技部会同人民银行等六部门制定出台《关于大力推进体制机制创新扎实做好科技金融服务的意见》（银发〔2014〕9 号）。2015 年，《中共中央关于制定国民经济和社会发展第十三个五年规划的建议》提出："加强技术和知识产权交易平台建设，建立从实验研究、中试到生产的全过程科技创新融资模式，促进科技成果资本化、产业化。"2017 年，《国家创新驱动发展战略纲要》更是进一步明确，"探索建立符合中国国情、适合科技创业企业发展的金融服务模式"。同年 8 月，中共中央、国务院出台《关于服务实体经济防控金融风险深化金融改革的若干意见》（中发〔2017〕23 号），明确提出完善科技金融的具体要求和措施。党的十九大报告更是强调指出，"着力加快建设实体经济、科技创新、现代金融、人力资源协同发展的产业体系"。这对新时期的科技金融工作提出了更高要求。

科技部先后与中国人民银行、中国银保监会、中国证监会建立了部行

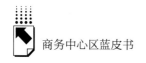

（会）合作机制。科技部与金融机构建立战略合作关系。科技部会同国家开发银行联合发文部署支持国家重大研发任务融资的政策文件，与工行、建行和邮政储蓄银行建立战略合作关系，创新科技金融产品和服务模式，支持包括国家自创区、高新区、农业科技园区、可持续发展试验区、成果转化示范区、科技企业孵化器等创新创业载体建设，支持重大专项、重点研发计划、科技创新2030重大项目等国家重大研发任务成果转化和产业化。

科技部通过与银行开展战略合作，在"十三五"期间可为科技创新提供数千亿元的意向信贷投入，与财政投入、企业投入相互补充，共同形成和逐步完善科技创新多元化投入体系。各家银行将把科技创新作为各自发展的"蓝海"业务，保证"十三五"期间科技信贷供给，给予充分产品创新权和专门考核机制，设立科技金融专营机构，实现银政企多赢发展。为支持地方开展科技金融创新实践，科技部与中国人民银行、中国银保监会、中国证监会分别于2011年和2016年开展了促进科技和金融结合试点工作，先后确定中关村国家自主创新示范区，天津市、上海市、郑州市、厦门市等25个城市（区域）作为试点区域。

（二）财政投入方式不断优化，税收优惠力度不断加大

国务院印发《关于深化中央财政科技计划（专项、基金等）管理改革方案》（国发〔2014〕64号），进一步优化了中央层面的专项和基金。据统计，截至2016年底，全国创业投资引导基金共448只，累计出资518.65亿元，通过阶段参股、风险补助等方式引导带动创业投资机构管理资金规模合计2393.38亿元。

2014年，国家科技成果引导基金（简称转化基金）正式启动实施，侧重于引导金融资本和社会资本加大对科技型中小企业转移转化科技成果的支持。截至2017年11月，转化基金已批准设立14只创业投资子基金，总规模247.23亿元，其中转化基金出资56.65亿元（按年度分期出资），引导地方政府和社会资本出资190.58亿元，转化基金资金放大比例为1:4.4。

此外，由发改委、财政部、科技部等部门联合成立理事会，共同实施的

国家新兴产业创业投资引导基金，截至 2017 年 11 月，总规模 760 亿元，共决策参股 293 只创投基金，累计支持 2522 家创新创业企业。由财政部、工信部、科技部等部门成立理事会，共同推动实施的国家中小企业发展基金，基金总规模 600 亿元，中央财政出资 150 亿元，目前已设立 4 只直投基金，总规模达 195 亿元。

2008 年尤其是党的十八大以来，先后出台了对高新技术企业、创业投资、研发费用加计扣除、技术转让所得税优惠、固定资产加速折旧等新规定。2015 年，高新技术企业认定、研发费用加计扣除、技术转让所得税优惠等政策再次修订，创业投资和天使投资所得税优惠、股权激励延期纳税优惠、科技型中小企业评价和提高加计扣除比例等新政策发布。

随着促进科技创新的税收优惠政策不断完善和丰富，有关税式支出已经构成我国财政科技投入的重要组成部分。比如，2015 年研发费用加计扣除享受企业数量达 5.36 万户，加计扣除额达 3035.46 亿元，分别比 2013 年增加 123% 和 43%。截至 2015 年底，全国有效期内高新技术企业 7.9 万余家，2015 年当年减免企业所得税 1122.21 亿元；2016 年，高新技术企业达 10.4 万家。当前，每年享受研发费用加计扣除和高新技术企业所得税减免总额超过 2000 亿元。

（三）创业投资活动更加活跃

伴随着经济的持续快速发展，我国创业投资行业经历了探索、扩张、规范三个发展阶段，实现了从无到有的历史性飞跃。党的十八大以来，创业投资相关法律法规、政策环境逐步完善，2016 年，国务院印发《关于促进创业投资持续健康发展的若干意见》（国发〔2016〕53 号），从投资主体、资金来源、政策扶持等方面完善政策体系。

2017 年，我国创业投资总量持续增长，活跃的创投机构数达到 2173 家，较上年增长 6.3%。其中，创业投资基金 1539 家，创业投资管理机构 634 家（如图 1 所示）。

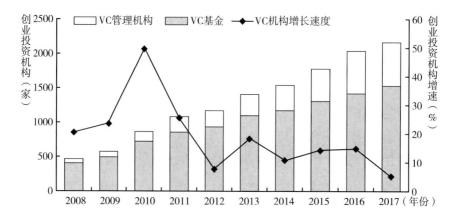

图1 中国创业投资机构总量、增量（2008～2017年）

资料来源：科技部、商务部、国家开发银行，全国第17次创业投资机构调查。

从资金规模来看，2017年，全国创业投资管理资本总量达到8872.5亿元，较2016年增加595.4亿元，增幅为7.2%，较前两年明显放缓（如图2所示）。此外，基金两极分化的现象较为严重，管理资本规模超过5亿元的机构虽然仅占10.2%，但掌握了72.1%的管理资本总量。从行业规模而言，中国创业投资仅次于美国，已成为名副其实的创业投资大国。

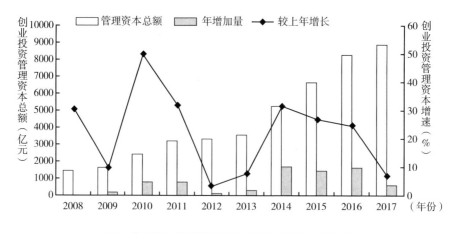

图2 中国创业投资管理资本总额（2008～2017年）

资料来源：科技部、商务部、国家开发银行，全国第17次创业投资机构调查。

（四）银行信贷产品不断丰富

2013 年，银监会出台《中国银监会关于进一步做好小微企业金融服务工作的指导意见》（银监发〔2013〕37 号），要求商业银行深入落实利率风险定价、独立核算等"六项机制"，并将单列年度小微企业信贷计划列入银行考核指标。2014 年，出台《关于大力推进体制机制创新扎实做好科技金融服务的意见》（银发〔2014〕9 号），鼓励银行业金融机构在科技资源集聚地区通过新设或改造部分分（支）行作为从事中小科技企业金融服务的专业机构。

2016 年，制定《关于支持银行业金融机构加大创新力度开展科创企业投贷联动试点的指导意见》（银监发〔2016〕14 号），选择 10 家银行在 5 个国家自主创新示范区启动"投贷联动试点"工作。国家开发银行在各试点自创区率先开展投贷联动工作，截至 2017 年第四季度，国开行通过国开科创投资公司已在 5 个国家自主创新示范区开展完成 25 个项目，投资合同金额 5.38 亿元，完成资金到位 2.35 亿元。

截至目前，全国成立的科技支行超过 200 家由用友网络等发起设立的中关村银行开业运营。先后成立了逾百家科技担保机构，并启动了国家科技成果转化引导基金风险补偿工作。"投贷联动试点"工作在国内稳步开展。此外，还探索建立了科技信贷风险补偿机制。

（五）多层次资本市场不断完善

2013 年，中关村科技园区非上市股份有限公司代办股份转让系统向全国推广，服务对象从国家高新技术产业开发区内的高新技术企业扩展到全国的创新型、创业型、成长型中小微企业。各地区域股权交易市场也纷纷设立，由主板、中小板、创业板、"新三板"和区域股权交易市场组成的多层次资本市场基本成型。

资本市场成为企业融资的重要来源，截至 2017 年底，境内上市公司数（A、B 股）3485 家，"新三板"挂牌企业 11630 家。2017 年 A 股新上市公

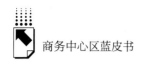
司数创历史新高，但融资规模并不大。Wind 数据显示，以上市日期来统计，2017 年共有 434 家公司在 A 股上市，平均每个月达 36 家，较 2016 年 227 家出现大幅上升，居历史最高位；而融资规模上，400 多家 IPO 合计募资 2283 亿元，较 2016 年募资 1496 亿元增长 52.6%，但远不及 2007 年 4770 亿元和 2010 年 4885 亿元的庞大融资。

近年来推出的中小企业集合债、中小企业私募债、双创公司债等新产品也为科技型中小企业提供了更多融资工具选择。

（六）科技保险不断取得新突破

2012 年，人保财险苏州科技支公司成立，这是我国第一家科技保险专营机构。2013 年，保监会确定在苏州高新区开展全国首家"保险与科技结合"综合创新试点。2014 年国务院出台《关于加快发展现代保险服务业的若干意见》（国发〔2014〕29 号），要求"建立完善科技保险体系，积极发展适应科技创新的保险产品和服务，推广国产首台首套装备的保险风险补偿机制"。2015 年，启动首台（套）重大技术装备保险补偿机制试点。2016 年，太平科技保险公司正式成立。地方推广小额信贷保险，发展贷款、保险、财政风险补偿捆绑的专利权质押融资新模式。

（七）科技金融服务平台更加完善

在实践中，我国科技金融服务平台主要包括依托政府资源建立的公共性科技金融服务平台，以及依托市场机构、企业建立的市场化科技金融服务平台。科技金融服务成为现代服务业发展的新兴业态。

三 科技金融发展面临的复杂形势

在全球新一轮科技革命和产业变革孕育突破、我国经济转型升级的关键阶段，科技金融面临着更为复杂的环境和形势。

（一）科技金融发展面临着科技革命尤其是金融科技的复杂形势

一方面，我国正处于新一轮科技革命和产业变革孕育兴起的新阶段，面对新兴产业、新兴技术和创新成果不断涌现，传统以银行间接融资为主的金融工具与手段不能满足科技创新的需求，需要突破和创新科技金融理念，对科技金融发展进行系统思考和整体布局，探索完善科技金融发展新模式，着力营造有利于新技术、新产品、新企业、新业态快速发展壮大的良好投融资环境。

另一方面，金融科技是未来金融业的制高点，对全球金融下一轮发展具有战略性作用。金融科技正向大数据、云计算、区块链、人工智能、物联网、生物识别、虚拟现实等快速转变，聚焦于记账、清算、客户画像、资产定价、风险管理等中后台业务，进入了金融与信息技术深度融合的新时代。金融科技不仅深刻改变金融服务的组织方式和金融风险的管理模式，而且深刻改变科技金融发展的实践形式。

（二）科技金融发展面临科技和经济融通发展的复杂挑战

科技和经济融通发展，如何在融和通上下功夫，科技金融面临更加复杂的挑战。科技金融需要服务良好创新生态，创新发展当中推动融通创新，进一步提升科技对经济发展的贡献率。科技金融要引导金融资本和社会资金进入研发领域，促进基础研究、应用研究与产业化对接融通，加快创新成果转化。科技金融要促进科研院所、高校、企业、创客等创新主体协作融通，通过资本纽带推动创新要素自由流动和优化配置。

（三）科技金融发展面临着改革思路和路径选择动态调整的复杂背景

从深层次挖掘科技金融的逻辑，不完全竞争理论是主流，因此补足市场论是近年来我国科技金融发展的主要思路。然而，我国的科技金融发展仍面临着诸多问题和挑战，其中，创新驱动发展的阶段性问题就是其一。当前，

165

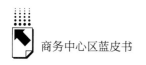
我国经济发展进入新阶段，供给侧结构性问题突出，科技金融的历史任务必然随之重新调整。在原有基础上，完善服务于创新驱动发展、四化同步、保障创新型国家建设的科技金融体系，对科技金融提出了新要求和新挑战。科技金融不再仅仅是服务于创新创业，科技金融的深度和广度都亟须拓展，新型科技金融体系亟须建立，改革难度必然更加复杂。

（四）科技金融发展面临创新体系的灵活性和全球化需求

一方面，伴随互联网、通信技术的飞速发展，越来越多针对开发者的开发工具和服务都让知识生产的门槛降低，每个人都可以成为知识创造者。

另一方面，跨学科、多领域的高端知识生产难度增加，风险和不确定性大大增加。知识生产模式变化、知识扩散时间缩短、知识应用领域多点突破。知识生产过程由线性向开放式转变，知识扩散时间的周期缩短，基础研究、应用研究、高技术研发边界日益模糊。知识配置也不再集中在某一领域，而是以信息、生物、纳米等众多技术突破和交叉应用为基础的。知识配置的全球化加强，创新资源的全球流动加剧，世界主要国家通过不断升级的创新政策优化知识的配置。比如，2018年特朗普税改将美国企业所得税税率由最高35%降至21%，大幅降低了美国制造业税负，这将改变世界高端制造的竞争格局，跨国公司研发中心的全球布局，以及科技金融的竞争格局。

（五）科技金融发展面临将资金的潜在供给变为有效供给的困难

经过改革开放几十年的发展，我国经济总量跃居世界第二位，中央政府用于研发的财政支出逐年增加，研发投入总量跃居世界第二位。2016年，国家财政科学技术支出7760.7亿元，财政科学技术支出占当年国家的比重为4.13%。截至2016年末，我国银行业金融资产226.26万亿元，证券业总资产5.79万亿元，保险业总资产15.12万亿元。另据《2017胡润财富报告》披露，中国拥有600万元以上的高净值家庭共同财富达到125万亿元，其中可投资资产约为70万亿元，民间投资数量庞大，潜力巨大。在中央政府的直接财政投入和间接引导下，包括银行、创业投资、天使投资和资本市场在内的多渠道融资体系已经初步构建完成，创业投资管理资金规模仅次于美国，支持科技型中小企业的银行业专营机构超过500多家，科技创新融资渠道更加宽泛。如何将资金的潜在供给变为有效供给，将金融资本和社会资本引入科技创新领域，是科技金融面临的重大挑战。

（六）科技金融发展面临创新创业企业相对轻资产的复杂基础

随着云计算、大数据、物联网、移动互联网等新一代信息技术突飞猛进的发展，创新创业企业也面临新的特征：主体小微化；服务平台化；敏捷性创新；低门槛准入等。但是这些企业在融资过程中，大部分都是轻资产企业，基本没有有形资产作为抵押物，手里就只有知识产权，金融机构往往要求用土地厂房等固定资产作抵押物，导致融资获得性较低。即便获得融资，融资成本也较高。据中国社会融资成本指数最新统计，社会平均融资成本为7.6%，中小企业融资成本大部分高于10%。因此，科技金融发展面临创新创业企业相对轻资产的复杂基础。

四 深化科技金融改革的政策建议

基于对科技金融发展形势的分析，未来的科技金融改革应着眼于科技金融需求结构的重大变迁，前瞻性地设计好改革的目标、路径和措施。

（一）市场化是科技金融改革的大方向与主基调

发挥市场配置科技创新资源的决定性作用，就是要更加尊重市场决定资源配置这一市场经济基本规律，大幅度减少政府对科技创新资源的直接配置。在新一轮的科技金融改革中，建立健全在市场参与主体理性决策基础上实现均衡和出清的市场机制仍是主要任务。市场化改革应当解决市场内在活力不足的问题，重点厘清解决风险与收益不平衡问题。创造与风险收益匹配

的市场结构，通过市场拉力来引导金融资本和社会资金投入科技创新领域，进而提高科技金融绩效。

更好地发挥政府在机制建设中的重要作用，弥补科技金融领域的市场失灵，加强统筹协调。政府引导需要更加精准，根据创新规律和特点、科技型企业的成长阶段、产业发展的规律等选择支持的侧重点。

（二）助力创新是科技金融改革的核心目标

根据经济要素在经济结构中的地位和作用，迄今为止人类经济发展方式从低级到高级依次经过斯密发展——库兹涅茨发展——熊彼特发展。熊彼特发展，是创新在经济增长中占主导地位的经济发展方式，是创新驱动的根本动力。熊彼特发展阶段，需要建立与企业家创新相匹配的金融体系，科技金融大有可为。

按照金融与创新之间的关系重新认识科技金融的本质，科技金融改革的核心是助力创新驱动，无疑具有紧迫性。围绕产业链部署创新链，提高创新活动有效性。围绕创新链完善资金链，提高创新资源配置精准性。通过产业链、创新链、资金链融合发展，不断提升国家创新体系整体效能，形成巨大的创新、创业和创富叠加效应，从而实现资源优化再生、企业技术提升、产业结构升级、经济发展方式由低级向高级发展，产品附加值与人民生活水平不断提高，社会文明形态从低级向高级演化。

（三）加快建设创新型国家是科技金融改革的战略任务

加快建设创新型国家是科技金融改革的战略任务。我国科技投入虽然持续增长，但是存在总量不足、结构失衡、效率不高等问题。需要深入推进科技管理体制改革，不断优化科技创新资源配置。充分调动政府、企业和其他社会力量的积极性。财政科技投入要聚焦基础前沿和核心关键技术，发挥"四两拨千斤"的作用。更为重要的是，要充分发挥金融资本的作用，通过投贷联动、投保联动等创新，引导金融资本和社会资本投向科技创新。

（四）加快构建新产业体系是科技金融改革的根本遵循

无论是实体经济发展还是实体经济与科技创新的深度融合，都离不开现代金融的服务和支持。作为现代金融的重要组成部分，科技金融在加快构建新产业体系中将发挥重要作用。

一是围绕实体经济发展这个着力点，特别是先进制造业和现代服务业发展，提高更加高效便捷、成本合理的融资服务。二是围绕互联网、大数据、人工智能与实体经济融合产生的新经济、新业态、新创业发展，提供更好的风险和创业融资服务，为中小微企业提供更加普惠的金融服务。三是为传统产业企业的技术改造和设备更新提供更便利和价格低廉的融资服务，为去杠杆提供更好的股权融资服务。

（五）健全科技投融资体系是科技金融改革的基本要求

引导金融资本、民间投资参与科技创新，不断增加全社会研发投入，加快形成多元化、多层次、多渠道的科技投融资体系。首先，大力发展科技金融服务业，完善外源融资体系。其次，提升直接融资比重，健全市场主导的直接融资体系。最后，增加长期资本供给，鼓励高净值人群转变为机构投资者。

（六）完善科技金融工作体系是科技金融改革的组织保障

一是建立多部门合作的科技金融推进机制。完善科技金融工作的顶层设计，进一步强化科技部与中国人民银行、中国银保监会、中国证监会、财政部、国资委、税务总局等部门的联动工作机制，将科技金融纳入宏观经济政策框架体系中加以统筹考虑。二是健全央地联动、政金协同的科技金融工作体系。加强中央和地方联动，充分调动两个积极性；强化政府与金融部门（机构）协调，财政资金和金融资金协同，形成功能互补、良性互动的科技金融新格局，营造良好的科技金融生态。三是完善科技金融研究网络体系。构建促进科技金融发展的研究网络，开展科技金融理论研讨，强化科技金融前瞻性研究，为深化科技金融改革做好理论储备与支撑。

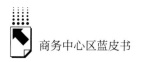

参考文献

赵昌文：《科技金融》，科学出版社，2009。

房汉廷：《关于科技金融理论、实践与政策的思考》，《中国科技论坛》2010 年第 11
期。

房汉廷：《科技金融本质探析》，《中国科技论坛》2015 年第 5 期。

张明喜：《科技金融：从概念到理论体系构建》，《中国软科学》2018 年第 4 期。

SCHUMPETER JA. Theorie der Wirtschaftlichen Entwicklung. Leipzig, Duncker &
Humdoldt, 1912. English translation, The Theory of Economic Deuelopment, Cambridge,
Harvard University Press, 1934.

SCHUMPETER JA. Capitalism, socialism, and democracy. New York：Harper Perennial
Press, 1942.

MAZZUCATO M. The Entrepreneurial State, Demos, London, UK, 2011.

MAZZUCATO M. From market fixing to market-creating：a new framework for
innovation policy. Industry and Innovation, 2016, 23（2）, 140 – 156.

佩蕾丝：《技术革命与金融资本》，中国人民大学出版社，2007。

B.11
移动支付发展现状、问题与建议

袁　琦[*]

摘　要：　在全球新一轮科技革命和产业变革中，互联网与各领域的融合发展快速推进，CBD 涌现出多种"互联网＋"等新技术、新业态和新模式。尤其是随着移动互联网技术的迅猛发展，近年来以二维码为主的移动支付应用快速增长，为用户提供更加方便、快捷的支付服务，成为信息服务领域新的信息消费增长点。本报告首先阐述了移动支付的定义、特征、产业链和发展历程，其次分析了国内外移动支付发展的现状，最后对目前我国移动支付发展面临的问题进行了研究，并提出了我国移动支付的发展建议，以期对 CBD 发展"互联网＋"新业态有所裨益。

关键词：　移动支付　二维码支付　NFC 支付

中国的移动客户端支付开始于 2010 年，移动支付规模已由最初的 0.1 万亿元增长为 2017 年的 117 万亿元，年均增速达到 174%，呈现爆发性增长态势。当前，我国已成为世界上最大的移动支付市场，并继续保持着高速增长趋势。据估算，2018 年中国智能手机的用户量将达到 13 亿人次，是全球第一的移动用户大国；移动支付方式正从线上的手机银行转账、在线支付、

---

* 袁琦，中国信息通信研究院部门副主任、高级工程师、硕士，研究方向为移动支付、网络和信息安全相关技术。

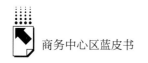

网络红包等，迅速向线下的多用户场景和多元化支付拓展；线下的移动支付场所也从超市、餐饮、零售、快递等，扩展到交通、娱乐、医院、地铁等越来越广泛的场所，展现出了巨大的市场潜力。

一 移动支付概述

（一）移动支付定义和分类

移动支付是指用户通过手机终端发起和接收支付指令，完成货币和资金转移的活动，实现对商品或服务的支付功能。实现移动支付的三个关键要素：一是移动支付账户，实现移动支付业务的核心；二是移动支付工具，实现移动支付业务的载体，如手机终端、POS 机；三是移动支付网络，实现移动支付业务的承载通道。

根据支付实现方式不同，移动支付可分为：（1）远程支付，手机终端通过二维码、无线上网、短信、交互式语音等方式远程连接到移动支付平台系统，实现对商品或服务的支付功能。目前二维码支付成为远程支付的主要方式，用户通过手机等移动终端设备扫描二维码，就可实现与商户之间的支付交易结算操作。（2）近场支付，手机终端通过近距离非接触技术与销售终端之间进行交互，实现对商品或服务的支付功能。目前 NFC 支付成为近场支付的主要方式，手机硬件搭载 NFC 射频天线、SE 安全模块等，并且需要商户安装 NFC 刷卡设备。

根据用户的账户不同，移动支付可分为：（1）银行卡账户支付，用户通过银行卡账户进行移动支付；（2）中间账户支付，用户通过第三方专业支付提供商开通的自有账户进行支付；（3）通信账户支付，用户通过通信话费账户进行支付。

（二）移动支付特征

移动支付的体验并不只是简单的 PC 机向手机终端平移，而在于一些新的消费体验和消费模式的创新。基于移动互联网的特性，移动支付可构建支付的新模式，移动支付的特征有以下几点。

（1）便捷性

移动支付具有丰富的应用场景，用户可利用完整或零碎的时间进行支付，并且诸多支付应用可以同时进行，移动支付更加便捷。

（2）智能感知

结合手机集成的大量感应器，包括重力感应、GPS定位、距离感应、摄像感应等，移动支付可构建智能感知的支付新模式。例如淘宝、当当植入了二维码扫描，帮助用户快速检索商品，支付宝推出条码支付；淘鞋网嵌入摇摇惠功能，利用手机的重力感应功能，让用户摇手机获取优惠券等。

（3）个性化

移动支付可利用移动互联网对用户需求、行为信息的精确反映和提取能力，即时反映个性化的定制服务。

（三）移动支付产业链

移动支付横跨通信和金融，关联着用户、电信运营商、金融服务商、第三方支付服务商、终端厂商、支付客户端软件厂商、解决方案服务商、业务平台服务商、商户等众多环节，移动支付产业链如图1所示。

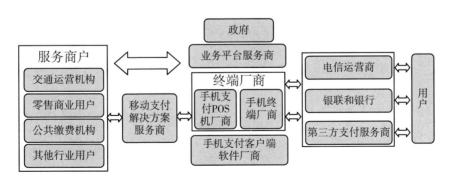

图1 移动支付产业链构成

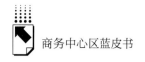

用户和商户是移动支付产业链的两端环节。用户是移动支付应用的原生需求者，商户包括各种行业用户，商户众多，例如交通运营机构、零售商业用户、公共缴费机构、其他行业用户等。

电信运营商提供移动支付所需的通信网络资源，银联、银行等金融服务商提供支付资金来源和资金清结算，终端厂商负责提供支付过程所使用的手机终端或 POS 机终端，支付客户端软件厂商开发和提供移动支付客户端软件，解决方案服务商为商户提供相应支付方案必要的技术支持，最终用户通过移动支付平台获得商户的服务并进行支付。此外，银联、银行等金融服务商、电信运营商、第三方支付服务商都是移动支付的主体，充当支付服务商的角色，为用户设立支付账户，提供支付平台和付款方式，并提供相关的支付和交易服务。

移动支付产业链较为复杂，参与者众多，电信运营商、金融服务商、第三方支付服务商、手机终端厂商等都各自拥有独特的推广资源，目标都是向最终用户提供支付服务的能力，产业各方纷纷寻找创新突破口，创新移动支付业务模式，推动移动支付产业发展。

（四）移动支付发展历程

1. 移动远程支付发展历程可分为短信支付阶段、WAP/WEB 浏览支付阶段、客户端支付阶段、二维码支付阶段

短信支付阶段：利用短消息上下行方式办理移动支付业务，以 2000 年开始于芬兰和中国移动的相应手机代扣费业务为代表。短信支付广泛应用于互联网和移动互联网的小额支付领域，结算资金以话费为主。

WAP/WEB 浏览支付阶段：2002 年开始随着 3G 网络的发展，通过 WAP/WEB 方式进行手机上网浏览得以实现，通过 WAP/WEB 进行支付业务在欧洲、中国开始兴起，并在一定时期内取得了快速发展，WAP/WEB 浏览支付解决了短信输入的繁杂，支付时间也大大缩短。

客户端支付阶段：随着移动智能手机和移动互联网的不断发展，在智能手机上下载安装应用客户端软件给用户带来了良好的用户体验，2010 年开

始，中国淘宝、凡客等推出基于 Android、iPhone 等智能手机的支付软件客户端，移动远程支付开始进入移动客户端支付阶段。

二维码支付阶段：2011 年二维码在很多场景中得到了应用，支付宝占据了国内网络支付市场的绝大部分市场份额。在这种背景下，支付宝于 2011 年 7 月 1 日，正式推出了手机 App 二维码支付业务，进军国内线下支付市场。2013 年 8 月 5 日，腾讯正式发布微信 5.0 版本，开启了微信二维码支付功能。由于二维码支付涉及安全性问题，2014 年 3 月中国人民银行紧急叫停了二维码支付活动。2016 年 8 月中国支付清算协会向支付企业发布《条码支付业务规范》，二维码得到中国人民银行认可，二维码支付开始飞速发展。

2. 移动近场支付发展历程经历了以红外、RFID 等技术为主阶段，NFC 支付部署试验阶段，NFC 支付发展阶段

红外、RFID 等技术为主阶段：红外、RFID 技术用于近场支付业务始于日韩等国家。2002 年韩国三大移动运营商 SKT、KTF、LGT 先后与银行合作开通了采用红外、RFID 等技术的移动支付业务，2004 年日本多家移动运营商包括 NTT DoCoMo、KDDI 等先后推出 FeliCa 技术的手机钱包业务，并得到普遍应用。

NFC 支付部署试验阶段：2005 年法国戛纳的 NFC 支付实验开始尝试使用，运营商和银行、公交企业合作进行 NFC 支付试点，用户可以通过手机购买公共汽车票。此外，2005 年开始中国移动厦门、重庆等公司陆续进行了 NFC 支付试点试验，2007 年开始中国联通与银行达成合作意向，在北京、上海、广州、重庆等城市进行 NFC 移动支付试验；全球范围内 NFC 业务开始部署试验。

NFC 支付发展阶段：2011 年 GSMA 宣布全球 45 家运营商支持 NFC SWP 近场支付，全球范围内 NFC 业务开始获得发展。2011 年诺基亚公司推出六款 NFC 终端上市，后续三星、摩托罗拉、LG、HTC、黑莓均推出支持 NFC 的手机。2013 年中国移动、中国联通、中国电信三家运营商大力发展 NFC 支付，分别与中国银联、招商银行、浦发银行、农业银行等合作，并扩展到

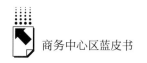

公交系统等交通领域。2013 年中国移动 NFC 移动支付用户数达 10 万，中国联通售价 2000 元以上的集采产品都支持 NFC 功能。中国电信上市的天翼手机也都支持移动支付。2014 年 10 月，苹果发布了基于 NFC 的手机支付功能"苹果付"，在美国正式上线。2016 年 2 月，"苹果付"业务在中国上线。2016 年 3 月，三星与银联合作在中国上线了支持 NFC 技术的"三星付"业务。2016 年 4 月，中国银联与小米公司联合推出支持 NFC 的"小米付"移动支付产品。2016 年 8 月，中国银联携手华为公司推出支持 NFC 的"华为付"，合作银行达 30 家，支持公交地铁乘车刷卡。

二 国外移动支付发展现状

（一）肯尼亚引领国外支付市场，业务发展迅速

2007 年 3 月肯尼亚运营商 Safaricom 正式推出 M-pesa 手机支付业务，可以实现存款、取款、汇款以及手机充值等功能。自此项业务推出后，M-peas 的营业收入和客户数飞速增长，2017 年 M-peas 注册用户 2700 万，接入 13 万代理和 5 万商家，手机支付总额达 6.9 万亿元（约 4600 亿元人民币）。

肯尼亚传统金融服务业务相当落后，银行系统基础差，收费高；而庞大的外来务工人员具有向家里汇钱的巨大需求。用户使用 M-pesa 业务时在运营商设立支付账户，通过发送带有密码的短信方式进行交易，用户持有收到的转账短信，可以到运营商的 M-pesa 代理点存取现金。由于 M-pesa 业务为用户提供了方便快捷的支付服务，移动支付在肯尼亚得到了迅速发展。

Safaricom 是肯尼亚最大的运营商，移动通信网络覆盖全国，拥有了肯尼亚 80% 的用户，因此 Safaricom 能将移动支付业务延伸并覆盖到全国的各个地区。Safaricom 直接利用现有的移动通信业务渠道，在推动移动支付产业发展方面获得了巨大的成功，引领国外移动支付市场。

（二）日本转型扫码支付，推动支付产业发展

日本的 NTT DoCoMo 是近场移动支付发展成功的运营商之一，最早利用近场技术进行线下支付。2004 年日本就推出了基于 FeliCa 制式的手机钱包，并将 FeliCa 与 iMode 结合的方式实现充值、会员卡、电子门票等，与很多商户进行合作共同开展移动支付业务。但由于日本使用信用卡习惯以及对安全方面的考虑，使用业务的用户不多，移动支付发展缓慢。

为了推动日本移动支付的快速发展，日本电信运营商和银行企业开始考虑转型使用二维码支付方式，推动日本用户使用移动支付。日本电信运营商 NTT DoCoMo 宣称将在 2018 年 4 月开始推出二维码支付产品 "d 支付"。三菱日联金融集团、三井住友和瑞穗这三家日本大型银行集团在 2018 年 2 月宣布将开展手机二维码支付业务，并在日本普及此项业务，用户只需在商家扫一下手机上的二维码，便可自动从银行账户扣款。

（三）法国重视移动支付，快速推进业务发展

法国移动支付发展起步较早，一直很重视移动支付业务，近年来快速推进业务发展。2005 年 10 月，法国电信针对 NFC 支付业务在戛纳开展测试。2010 年 5 月，法国运营商和银行、公交企业合作，在法国尼斯市进行 NFC 支付试点，推出统一支付品牌 CityZi，用户可以通过手机购买公共汽车票、商品等。

2013 年，法国巴黎银行、法国兴业银行和法国邮政银行为与贝宝（PayPal）等联合研发推出 Paylib 支付系统，于 2018 年内全面启用 Paylib 手机支付，后续法国所有银行都将接入 Paylib 便捷支付网络，法国的银行用户只需要输入手机号码就可以完成所有银行间的转账。

2015 年 10 月 20 日，法国电信运营商 Orange 宣布在法国全境推出名为 "Orange Cash" 的移动支付业务，该业务采用 NFC 移动支付技术，目前该服务已经覆盖了法国所有大型城市和欧洲一些国家。2017 年 10 月，法国电信巨头 Orange 又推出了其自有银行，后续还将推出贷款和保险等其他金融业务，利用其强大的用户优势，拓展业务领域，获得相应的营收和利润。

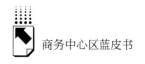

（四）美国用户不接受移动支付，业务发展缓慢

2011 年谷歌推出了"谷歌钱包"，希望建立一个庞大的开放式的移动支付商业生态，但业务发展一度停滞。后续谷歌又更新"谷歌钱包"功能，2013 年 5 月和 2015 年 2 月都发布了新版本的"谷歌钱包"，2018 年 2 月谷歌正式推出新的支付服务"谷歌付"，整合"安卓付"和"谷歌钱包"服务。

2015 年，苹果发布了基于 NFC 的手机支付功能"苹果付"，将支付和应用商店充分融合，利用终端、应用优势推动支付发展，但用户使用量仍然较少。

虽然美国有 14% 的用户选择使用移动支付，但信用卡使用率依旧很高，用户对移动支付没有足够的关注，其存在已久的信用卡体系限制了移动支付的全面推进和落地。

三　我国移动支付发展现状

（一）第三方企业支付引领移动支付产业

微信和支付宝等第三方移动支付平台的崛起，推动我国二维码支付方式的发展。由于二维码支付流程快速、简捷，会给用户资金和账户带来安全问题，2014 年 3 月中国人民银行叫停了二维码支付业务的开展，2016 年 8 月中国支付清算协会向支付机构发布了《条码支付业务规范》，首次承认二维码支付的地位，随后二维码支付方式得到了快速发展，以至于在我们身边迅速得到普及。腾讯、阿理巴巴等互联网巨头通过二维码支付打开了移动支付市场的新局面，占领了我国移动支付市场 90% 的份额，引领了我国移动支付产业的发展。

微信和支付宝支付在移动远程支付领域，结合用户的使用场景和使用习惯，推出基于二维码的快捷支付产品，通过高额补贴帮助商家完成扫码支付的终端改造，快速推动简便的支付方式在商家的落地和普及，成功让用户支付的入口由银行转移至微信和支付宝，获得更多的支付主导权，成为移动支付产业的创新者和领导者。

目前我国微信和支付宝支付已经全面渗透到零售业、公交行业等领域，大部分城市的超市、商场完成了微信和支付宝扫码支付的终端改造，也积极推动全国各地交通支付终端的改造。自 2017 年 12 月 23 日起，用户可使用北京"易通行"App 购票，通过扫描二维码在北京乘坐地铁。2018 年 1 月 29 日，上海地铁宣布全面支持手机二维码乘车。目前杭州、西安、广州的所有地铁线路，以及全国超过 50 个城市的公交线路，都已经支持刷二维码乘车。

（二）金融支付企业积极创新，占领市场

中国银联将移动支付业务看作新业务增长点，并能有效解决其原有结算业务饱和问题，因此中国银联积极部署移动支付。

早期中国银联积极试点 NFC 支付技术，主要采用 NFC-SD 技术方案，在商业模式上注重与多方合作，开拓创新。2003 年 8 月，中国银联与中国移动合资成立北京联动优势公司，专业从事手机支付业务，开启银联和运营商合作的先河。2010 年 5 月银联联合银行、电信运营商、手机终端厂商等企业成立了移动支付产业联盟，进行产业链多方合作。2010 年 9 月银联与 TCL 终端厂商达成合作，2011 年 8 月与 HTC 芯片厂商达成合作，共同推动 NFC-SD 技术，合作推广 NFC 手机。

2017 年 12 月 11 日中国银联携手商业银行、支付机构等产业各方共同发布银行业统一 App"云闪付"，包括手机 NFC 支付（包括"苹果付""华为付""三星付"）、二维码扫码、收款转账、远程支付等功能，通过使用 NFC、HCE 和二维码等技术，手机终端等移动设备可在银联部署的"QuickPass"环境中进行远程或近场支付。

（三）运营商支付企业转型契机，高度重视

（1）中国移动

2005 年开始，厦门、重庆等移动公司陆续进行了 NFC 支付试点试验；

此后又采用 2.45GHzRF-（U）SIM 技术，发展的用户规模达 20 万人，2010 年中国移动又转向 NFC 技术发展移动支付。2013 年中国移动陆续在北京、上海、安徽和甘肃等省市公交系统开通 NFC 快捷支付乘车。

2006 年中国移动在湖南建立移动电子商务基地，全网手机支付平台上线运行；2010 年 3 月注资浦发银行，联合发展移动支付业务；2011 年 7 月中国移动手机支付公司成立，名称为"中移电子商务有限公司"。2013 年 12 月中国移动手机钱包业务正式更名"和包"，涵盖银联、银行、公交、旅游等多行业领域。目前"和包"注册用户已经超过 2 亿人，2017 年 11 月 11 日中国移动和包支付总成交金额超 70 亿元，2017 年和包支付交易额累计已突破两万亿元。"和包"业务将应用场景、用户习惯、消费模式连接在一起，正在逐步构建完善的和包支付生态圈。

（2）中国电信

2009 年 11 月中国电信开始对移动支付产品进行研究和开发，2010 年 2 月上海电信首先推出翼支付产品，另外在全国内蒙古、浙江、北京等 17 个省市也开始试点翼支付业务。2011 年 3 月中国电信成立了支付子公司"天翼电子商务有限公司"。2013 年 11 月 28 日中国电信与中国农业银行、中国银行、中国建设银行、交通银行、中国光大银行、北京银行等 14 家银行在北京联合发布"翼手机钱包"业务。目前中国电信翼支付业务注册用户已近 4 万亿人，月活跃用户逾 3000 万人，年交易额超 1.5 万亿元。近期每年的 5 月 17 日中国电信翼支付开启"翼支付 525"活动，在全国近 400 个城市通过打折活动掀起翼支付使用的热潮。

（3）中国联通

2007 年开始，中国联通与中国银联、交通银行、广发银行、工商银行等进行合作，在北京、上海、广州、重庆等城市进行 NFC 移动支付试验；在河北、湖北等省份校园和企业进行移动支付试点；2011 年 4 月中国联通组建了联通沃易付网络技术有限公司；2011 年底在公共交通领域试点，与北京市政交通一卡通公司联合推出"联通手机一卡通"服务，实现用手机刷卡乘坐公交地铁。

中国联通于 2013 年 9 月 26 日宣布与光大银行、广发银行、兴业银行、中国银行等多家银行达成合作，推出手机钱包业务。2016 年中国联通沃账户注册用户数为 1000 万人，支付业务额为 1000 亿元。

四　我国移动支付发展面临的问题

（一）移动支付创新发展，带来新的政策监管问题

随着移动互联网技术的发展，移动支付业务不断创新，2005 年起电信运营商、第三方金融机构等企业都开始着力发展移动支付业务，早期移动支付处于政策监管的"灰色地带"。中国人民银行于 2010 年 6 月 14 日发布了《非金融机构支付服务管理办法》，电信运营商、第三方金融机构等企业需要获得《支付业务许可证》，才能从事和开展支付业务。支付管理办法出台后，企业应按照该办法相关规定，申请取得《支付业务许可证》。

随着移动支付业务的发展，二维码支付业务开始出现，新业务的出现不断带来新的监管问题。由于二维码支付业务快速简捷，在支付资金清结算和交易安全方面存在问题，2014 年 3 月中国人民银行发布《中国人民银行支付结算司关于暂停支付宝公司线下条码（二维码）支付等业务意见的函》文件，表示将对该类业务的合规性、安全性进行总体评估，叫停了二维码支付业务。2016 年 8 月中国支付清算协会向支付企业发布了《条码支付业务规范》，2017 年 12 月央行发布《条码支付业务规范（试行）》，包括二维码支付的信息传输标准、支付标记化技术应用、二维码时效性、交易限额、交易验证等。首份二维码支付的监管规范出台和发布，加速推动了微信、支付宝等二维码支付业务的发展和普及。

虽然针对二维码支付的政策已经发布，但第三方支付企业是否按照《条码支付业务规范（试行）》政策内容进行部署和实施，是否符合政策的要求，这都对政府的监管提出了新的需求。另外，近年来二维码支付带来的

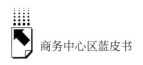

安全问题日益突出，新的攻击、欺诈形式和手段防不胜防，给用户的资金和财产安全带来损失，也给政府的监管带来了新的挑战。

（二）移动支付直接收益不明显，需不断探索业务模式

移动支付服务的三类主体在开展移动支付业务过程中，获得的直接收益不明显。运营商和支付服务商通过通信费和流量费、交易佣金、售卖商城商品的佣金获得直接收益，通过增加用户黏性、开展附加业务带来间接收益。金融支付服务商通过交易佣金获得直接收益。第三方支付服务商移动支付通过交易佣金、售卖商城商品的佣金获得直接收益。对商户来说，移动支付的直接收益主要是带动商品销售收入的增加。

移动支付业务的开展需要建立支付管理平台、支付账户平台、布放或改造商户 POS 机，投入成本大，利润低，盈利少。对支付服务商来说，开展移动支付业务主要的直接收益来自分配得到的交易佣金，盈利模式单一，在用户和交易规模小的情况下，直接收益少，产业链上企业各方获得的直接收益也很有限。

各方积极开展移动支付业务，并不是因为移动支付业务能够带来多大的直接收益，而是更看重把移动支付作为入口，抢占用户资源，从移动支付能够带来的间接收益进行获利。移动支付最有价值的是用户、流量与数据，拥有海量的、全面的、精确的用户和数据，就可以不断探索各种业务模式，和其他增值业务融合，创新有价值的业务模式，围绕用户构建一个完整的业务生态圈，以提供差异化的服务。

（三）微信和支付宝支付呈现垄断趋势，限制其他支付发展

2016 年 8 月关于二维码支付的政策松动后，微信、支付宝支付依靠腾讯、蚂蚁金服公司本身雄厚的基础和强大的财力支持，展开了一轮又一轮对用户和商户的补贴活动，迅速向全国各城市渗透和蔓延，覆盖到零售、公交、校园、旅游、教育等各行各业，进一步巩固了微信、支付宝的行业龙头地位，很快在支付市场占据了垄断地位。

目前支付市场的主要企业，除了微信、支付宝支付所属的财付通、支付宝，还有银联、各大银行、三大运营商、平安壹钱包、快钱、联动优势、易宝支付、京东支付、苏宁易付宝、百度钱包、汇付天下、中金支付等，这些企业的份额相对较小，但都有各自的业务特点，有自己的特定用户和客户群体，它们与巨头之间存在着较大差距，很难撼动微信、支付宝的地位。2017年8月29日，经过中国人民银行批准45家股东联合成立了网联清算有限公司（以下简称"网联"），中小支付企业不需要直连银行，可以通过网联平台连接到各家银行，弥补了短板，在一定程度上削弱了支付宝、财付通的优势，但这不会成为决定性因素，不会改变已经形成的支付市场格局。

微信和支付宝支付在我国支付市场上占有大部分份额，它们很容易滥用自己的市场地位，采用高额的商户和用户补贴、较低的交易佣金等措施抢夺用户和商户资源，通过已建立的支付生态圈内各种关联服务发展移动支付业务，使得其他中小支付企业的发展空间受到限制、中小支付企业的技术和业务创新受到抑制，形成微信和支付宝支付在移动支付市场的垄断趋势，阻碍移动支付产业的健康发展。

（四）二维码支付的快速和简捷，引发较大的安全风险

以微信、支付宝为代表的二维码支付为用户提供了方便、高效的支付体验，二维码支付所追求的便捷性，使得支付流程更快速和简易化，且二维码制作准入门槛低，进一步降低了支付安全性，这些都给用户带来了较大的安全风险和威胁。二维码支付的主要风险和威胁在于以下四点：一是二维码易被欺骗盗刷。不法分子通过截屏盗取、篡改伪造、非法制作等手段获得支付二维码，通过欺骗盗刷方式非法获得用户的资金，使用户的财产受到损失。二是二维码易携带恶意代码。二维码很容易存储或加载恶意程序代码、非法链接等内容，用户难以直观区分真假，一旦扫码后会给用户带来信息泄露、远程控制等安全问题，不法分子利用这些漏洞进行攻击，最终达到窃取用户资金的目的。三是二维码支付流程简易。由于二维码支付快速和简捷，支付流程简易，在客户实名制审核、身份验证、支付指令确认、交易信息传输等

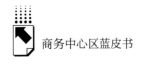

方面的流程简易，不法分子容易利用支付流程方面的缺陷，截获并恶意修改订单等交易信息，或者冒充合法用户进行交易，造成用户的资金损失。四是扫码设备安全强度低。二维码支付对识别设备要求低，且这些设备一般无加密、防拆机等安全功能，容易被不法分子侵入。

五　我国移动支付发展建议

（一）加强行业监管，创造公平环境

随着移动支付业务的发展和不断创新，中国人民银行不断推出相应的政策法规，2010年6月发布的《非金融机构支付服务管理办法》，2017年12月发布的《条码支付业务规范（试行）》，为移动支付市场和产业发展创造良好的政策环境。

中国人民银行应制定相关政策法规的实施细则，进一步加强对移动支付业务的行业监管。首先，应严格审核移动支付业务的准入，对从事移动支付业务的企业进行严格把控，提高我国移动支付主体的运营服务和质量；其次，明确《条码支付安全技术指引》等自律制度，加强移动支付业务、产品和设备的金融安全管理，定期对第三方支付企业的业务进行检查和督导，例如支付机构客户身份是否经过外部实名验证、支付业务交易信息是否规范、沉淀资金的使用是否合规、资金的清结算处理流程是否合规等，保证国家金融安全和用户资金安全；最后，应要求移动支付企业强化风险控制机制，对每个账户、业务交易环节实施监督，对支付企业的反洗钱、反欺诈等方面行为进行严格监管。

（二）加速业务模式发展，实现间接收益突破

移动支付业务本身直接收益少，间接收益将会是移动支付业务的主要收益来源。为了促进移动支付的进一步发展，需要产业链各环节紧密合作，深度挖掘移动支付应用，形成良性的商业模式循环，构成闭合的应用生态圈，

加快移动支付业务的发展，实现间接收益的突破。

移动支付业务模式发展包括：（1）移动支付充分利用其自身的突出优势，形成庞大的用户群和综合平台，开展线上和线下结合的营销方式。（2）移动支付利用拥有实时大数据的优势，研究用户行为和客户需求，细分市场，找准目标客户，开展有针对性的移动业务和产品的推广。（3）移动支付应与附加服务、新技术形式相结合，融合创新业务模式。移动支付将和更多的技术形式进行结合，创新和丰富商业模式。例如与定位技术的结合，本地搜索和消费将在信息和资金方面实现完全闭环；与指纹、语音识别技术的结合，移动支付更加简单和便捷。（4）移动支付应联合行业用户，共同开发行业应用，找出行业应用突破口，扩大移动支付应用范围，加速移动支付业务创新，促进产业快速发展。

（三）大力促进产业合作，推动支付产品创新

目前微信和支付宝占领了国内80%的市场，中小支付企业与它们之间差距较大，但中小支付企业有自己的业务特点和优势，形成了稳定的用户与客户群体。

中小企业应分析用户心理、行业特点，进一步创新产品设计和业务推广，形成更贴心、更安全、更方便的移动支付产品，形成市场的突破口，推动业务应用的发展；另外，移动支付和精准广告投放、本地打折促销、用户积分和信息推送服务等附加服务相结合，创新更多类型的业务推广形式，吸引用户和商户。

中小企业应不断地研究产业需求和发展状态，大力促进产业间的合作，例如推动公共交通、零售业，使其积极与中小支付企业合作，推动产业发展。同时以应用创新带动产业发展，建立稳定、共赢的合作模式，加速产业化发展进程。

（四）强化安全机制，保障用户安全

支付企业应采取强健的安全机制，产业链各方根据安全需求采取适当的

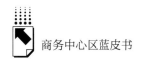
安全技术方案。终端厂商应采用 TEE、安全芯片等技术，提高用户敏感数据在终端处理过程中的安全防护水平，支付平台厂商应采用等级高的安全技术手段，加强平台系统和用户数据传输的安全防护能力，防止远程非法用户的攻击，提高网络和信息安全防护水平，保障用户资金和交易安全。支付行业应制定移动支付安全标准，细化第三方支付和二维码支付安全方面的技术要求，并对支付、账户、交易和数据安全保护的要求进行监督和实施，开展安全标准的测试认证工作，定期进行安全检查、风险监测，并提供必要的应急响应能力。检测机构需不断跟进移动支付技术发展，推进相关技术标准，完善业务和产品的测试验证方法，提升对移动支付业务、平台和相关设备的安全测试能力。

参考文献

易观咨询：《中国第三方移动支付行业研究报告》，2017 年 7 月，http：//www. mpaypass. com. cn/news/201707/21093257. html。

袁琦：《模式创新推动移动支付发展》，《移动通信》2014 年第 7 期。

段红枫：《基于产业链整合视角下我国移动支付的协作模式研究》，西南交通大学硕士学位论文，2011 年 11 月 1 日。

代晓慧：《以科学发展观为指导　促进移动支付发展》，《金卡工程》2011 年第 11 期。

袁琦：《移动支付业务的应用与发展分析》，《电信网技术》2010 年第 2 期。

袁琦：《移动支付技术方案与标准进展》，《信息通信技术》2012 年第 6 期。

肖扬：《移动支付，现代支付体系新亮点》，《金融时报》2011 年 12 月 12 日。

郑嘉舟、吴海宁：《开放结盟创新——移动通信业回顾与展望》，《移动通信》2014 年第 1 期。

王晓：《支付数据揭示"去杠杆"成效，监管表态防范支付行业垄断》，《21 世纪经济报道》2018 年 6 月 4 日。

袁琦：《移动支付需两大推力：产业协作　模式创新》，《人民邮电》2012 年 8 月 28 日。

B.12
积极推进北京 CBD 商务
诚信生态圈建设

张炯杨*

摘　要： 在现代市场经济发展和全球经济一体化的新形势下，信用环境越来越受到全社会的重视，建立良好的信用管理体系显得越发意义重大。我国社会信用体系建设较西方晚了半个多世纪，近几年来，国家越来越重视社会信用体系建设，不断出台各项政策，部委及地方在各行业、各领域也进行了个人信用和企业信用管理的初步探索，社会信用建设工作进入发展快车道，但全社会的信用体系建设仍然处于探索阶段。本文以北京 CBD 信用体系建设为例，介绍了以政府为主导的信用管理模式在社会信用管理的企业信用管理分支中的创新应用。特别是利用大数据和互联网技术，在打破数据壁垒、探索数据应用、建设信用平台、构建信用机制、发现非法集资风险企业等方面的建设成果，为区域信用管理探索了一个新的方向，是区域信用体系建设、营造诚信环境的一个典型的创新应用案例。

关键词： 信用体系　北京 CBD　企业信用　非法集资　创新应用

---

* 张炯杨，北京商务中心管理委员会产业促进处处长，经济学博士。

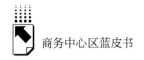

公共信用体系是社会健康稳定发展的基石，是市场经济行为的前提。在经济行为不断扩张，市场关系日益复杂的背景下，规范的市场秩序依靠着相互联系、互相制约的信用关系来构建和维系。早在1929年经济危机之后，西方国家就开始探索公共信用体系的建设，顺应市场经济的发展趋势和要求，建立了以信用中介机构为主导和以政府为主导的信用管理体系，形成了信用环境与信用秩序，有力地促进了经济的发展。

一 我国社会信用体系建设起步较晚，发展迅猛

我国在社会信用体系建设上，要比西方发达国家晚了几十年。在1999年才首次提出建设社会信用体系的概念，而在加入WTO之后，全球化市场和国际贸易规则更是对我国社会诚信体系建设提出了更高要求。然而，我国社会信用体系建设依然发展缓慢，直到2014年6月，才出台了第一份关于社会信用体系建设的国家顶层设计文件——《社会信用体系规划纲要（2014～2020)》。

近年来，社会信用体系建设作为国家治理体系和治理能力现代化的重要举措受到高度重视，2016年12月，国家主席习近平在政治局会议上强调，"要抓紧建立覆盖全社会的征信系统。"国家先后采取各项措施推进信用建设工作，统一社会信用代码基本实现全覆盖，预示着中国社会信用体系建设进入快车道。2018年，国家发改委等部门联合发布，自2018年5月1日起《在一定期限内适当限制特定严重失信人乘坐民用航空器》的意见；6月1日中国民用航空局在其官网和"信用中国"网站公布了首批86名限制乘坐民用航空器严重失信人名单。这些失信人将被禁止乘坐民航航班，自名单公布之日起计算，为期一年。这些都是我国社会信用体系建设在实际应用中的重要探索，守信联合激励和失信联合惩戒机制正在初步建立。

二 北京CBD信用体系建设谋划较早，倒逼而生

北京CBD在探索信用体系建设上由来已久，早在2004年出版的《产业

CBD》一书中，就大篇幅探讨信用体系建设的重要性。但是，此后北京 CBD 在信用体系建设上一直没有取得实质性进展。

伴随着普惠金融春风成长起来的互联网金融，对社会信用体系建设提出了新的挑战。金融的本质是信用，脱离了传统熟人社会的信任纽带，互联网金融以更加低门槛、弱信用关系的方式经营着民间金融行为，在一定程度上滋生了以 P2P 为代表的非法集资行为，推动着社会信用体系的快速构建。

近两年，以"e 租宝"为主的金融诈骗事件在 CBD 区域频发，对 CBD 的形象和区域的经济发展与稳定造成了极大的影响，建立 CBD 信用体系、打造 CBD 商务诚信生态圈的工作已势在必行。2015 年，北京 CBD 就企业信用评价体系进行了初步探索，和专业的征信机构合作研发了 CBD 区域内的上千家投资管理类企业的风险预警评价体系，建立了风险预警评价指标体系，完善了风险预警评价流程，形成了风险预警监测报告，为实现风险分类监管提供了依据。2017 年，北京 CBD 在前期投融资类企业风险筛查体系建设的经验基础上，借入了更多的政府和社会力量，力求建立范围更广、行业全覆盖的信用监管体系。

三　北京 CBD 企业信用监管体系初步形成，摸索前行

为加强北京 CBD 企业治理，改善区域内信用环境，响应国家和北京市对社会信用体系建设的号召，落实北京城市功能定位对产业发展的要求，北京 CBD 以商务诚信建设为抓手，在北京服务业扩大开放试点工作中，把疏解非首都功能、优化产业发展空间、推进产业结构升级、提升发展的质量和效益、加快推进京津冀协同发展作为推进目标，着力推进北京 CBD 商务诚信生态圈建设，并取得了积极的成效。

（一）着力打造 CBD 企业诚信经营首选区域

北京 CBD 通过建设信用监管综合平台、创建具有 CBD 区域特点的信用综合评价指标体系，逐步形成"评价方法—数据归集—综合应用—业务联动"的信用监管体系，构建了政府职能部门协同监管、公众共同监督的监

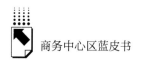

管模式。通过采购第三方信用服务，由专业信用机构设计 CBD 区域信用评价指标体系，从法律环境风险、可持续发展能力、未来发展能力、公司实力和信誉状况五个维度，对区域新注册企业、新迁入企业和存量企业进行信用评估，并依据评估结果，建立 CBD 区域企业信用风险预警评价模型、实时监测企业信用风险，形成了信用预警和业务联动机制，为服务业"引进来""走出去"构建了良好的企业信用环境。

（二）着力打造 CBD 征信大数据服务体系

通过企业信用大数据，开展企业信用信息公开、共享和应用。目前，CBD 综合经济运行监测分析和楼宇经济管理系统，通过北京市信用信息平台、中关村信用监管平台、第三方专业信用评级机构和互联网，已归集工商、税务、质监等数据 5000 万条，初步形成了企业信用信息基础数据集，实现了行政许可、资质审查备案、行政处罚、日常监管、消费投诉、行业自律、司法裁决执行等信息共享，并建立"一企一查"的机制。CBD 信用大数据全面支撑了北京 CBD 商务诚信事前、事中、事后监管体系和信用服务。

（三）着力构建 CBD 企业信用监管生态环境

CBD 区域通过信用监管综合平台，加大区域企业信用信息公示力度，积极构建守信激励、失信惩戒机制的生态环境。

一是建立企业信用黑名单，实施事中事后监管。CBD 依据综合信用评价体系设置企业信用指数警戒线，建立 CBD 区域内企业信用黑名单。区域管理单位将企业信用黑名单，及时反馈给相关委办局、街乡、楼宇运营方及 CBD 管委会等部门，并联合多部门对黑名单内的风险企业进行联合排查，确定存在风险且风险对社会有较大危害的企业，采取约谈、警告、清退等措施进行事中事后管理，实现"早发现早处理"。

北京 CBD 利用信用监管综合平台开展了区域内非法集资专项整治工作。对 CBD 功能区内 700 余座商务楼宇近 18 万家企业进行了风险评估，建立了高风险企业、中等风险企业、潜在风险企业的信用黑名单，通过多次组织专题会和楼宇实地核查，最终筛查出高风险企业、中等风险企业和潜在风险企业。经过两年时间调整，已清退中高风险企业近千家，有效提高了政府部门对市场主体的服务水平和事中事后监管能力。

二是建立企业信用红名单，实施政策激励措施。依据综合信用评价体系设置企业信用指数标准线，建立 CBD 区域内企业的红名单。对红名单内的企业给予产业扶持资金、商务班车、人才评优、高管子女入学、人才公租房、绿色通道、进京指标等资金及配套支持。企业信用红名单实施以来，共为优良信用企业推荐人才 16 位，其中 2 位评为商务精英，4 位评为青年英才；帮助 8 家重点企业 12 位高管解决了子女入学问题；为 37 家重点企业累计配租 296 套人才公租房；为 40 余家企业提供超过 300 个进京指标；为区域重点企业出具住所证明、绿色通道等文件 700 余份。同时，在工作日开通 CBD 商务班车 15 辆，上下班期间无间休运送重点企业员工。

在企业融资方面，鼓励区域内企业进行信用评级，在企业通过社会渠道融资时出具信用评级报告，为企业提供信用担保，帮助企业融资成功。

三是嵌入楼宇管理系统，辅助楼宇产业结构优化。建立信用评估体系与楼宇管理系统联动机制，利用信用评估结果，控增量、调存量。通过楼宇经济管理平台，建立入驻企业登记备案制，对楼宇新增企业进行信用风险筛查；利用红黑名单对楼宇存量企业进行调整，以信用评估体系为指导，以楼宇管理体系为抓手，依靠成熟的楼宇管理员队伍，实现楼宇整体的提质增效及产业结构优化。平台的联动使得楼宇工作机制更加全面，建立政府、园区、楼宇、企业紧密合作的共生关系，强化产业空间的统筹管理。在此基础上，不断引导楼宇在产业上腾笼换鸟，不断构建"高精尖"产业结构，实现区域经济发展的提质增效。

当前，中国的社会信用体系建设迎来了全面发力、全面渗透、全面提升的新阶段。未来，北京 CBD 将继续在区域社会信用体系建设上进行深入探索，不断寻求信用管理机制创新，加快信用管理技术升级，积极构建全方位、高精度、及时性的信用监管体系，着力打造"一诺千金、诚心正意"的诚信商务环境。

B.13
扩大服务业对外开放思路和对策

王海峰*

摘　要：　扩大服务业对外开放是发展更高层次开放型经济和推动形成全面开放新格局的要求，是市场化改革和服务业自身发展的需要，也是新型全球化的主要特征。扩大服务业对外开放，对于加快经济结构调整升级、促进行政管理体制改革、进一步完善市场经济制度、更好参与新一轮经济全球化、推动形成开放型经济新格局、培育国际竞争合作新优势，具有十分重要的战略意义。我国服务业对外开放的主要目标是在更大范围、更深层次和更高标准上与国际先进制度规则接轨，总体思路是"解放思想，以我为主，有序推进，重点突破"，要把市场准入制度改革和行政审批制度改革作为服务业对外开放着力点，按照全面开放、深化开放和扩大开放三个层次来有序推动服务业对外开放。处理好三大关系：一是服务业开放与制造业升级；二是服务业开放与"走出去"；三是服务业对外开放和对内开放，有效构建基于市场机制的风险防控机制。

关键词：　服务业　对外开放　改革

---

*　王海峰，国家发改委对外经济研究所贸易和投资研究室主任，巴斯大学（Bath）经济学博士，研究方向为国际经济、宏观政策和国际合作。

一　扩大服务业对外开放的战略意义

加大对外开放服务业的发展，能够使开放性经济走向更高的层次，同时也符合推动形成全面开放新格局的要求，是市场化和服务业自身发展的内在需要，会为中国经济转型升级提供动力。国际经验表明，开放带来进步，封闭必然落后，靠保护落后发展不起服务业。我国改革开放 40 年的实践也一再证明，服务业发展离不开对外开放，加快服务业发展，必须主动扩大服务业对外开放。

（一）国际竞争合作视角

一是利于提升中国制造在全球价值链中的位置，塑造中国经济核心竞争力。新一轮国际竞争围绕产业链、技术链、知识链和价值链展开，紧紧依托当代高端服务业。近年来，财富 500 强企业中的大部分企业都来自金融、电信、科技、网络以及运输等行业，以制造业为主的跨国公司也需要靠服务环节的优势来构筑其核心竞争力。结合国内发展形势来看，2013 年我国在服务业的增加值实现了对制造业的赶超，而制造业企业的竞争力同样表现在各个服务环节上，比如专利、技术、人才及品牌等多种服务。根据实践结果也能总结出，开放程度更高、市场竞争充分、政府干预少的部门往往竞争力强。

二是有利于促进贸易发展方式根本转变，全面提升对外投资质量和水平。在当今社会发展形势的推动下，服务市场不断地扩大规模，我国作为世界第一贸易大国以及潜在的第一大经济体，2016 年的服务出口不仅不足美国的三分之一，甚至显然低于英国、法国以及德国，服务出口的发展前景较大。近年来，我国对外投资规模开始超过利用外资规模，服务业对外投资高于制造业，服务业对外开放可以重塑我国经济竞争力，提升对外投资质量和水平。

三是有利于与高水平国际经贸规则对接，更好地参与全球经济治理。若

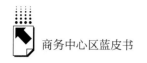

服务业对外开放的水平不高，那么我国参与全球经济治理的能力就会因此受到极大的影响，这种情况与我国的国际地位不相匹配。加大服务业的对外开放性，一方面，对我国产业在国际中的竞争力提升有很好的帮助作用，同时为我国在全球经济治理当中发挥作用奠定了基础；另一方面，还能加快我国和国际标准的接轨，进而能够参与到国际经贸规则的制定中，为国家的经济效益做更有力的维护。

四是有利于构建开放的以市场为基础的风险防范体系，更好地分享全球化红利。对外开放服务业其实是在开放市场，以引入竞争机制的方式，有效优化市场发展环境，最后利用市场机制对一系列外部风险因素进行预先防控，从而形成以市场机制为基础的风险防控体系。在实际践行过程中，借助多种行政管理及政策约束所产生的市场封闭、分割以及扭曲，更能造成系统性风险的爆发。

（二）国内经济转型升级视角

一是有利于引入新的竞争要素，构建统一开放的市场体系。对外开放服务业能在更高层次上引进外部资金、相关技术、优秀的人才、市场当中的信息化要求及相应的营销手段，加快国内市场与国际市场的对接速度，让不同的生产要素进行高效的流通，最后建立开放、合理的市场体系。

二是有利于引导居民消费，增强私人消费和内需对经济发展的拉动作用。在国家整体经济水平提升的情况下，个人的消费水平也在不断地提高，其中服务消费占据个人消费的比例居多。因此，扩大该产业的对外开放，可在很大程度上帮助居民形成正确的消费方式与理念，能够改善消费对经济发展所起到的作用。

三是有利于扩大服务产品供给，全面提升服务产品质量。把我国的服务产品与我国的制造产品做对比，其在产品的供给量、结构以及产品的质量方面，都有明显的缺口。对外开放服务业则有助于充分发挥市场的比较优势，摆脱部门的限制以及行业垄断行为的发生，能够有效地改善服务市场的竞争优势，有效扩大服务产品的供给，提升服务产品质量，稳定服务产品价格。

四是有利于促进行政管理体制改革，构建服务业快速发展的政策法规体系。现阶段，我国经济体制改革进度不断推进，服务业的改革开放已是大势所趋，其不仅是改革期间的重难点，同时也是改革成功与否的体现。通过不断加大对外开放的程度，能够使市场的变化在外界的压力下不断得到改善，进而倒逼国内行政体系进行相应的改革与创新，加快供给侧结构性改革的速度，更好地形成一个符合服务业发展现状的法律体系。

二 服务业对外开放范畴和特征

（一）服务业对外开放范畴

国际经济学主要研究国际贸易、跨国投资、国际金融以及相关政策法规体系；其中，服务贸易、跨国服务投资、国际金融以及相关政策法规体系属于服务业对外开放范畴。世界贸易组织（WTO）将服务贸易按服务提供方式归纳为跨境交付、境外消费、商业存在、自然人流动四种类型，包含了服务业对外开放的主要形式。一种服务可能涉及不同的服务类型。比如，外资金融机构可以通过跨境支付提供服务，也可以到境内设立分支机构以商业存在形式提供服务，其境外专业人员跨境工作不仅体现为自然人流动，而且也发生境外消费。

商业存在是服务业对外开放重点，超越了跨国服务投资范畴。按照WTO 定义，商业存在是指任何类型的商业或专业机构，通过在任何其他经济体内重组、并购、维持独立法人的地位，或者为之创建独立法人的分支机构以及代表处来提供服务的形式。比如，境外银行保险机构、境外电信机构、境外交通运输机构、境外咨询设计机构、境外教育医疗机构、境外商业连锁机构、境外旅行社等均属商业存在。

从服务市场、服务提供者和服务政策法规三个维度来看，服务业的对外开放涉及以下三点内容：一是服务市场的对外开放，即境外的服务提供者能够借助四种提供服务的方式为国内市场提供所需的服务。二是降低甚至完全

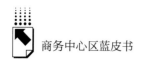

取消对境外服务提供者的准入限制，包括股权、业务以及管理等限制。三是健全与服务业有关的政策及法律机制，增加透明度，与国际先进规则制度接轨，既能推动服务业市场充分发育，又能有效实施监管，预防和化解开放风险。

金融、电信、交通运输和专业服务等生产性服务业经济影响大，溢出效应广，法规政策限制复杂，不仅是全球服务业自由化的重点，也是WTO、世界银行、OECD等国际机构关注焦点，还是美欧主导的新的服务贸易谈判（TISA）以及各国服务业对外开放和经贸谈判的主要内容，已成为"十八大"以来我国服务业对外开放的重点任务，更是"十九大"关于"发展更高层次的开放型经济"和"推动形成全面开放新格局"的核心内容。

（二）服务业对外开放特征

全球化和区域经济一体化互动发展，推动服务业对外开放水平不断提高。2016年全球服务贸易总额超过4.8万亿美元，占全球经济总量的6.4%，比2000年提高1.4个百分点。但是，服务产品与制造产品相比可贸易性较低，服务业政策法规限制较多，因而各国服务业开放水平明显低于制造业。2016年，全球服务业增加值占GDP比重接近70%，而服务贸易总额占全部贸易的比重不到23%。

服务业对外开放正成为全球化新特征。经济全球化体现为贸易自由化、投资便利化、金融国际化。全球货物贸易和制造业对外开放程度已经很高，新一轮全球化必然围绕服务业对外开放展开。发达国家一直利用各种形式的贸易投资规则促进服务业发展，力图牢牢控制产业发展制高点，通过服务自由化来更好地分享全球化红利。特朗普政府上台以来，美国退出TPP并不断挑起贸易摩擦，主要目的是促使其主要贸易伙伴进一步开放服务业市场。美国、德国、日本现有的多双边投资协定，主要针对发展中经济体。发展中国家为了更好地参与经济全球化，也在积极推进服务业的对外开放。

服务业对外开放具有更为广泛的溢出效应。服务业对外开放不仅有助于推动服务业自身的发展，而且对经济结构转型升级、政府管理体制改革和人民生活水平提高具有广泛的溢出效应。以银行、保险、法律、仲裁等现代服务为例，扩大银行、保险等金融服务和法律、仲裁等专业服务对外开放能够更好地促进我国交通运输服务业发展，推动上海国际航运中心建设。同时，提高医疗健康人寿等保险服务对外开放水平能够有效增强健康医疗服务能力，不仅具有经济溢出效应，还具有广泛的社会溢出效应。

服务业对外开放更多涉及边境后法规政策调整。相比制造业，服务业对外开放大多不涉及关税、配额等海关政策法规措施，重点是边境后市场准入和经营业务方面的政策法规调整，主要表现为国内政策法规调整，比如对服务提供者的股权、董事会、业务和管理限制。近年来的多双边经贸协定，对于商业存在和自然人流动这两种服务方式，不仅要求给予外资企业和外国人以国民待遇和最惠国待遇，而且要求国内政策法规调整必须公平透明，不能对外资企业和外国人形成歧视。

服务业对外开放风险可能被过分夸大。服务产品不以实体形态出现，通常情况下，服务产品的生产与消费是同时完成的，大多是不可触摸的，导致服务业对外开放风险复杂，有可能被人为放大。同时，由于服务业溢出效应大于制造业，服务业对外开放更多是国内政策法规调整，又会进一步放大这种风险。长期以来，国内一直存在对金融、电信、交通运输等行业产业和经济安全的担忧，导致改革阻力很大，行政垄断难以被打破。在教育、医疗、文化传媒等领域则存在对意识形态渗透的担忧。多种因素结合在一起，导致服务业对外开放风险被过分放大。

三 服务业对外开放战略构想

（一）主要目标和总体思路

服务业对外开放是我国经济进入"新常态"以来，特别是"十九大"以来改革开放的重要任务。主要目标是要在更大范围、更深层次和更高标准上有序与国际先进规则制度接轨。总体思路是"解放思想，以我为主，有

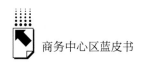

序推进，重点突破"，关键是要将市场准入制度改革和行政审批制度改革作为着力点。

解放思想，就是要将服务业对外开放作为我国改革开放新阶段，经济社会发展改革的动力。要坚决破除一些部门和行业存在的"不想开放、不愿开放和不敢开放"的思想束缚。要从沿海地区和行政垄断比较普遍的领域入手，坚决打破部门利益，克服畏难情绪，理性认识风险，大胆推进。首要任务就是客观认识对外开放服务业所带来的风险，但根据各国的实践结果来看，在不断扩大服务业的对外开放性的同时，保证实体经济的发展不受影响，系统性风险就不会发生。无论在20世纪80年代发生的拉美债务危机，还是日本在90年代中期爆发的通缩，抑或是90年代末期席卷亚洲的金融危机以及21世纪的全球金融危机，这些看似金融危机，其实是实体经济结构出现了严重的问题。

以我为主，就是要从国内经济社会发展自身需求变化出发，把握好服务业开放的主动权，拿捏好服务业开放步骤，以市场开放促进公平竞争，带动行政管理制度的全面改革。除此之外，以我为主的同时，也要充分借助不同形式的双边及多边贸易投资谈判及协定，其中的协定主要有以下三种：一是新服务贸易协定（TISA）；二是渐进的跨太平洋伙伴协定（CPTPP）；三是中美、中欧双边投资协定，以此来加快服务业的对外开放，倒逼行政管理体制改革。同时，还应将有关的谈判协议作为其开放的基础与最后的底线，尽量在谈判承诺之前完成服务业的对外开放。

有序推进，就是要统筹众多的服务行业，根据各行业特点以及与国际先进水平的差距，有序推进各行业对外开放，有序对接国际先进规则制度。首先，要深化旅游、计算机、研发设计等竞争比较充分，市场开放程度与国际先进水平差距不大的行业。其次，要扩大育幼养老、会计审计、建筑设计、商贸物流、快递等竞争特征明显，但开放水平与国际先进水平尚有较大差距的行业。最后，也要重点加强金融、电信、交通运输等垄断特征比较明显的生产性服务业，另外，像教育、文化、医疗以及法律这样具备公共服务特点的服务业也需要对外开放。

重点突破，主要是把金融、电信、交通运输、专业服务等生产性服务行业作为我国对外开放的重点突破对象，从时间、空间、方式几个方面推进服务业对外开放。通过自由贸易试验区先行先试，在上海、广东、福建、天津、海南等 12 个省市尽快取得突破，进而扩展到全国。既要稳步推进投资准入的负面清单改革，让外资企业、民营企业公平参与竞争，更要全面推进以"清权、减权、制权"为核心的行政审批制度改革，最大限度地发挥出市场的决定性作用。金融、电信、交通以及运输等服务业不仅是我国必不可少的生产性服务业，也是服务业开放的难点和各界关注的焦点。这些领域能够顺利完成改革开放，一方面，会决定服务业自身今后的发展稳定性；另一方面，也会极大地影响我国改革开放的整体效果。

（二）将市场准入制度改革和行政审批制度改革作为着力点

第一，服务业对外开放，并依据相关的法律对市场的准入标准进行统一化，其实质是以准入前国民待遇和负面清单为基础的市场准入。对外资实行以负面清单为基础的市场准入是服务业对外开放重点。

在 WTO 的背景下，大部分国家对市场准入都进行了正面的列表，而美国在进行多双边谈判中却采取了不符（non-conforming）举措，即国内的负面清单。负面清单，主要指的是在以下四项条款中的不符措施：一是国民待遇；二是最惠国待遇；三是业绩要求；四是董事会成员。其中，国民待遇条款指的是对境外投资者在国内创立、并购、扩展、经营以及转让等投资行为上，其所享受的相关待遇与本国国民的待遇相同。"准入前"指的是投资者所进行的投资行为，这一行为符合最惠国待遇以及业绩要求两项条款中的要求。

负面清单所应用的领域分为以下四个：一是金融；二是电信；三是运输；四是专业服务。在美国、韩国以及澳大利亚等国家之间的贸易投资协定中，金融领域都是用单独的章节对国民待遇的不符措施进行明确规定，其中包括了审批的流程、所持股份的比例、业务的经营范围等。关于电信方面，要对相应的股权比例以及法人代表的国籍进行一定的限制，在某些领域禁止

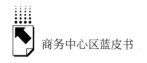

外资企业的参与。在交通运输方面，其相应的业务不允许其他国家对其进行服务，例如国内航空、海洋运输以及铁路交通等，在交通运输方面，美国规定了其航空运输服务只能由本国国民参与，而韩国的国内航空服务业也提出了其股权必须由韩国对其控股，除此之外，澳大利亚也对从事该服务的企业法人代表进行规定，即必须是澳大利亚的公民，其他像教育、科技、医疗、地产以及广告等也成为负面清单的内容。

早在十八届三中全会上，就已明确指出要进一步探索外资在实行准入前国民待遇及负面清单时所采取的管理模式，进一步推动了市场准入制度改革。中国（上海）自由贸易试验区的负面清单同样应用于金融、运输、电信以及专业服务等领域。从该试验区 2014 年的负面清单来分析，总共有 139 条负面清单，其中金融有 4 条、电信有 2 条、运输有 15 条，开放水平比 2013 年版有一定提高。2015 年上海自贸区扩区，新设广东、天津、福建三个自贸区，负面清单减至 122 项。2017 年版自贸试验区增长到 11 个，负面清单减少到 95 项，自由贸易试验区开放水平大大提高。事实上，社会各界同样更加期盼上述四大服务领域能够尽快开发市场，进行相应的改革与创新。

十九大报告对服务业对外开放提出了更高的要求，海南自由贸易试验区的设立以及自由贸易港政策探索将使我国服务业对外开放水平进入一个新的阶段。应该看到，负面清单和现行外商投资产业指导目录存在内在联系，二者并不矛盾。一方面，中国（上海）自由贸易试验区的负面清单是在 2011 年版外商投资产业指导目录基础上不断探索发展起来的。同时，2014 年版外商投资产业指导目录也充分吸收了上海自贸区负面清单经验。另一方面，负面清单和外商投资产业指导目录均不与 WTO 相关规则矛盾，二者从不同角度推动了我国服务业对外开放，有助于更好地参与全球经贸规则制定。随着负面清单不断成熟和全面推广，外商投资产业指导目录最终将被负面清单取代。

第二，服务业对外开放，对内表现为以行政审批制度为基础的政府管理体制改革，核心是各级政府投资审批制度改革。推进以投资审批制度改革为基础的政府管理体制改革，这对于服务业来说具有一定的难度。

服务业的对外开放水平更多地取决于一个国家经济自身发展需要和相应法律制度的完善程度。欧洲的大多数发达国家并没有引入负面清单制度，但其法律制度完善，政府管理规范，市场化程度高，服务业开放水平高，因而竞争力也强。如，爱尔兰服务业开放程度很高，却没有与任何国家签订投资协定。相比之下，与美国签订双边投资协定的大多数发展中国家，虽然引入负面清单制度，但由于法律制度和政府管理存在着不少漏洞，腐败和寻租现象普遍，市场化程度较低，服务业对外开放水平并不高，竞争力也不强。

服务业对外开放需要政府管理职能的根本转变，营造有利于服务业市场竞争的法律环境、制度环境和竞争环境。没有配套的行政审批制度改革、特别是投资审批制度改革，就难以打破目前仍普遍存在的"玻璃门、旋转门、弹簧门"，导致"大门开，小门不开"现象继续存在，阻碍服务业对外开放。政府管理体制改革目的是要充分发挥市场决定作用，确保企业投资、经营和管理的主体地位。企业的投资项目不仅与国家、生态环境的安全性有紧密的关联，同时对全国的生产力分布、资源的开发以及其他公共利益，这些都需要企业按照法律规定进行自主决策，不用通过政府部门的审批。投资项目应该引用核实以及备案制度对项目进行管理，要积极对外公开其政务，对相关的管理流程进行规范化处理，加大行政监管力度，保证信息的公开性，禁止变相审批现象发生。由此可见，对市场当中的环境、质量、安全及技术等相关方面进行严格的规范是很有必要的，提升其进入市场的标准，并对其进行实时的监督管理工作。

各级政府必须依法行政，全面推进以"清权、减权、制权"为核心的行政审批制度改革。各级政府和相关部门必须敬畏法律，树立起法治观念，健全依法决策机制，全面推进政务公开，规范行政管理程序，加强行政管理透明度，强化对权力的监督。各级政府首先必须简政放权，扫清影响市场改革的障碍，加大对非法收费的整治力度，切实提高依法行政的规范性和透明度。对行政审批制度实施相应的变革措施，减少政府对微观经济事务的操控，对于投资项目以及市场的发展尽量避免地方政府的参与。市场机制可在

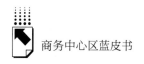

很大程度上调节的经济活动，对于现存的审批环节应该注意的相关内容，则要划清管理界限、严格要求管理流程的规范性、对行政收费进行全面的监管、保证各个环节的公开性，使公众的监督职能得以实现。与此同时，强化各级政府的服务能力，比如规划发展策略、颁布相关政策及法规、设立相应标准等，进一步增强公众对地方政府的监管机制，比如公共服务、社会管理以及环境保护等。

（三）分层推进服务业对外开放

综合考虑服务业各行业对外开放水平与国际先进水平的差距，围绕十九大报告关于"发展更高层次的开放型经济，推动形成全面开放新格局"要求，将服务业相关行业对外开放划分为三个层次。

一是全面开放领域。这类行业大多属于充分竞争的领域，市场开放程度与国际先进水平差距不大，政策法规限制很少。主要包括旅游、计算机、研发设计、工程服务、公路货运、铁路货运。这类行业的主要限制是人员流动和监管透明度限制。对外开放重点是深化内部改革，确保市场公平公正竞争。

二是深化开放领域。这类行业也基本属于充分竞争的领域，但是市场开放程度与国际先进水平尚有较大距离，政策法规限制较多，对外开放的风险相对较小。一般分为赡养老人与幼儿、会计的审计、建筑工程的设计、商贸物流、快递、录音等行业。这类行业不仅有较高的市场准入和竞争限制，而且还有人员流动和监管透明度限制。对外开放首先要放开市场准入限制，其次要认真落实相关配套改革措施，进一步改善市场竞争环境。

三是扩大开放领域。这类行业传统上不属于充分竞争领域，政策法规限制较多，市场开放程度与国际先进水平有较大距离，对外开放风险复杂。不仅集中在金融、电信、交通运输等垄断比较普遍的生产性服务业，而且也存在于教育、医疗、文化、法律等具有公共服务特征的生活性服务业。这些行业不仅有严格的市场准入和竞争限制，还有严格的人员流动和监管透明度限制，解决好这些行业的对外开放，会有效带动整个服务业对外开放。

四　服务业对外开放必须处理好三大关系

服务业对外开放是一项系统工程，涉及面广，影响深远，必须处理好服务业开放与制造业转型升级，服务业开放与"走出去"之间，以及服务业对外开放与对内开放的关系。

（一）将加快服务业开放与促进制造业转型升级结合起来

作为全球制造和货物贸易大国，我国制造业发展今后更多地需要围绕产业链、技术链、知识链和价值链来做大文章，也就是推动以研发和服务为核心的制造业转型升级，重点是推动生产性服务业大发展。从产品的价值链看，制造产品的研发、设计、品牌处于价值链高端，属于服务业范畴；而市场、营销和相关专业服务也处于价值链高端，也属于服务业范畴。服务业对外开放带来的直接和间接的溢出效应，会有效促进制造产品向微笑曲线的两端延伸，直接带动生产性服务业的发展。同时，制造业的转型升级也需要加大相关服务业的对外开放，通过不断引入新的竞争主体、竞争要素、竞争规则，使制造业竞争由低端向高端升级。

（二）将加快服务业开放与促进服务业"走出去"结合起来

改革开放40多年来，我们已由过去的被动开放转为主动开放，我们不仅主动向外资开放市场，也在积极鼓励国内企业"走出去"投资、生产和经营。近年来，无论是利用外资还是对外投资，服务业所占比重越来越大，已成为参与国际竞争合作的新常态。加快服务业的对外开放进度，既能有效强化我国服务业企业在国际市场上的竞争实力，还能有助于这些服务业企业更好地适应国际先进标准和规则，还有利于增加国际服务贸易规则的谈判能力。如果说21世纪初，我国入世更多的是主动开放国内服务市场；那么近年来，我国主动参与新的服务贸易谈判、多双边自贸区和投资协定谈判，更多的则是为了国内企业"走出去"投资、生产和经营。

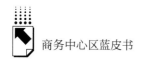

（三）将服务业对外开放与对内开放结合起来

服务业开放，理论上应按先对内开放，后对外开放的步骤实施。在发展中国家的实践中，一些技术门槛较高、风险控制复杂的敏感性行业，比如金融服务业，对内开放与对外开放方式、内容和业务存在明显的不对称性，一定程度上出现了对外开放高于对内开放。比如，为了防范风险，监管机构对大多数民资银行经营区域、范围和业务有更多的限制。今后，在放宽外资银行准入限制，特别是经营区域和业务限制的同时，也要尽快放开民资银行股比限制和业务限制，同时允许有条件、有实力的民营资本设立新的中小型银行。

五　服务业对外开放风险防控机制

我国改革开放实践表明，对外开放风险总体上是可控的，趋势上是递减的。同时，随着市场经济不断完善和宏观调控日益规范，我国经济整体应对风险能力也在增强。应该说，封闭守旧带来的风险大于改革开放带来的风险，因此要理性看待服务业对外开放风险，绝不能将风险作为阻碍对外开放的借口，因噎废食。服务业对外开放以市场化改革为基础，风险防控机制也应与市场运行规则相配套，预防、跟踪、监管、控制相互结合，同时与国际规则接轨。

（一）构建有利于缓冲、吸纳和化解对外开放风险的市场环境

创造公平公正、开放竞争的市场环境，一方面，能够帮助减少并化解潜在风险；另一方面，还能借助服务业的市场化改革进一步优化市场所处的政策环境，同时还能够为市场吸收更多的有利因素，提升市场的运营效率；除此之外，利用反垄断及反非法竞争的方式，切实确保市场竞争的公平性。统一对外的开放及对内的改革，最大限度地降低因市场不足导致的风险事件。必须要尽快转变政府的传统思维，对政府的各种行为进行有效的规范，避免

其对企业经营活动的介入，强化宏观经济的分析及风险预警能力，从整体上提高政府的服务意识与能力。

（二）完善外资并购安全审查制度

国外在准入前会对风险进行管控，而其最有效的渠道就是利用外资并购的安全审查制度，这不是为了限制外资的进入，而是为了更好地引导外资进行并购，实现合理有序的发展，确保国家的安全。如今，我国已然创建完善安全审查制度，在审查外资的过程中，通常采取部际联席的会议制度，交由商务部及国家发改委进行外资的审批、核实及备案，外资并购的金融机构目前还不在该制度的管辖范围内。为了进一步发挥该审查制度的作用，防止其被随意滥用，外资的审查工作最好要由不参与其中的且权威性更高的独立机构进行，且对外资并购的金融机构实行统一管理。鉴于中央现已成立国家安全委员会，因此可将该审查职能转移至相应的委员会予以行使，最后的决策权还在国家安全委员会的手中。

（三）完善国家反垄断监督和审查机制

反垄断审查主要是用于确保国家的产业安全，维持市场的竞争公平性，实行事中及事后监管的关键手段。为更好地维护市场的竞争，该机制的创建已是大势所趋。现阶段，反垄断审查机制主要是由国务院的反垄断委员会予以负责，其中，反垄断的执法机构分为以下几种：一是国家工商总局，二是国家发改委；三是商务部；四是地方省市区的授权部门。因此，应该尽可能地发挥出该机制的作用，以此来增强国家的反垄断监管能力，使其审查工作更为规范、透明，加大人大及政协委员会的监督力度，避免反垄断机制的滥用。

（四）提升反不正当竞争的综合能力

反不正当竞争是政府维护市场公平竞争，实行事中事后监督管理的基本手段。为推动市场经济的稳健发展，遏制非法及恶性竞争，我国已经确立起相应的竞争监管及执法机制。如今，能够行使该监管职能的部门主要有两

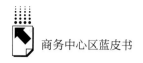
个：一是国家工商总局，二是各级地方的工商管理部门，以此来实现对我国市场微观层面的监管。相比于国际市场，该制度对跨国企业在本国市场上的价格、质量及服务等领域存在歧视及恶性竞争行为尚未确立有效的监管体系。反不正当竞争的能力和反垄断的审查以及国家经济的安全审查之间有一定的内在联系，前者越强，就越能从根本上明显地降低后面两种审查工作的风险与压力。基于此，应该将各级政府的反不正当竞争能力提升当作防控风险的基础手段。

参考文献

Holmes L.，A. Hardin，"Assessing Barriers to Services Sector Investment" in C. Findlay and T. Warren（eds.），Impediments to Trade in Services：Measurement and Policy Implications. London and New York：Routledge，2000.

Ingo Borchert，Batshur Gootiiz，Aaditya Mattoo，"Policy Barriers to International Trade in Services：Evidence from a New Database"，World Bank working paper，WPS6109，2012. 6.

Krugman，Paul R.，Maurice Obstfeld，et al. International Economics：Theory and Policy（9th edition），Addison-Wesley，2011.

Mattoo A.，Stern R. M.，Zanini G.，A Handbook of International Trade in Services，Oxford University Press，Oxford，2008.

李俊、郭周明：《我国服务贸易发展战略重点、主要任务与政策建议》，《国际商务研究》2013 年第 6 期。

夏杰长、张晓兵：《积极应对服务业开放的战略思考》，《中国发展观察》2012 年第 3 期。

王海峰：《推进服务业开放必须从理论上解决几个认识问题》，《中国经贸导刊》2014 年第 25 期。

王海峰：《服务业对外开放的范畴、目标和思路》，《宏观经济管理》2014 年第 10 期。

王海峰：《上海自由贸易试验区进展、问题和建议》，《宏观经济管理》2015 年第 1 期。

王海峰：《对进一步推动上海自由贸易试验区改革开放和几点看法》，《中国经贸导刊》2015 年第 10 期。

王海峰：《全球服务贸易规则变化及中国的选择》，《中国科技投资》2015 年第 13 期。

姜长云、洪群联、邱灵：《服务业大趋势》，浙江大学出版社，2015。

文化创意篇

Cultural and Creative

B.14
基于投资数据的文化创意产业
集群分布特征与机理研究

王 伟　宋仲伟　冯 羽　常亚敏*

摘　要：　文化创意产业是我国战略性新兴产业，集聚是其发展的基本现象，也是促进其发展的载体。本文基于投资大数据，运用社交网络分析法，从全国、区域和城市三个尺度对产业集聚进行空间分析，初步得到我国文化创意产业集聚的地理位置与空间特征。将投资网络内涵延伸为资源网络、合作网络、社交网络和创新网络，提出网络之间存在区位租、关系租、思想租和技术租，并以此为基础，以投资网络为核心得到产业集群的动力机制，最后结合实际情况提

* 王伟，副教授，中央财经大学政府管理学院城市管理系主任；宋仲伟，量子数聚（北京）科技有限公司CEO；冯羽，中央财经大学政府管理学院城市管理系2014级本科生；常亚敏，量子数聚（北京）科技有限公司数据产品分析师。

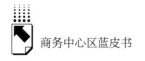

出若干建议。

关键词： 文化创意产业　产业集群　投资网络　动力机制

一　引言

文化创意产业作为我国的战略性新兴产业之一，是我国产业结构优化升级，实现高质量、高效率经济增长的重要抓手。文化创意产业集"文化"与"创意"双内涵，最早出现在英国，具有创意人才及地方特色等多要素依赖性、创意/科技双驱动性、市场多变性、行业范畴模糊性等特征[1]，后进入香港，逐渐扩散到全国各大城市[2]。国内学者根据我国国情对文化创意产业的内涵进行界定。目前普遍认为文化创意产业源于个人的创造力，以知识产权作为实现途径，最终形成规模化的、以创造力为核心的新兴文化产业[3]。经过多年发展，文化创意产业也不再局限于产业领域，而是与城市发展有机融合，经济价值和社会价值并重，逐渐成为提升城市经济、解决城市就业、提高城市影响力和竞争力、打造城市特色品牌的核心途径。

我国文化创意产业的兴起源于 2004 年举办的首届"中国创意产业论坛"。2006 年出台的《十一五文化发展纲要》首次提出"文化创意产业"，北京市继而颁发《北京市文化创意产业分类标准》。在国家层面政策和学术研究成果的推动下，文化创意产业蓬勃发展，从单点式的空间格局逐渐形成形态各异的空间格局，辐射带动更多的城市挖掘文化创意产业的发展潜力。文化创意产业是我国新兴产业，其空间组织形式影响区域或城市的产业结构，对区域经济的发展和区域竞争力的提升起重要作用。因此，文化创意产

---

① 马仁峰：《创意产业区演化与大都市空间重构》，浙江大学出版社，2014。
② 郭少棠：《香港与内地文化创意产业的渊源与转化》，《中国文化产业评论》2004 年第 1 期，第 296 ~ 313 页。
③ 范钦臣：《发展文化创意产业的若干思考》，《协商论坛》2005 年第 7 期，第 4 ~ 6 页。

业的区位选择是区域或城市产业及空间品质提升的保障①。

我国的文化创意产业研究对象包括全国、区域（经济区域、省份和城市群），大多通过集聚指数开展产业空间格局的独立研究，因此，文本综合全国、区域（城市群）、城市三个维度展开研究，通过多层级空间分析更加全面、创新地解读文化创意产业空间分布机理，为企业区位选择、区域政策制定提供建议。

二 理论与文献综述

无论是理论研究还是实证研究，产业集聚一直是国内外学者关注的热门话题。产业集聚可通过企业的选址行为进行解释，也可理解为资源驱动下的区位选择。马歇尔提出外部规模经济理念，指出产业集聚将享受劳动力共享、辅助行业的专业化和知识、技术外溢的好处。根据韦伯的工业区位论，产业的集聚或分散由企业的分布情况而定。企业依据集聚得到的利益和迁移所需成本的相对净值进行位置选择，其结果为集聚或者分散②。也就是说，企业是否迁移是一种企业自发的行为，不需要外部力量推动③。企业的集聚促使产业在空间上集聚，形成产业集群。区域比较优势理论则是以资源与效益的相互吸引为基础，以不同区域之间资源的配置效益存在差异为根本原因，得出产业将在效益高的地方形成集聚。佩鲁则认为产业集聚是政府扶持某一产业时产生的结果，是带动周围区域经济发展的增长极。

上述三种理论分别从经济理性人决策、产业的逐利性和产业的政策性作用三个方面解释了产业集聚的原因。产业集群是产业集聚的空间结果。基于产业集聚丰富的理论研究成果，产业集群相关研究逐渐丰富起来。波特认为

① 马仁锋、王腾飞、张文忠等：《文化创意产业区位模型与浙江实证》，《地理研究》2018 年第 2 期，第 379～390 页。
② 韦伯：《工业区位论》，商务印书馆，1997。
③ 谭力文、李文秀：《基于集群形成机理的产业集群理论评述》，《西部论坛》2004 年第 1 期，第 67～70 页。

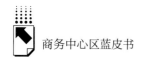
产业集群从区域企业生产率的提高、创新速率的提高和新企业的建立三个方面完成产业集群的自我强化过程①。克鲁格曼认为，产业集群将产生规模效应，在规模报酬递增的前提下，工业生产活动的空间格局演化的最终结果将会是集聚，并且产业集群一旦建立起来，倾向于自我延续，具有路径依赖性②。

实证研究主要可分为两类，其一是产业集聚水平的测度及分析；其二是产业集群的识别及分析。测度产业集聚水平主要通过行业集中度、赫希曼—赫佛因德指数（H 指数）、哈莱—克依指数（HK 指数）、熵指数、空间基尼系数、空间集聚指数（EG 指数）等方法实现③。每一类指数都有其优势与不足，例如行业集中度没有充分考虑企业总数和企业市场分布两个因素，H 指数则对数据的全面性要求较高等。目前，空间基尼系数和 EG 指数的搭配使用较多，EG 指数可以弥补空间基尼系数因产业组织或区域差异所造成的产业比较误差的失真问题。我国学者多以制造业、旅游业④、文化创意产业⑤等产业为对象研究其集聚程度和地方化集聚效应。产业集群的研究主要从集群的形成机理、演化阶段、动力机制、发展路径等方面进行分析。自然资源优势、地理临近、制度环境壁垒、路径依赖等因素可作为解释产业集群形成的原因，根据生命周期理论，可将产业集群分为萌芽、成长、成熟和衰退四个阶段⑥。每个阶段拥有不同的动力机制，具体可分为自组织动力机制

---

① Porter M E. Clusters and the new economics of competition. Harvard Business Review, 1998, 76 (6): 77.

② Krugman P R. Geography and trade. Southern Economic Journal, 2008, 1.

③ 王子龙、谭清美、许箫迪：《产业集聚水平测度的实证研究》，《中国软科学》2006 年第 3 期，第 109 ~ 116 页。

④ 李伟清：《长三角旅游产业集群的判定和比较研究》，《旅游论坛》2012 年第 6 期，第 50 ~ 55 页。

⑤ 文国荣、张晓盈：《基于区位熵的江西省文化创意产业集群水平研究》，《老区建设》2015 年第 24 期，第 36 ~ 39 页。

⑥ 丁瑞、李同昇、李晓越等：《农业产业集群的演化阶段与形成机理分析——以宁夏中宁县枸杞加工产业为例》，《干旱区地理》2015 年第 1 期，第 182 ~ 189 页。

和他组织动力机制①，或称为内核系统和调控系统②，一般以钻石模型、集体效率模型和灵活专业化模型开展研究。通过分析产业目前面临的发展瓶颈，从市场环境塑造、制度完善、产业集聚区等空间载体建设等方面设计产业发展路径，以推动产业集群化发展走上高标准、高质量、高效率之路。

然而，产业集聚是一个不断变化的过程，区域内各个节点会从孤立的状态向联合的状态转变，产业集聚也将从单纯地理意义上的"聚"演变成复杂网络的"聚合"。网络也是产业集聚逐渐组织化、系统化的基础，基于契约关系的经济网络和基于非正式契约关系的社会网络相互嵌套，相互促进，促使产业集聚逐步成长为有组织的产业集群③。因此，从网络角度研究出产业集聚或集群是有据可依的。

本文从既有研究中获得启发。目前，大多研究以区位熵和 EG 指数作为指标，从网络角度研究产业集聚水平的研究较少。本文认为，指数是从静态的角度衡量产业集聚的结果，是识别产业集群的基础，而从网络的角度开展研究则是一种动态的资源集聚过程，是未来该地区形成产业集聚的原因，对产业地方化集聚和空间集聚格局具有指示作用。因此，本研究在传统的研究集聚的方法之上，创新研究思路，从投资网络的角度对产业集聚现象进行解读，从而从动态的角度总结归纳出产业集群的形成机理。

三 研究设计

（一）分析框架

本文以投资大数据为基础，选取 2002 年、2007 年、2012 年和 2017 年

---

① 侯汉坡、宋延军、徐艳青：《文化创意产业集群动力机制分析及实证研究——以北京地区为例》，《开发研究》2010 年第 5 期，第 138～142 页。
② 吴丰林、方创琳、赵雅萍：《城市产业集聚动力机制与模式研究进展》，《地理科学进展》2010 年第 10 期，第 1201～1208 页。
③ 孙洁：《文化创意产业集聚动力机制研究》，上海人民出版社，2013。

四个年份的数据，对我国文化创意产业集群进行全国、区域和城市三个维度的分析。首先，以全国为尺度，将城市文化创意产业获得的投资情况（产业对外投资和吸收资本之和）投影于地级市维度，得到我国287个地级市文化创意产业的空间投资格局，以此来反映我国文化创意产业在空间上的集聚情况及变化规律。计算四个年份细分行业的区位熵，得到我国文化创意产业细分行业的集聚情况及变化规律。其次，以区域为尺度，通过城市群内部投资网络对我国"十三五"规划中明确提出重点建设的19个城市群的文化创意产业集聚情况进行解析，对比分析得到19个城市群内部文化创意产业的集聚强弱与集聚形态。最后，以城市为尺度，选取北京、上海、广东和深圳四大城市，研究城市内部文化创意产业的投资网络结构，识别出城市内部的产业集聚情况（见图1）。

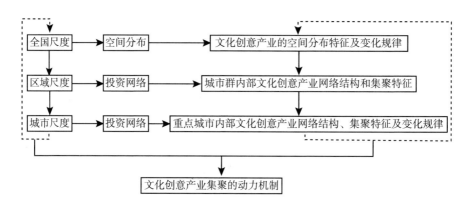

图1　研究分析框架

（二）研究方法

根据研究尺度，本研究主要分为三部分。

第一部分，全国尺度下文化创意产业集聚研究。主要使用ARCGIS软件绘制四个年份、287个地级市的文化创意产业投资空间分布图。

第二部分，区域尺度下文化创意产业集聚研究。主要使用UCINET软件绘制19个城市群内部文化创意产业投资网络，从网络的角度解读。

第三部分，城市尺度下文化创意产业集聚研究。主要使用 UCINET 软件绘制北京、上海、深圳和广州四个城市的内部文化创意产业投资网络。

（三）数据来源

本研究的基础数据由量子数聚提供，笔者根据研究需求进行整理和可视化处理。基础数据是 2002 年、2007 年、2012 年、2017 年四个年份下中国企业与企业之间在文化创意产业上的资本投资数据，包括投资企业和被投资企业所在城市、投资细分行业、投资金额等子信息，约 16000 条数据。

四　全国尺度下文化创意产业的空间集聚分析

产业发展离不开资本的推动，通过企业投资行为实现产业项目落地，相似产业在同一园区中集聚，形成产业集群。资本流动规律是企业或产业区位选择的结果，是产业集聚的基础。基于此，本文从投资的角度形成并解读文化创意产业的空间分布规律，每个阶段呈现不同的特点。

2002 年，我国文化创意产业步入萌芽阶段，产业投资资本主要分布在省会城市和经济实力较强、文化底蕴浓厚的城市中，整体分布情况较为零散，仅有不到一半的城市在文化创意产业上有投资行为，这说明文化创意产业首先以城市经济和社会基础为依据选址。东部沿海一带和东部地区形成带状分布，北部、西部和南部边缘城市没有集聚文化创意产业资本。长三角一带、京津冀一带、成渝一带、东北一带初步形成产业集聚区，分别以北京、天津、上海、杭州、重庆、成都、哈尔滨、长春为核心。虽然整体产业集聚程度不高，但对周围区域起到了辐射带动作用。

2007 年，文化创意产业资本逐渐向北部和南部扩散，西部的拉萨市接收到大量的文化创意产业发展资本，成为西部地区的集聚化热点地段。京津冀地区、长三角地区和珠三角地区集聚程度有所上升，中部地区、南部地区集聚程度逐渐凸显，出现了以延安、西安等文化名城为核心和以广州、深圳为核心的文化创意产业集群。此时，文化创意产业以产业发展的核心要

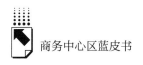

素——文化为根据进行区位选择，文化的独特性、稀有性成为投资者的偏好。

2012年，我国文化创意产业进一步向全国扩散，贯穿西北、西南两个方向，文化创意产业的资本驱动力逐步到达克拉玛依市、乌鲁木齐市、保山市和临沧市等城市，酒泉和呼伦贝尔出现明显的文化创意产业集聚，其他产业集群处于向外围扩散的阶段。此时，文化创意产业几乎实现横向全域覆盖，城市覆盖率达到80%以上，这说明高附加值、低污染的文化创意产业成为大多数城市的选择。

2017年，我国文化创意产业在全域覆盖的基础上向纵深发展，全国产业集聚水平整体提高，西部、东部、中部和沿海地区均拥有大量投资资本。文化创意产业覆盖全域，形成以呼伦贝尔、哈尔滨、长春为核心的东北文化创意产业集群，以北京、天津为核心的京津冀文化创意产业集群，以青岛、上海、厦门为核心的带状东部沿海文化创意产业集群，以重庆、成都为核心的成渝文化创意产业集群，以酒泉、乌鲁木齐为核心的西部文化创意产业集群。此时，文化创意产业开始打"团队战"，通过邻近或特殊城市之间的联动走内涵式、集约式发展路径，实现互促、双赢。

五 区域尺度下文化创意产业的空间网络分析

根据全国层面文化创意产业的集聚分析可知，2017年我国文化创意产业达到全覆盖、相对均衡的发展态势，且产业集聚的空间范围与规划中的城市群范围具有较高的一致性。因此，本部分从区域层面入手，以国家"十三五"规划纲要中提到的重点建设的19大城市群为例，剖析城市群内部文化创意产业投资网络结构与特点，作为城市群内部文化创意产业集聚的分析基础。

（一）国家级城市群文化创意产业的空间网络特征

国家级城市群的文化创意产业集聚程度较高，城市之间拥有较为紧密的投资联系，五大城市群呈现不同的集聚形态（见图2）。京津冀城市群拥有北京—天津双核心，北京的产业集聚程度最高，且与天津联系最为紧密（见图2a）；长三角城市群呈现复杂的网络化，城市之间联系十分紧密，形成以上海、南京和杭州为"文创三巨头"的稳定形态（见图2b）；长江中游城市群呈现网络化与放射状相结合的形态，大部分城市参与到以咸宁和武汉为双节点的网络中，但各节点城市的中心度相似，文化创意产业集聚度相似，不存在明显的差异性；成渝城市群呈现放射状，即文化创意产业集聚于成都与重庆两大城市，以其为中心向外辐射，链接若干单点城市；珠三角城市群网络化程度较高，形成以深圳、广州为核心"根据地"的复杂网络。

国家级城市群作为我国区域发展的"领头羊"与重要战略平台，肩负区域产业发展的重任。从投资网络来看，城市群内部城市之间的投资密切程度处于较高的水平，但仍存在边缘单点的现象，尤其出现在成渝城市群和长江中游城市群。京津冀城市群、长三角城市群和珠三角城市群的产业集聚现象较为明显且网络结构比较均衡，成渝城市群对重庆和成都依赖性较高，长江中游城市群中湖南省部分城市存在脱节现象。

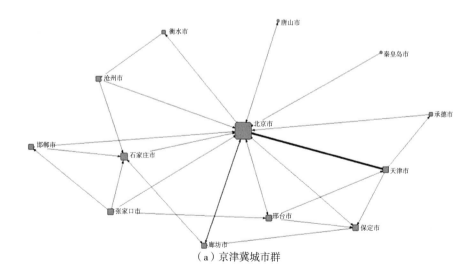

（a）京津冀城市群

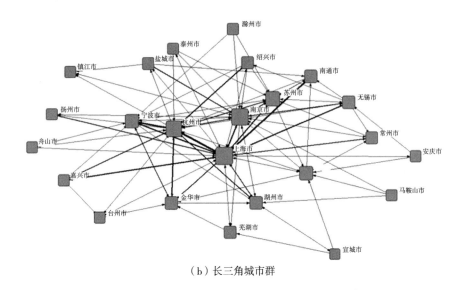

（b）长三角城市群

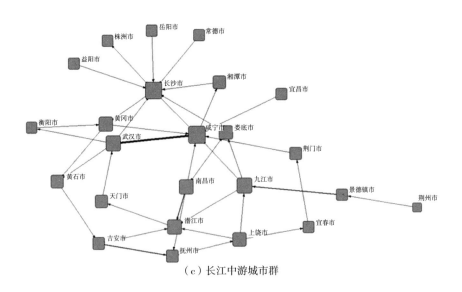

（c）长江中游城市群

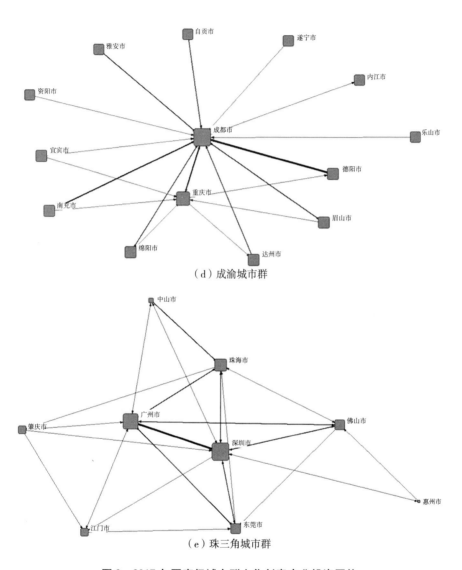

（d）成渝城市群

（e）珠三角城市群

图2　2017年国家级城市群文化创意产业投资网络

注：图中箭头表达的是城市之间文化创意产业投资的方向和强度，图中城市的相对位置与现实中的区位没有关系。

（二）区域性城市群文化创意产业的空间网络特征

我国"十三五"规划纲要提出要稳步建设九大区域性城市群（国家二

级城市群），包括哈长城市群、山东半岛城市群、辽中南城市群、海峡西岸城市群、关中城市群、中原城市群、江淮城市群、北部湾城市群和天山北坡城市群九大城市群。从文化创意产业投资网络的节点数量、联系强度和网络密度可以直观感受到，相对国家级城市群来说，区域性城市群的文化创意产业集聚水平较弱。

根据网络形态，区域性城市群的文化创意投资网络可分为以下几种类型（见图3）。其一，链条型，以哈长城市群、北部湾城市群为代表。这一类城市群的城市之间形成一条具有明确、唯一方向的资本传递链条。由此结构可知，文化创意产业集聚将发生于点入度较高的城市，如哈长城市群中的长春市，一般位于链条的中部或链条的尾部。其二，楔子型，以关中城市群、中原城市群、天山北坡城市群为例。这一类城市群已经形成简单网络形态，单链形态仍然比较普遍。由此结构可知，文化创意产业集聚重点出现在网状与链状形态交叉的城市之上，如渭南市、南宁市和郑州市。其三，网络型，以辽中南城市群、山东半岛城市群、海峡西岸城市群为例。这一类城市群在文

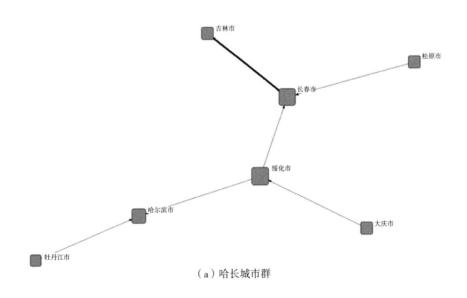

（a）哈长城市群

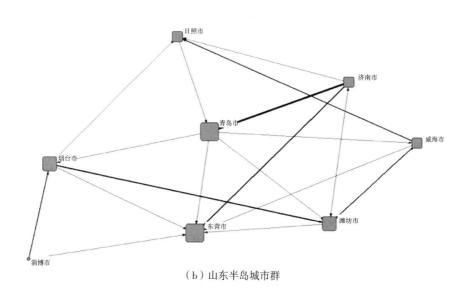

（b）山东半岛城市群

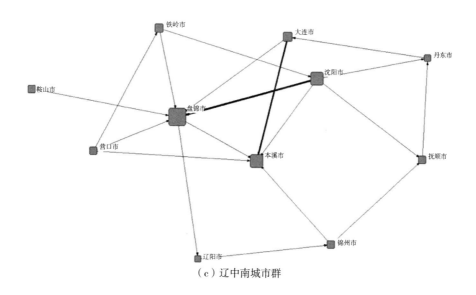

（c）辽中南城市群

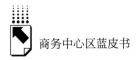

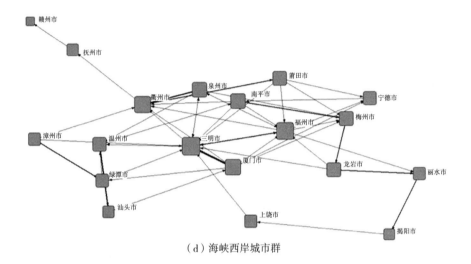

（d）海峡西岸城市群

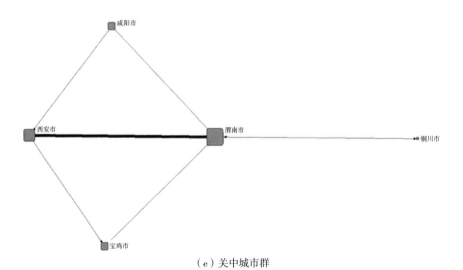

（e）关中城市群

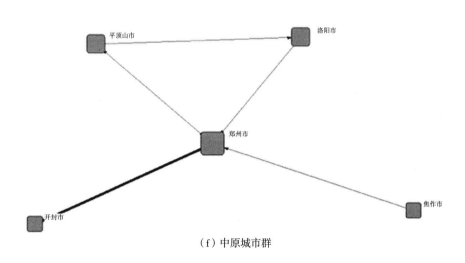

（f）中原城市群

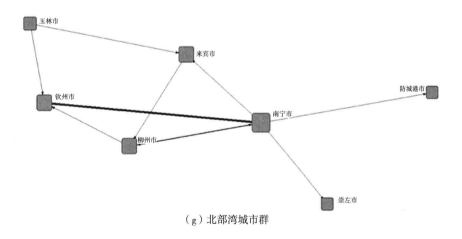

（g）北部湾城市群

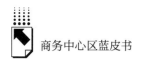

（h）天山北坡城市群

图3　2017 年区域性城市群文化创意产业投资网络

注：图中箭头表达的是城市之间文化创意产业投资的方向和强度，图中城市的相对位置与现实中的区位没有关系。

化创意产业的资本交流方面已经形成十分密集的联系，孤立的单链结构出现的次数较少。产业发展资本依托网络进行高速流动，文化创意产业集聚与资本集聚的规律相同，与网络的中心度有关。因此，拥有较高中心度的盘锦市、三明市、青岛市的文化创意产业集聚程度最高。

综合三类文化创意产业投资网络可知，链条型网络的产业集聚程度最弱，楔子型的居中，网络型的最强。网络型是产业联系下城市之间形成的最为稳定的空间形态，也是链条型、楔子型逐渐演化、进阶的方向。由此可见，部分区域性城市群仍处于发展初期，与国家级城市群存在一定的差距。

（三）地区性城市群文化创意产业的空间网络特征

我国的"十三五"规划纲要明确呼包鄂榆城市群、晋中城市群、宁夏沿黄城市群、兰西城市群、滇中城市群和黔中城市群作为地区性城市群，其城市群内部形成的文化创意产业投资网络形态各异且复杂性较低，具体可分为四类。

其一，单链条型，以晋中城市群、黔中城市群、宁夏沿黄城市群为代表，这三个城市群包含的城市较少，且有部分城市仅在城市内部开展文化创意产业投资行为，城市之间联系较弱，形成单链条的空间形态。其二，放射型，以滇中城市群为代表，形成了以昆明市为中心，向曲靖市、楚雄市和玉溪市放射的空间形态。其三，三角形型，以呼包鄂榆城市群为代表。呼和浩特市、鄂尔多斯市和包头市形成"三足鼎立"的空间形态，作为呼包鄂榆城市群文化创意产业发展的核心力量。其四，环状型，以兰西城市群代表。该城市群以酒泉市、兰州市和西宁市为核心形成一大一小两个"环状结构"，且每个环都呈现明显的方向性。两个环的共同节点——西宁市和兰州市的文化创意产业集聚程度较高，整体呈现形成多点联动模式。

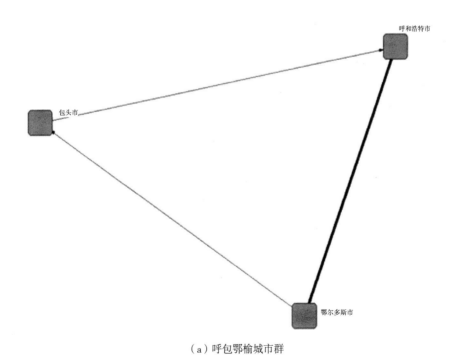

（a）呼包鄂榆城市群

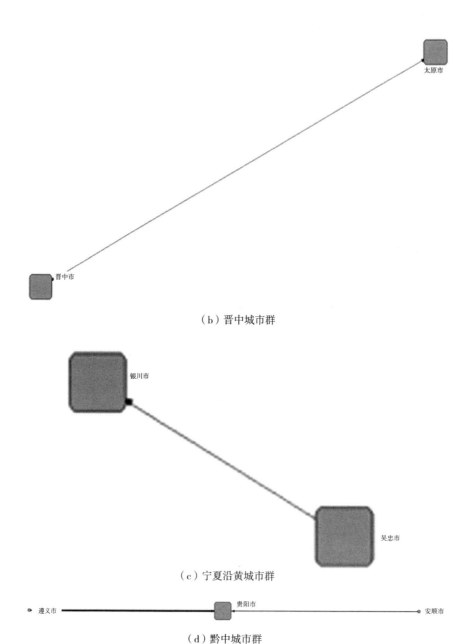

（b）晋中城市群

（c）宁夏沿黄城市群

（d）黔中城市群

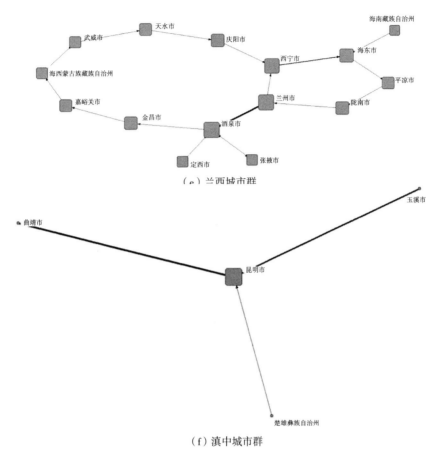

（f）滇中城市群

图4　2017年地区性城市群文化创意产业投资网络

注：图中箭头表达的是城市之间文化创意产业投资的方向和强度，图中城市的相对位置与现实中的区位没有关系。

地区性城市群普遍出现若干城市"缺席"的情况，这说明城市群的文化创意产业网络相对简单，未能纳入所有城市，集所有城市之力实现联动发展，因此，从产业联系上纳入所有城市将成为地区性城市群发展的首要任务。

六　城市尺度下文化创意产业的空间关联分析

城市之间的文化创意产业投资网络仅能刻画区域产业集群现象，无法显示城市内部的产业联系，而这又恰好是区域产业集群的基础。因此，本文以

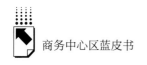

北京、上海、广州和深圳这四个文化创意产业蓬勃发展的城市为例，对其城市群内部的文化创意产业的投资网络进行剖析，观察城市内部文化创意产业集聚的空间变化。

（一）北京市文化创意产业集聚关联分析

作为我国的文化中心，"十五"以来北京形成了文艺演出、新闻出版、广播影视、文化会展、古玩艺术品交易等具有一定优势的文化创意产业，并显现出文化创意产业集聚发展的趋势。2002～2012 年，北京城市内部文化创意产业投资网络密度有所提高，节点关系更加紧密。2002 年，北京市开展文化体制改革并逐步深化，市场主体日趋多元，初步形成以公有制为主体、多种所有制共同发展的市场格局①，推动文化创意产业加快发展。此时，北京市的文化创意产业以东城区、西城区、海淀区为核心，以东西城为主要文化创意联动纽带，带动近郊和远郊区县发展。但是单点城市较多，产业集聚主要发生在中心城区。

2007 年，文化创意产业集群由中心城区以点—轴状向四周扩散，朝阳区成为另一大重要节点，这与 798 艺术区和北京欢乐谷生态园区的运营有关。昌平区、平谷区、通州区、石景山区分别与东城区、海淀区、海淀区和朝阳区发生紧密的产业联系。除了中心城区外，平谷区、昌平区等远郊区县也出现文化创意产业集聚现象。

2012 年，北京市丰台区第十一次代表大会提出建设社会文明新丰台，并出台了《关于把丰台建设成为充满活力的首都文化强区的实施意见》。在政策引导下，文化创意产业资本流入丰台区，并与东城区建立较强的文化创意产业联系，依托东城区较为成熟的文化创意产业基础与发展模式实现联动发展。延庆县、房山区的文化创意产业发展潜力也得到开发，主要是通过文化乡村旅游项目得以实现。

2017 年，大兴区和怀柔区与朝阳区结盟激发了文化创意产业活力，这

---

① 资料来源：《北京市"十一五"时期文化创意产业发展规划》。

一结果遵循了2016年出台的《北京市"十三五"时期文化创意产业发展规划》（以下简称《规划》）。《规划》中明确提出怀柔区作为文化创意产业发展的增量空间，承接业态和环节转移；以影视产业功能区中国（怀柔）影视基地和CBD—定福庄国家传媒产业走廊功能区为依托，定位怀柔区和朝阳区为重点建设的文化创意产业功能区；大兴区则充分利用首都新机场的辐射带动效应，重点推进设计服务、新媒体等产业发展①。

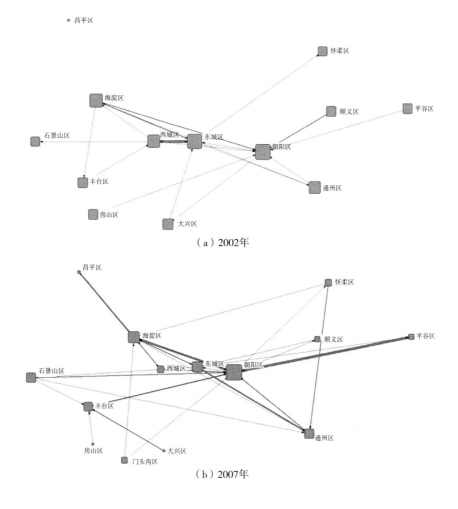

（a）2002年

（b）2007年

① 资料来源：《北京市"十三五"时期文化创意产业发展规划》。

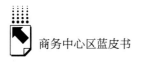

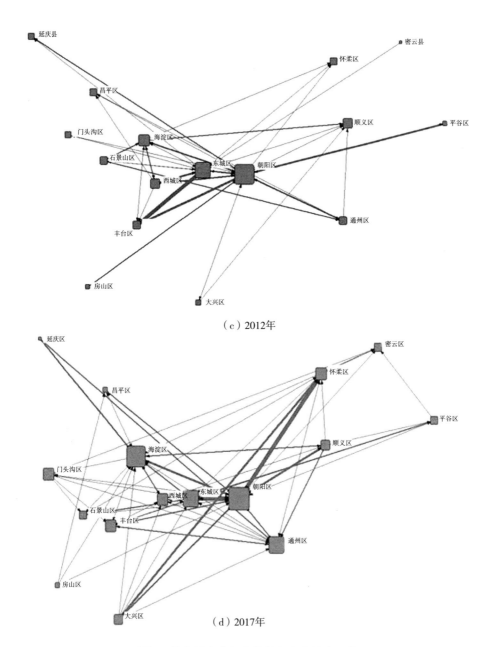

（c）2012年

（d）2017年

图5　北京城市内部文化创意产业投资网络

（二）上海市文化创意产业集聚关联分析

上海以成为具有国际影响力的文化创意产业中心为发展目标，文化创意产业是其实现目标的重要抓手。近 15 年来，文化创意产业在城市内部的活力密度有所提高，产业集聚现象越发明显。2002 年，上海仍以工业为主导产业，文化创意产业发展处于初期阶段，主要集中在中心城区的部分区域和浦东新区，城区之间的联系具有指向性，单链性较为突出，未形成网络形态。但是工业园区逐步向郊区迁移，滞留在中心城区的老厂房将成为文化创意产业的发展载体。

在 2004 年上海创意产业集聚区概念的明确提出下，都市型工业园区的转型为上海的文化创意产业带来发展捷径，吸引资本流入集聚区以推动创意产业集聚区的发展。2007 年，文化创意产业的资本网络形成了一条文化创意产业价值传递链，经由杨浦、浦东新区、虹口区、静安区、黄浦区到达闵行区，具有明显的单向性，有由中心城区向西南方向扩散的趋势。文化创意产业在传递链的基础上实现各城市节点的联动发展，同时辐射带动传递链流经的区域。

2012 年，上海的文化创意产业空间格局有由中心城区向区县扩散的趋势，城市之间联络紧密，形成复杂网络形态，这与 2011 年底挂牌成立的 37 家文化产业园在地理空间上基本一致。黄浦区获得文化创意产业投资最多，产业集聚性最强，奠定了后续"十三五"时期文化创意集聚园区的建设计划。黄浦区和闵行区文化创意产业联系最为紧密，嘉定区在黄浦区和浦东新区的带动下积极落实文化创意产业的发展。与中心城区可以利用老厂房不同，郊区建设文化创意产业发展空间需要新建设园区，所以产业发展周期和资本需求更多。

2017 年，在《关于加快本市文化创意产业创新发展的若干意见》的指导下，上海加快打造文化创意集聚区，文化创意产业蓬勃发展。项目的落地需要资本的支持，由图 6 可知，全市 15 个行政区均参与到资本投资网络中，举全市之力推动文化创意产业的发展。嘉定区、浦东新区和静安区成为网络的重要节点，拥有最高的中心度。崇明区则依托悠久的历史与临海的地理优势积极打造文化生态园区。

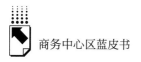

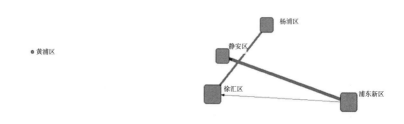

（a）2002年

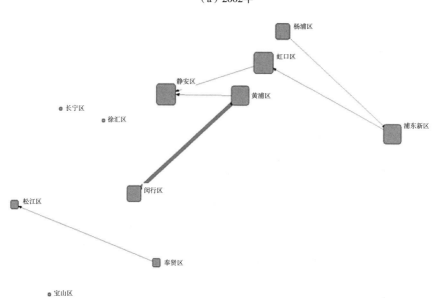

（b）2007年

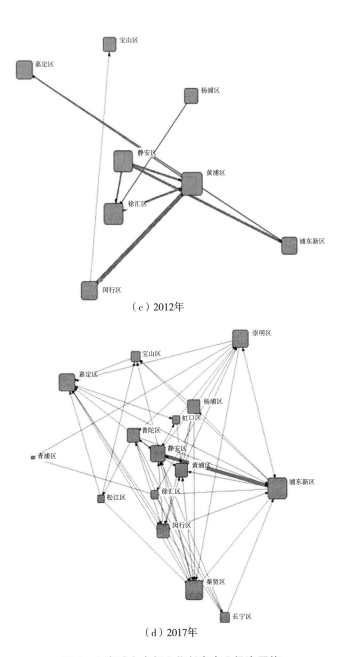

（c）2012年

（d）2017年

图6 上海城市内部文化创意产业投资网络

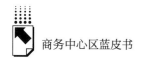

（三）广州市文化创意产业集聚关联分析

广州拥有丰富的文化资源，越秀山城墙遗址等古城郭遗存和历史水系、恩宁路片区等岭南文化特色民居建筑、黄埔军校等近现代革命遗址、南海神庙等海上丝绸之路均为广州的文化创意产业发展奠定了坚实的基础。依托文化资源，广州积极挖掘文化的创意模式，推动文化资源产业化、商业化。2002年，越秀区、萝岗区、天河区是投资网络中的重要节点，表示文化创意产业集聚之地。投资网络节点不多，网络结构较为简单，产业联系具有一定的固定性。

2007年，黄埔区以做大做强网游动漫产业为主要目标，用800万元设立网游动漫产业发展专项资金，资助扶持黄埔网游动漫企业发展，园区为入园企业提供免租优惠。在优惠政策的驱动下，黄埔区逐渐成为广州的文化创意产业集聚区域，吸引大量资本流。与黄埔区保持紧密资本联系的是越秀区，通过实行版权保护制度，逐渐培育起一批像漫友文化、奥飞娱乐等动漫产业的"领头羊"，形成文化创意产业集聚区。"猪猪侠""喜羊羊"等流行国产动画片，便位于越秀区太和岗路。

2012年，越秀区继续作为动漫产业的发展核心区，组织开展全国或国际级别的动漫展，形成以越秀区为核心，萝岗区、天河区和荔湾区为次核心的网络体系，次核心与核心存在紧密联系，但是次核心之间却不存在直接投资关系，与边缘节点"自成体系"。由此可见，广州的文化创意产业在越秀区高度集聚，但投资网络基本呈现以越秀区为中心的放射状网络形态，统一层级的行政区存在脱节现象。

2017年，广州的文化创意产业形成十分密集的投资网络，以天河区、越秀区和番禺区为核心节点，实现覆盖全城市的均衡网络。天河区、越秀区成立了文化创意产业协会，番禺区则出台政策法规，明确以动漫游戏产业为主导产业的发展计划，打造三大产业园区。奥飞动漫硅谷、知识产权服务业集聚中心等重大项目投产带动企业集聚发展；文化金融服务及文化艺术聚集中心投产带动相关产业链发展；"互联网＋"推动游戏、新媒体、网络文化新经济等文化产业新业态呈指数型增长。无论从业态、科技还是资本、政策支持方面，广州的文化创意产业都拥有丰富的发展资源，并致力于成为广州经济增长的核心动力。

（四）深圳市文化创意产业集聚关联分析

自 2004 年以来，深圳文化创意产业连续 13 年保持平均 20% 的增长速度，已成为我国文化输出的重要基地和主要口岸。但是相较于北京、上海和

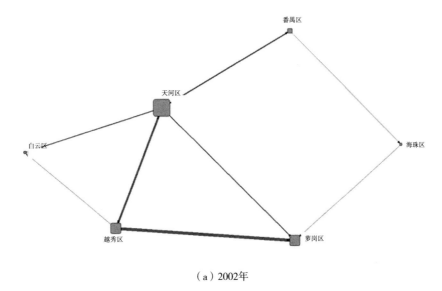

（a）2002年

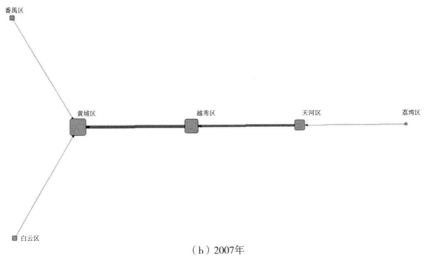

（b）2007年

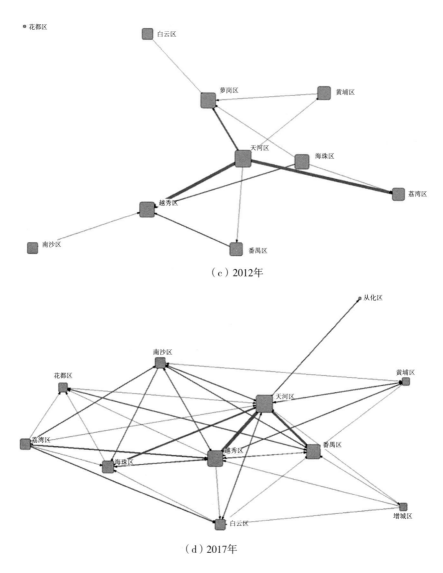

（c）2012年

（d）2017年

图7　广州城市内部文化创意产业投资网络

广州，深圳的文化创意产业发展仍处于发展中期，政府积极出台《关于加快文化创意产业创新发展的意见》及《深圳文化创意产业创新发展政策》等相关文件致力于推动文化创意产业发展。深圳最大的特点在于其创新能力，具体体现在模式和机制的创新上，比如建设银行深圳分行提出

"文化＋金融"的创意搭配，探索尝试文化银行的发展模式。从文化创意产业投资网络结构来看，2002 年，深圳的文化创意产业投资网络简单，大部分城区仍处于"沉睡"状态。2007 年，南山区积极探索文化创意产业发展，通过建设产业基地吸引文化创意资本流入，形成产业集聚。2012 年，文化创意产业仍未迸发激情。2017 年，深圳的文化创意产业呈现快速增长之势，投资关系复杂化，福田区和罗湖区投资关系紧密，南山区再次成为文化创意产业集聚之地。深圳的文化活力来源于多元化创新人才的集聚，通过开放、包容的文化氛围凝聚世界各地的传统文化，以此作为发展文化创意产业的基础，因此，其文化创意产业项目也多以创意生活为主题，如深圳中心书城的读书月项目。

整体来看，深圳近年来文化创意产业发展迅速，取得初步成效，这得益于政策的出台与市场的引导。相关政策文件明确了各行政区之间的产业发展分工，通过项目合作联动发展，全面激发整个城市的文化创意产业的发展活力。也可初步推断，深圳的文化创意产业形成的集聚现象并不明显，但其发展潜力还未充分挖掘，可通过政府和市场的力量进一步释放深圳的文化创意能量。

（a）2002年

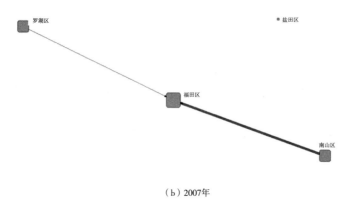

（b）2007年

（c）2012年

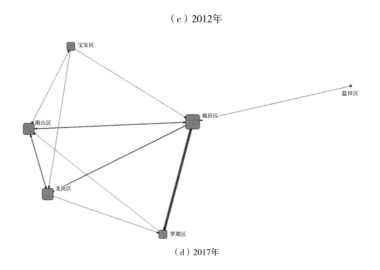

（d）2017年

图8 深圳城市内部文化创意产业投资网络

七　基于投资网络的我国文化创意产业动力机制分析

（一）集群租金视角下的投资网络内涵延伸

由投资行为形成的投资网络是实现资源共享、合作共赢、思想互融、创新互促的平台和载体，因此可从以上四个方面拓展投资网络内涵，使之成为促进资源交易、分配、共享的资源网络，基于正式契约关系的合作网络，基于非正式契约关系的社会网络和以外包、合作、交流为环节的创新网络（见图9）。

资本在网络节点中的流动存在一定的损失，除去自然灾害、人为损害等行为，剩下的损失来自各类"租金"，包括基于社会交往的关系租、基于地理优势的区位租、基于高新科技的技术租和基于逻辑思维的思想租。

四种租金与网络的关系各异。最常见的是区位租，是指因地理区位导致的额外成本，主要发生于跨地域合作网络和资源网络中。关系租是指用来弥补因没有社会交往历史所带来的陌生感而需要的成本。当投资网络延伸为社会网络和合作网络之时，关系租便是企业或地方不得不考虑的成本。技术具有创新性，同时也是一种资源。用于购买技术或租用技术设备所产生的成本是技术租，出现在创新网络和资源网络之中。思想租主要是对创新思维所带来的思想优势的价值化度量，由于思想传递与交流是基于人与人之间的社会交往行为，因此思想租往往存在于社会网络和创新网络之中。

集群租金是一种存在于网络节点之间的阻力，因此从集群租金视角对投资网络进行再认识有助于借助政策、机制等外力疏通网络，打造强有力的产业集群动力机制。

（二）基于投资网络的文化创意产业集群动力机制模型

产业集聚或集群是一种企业进行区位选择的空间结果。动力机制由动力和机制组成，其中动力是一种驱动力，是控制性、引导性和激励性的微观运动，宏观层面形成定向运动，机制是系统内部一种特殊的相互制约的关系。

237

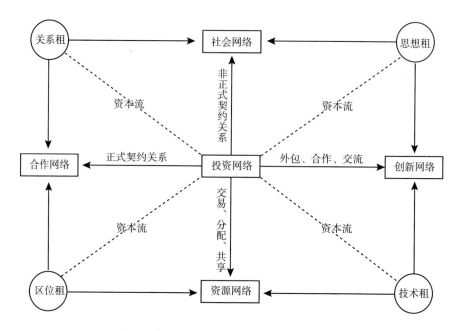

图9　集群租金视角下的投资网络内涵延伸

本文通过对文化创意产业动力机制的研究得到基于投资网络的产业集聚的动力机制分析，从内核和调控系统入手①得到如图10所示的机理图。

在信息交换、文化渲染、技术扩散和劳动力共享的基础上，企业结合战略与市场需求判断投资行业与竞争合作对象，并开展投资活动。企业的微观行为将在城市/区域维度形成定向活动，其空间结果将是以产业链和价值链为导向开展的城市维度的重点产业、融合产业和衍生产业的循环、联动发展模式。无论是企业还是城市/区域，都将受益于技术创新的外溢性与价值创造，以及集聚—低成本—再集聚的正反馈机制。

在四大机制的作用下，企业和城市/区域动力内核推动产业集聚，集聚结果受国家调控系统中的四大因子影响。我国倡导的民族团结精神是万物凝聚之魂，而创新精神则是我国发展的新驱动力，因此，团结、创新的社会氛

---

① 吴丰林、方创琳、赵雅萍：《城市产业集聚动力机制与模式研究进展》，《地理科学进展》2010年第10期，第1201～1208页。

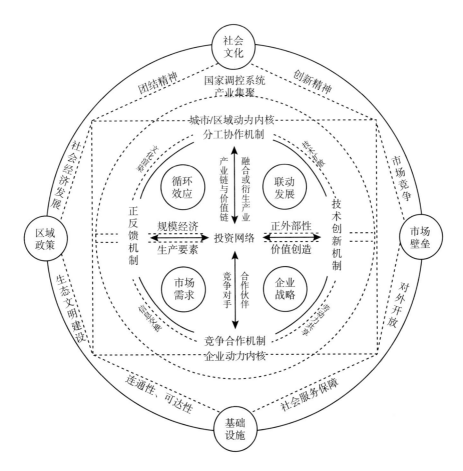

图10　基于投资网络的文化创意产业集聚内核驱动与调控系统

围对产业集聚起到促进作用并推动创意产业的发展。政策是产业、区域发展的国家级指令，我国政策导向在社会经济发展的基础上融入生态文明建设，政策导向的变化将影响产业集聚的空间形态，对产业集聚的区域有限定作用或更改主导产业的类型。基础设施是产业集聚的硬件，交通和信息类基础设施是提高连通性和可达性的基础，而社会服务则是对从业人员的生活保障。市场壁垒与市场竞争氛围和对外开放程度紧密相关。提高对外开放程度和增强市场竞争氛围是减弱市场壁垒的有效途径，同时可以实现产业集聚在市场力量驱动下的高质量发展。

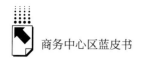

（三）基于内核—调控动力模型的我国文化创意产业发展建议

基于产业集群动力机制模型，结合既有现状分析，政府可从以下几个方面入手进一步提升文化创意产业的集聚程度与效果。

第一，大力支持生活类文化创意产业项目。生活文化是一种不断演变、不断进化且与人内心直接相连的精神物质。目前，文化多关注历史文化和民俗文化，对于生活文化的重视度较低，需要从打造生活类文化创意产业项目入手，同时实现文化创意产业的发展和社会服务的供给，达到经济与社会的双赢格局。

第二，加强文化创意产业项目对外开放程度。我国独特的中华文化是国外向往的瑰宝，因此应积极推动文化的创意化产品输出、流入和体验基地的对外开放程度，提高整体文化创意产业在国际上的竞争力。

第三，宣扬、强化社会创新、创意精神。精神是凝聚力量的元素，其本身也是一种文化。宣扬、强化社会创新精神，凝聚社会创新力量，也是人类和社会的进步。

第四，完善基础设施，实现资源全方位流动。资源流动的频率和范围是思想交流、技术外溢的基础，而基础设施是现实生活中资源流动的媒介。完善基础服务设施增强了资源的通达性，也是进一步完善社会服务保障的有效途径。

第五，融入生态文明，创新文化创意产业新业态。三产融合的新业态是社会经济发展的新热点，需要创意将传统产业结合形成新业态。如今，国家对生态文明建设给予高度关注，推动生态文明建设融入各行各业之中，因此以生态文明为理念，创新文化创意产业业态是必要的。

中国新媒体发展现状、问题及对策

黄楚新　刁金星*

摘　要：　当前，新媒体产业已成为众多 CBD 新的经济增长点。在我国新媒体领域内，用户持续增长，人们在移动碎片化的时间内获取视频化、个性化的信息，直播和短视频的蓬勃发展成为热门。内容在爆炸式增长的同时，价值诉求得以回归，技术和商业变现模式亦有所创新。中国新媒体发展也存在着劣质内容泛滥、版权纷争、技术风险等问题。坚持内容为王，在平台赋能和技术驱动之下推进新媒体的良性发展已成为趋势。

关键词：　新媒体　内容　技术　视频化　智能化

一　当前新媒体发展状况

当前，我国新媒体发展进程不断加快。用户持续增长，人们在移动碎片化的时间内获取视频化、个性化的信息。内容创业井喷，内容爆炸的同时良币价值正在回归。技术的发展与应用，使得信息产品服务不断升级。商业创新正在为新媒体的进一步发展提供物质支持。

---

* 黄楚新，中国社会科学院新媒体研究中心副主任兼秘书长，中国社会科学院新闻与传播研究所新闻学研究室主任，研究员，博士生导师，研究方向为新媒体；刁金星，中国社会科学院大学新闻传播学院研究生，研究方向为新媒体。

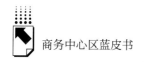
（一）用户持续增长，信息获取移动化、碎片化、视频化

中国互联网络信息中心于 2018 年 1 月发布第 41 次《中国互联网络发展状况统计报告》（以下简称《报告》），《报告》显示，截至 2017 年 12 月，中国网民总规模已达 7.72 亿人，其中，手机用户占比达到 97.5%[①]，移动用户规模呈持续增长态势。2017 年 6 月，移动互联网接入流量达 18.2 亿 G，户均移动互联网接入量为 1591M[②]。用户的消费能力不断升级，使用习惯趋向于移动化。由于手机已成为用户获取信息的主要移动终端，场景限制早已突破，加之信息流推荐快捷方便，移动消费时间的碎片化成为更加普遍的现象。

从用户需求看，资讯消费占据主流，视频资讯成为越来越多用户的选择。根据企鹅智酷的数据显示，2017 年，与日均手机上网时长相比，中国网民的资讯消费已占据了约 29% 的上网时间。视频网站上获取资讯的人数增长 228%，通过视频类平台获取资讯的用户在中国网民中的渗透率达到46.6%。资讯视频用户中，在不同频道看过视频的比例，几乎都超过八成[③]。视频网站和社交平台上，资讯视频的高黏性用户中占比都接近四分之一。视频化的消费需求，也进一步加强了用户对富媒体的偏好。

（二）内容生产勃发与价值诉求回归

新媒体用户的消费力升级，移动消费时间的碎片化愈加彻底和普遍。用户正在从更多平台和社交链条中，获取更为个性化、视频化的信息，传播链中的内容价值得以凸显。专业媒体机构和自媒体纷纷在内容领域发力，扩展内容生产的边界。各大平台专注对优质内容的争夺，内容产业的创业风高潮迭起，互联网内容产业风起云涌。

① 第 41 次《中国互联网络发展状况统计报告》，中国互联网络信息中心，http：//www.cnnic.cn/hlwfzyj/hlwxzbg/hlwtjbg/201801/t20180131_ 70190.htm，2018 年 1 月 31 日。
② 《工信部 | 2017 年 1 ~ 6 月份通信业经济运行情况》，搜狐网，http：//www.sohu.com/a/166109754_ 279214，2017 年 8 月 21 日。
③ 《企鹅智酷：2017 中国新媒体趋势报告》，199IT，http：//www.199it.com/archives/654084.html，2017 年 11 月 16 日。

从 2016 年起，内容创业井喷式发展，移动资讯媒体平台开始密集出现。今日头条、腾讯、阿里、百度、搜狐、网易、新浪、一点资讯、凤凰等纷纷推出自媒体平台。2017 年，各大网络平台继续发力内容领域，政策支持和资金补贴的脚步没有停歇，争夺内容生产创作资源的战斗仍在继续。2017 年 2 月，腾讯在"芒种计划"基础上加码推出支持内容创作者的 12 亿元"芒种计划 2.0"。同年 11 月，今日头条宣布推出在未来一年孵化出 1000 个百万粉丝账号的"千人百万粉计划"。此外，腾讯企鹅号也在此时发布了全平台分发的开放战略，推出了助力内容产业升级的"百亿计划"，以及最新分成策略、企鹅 MCN 计划、内容版权联盟等具体措施。而阿里巴巴则启动"大鱼计划"，新增潜力奖金，扶持新锐账号发展，同时，重金签订年度优质账号，以鼓励创作者发布独家原创内容。百度的百家号推出"百 + 计划"，为网罗优质、原创作者，百家号将现金奖励额从最高 1 万元增加到了最高 2 万元，并且推出了品牌榜、文章榜等垂类榜单，补贴单篇优质文章，增加流量曝光机会。

各大平台在内容领域的布局引发内容的爆炸式增长，泛滥的信息之中，优质内容成为相对稀缺资源。创作者增长带来内容的海量爆发，这在满足用户兴趣内容需求的同时，也使得高价值内容的获取变得举步维艰。由此，内容生长开始回归到价值诉求。根据企鹅智酷的调查显示，有 56.1% 的中国自媒体用户对自媒体的内容及质量表达出明确担忧；2017 年，不仅自媒体账号数量不再增加，且近 30% 的用户比 2016 年减少分享其自媒体文章。

（三）技术深度落地，产品服务不断升级

新媒体的发展依靠技术驱动。2016 年起，人工智能、VR、直播等技术风口渐次爆发。2017 年，以人工智能为代表的新技术的应用，带来了新媒体产业的升级，新技术再次引领新媒体的快速发展。

人工智能技术在新媒体领域的应用，使媒体走向"智能化"的发展道路。数字化的媒体为人工智能技术的落地提供了丰富的数据资源，而人工智能进入信息生产的全过程，也给媒体带来了颠覆性的升级。在人工智能技术

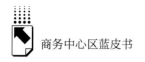

的推动下，人机交互更加自然，智能翻译、语音匹配、图像识别、手势交互等技术的应用，正在塑造智能化的媒体。2017 年 4 月 19 日，百度颁布"Apollo（阿波罗）打算"，向汽车行业及主动驾驶规模的相助搭档供应一个开放、完备、安适的软件平台，辅佐他们联络车辆和硬件体系，快速搭建一套属于本身的完备的主动驾驶体系①。

智能算法的发展正推动媒体产品分发的智能化。大数据实现了对现实世界的高维认知，在用户一切行为可数据化的今天，用户的后台画像变得更加清晰。用户的内容偏好、兴趣需求等个性化数据变得更加容易捕捉。在此基础上，算法分发变得更为精准。从新闻资讯的精准推荐方面看，2017 年，"算法"第一次在用户感知上超越了社交和新闻的相关推荐。用户对新闻产品功能的需求中，新闻推送达到 51.1%，跃居功能需求中的第一位②。个性化推送和全网推荐命中用户需求，算法分发的丰富度正在增加，其效率与价值需要兼顾。

（四）内容付费 + 广告 + 电商，实现商业变现

新媒体技术升级，对用户画像的描摹更为清晰。新媒体内容升级，在内容爆炸中回归价值诉求。技术与内容的升级创新，需要新媒体商业变现的物质支持。内容付费 + 广告 + 电商是现在新媒体商业变现的三大利器。

2017 年，内容付费成为风口产业，在分答、知乎 Live、喜马拉雅 FM、豆瓣时间、新世相等知识付费平台纷纷上线，各大公司、自媒体也相继入局。中国的内容付费用户规模呈现出高速增长之势，2017 年，内容付费用户规模将达到 1.88 亿人，其市场总体规模更是高达约 500 亿元人民币③。用户为内容埋单的消费习惯正在养成，内容付费的风口随着市场的变化，越来

① 《2017 年人工智能十大热点事件》，艾瑞网，http：//column. iresearch. cn/b/201801/820929. shtml，2018 年 1 月 16 日。
② 《企鹅智酷：2017 中国新媒体趋势报告》，199IT，http：//www. 199it. com/archives/654084. html，2017 年 11 月 16 日。
③ 《2017 年中国知识付费市场研究报告》，艾媒网，http：//www. iimedia. cn/59925. html，2017 年 12 月 5 日。

越大。依据平台与内容，当前内容付费产品可划分为付费会员、付费知识产品、付费经验分享、付费课程、付费媒体、付费社群、阅后付费七个类型①。喜马拉雅 FM 平台化运营，内部孵化 KOL，分答覆盖各类知识产品，知乎基于兴趣贩卖知识经验。各知识付费平台的运营各具特色。根据《2017 年 Q3 中国网络广告及细分媒体市场数据发布研究报告》数据显示，2017 年 Q3 网络广告规模达到 939.6 亿元，同比增长 28.8%，信息流广告占比超过 17%。视频广告市场规模达到 120.2 亿元，同比增长 30.7%。泛娱乐直播市场规模达到 110.4 亿元②。视频直播领域的广告成为新媒体商业变现的必争之地，以广告投放、广告植入等方式转化平台的内容价值和流量价值。以短视频平台二更为例，2017 年，其 90% 以上的收入来源于广告。据《2016～2017 年中国移动广告行业研究报告》数据显示，2016 年中国移动广告平台市场整体规模达 117.4 亿元，同比增长 56.7%③。流量是媒体资源变现的资本，BAT 作为拥有丰富且优质流量资源的大平台，借助其品牌优势和资源整合能力，成为移动广告市场的新贵。网易、今日头条等头部资源也不甘落后，纷纷加入移动广告市场竞争。

电商是新媒体商业变现的另一条路。2016 年中国网络零售市场交易额达 5.15 万亿元，移动购物市场交易额为 3.41 万亿元，移动购物市场交易额占比达 66.2%。中国的移动购物用户人数达到 4.18 亿，增长率为 14.8%，2018 年中国移动电商用户规模预计将接近 5 亿人④。天猫、京东、网易严选等综合类平台和小红书、蜜芽等垂直类平台是市场上主要的电商平台。天猫背靠阿里巴巴，网易严选依托于网易，腾讯投资京东，百度投资蜜芽，电商变现成为互联网企业累积资本的方式之一。具体到各媒体平台，"视频 + 电

---

① 黄楚新、彭韵佳：《内容付费的风口来了》，《新闻与写作》2017 年第 5 期。

② 《2017 年 Q3 中国网络广告及细分媒体市场数据发布研究报告》，艾瑞网，http://report. iresearch. cn/report/201712/3111. shtml，2017 年 12 月 22 日。

③ 《2016～2017 年中国移动广告行业研究报告》，艾媒网，http://www. iimedia. cn/51028. html，2017 年 4 月 21 日。

④ 《2017 上半年中国品质电商专题研究报告》，艾媒网，http://www. iimedia. cn/54450. html，2017 年 8 月 16 日。

商"的组合模式成为商业变现的选择。一方面，视频拥有丰富的流量，而资金相对缺乏，另一方面，电商拥有资金，但需要更多流量。"视频＋电商"的模式，使得电商场景进入流量入口，提高了平台的变现能力。

二　新媒体发展焦点及存在问题

在用户消费习惯改变，信息获取视频化的背景下，直播和短视频成为新媒体发展的热门领域。2017 年，直播热度有所减退，开始朝着理性化的发展方向迈进，短视频的发展势头依然强劲。在盘点热门领域的同时，新媒体发展中存在的问题不容忽视。劣质信息泛滥，内容生态遭到破坏，新媒体版权纷争严重的同时技术带来的风险亦引人关注。

（一）直播发展趋向健康稳定

根据艾媒咨询发布的《2017～2018 中国在线直播行业研究报告》显示，与 2016 年相比，2017 年中国在线直播用户数量已达 3.98 亿人，增长率高达 28.4%[①]。大量资本涌入直播平台和用户的增长，使得泛娱乐直播红海竞争激烈，但在企业直播领域仍是一片蓝海市场。在政策监管和平台自律的双重监管之下，直播平台的发展愈加规范化。2017 年，企业直播受到资本的青睐，各大企业直播平台纷纷获得融资。2017 年 7 月，主打企业活动直播的云犀直播完成两千万 Pre-A 轮融资；8 月 4 日，企业级直播平台目睹直播获得近亿元 B 轮融资；9 月 15 日，直播出海公司北京裂变科技公司宣布完成 1.05 亿元 A 轮融资。2017 年 BAT 也纷纷入局企业直播。直播行业的马太效应凸显，开始趋于垂直化的发展。

在泛娱乐直播领域，资源竞争加剧，为了提高用户黏性，各大平台开始调整平台发展策略。2017 年 8 月，来疯直播叫停直播综艺业务，回归到秀

---

① 《2017 年人工智能十大热点事件》，艾瑞网，http：//column. iresearch. cn/b/201801/820929. shtml，2018 年 1 月 16 日。

场直播模式；9 月，花椒直播举办新版本发布会，深入布局短视频，将短视频与视频交友相结合，丰富平台内容储备；YY 直播和映客直播也在探索陪伴直播及游戏互动娱乐直播的更大空间。在内容方面，由于头部主播自带流量，是平台内容的主要提供者，成为直播平台争抢的资源。为此，各直播平台纷纷掀起造星运动。一直播推出"百万公会计划"，引进专业主播培养机制；花椒直播在校园开启"造星计划"；Live 直播独家冠名"我心翱翔"SNH48 GROUP 第四届偶像年度人气总决选。头部明星主播的发展将反哺直播平台，带来更多内容与流量，促进平台的发展。

（二）短视频发展强劲

2017 年，在移动互联网用户对移动视频内容消费持续发酵、政策收紧，网络视频走向规范化的背景之下，短视频的发展势头依然强劲。截至 2017 年 6 月，中国网络视频用户的规模达到 5.65 亿人，移动视频用户达到 5.25 亿人，短视频领域月活跃用户量达到 1.9 亿人[①]。根据《2017 年中国短视频 MCN 行业发展白皮书》数据显示，2017 年 12 月短视频综合平台与短视频聚合平台活跃用户规模分别达到 3.341 亿人与 1.099 亿人[②]。短视频市场整体增速依然强劲。用户流量和使用时长的增长昭示着短视频的风口地位，资本持续进驻短视频领域。2017 年第三季度短视频市场投融资事件共 24 起，估算吸金超过 8 亿元，B 轮及 B 轮以上的投融资事件数量和占比都在增加。2017 年 3 月，腾讯领投快手新一轮 3.5 亿美元的融资。此前，腾讯在"芒种计划 2.0"中已将 10 亿元现金补贴集中在原创和短视频自媒体上。而今日头条也在多元化布局短视频领域，收购美国短视频应用 Flipagram，内部孵化火山小视频、西瓜视频、抖音短视频。

短视频生态以平台为基础，而内容是其发展的根基。为提升短视频内容

---

① 《2018 年中国短视频行业发展概况及发展趋势分析》，中国产业信息网，http://www.chyxx.com/industry/201802/613371.html，2018 年 2 月 13 日。

② 《2017 年中国短视频 MCN 行业发展白皮书》，易观，https://www.analysys.cn/analysis/8/detail/1001185/，2018 年 2 月 1 日。

的竞争力，各平台厂商纷纷发力。秒拍全链条扶持内容创业，打造多维短视频内容生态。秒拍背靠微博这一大流量平台，拥有庞大的内容资源，发布原创短视频榜单、垂直榜、影响力榜、MCN 榜等榜单，设立"金栗子"奖，激活内容创作者的活力。快手是 UGC 内容的集聚地，是一个用户内容博弈场，个性化内容是其竞争优势之一。2017 年，快手强化社交性，提高平台与用户的互动率，构建起短视频内容社交圈。美拍融合直播功能，寻求内容来源的突破。2017 年 6 月和 8 月，美拍分别上线"大咖 KTV"和"一路来疯"两项原创直播节目，挖掘平台明星用户，强化平台内容和用户关系。

（三）劣币驱逐良币，内容生态遭破坏

时至今日，人口红利已逐渐消失，网民日均上网时间也已抵达"天花板"。当前，各大网络平台的竞争维度已逐渐从空间转向时间，如何争夺用户时间成为平台竞争的关键，而内容无疑是争夺用户时间的神兵利器。由此，各大平台纷纷布局内容领域，海量内容创作者引发内容的爆炸式增长。内容过载带来劣质信息泛滥，使得优质内容成为稀缺资源。在流量红利驱动之下，新媒体数据造假产业化发展，新媒体的内容生态遭到破坏。

移动互联网进入下半场，新媒体行业发展繁荣，各种短视频、直播、垂直社区先后崛起，内容创作者的自由度得以提升。截至 2017 年 11 月，中国短视频领域的创业团队近 1.8 万个，腾讯、阿里、秒拍、今日头条等平台累计投入超 60 亿元扶持短视频领域的内容创业者[①]。庞大的内容创业群体实现了海量的内容供给，但内容过载带来了信息泛滥与真相缺失之痛。在中国自媒体用户中，超过半数的用户对自媒体内容的质量表达明确的担忧。有四分之三的用户看过反转新闻，有深度的独家内容成为用户最难获取的信息。

根据 QuestMobile 发布的《2017 年中国移动互联网年度报告》显示，网民安装的 App 数量呈减少趋势，而且大部分 App 的用户规模在下滑，存活

---

① 《清博研究院：2017 ~ 2018 互联网及新媒体发展趋势研究》，199IT，http://www.199it.com/archives/663425.html，2017 年 12 月 15 日。

下来的产品数量不断减少①。在用户红利已经触顶，优质内容相对匮乏的情况下，为收割流量红利，一些自媒体平台进行数据造假，依靠模拟器软件、多台移动端建立群控设备，为账号刷粉丝、刷阅读量。另外，为了赚取更多的阅读量和转发量，伪原创内容生产形成浪潮。一些自媒体以字词替换、增删图片、重新排序等方式将他人原创文章进行修改、编辑，"洗稿"成为自己的原创作品，破坏着原创内容生态。

内容平台的勃发，满足了用户的便利性、趣味性、互动性需求，但内容质量堪忧。在短视频、直播、今日头条以及微博等内容平台上，低俗炒作内容数不胜数。在网络监管驱动之下，大鱼号封禁低俗内容账号达1000多个，今日头条招聘内部编辑近2000人，微博整改了热搜榜、热门话题榜、微博问答功能等板块。内容平台低俗内容频出，暴露内容发展颓势。如何将内容发展由量转移到质，是新媒体需要面临的问题。

（四）信息安全与信息偏食，技术风险引发关注

随着人工智能、算法分发、大数据等技术的发展和应用，新媒体的产品与服务在不断升级，但与此同时，技术也带来了风险。现在，大数据描摹下的个人隐私安全受到威胁，算法分发下的"信息茧房"容易形成。

在技术驱动之下，新媒体用户的行为被全面数据化、可跟踪化，各种数据急剧泛滥，个人的隐私随时有可能泄露。2018年1月，支付宝的年度账单在微信朋友圈引发刷屏之势，继而有媒体曝出用户在进入支付宝年度账单第一页之时，将默认勾选"我同意《芝麻服务协议》"，在用户未选择取消勾选的情况下，支付宝将收集用户的信息，甚至包括用户保存在第三方应用的信息。2018年2月，今日头条被诉违规窃取用户手机中的通讯录信息。数字智能化时代，隐私安全成为需要面临的难题。

算法时代，智能分发和精准推送满足了用户的兴趣需求，但在个性

---

① 《"韭菜"瑟瑟发抖：谁将成为内容产业的收割者?》，搜狐网，http：//www.sohu.com/a/221449000_114819，2018年2月7日。

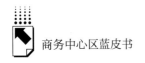
化推荐大行其道的同时，信息偏食问题凸显，"信息茧房"容易形成。2017年9月，人民网连续发表三篇针对算法推荐的评论文章，批评算法分发之弊，警醒人们远离"信息茧房"。如果过度依赖基于用户兴趣的算法分发，忽视内容质量监管，内容便朝向低俗化发展，长此以往会引发用户的不满。而信息偏食、"信息茧房"问题的出现，会导致网络群体的极化加剧，社会黏性降低。

（五）新媒体版权问题日益凸显

在内容平台蓬勃发展的今天，内容创业者似乎迎来了"黄金时代"。各大网络平台的政策支持和资金补贴使内容生产者风光无两，但此时版权问题日益凸显，成为新媒体行业之痛。

版权侵权有害于内容平台的发展。原创内容的流失，会导致平台流量和用户黏性的流失。抄袭泛滥，内容生产者的权益无从保障，其创作动力也会随之下降。为保护原创内容生产，抵制抄袭，各内容平台开启版权之争，并且愈演愈烈。2017年4月，腾讯、搜狐与今日头条互诉对方侵犯信息网络传播权；9月，微博版权新规要求用户不得自行或授权第三方使用微博内容。平台间的版权纷争激烈，恰恰说明当前新媒体版权侵权问题日益严重。

在短视频、直播领域，面临着更大的版权风险。在短视频行业中，侵权问题日益泛滥，未经许可随意转载、进行二次剪辑改造内容等现象屡见不鲜。为了加强版权保护，各大平台已经有所举动。微信推出了原创及举报机制，阿里推出了鲸观全链路数字版权平台。但是在国内，短视频维权机构基本还未成形，版权维权成本较高、时间较长。在直播领域，盗播侵权成为顽疾。以体育赛事直播为例，一些App通过盗链内嵌，可以把多种体育赛事涵盖到一款产品中来，直播画面中仍然显示版权方相关的logo。将直播内容免费提供给用户，吸引大量用户观看，通过广告及其他方式进行盈利，这大大损害了原直播平台的利益。

三　新媒体发展对策建议

新媒体在快速发展的同时存在着劣质内容泛滥、版权纷争、技术风险等问题。解决这些问题，需要转变流量为王的思维，提升新媒体叙事与视频化的能力，让内容的良币价值回归。在平台赋能和技术驱动之下，新媒体的智能化发展已成为趋势。

（一）内容为王，新媒体叙事与视频化能力需要提升

2017 年，内容平台蓬勃发展，海量内容供给满足用户需求的同时也使得劣质信息泛滥。网络监管收紧，舆论质疑爆发，新媒体"流量为王"的思维需要转变，内容良币价值的回归应当成为共识。

内容平台竞争激烈，为争夺流量红利，劣质低俗内容泛滥，用户对内容质量的忍耐已经接近极限。曾凭借算法分发成为内容平台"新贵"的今日头条，通过个性化推荐改变了用户获取内容的方式，智能分发的信息量满足了用户的内容需求。但是，这同时也带来了"信息茧房"的问题，忽视所分发内容的质量，仅仅根据用户兴趣来分发，已经招致用户反感。作为社交媒体平台的微博，依靠渠道下沉、网红电商、战略合作等策略推进了商业化发展，往昔的"公共舆论场"已经变成在线交易"商场"，频繁出现的广告和垃圾营销挤压优质内容的空间。微博为吸引流量，低俗炒作之风的盛行，影响内容生态的健康发展。在视频行业领域内，直播和短视频的迅速发展已为其赢得大量网民的关注，网络平台相关的资金及政策支持，业已吸引着大量的创作者进入到该领域。但并不是所有的内容都是"绿色的"，有限的资源必然会引发激烈的竞争，同时，黄暴、低俗内容不断传播，甚至出现违背公序的不良内容。因此，提高内容质量已迫在眉睫。

在这个时代，亚文化流行、网生词入侵，审美偏好形成、阅听品味分化，内容需要新叙事表达。新媒体用户的行为习惯在改变，在移动碎片化的时间里信息获取呈现视频化趋势。当用户的诉求提升，内容的良币价值回

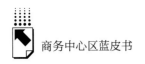

归，只有提升新媒体的叙事与视频化能力，才能守住阵地。

现今，表达的流行性逐渐为人所接受，在新媒体内容领域新的语言表达和叙事方式正在涌入。新时代的网络以谐音、缩写等方式创造出新生词汇，并在社交平台上广泛使用，使用中，这些新式表达逐渐被大众化、媒体化，并且获得了用户的认可。年轻群体中有81.5%接受这些词至少一部分媒体化，超过一半的老年群体认可其中一些出现于资讯内容中①。幽默的文字表达成为众多用户的审美偏好。根据腾讯研究院的调查数据显示，用户对不同类型内容的文风偏好中，幽默式表达占据优势。58.5的自媒体读者偏好幽默的、调侃的文风，44.2%的用户期待在新闻资讯内容中看到幽默式的表达。

随着VR/AR、直播等媒介技术的发展与应用，信息内容产品的载体得以发展，短视频、网络直播等生产样态进入新媒体传播生态。2016年，快速发展的直播和短视频成为新媒体的主流内容。2017年，直播热度有所减退，趋向健康稳定的发展，短视频发展势头依然强劲。同时，新媒体的内容表达呈现视频化特征，同时，用户的信息获取也呈现出视频化的发展趋势。因此，运镜能力（在网络环境中镜头运用能力）成为增强品质、提高用户黏性的必备技能。

（二）平台赋能，连接内容、用户、消费三方通道

新媒体的渠道连接着内容与用户。在以往，它是内容到达受众的唯一通道，用户更多的是扮演内容消费者的角色，作为内容生产者的则寥寥无几。而现在，由于平台赋能的存在，渠道已成为连接新媒体用户、内容、消费的有效通道和多元路径。同时，用户之间开始连接，同一平台实现了内容的生产与消费的统一。平台赋能，激发用户活力，推动内容发展，整合内容与用户资源的平台也正朝着集中化的方向发展。

---

① 《企鹅智酷：2017中国新媒体趋势报告》，199IT，http://www.199it.com/archives/654084.
html，2017年11月16日。

平台与用户形成共生关系。从平台角度看，平台的资金扶持、政策支持促进用户创作水平的提高，智能算法的精准分发对内容生产进行有效辅助，这不仅使用户充满活力，同时也促使内容生产者在面向用户消费需求时，有精准化生产的动力。从用户角度看，扮演内容生产者与消费者双重角色的用户，动力十足地生产和消费，不断充实平台，提升平台竞争力。智能分发、大数据分析等技术助力平台清楚地描述用户数字画像，帮助创作者完成符合用户需求的精细化生产。平台的场景匹配和工具能力，使得内容生产者可以进行面向场景化的定制化服务。平台的赋能，成为用户入局能容生产的强大动力。

平台通过支持原创、优先推广等方式，激发生产者创作动力，推动优质原创内容的生产。无论是今日头条的"千人百万粉计划"还是腾讯的"芒种计划 2.0"，抑或阿里巴巴的大鱼计划，无一不是在扶持原创，提升内容的品质与价值。一方面，平台通过政策支持和资金补贴扶持原创内容生产；另一方面，通过推动内容变现多方促进内容的可持续化生产。

在新媒体的发展进程中，热门领域迅速崛起，同质化平台日益增多，中小平台的生存发展面临挑战。拥有强劲资金实力的平台或巨头会收购、并购其他中小平台，平台的发展呈现集中化趋势。在"马太效应"之下，BAT 主导着平台的集中发展。2016 年，百度已经上线百家号，旨在为内容生产者提供一个内容发布、变现和粉丝管理的平台。2017 年 11 月，百度又推出专业短视频聚合平台"百度好看"。在此前，百度已经投资了包括人人视频、MCN 机构何仙姑等在内的一大批短视频内容生产方。阿里巴巴的"大文娱板块"囊括了影视、游戏、音乐、文学、视频等多个领域。2017 年 3月，阿里巴巴宣布全资收购大麦网。自有电商平台沉积，加上 UC、高德地图、企业微博等端口导流，阿里巴巴的平台布局日趋完善。腾讯的微信、QQ、腾讯视频、企鹅号等产品也是其平台化运作的重点。在平台集中化趋势中，拥有技术与用户基础的新媒体公司，将成为更多平台的拥有者。

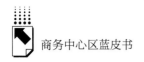

（三）技术驱动，人机协同推进新媒体智能化发展

数据分析、人工智能、物联网等技术的发展和应用将新媒体引入智能化时代，人与机器博弈共生。智能机器的进化正在解放人的双手，提升着信息产品与服务的质量，而在创造性生产和创意挖掘这些高维的领域内，人的价值得到彰显。在技术驱动下，人机协同实现融合创新，推动着新媒体朝智能化方向发展。

智能化技术促使新媒体内容各环节的升级。在内容生产方面，当前，人工智能技术已成为底层支撑。在技术驱动下，"策划选题—采集信息—加工信息"的流程得以优化升级。传感器、物联网的应用，使数据采集实现了全方面、立体化，智能翻译与语音识别也逐步拓展着数据源。信息自动抓取与初步过滤技术、机器人采访，在提高处理效率的同时，也在延伸着媒体人的信息抵达范围。机器人写作、数据型新闻、智能图像加工视频，使信息产品生产更加精确。在信息分发方面，算法型分发在倚重人工编辑的媒体型分发和依托社交链传播的关系型分发中脱颖而出，正在成为新潮流。凭借对海量信息价值的重新评估和有效适配，个性化分发平台迅速在市场站稳脚跟。

人机协同，智能化产品样态逐渐丰富。2017 年，新华社通过推出的《360 度全景呈现：聚焦十九大世界瞩目》节目，利用 VR 技术扩展了新闻产品的呈现视角，生动地展现了党的十九大。另一款产品 H5，利用全息技术，搭建了人民大会堂实景 3D 模型，用户只需要摇晃手机即可全方位感受十九大的会场，同时，还可用该产品收听习近平总书记的原声语音，用户接收信息的现场感和真实感进一步增强。智能算法帮助人们完成数据化的工作，个性化推荐实现信息的准确匹配①。同年，百度提出以人工智能为驱动，采用"搜索＋推荐"双引擎信息发布方式，助力用户精准高效获取信息。

---

① 黄楚新、王丹：《主动融合与转型升级：2017 年媒体技术的突破创新》，《新闻与写作》2017 年第 12 期。

　　智能化技术助力信息生产与分发，推动新媒体的发展。在享受智能机器与技术带来的红利之时，应时刻警惕人自身对算法、机器的滥用，务必将智能机器的发展紧握于人类之手。在智能化的媒体时代，人的价值更值得坚守。专业媒体人必须随时保持判断力与观察力，在理解、应用技术的基础上，深入分析研究内容，并充分利用机器，同时，在产品中注入专属于人类的情感、温度，以完成更高质量的内容生产与信息创作。

B.16
中国 CBD 时尚产业的发展与培育

RET 睿意德中国商业地产研究中心专项课题小组*

摘　要：　近年来，时尚产业在中国呈现出快速发展的趋势，在新零售、消费升级等理念的推动下，中国的时尚消费增量不断增长，受到跨国品牌及资本前所未有的重视，中国的时尚产业逐渐为世界所瞩目。同时，中国 CBD 区域的硬件条件、服务水平以及租金水平等不断发展，成为时尚品牌铺设门店网络的重点区域。本文通过对国内 CBD 时尚产业当下呈现出的一些重要特点、CBD 对时尚产业发展的推动作用进行描述与分析，结合国外历史上的成熟案例经验，以及当下出现的一些现象，对 CBD 区域时尚产业的发展趋势作以展望。

关键词：　产业集聚　奢侈品　消费升级　消费特征　趋势展望

一　中国 CBD 时尚产业的阶段性特点

（一）时尚品牌关店潮背景下向 CBD 集聚

2017 年，在电商影响的大背景下，一些时尚品牌并没有找到合适的发展路径，在时尚产业前 20 大品牌中，超过半数对自己的门店网络进行了整

---

* 索珊，RET 睿意德董事，RET 睿意德中国商业地产研究中心研究员；高远，RET 睿意德中国商业地产研究中心经理；朱思同，RET 睿意德中国商业地产研究中心经理。

合，减少了门店数量，只有少数轻奢品牌在继续快速扩张自己的门店网络。另外，一些品牌通过对门店的调整等手段，对上一阶段的扩张成果进行整理，虽然减少了门店的数量，但扩大了单店的面积，提升管理与服务的水平，取得了不错的效果。

据 RET 睿意德中国商业地产研究中心专题小组对国内时尚产业一些具有代表性的时装、皮具、饰品等品牌的统计，时尚行业正逐步形成以 CBD 区域为核心的分布现状。以北京为例，截至 2018 年 4 月，时尚产业有代表性的 50 个品牌中，开在 CBD 的门店占到了全市的 51%，其中，时尚产业风向指向性更强的时装、皮具、饰品品牌，在 CBD 的集聚效应更加明显，开在 CBD 的门店占比达到了 78%。在关店潮的大背景下，时尚品牌的门店网络铺设更加精细化，并将重点放在了 CBD 区域。

（二）CBD 区域写字楼租金与商业坪效①同步上涨

截至 2012 年，北京 CBD 区域集聚了 500 余家外国驻京机构、800 余家外资企业、近 500 家跨国公司以及金融投资、律师事务所、会计师事务所等咨询服务机构近 200 家。CBD 吸引了越来越多的企业与机构入驻，市场容纳率持续降低，写字楼租金不断上涨，一些 IT 企业相继迁址搬出 CBD，被金融、咨询、文化创意等行业取代。

写字楼租金的上涨与 CBD 区域百货、购物中心等商业的租金上涨保持同步。据 RET 睿意德中国商业地产研究中心专题小组对 2017 年北京全市 30 余处最有代表性的百货、购物中心的调查，位于 CBD 的商业坪效达到了全市平均水平的 3 倍左右。

二　CBD 为时尚产业的发展创造了有利的条件

中国时尚产业的发展要早于 CBD 的规划与建设，但由于没有合适的发

---

① 坪效：商业地产经营效益指标，指的是每坪的面积可以产出多少营业额（营业额÷专柜所占总坪数）。

展空间，发展速度相对缓慢，当首批 CBD 规划与建设后，时尚产业与 CBD 就产生了紧密的联系，究其原因，是 CBD 的存在与发展为时尚产业提供了更好的环境与氛围，成为时尚产业发展的沃土。

（一）CBD 为时尚产业提供了产业集聚的作用

CBD 的品牌门店数量与密度高于平均水平，从理论上来说，这是产业集聚效应的表现。产业集聚是指大量相互关联密切的商业企业在空间上的集聚，从而形成一定区域内商业网点密度和专业化程度较高的商业经营场所。最早注意产业集聚现象的是经济学家马歇尔，他在《经济学原理》一书中，把专业化产业集聚的特定地区称作"产业区"（industry district）。

一个产业集聚区，往往是百货、专卖店、精品店、餐饮、休闲、酒吧、文化、旅游、娱乐、健身等多种元素的集聚地。各种类型商业企业在空间上的联合，会产生"1 + 1 > 2"的综合经济效应。对于消费者而言，他们的各种消费会在这个区域实现，而且在该地区的消费要超过在一般地区的消费，因而产生消费带动效应。此外，产业集聚通过集中化大规模的商业活动和提供相关服务，将会带动所在地区的金融、房地产、建筑、广告、装饰装修及交通运输的发展，促进该区域的产业规模化和专业化。而当产业集聚规模、专业程度达到一定水平，还会引起周围人们的思想和消费观念的变化，甚至消费结构的改变，从而促进消费环境和商业经营的进一步提升。

CBD 的规划建设受到产业集聚理论的影响，其基础设施为区域内的商业活动创造了良好的集聚条件，尤其是受产业集聚影响较多的时尚产业，受到这一因素的影响更多。

（二）CBD 为时尚产业提供了更好的交通、建筑空间等硬件条件

在城市规划还在初期的时代，城市内能够满足时尚品牌对硬件条件要求的区域较少。在 20 世纪 80 年代中国时尚产业起步的初期，国际品牌多依托高档酒店设立销售柜台，一方面，是因为在当时酒店的环境相对较好；另一方面，也是因为当时国人购买国际品牌需要外汇票，国际品牌的消费者多为

外国人。

20 世纪 90 年代，一线城市 CBD 开始了快速的规划与建设，由于采用了更为先进的理念，同时 CBD 在城市发展中起到先导作用，所以 CBD 迅速成为一个城市交通与建筑空间等硬件条件最为领先与完备的地区。时尚产业因其特点对交通、建筑空间等硬件要求较高，这与 CBD 高质量的环境建设要求不谋而合。时尚产业逐步走出酒店，依托于 CBD 的建设发展走进了大众视野。

在针对 CBD 消费者的调查中，消费者普遍认为 CBD 商圈的购物环境较好，空间舒适度高、环境整洁、卖场气氛优雅时尚、标识张贴和海报宣传都达到了较高的水平。消费者对 CBD 商圈的购物的便利性也表示满意，认为其地理位置优越、支付便捷、行走畅通，十分符合消费者的需求。从调查的结果来看，CBD 良好的交通条件和空间设计与时尚品牌精致的形象相得益彰，共同激发了消费者对于时尚消费的需求。

（三）CBD 为时尚产业提供了更好的媒体传播环境

风尚的形成，与媒体传播有着紧密的联系，时尚需要传播，时尚产业的主流消费者也对媒体信息更为敏感。时尚产业的发展需要良好的氛围，这种氛围的形成以媒体为代表性因素，媒体、广告、公关等企事业单位在时尚产业拥有重要的话语权，对推动时尚热点的形成与发展起到主导或助推作用，相关从业人员对时尚有更敏锐的洞察，对时尚的追求也往往走在时代前列。而全国主要的媒体中心，同样与 CBD 有着密切的关系。

以北京 CBD 为例，北京 CBD 及其所在的朝阳区集中了《人民日报》《中国日报》《北京青年报》等重要平面媒体，中央电视台、北京电视台也先后入驻 CBD。VOA、BBC、CNN、美国时代华纳、香港凤凰卫视等国际知名媒体也在 CBD 及周边区域落户。中央电视台和北京电视台的下游企业，有 12000 多家，其中相当一部分企业在 CBD 区域集聚。这两大电视机构以及驻京国际新闻机构、各类平面媒体和数字网络媒体等国内外文化传媒业巨头的身后，带动的是数万家电视制作公司、数字技术公

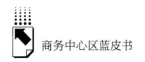

司、设备租赁公司、节目发行公司、版权交易机构、广告制作公司、广告代理公司、演员经纪公司、市场调查公司以及法律、咨询、财会等中小型专业服务企业。这样的媒体聚集条件是国内其他城市和地区所无法比拟的，北京以CBD为核心的媒体产业链条为时尚产业的发展提供了强有力的助推。

（四）CBD为时尚产业提供了重要的消费场景

通过对CBD消费者的调查，我们发现在CBD区域工作的人群与时尚产业的消费人群重合度较高，CBD为时尚产业吸引了目标人群。另外，CBD的商务属性较强，跨省市的人群流动性较大，这部分人群对于价格的敏感度较低，对特色产品需求量大。CBD的商务活动也对有礼品价值的时尚产品有大量的需求。CBD为时尚产业产品的展示与消费提供了重要场景。这也是CBD的品牌门店越来越倾向于增加门店面积的重要原因。

案例1　纽约曼哈顿与第五大道

曼哈顿与第五大道的发展历程是CBD促进时尚产业发展的典型例证。

曼哈顿被认为是整个美国的经济和文化中心。这里是世界上摩天大楼最集中的地区。它汇集了世界500强企业的总部，也是联合国总部的所在地。曼哈顿华尔街是全球最重要的金融中心，纽约证券交易所和纳斯达克证券交易所落户于此，而曼哈顿的房地产市场也是全球最昂贵的地区之一。

曼哈顿是纽约市的中心。纽约的主要商业、贸易、金融和保险公司位于曼哈顿，大型企业总部和数十万就业人口已成为全球就业密度最高的地区。由于曼哈顿从事金融业务，在保险业有很多公司，在曼哈顿下城有一个只有1.54公里长的华尔街金融区，面积不到1平方公里。它集中了数十家大型银行、保险公司、交易所和数百家公司。

曼哈顿的时代广场，被称为"世界的十字路口"和"世界的中心"。它是百老汇戏剧剧院的核心，它是世界上最繁忙的人行横道之一，也是世界娱乐业的中心。曼哈顿还拥有许多世界知名的桥梁、摩天大楼和公园,曼哈顿华裕是整个西半球最大的中国人定居点。这里还有大量的顶尖高中和大学,包括世界前 50 名最著名的大学,如哥伦比亚大学、纽约大学和洛克菲勒大学。

曼哈顿 CBD 是纽约市发展的催化剂。这主要体现在纽约市已经建立了基于 CBD 影响的国际城市形象。国际和跨国行业组织在纽约市已经非常成功。早在 1979 年,就有 277 家公司。在纽约市有 277 家日本公司,213 家英国公司,175 家法国公司,80 家瑞士公司和许多其他国家综合性分支机构;曼哈顿 CBD 商品房住宅和商品住宅营业额在美国房地产市场的这类住房占营业额的 40%;美国有 21% 的电话来自纽约;房地产增长,政府税收增长,曼哈顿房地产评估约占纽约市房地产评估的 53%,曼哈顿房地产价格在 1969 年至 1983 年间增长约 58%。曼哈顿的经济增长占纽约市总经济增长的 82%,CBD 及其衍生品促进了纽约市的繁荣。1978 年,纽约市的机场接待了 150 万游客。

19 世纪早期,在纽约曼哈顿的第五大道只是空的农地。随着曼哈顿 CBD 的崛起,它逐渐成为纽约高级住宅区和名流绅士聚集的地方,逐渐成为时尚界的中心。从南到北有许多文化地标,如帝国大厦、纽约公共图书馆、洛克菲勒中心、圣帕特里克教堂和中央公园。此外,还有大都会艺术博物馆,惠特尼博物馆,中央公园附近的所罗门古代博物馆。因此,盖姆海姆博物馆、库珀休伊特设计博物馆和其他著名的美术博物馆等被称为"艺术画廊"。第 60 街与第 34 街之间的第五大街被称为"梦之街"。这里汇聚了很多知名品牌,是世界著名的购物区。根据英国一家咨询公司在全球 45 个国家进行的年度调查,第五大道仍然是全球最昂贵的零售地。

第五大道已经成为世界级的时尚中心,并补充了曼哈顿的发展。曼哈顿为第五大道提供了优质的交通条件,一流的建筑空间,并且能够遍布全球各地,并拥有高度匹配的消费群体。反过来,第五大道的存在也为曼哈顿成为世界重要的商业和文化中心提供了必要的帮助。

三　中国 CBD 时尚产业的未来趋势

（一）以奢侈品领衔的时尚产业将成为 CBD 商业的核心业态

中国奢侈品产业的发展状况与中国经济发展一直保持着紧密联系，随着中国改革开放进程的不断加深，经济稳步增长，中国奢侈品经济的销售和企业数量一直随着经济增长而不断上升，中国奢侈品经济发展在近年逐步居于全球领先地位。总体来看，中国奢侈品经济仍然保持着持续上升的势头，但受关税的影响和政策的需要，未来的奢侈品经济增长不会有十分激烈的表现，总体处于平稳的态势。

总结中国奢侈品市场四十多年的发展状况，大体上可以分为快速增长、激烈增长和平稳增长几个阶段。在 2007 年之前是较为快速的增长；2007 年至 2011 年仅仅四年内增长迅猛；在 2011 年之后由于经济趋缓和税收的加重，增长趋于缓慢，并且在其增长的末端也出现了一系列的分化，如轻奢品牌的出现等。

中国的 CBD 和奢侈品或者说当下流行的轻奢品牌进行了相当大的融合，未来必然会成为世界 CBD 和轻奢的领跑者，即便当下还没有成为，但未来是一种必然的趋势。相对而言，西方国家的市场基本已经开发殆尽，而中国的市场还处于蓬勃向上的趋势，发展势头良好。加之中国人口众多，经济发展推动了人们消费力的提升，所以更容易打开市场。

中国衍生出了轻奢品牌这一个特殊的系列。由于价格昂贵，奢侈品往往不适合广大工薪阶层，近年来，轻奢品牌应运而生，它不仅可以满足奢侈品的高端享受，而且也可以满足较低消费的需求。中国在奢侈品品牌的发展中还出现了很多具有本土特色的创意和创新点，这些创新点颇具吸引力，并且创新点与相关富有创新的企业数量，仍在不断的增长中，而保持创新就是时尚产业发展的必备首选。因此，中国的时尚产业，时尚轻奢品牌的产业未来将会成为中国时尚产业的引领者，而 CBD 的商业也将形成以时尚产业为核心的业态分布。

（二）CBD 奢侈品品牌旗舰店模式形成

1. CBD 与奢侈品品牌店特殊的结合模式

在目前中国 CBD 的发展中，出现了与时尚产业或者说奢侈品行业相结合的趋势，CBD 需要大量的客流和市场需求才能带动的模式。这种特殊的模式要求 CBD 不仅要具有良好的商品提供与广阔的商品选择范围，同时还应该具有具备设计美学的店铺门面，以及良好的引导性。而时尚产业的侧重点正在于此，尤其是中国的时尚产业或者说奢侈品行业与国外的发展有些许不同。时尚产业与奢侈品品牌的店铺是需要广大的客流量和充足的市场需求才能拉动，加之时尚产业和奢侈品品牌的旗舰店模式十分新颖，这与 CBD 发展的模式一拍即合，所以二者在中国便形成了特殊的经营模式，即 CBD 与时尚产业有机结合，形成 CBD 奢侈品品牌旗舰店模式的集合。这种模式往往是将二者紧紧地捆绑在一起，CBD 需要奢侈品品牌独特的造型和吸引力，而奢侈品品牌也需要 CBD 的集聚效应。

2. CBD 和奢侈品品牌的旗舰店集合模式的未来发展

奢侈品品牌在中国的发展具有明显的市场导向性，在与 CBD 进行结合后，其在 CBD 的强凝聚效果导向下迅速发展，未来 CBD 和奢侈品的发展集合模式仍将保持增长的势头。随着国内品牌的不断升级，奢侈品品牌为保持自身地位，对于空间总量的需求也在逐步增大，从一开始开设于酒店大堂的专柜形式到后来的百货再到购物中心，以后越来越多的奢侈品品牌将以独栋建筑的形式在 CBD 区域开设旗舰店。这种建筑面积更宽裕的旗舰店将成为奢侈品展示自己品牌调性、营造独特体验的第一站。

案例 2　北京 SKP 成为旗舰店集聚地

位于北京 CBD 区域东部的北京 SKP（即原北京新光天地购物广场）作为国内高端商业项目的典范，一直被业界作为标杆学习。2007 年，北京 SKP 开业即引入 938 个品牌，其中包括 PRADA、Fendi、GUCCI 等 90 多个世界顶级品牌的旗舰店、概念店、主力店。据统计，超过 40% 为首次进驻北

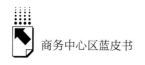
京市场的国际品牌。

2017 年全年，北京 SKP 全年销售额达到 127 亿元，刷新了由 SKP 自己在 2016 年创下的国内商场销售额的纪录。在线上渠道分流实体商业的大背景下，SKP 仍然保持着连续多年的高速增长。

北京 SKP 所在的综合体——华贸中心，是伴随着 CBD 扩容及城市更新所产生的大体量项目。2003 年，北京老的热电厂搬迁，搬迁后留下了面积 15 平方公里的地块儿，交友电厂的置业公司——国华置业有限公司开发。

现在看来，这块位于东长安街起点、横跨长安街南北两侧的地块，地理位置十分优越。然而，在当时，项目周边的环境并不能给出一个明确的信号。因为原处为电厂，地块属于城乡接合部。周边属于老工业区，交通也不是很好；也没有经过改造，基本上是处在城市发展的边缘，烤红薯和烤串的叫卖声不绝于耳。

在这种背景下，北京 SKP 险些被打造成一个百姓生活配套的商业项目。如果那样，它很可能出现的模样就是，一个大型的连锁超市加上一个中端百货，背后则更多的是住宅和公寓，也就没有了今天为中国时尚界瞩目的高端百货之王。

在项目团队对北京 CBD 发展态势的调查后发现，CBD 东扩已经成为既成事实，CBD 区域的文化氛围也注定了这里可以成为现在的 SKP。北京时尚产业从最早的王府半岛酒店，以及距离北京 SKP 最近的国贸，CBD 一批地标性的星级酒店、高档写字楼群，给国人进行了时尚购物的教育启蒙，奢侈品最早的一批购买人群逐渐形成。2004 年前后，与国贸紧邻的华贸地段，两幢五星级酒店丽思·卡尔顿（Ritz-Carlton）、JW 万豪（JW Marriott）加三幢华贸中心甲级写字楼已经规划完毕，传统的 CBD 商圈是在国贸桥以西，之后出现的万达广场和金地广场，将商圈逐渐东移，加之大望路即将改造，一个新兴的 CBD 商圈前景可期可待。另外，北京 CBD 以国贸商城、银泰中心为代表的传统商业空间有限，硬件老化，已经不能更好地满足时尚产业对门店硬件要求的变化。

在这种背景下诞生的北京 SKP，以高端的形象、更大的品牌展示空间、优质的服务等迅速承接了时尚产业对 CBD 区域经营空间的需求，成为国际品牌旗舰店国内集中度最高的商业，并与整个华贸中心形成了北京 CBD 独特的城市景观。

（三）时尚观念的进一步普及使 CBD 的时尚含义更加广泛

时尚观念具有十分明显的时代性，时尚观念往往会随着时代的发展而不断增加，尤其是在经济发展向好的情况下，往往会让时尚观念不断得到普及和发展，甚至有的时候会颠覆传统的时尚观念。反观中国，中国经济在改革开放后稳步提升，伴随着经济提升的同时，人们的时尚观念的普及程度也逐步提升。当时尚产业和 CBD 有机结合并形成集合模式的时候，时尚观念的普及化和大众化使得 CBD 所代表的时尚含义在 CBD 和时尚产业集合化的模式下愈发多样化。

1. 轻奢品牌陆续渗透进 CBD 区域

在 CBD 和一些时尚产业或者奢侈品产业进行了集合化的模式下，CBD 的时尚观念就会趋于多元化。这种多元化是随着市场进行的多元化，任何改变都是跟着市场和需求来的。所以在这种情况之下，轻奢品牌产生并渗透进 CBD 区域。轻奢品牌渗透进 CBD 区域是 CBD 时尚发展的一种必然选择和趋势。CBD 想要持续发展就必须持续保持先进的凝聚效应，而时尚产业想要持续发展就必须始终站在市场的顶端。轻奢品牌适合更广泛的大众，同时也符合先进的时尚性的需求。同时轻奢品牌也具有良好的品牌效应，其品牌旗舰店的经营方式也与众多奢侈品牌的差距不大。因此轻奢品牌不断渗透进 CBD，不仅可以带来更多的市场，而且还会使更多的活力被注入 CBD。

2. 时尚生活方式的领域不断被拓宽

CBD 的经营与时尚产业的联系十分紧密，成熟的 CBD 必然会引领新的时尚风潮。在既有的 CBD 中，经营与市场不仅仅满足或者局限在购物与观赏性方面，购物与观赏的市场只能带来固定的客户和市场群体。未来或者说下一步的发展趋势，CBD 必然会和众多的贴近生活的服务结合，这类服务

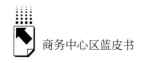

不是"小吃街",而是带有先行的时尚风格的一些服务。这类服务与生活贴近,但是更为高端,像满足商务人士或者资产阶级和部分中产阶层的奢侈品家居或家装规划设计,并且覆盖一些更具舒适性的餐厅和咖啡店等。在这种模式下,CBD 的时尚概念就不仅仅限于奢侈品,而是被无限地加以拓宽和发展,更好地渗透进平常人们的生活领域中。

(四)CBD 区域时尚活动频次增加

CBD 时尚在接下来的发展中不仅限于购物的推介,因为在 CBD,多数购物或者产品和时尚概念的推介(时尚概念依托产品)只能通过单一的产品售卖或者零售。产品和时尚的概念摆脱不了产品的载体束缚。因此,未来 CBD 的发展趋势将不仅仅是零售上的服务,还会开展更加多样化的活动,通过丰富的活动来推介时尚概念,让 CBD 和时尚能够真正地融合。

案例 3 CBD 渐成品牌活动举办的集中地

以北京为例,国贸商城和 SKP 是时尚品牌活动的举办集中地,包括新品发布会、新品预览会、品牌艺术类展览、快闪店等活动。同时,时尚品牌的新领域、新项目的实践也都率先落地 CBD 区域。2017 年 12 月,DIOR 在其北京国贸商城旗舰店举办了 DIOR LADY ART #2——艺术家限量合作系列揭幕酒会。参与合作系列创作的中国艺术家、品牌密切合作的演员明星皆亲临现场共同庆贺;2018 年,著名精品百货连卡佛携手新国贸饭店,将"探寻艺术"之旅与品牌融合,推出全球独家风尚套房并举办开幕派对,这是一次跨界合作的尝试。新国贸饭店也在新设计的打造下,构建了现代时尚的空间,致力于承载更多优质内容落地,被视为北京潮流新地标。

国际时尚品牌愈发将重心放进中国市场,举办时尚活动是品牌落地市场、打通消费、创造连接、传播理念的最佳途径。CBD 的优质资源和高品质氛围,即成为时尚活动的首选地点。越频繁的活动越能构建浓厚的时尚环境,以 CBD 为传播核心,扩散影响整个城市的文化发展。

四 结语

中国 CBD 时尚产业在未来的趋势中会呈现出多元化，不会是单一线条式的增长和发展，会如同一棵树，主干向上，分为多个枝干。CBD 与时尚的风格会联系得更为紧密。二者的依存关系会更加明显，互动促进关系会更为有效。但是，CBD 的时尚产业也面临着挑战和危机。短期内会有持续增长的势头，于长期内看，总体趋势为好，但挑战仍然不能忽视。

参考文献

张家鹏、王玉珂：《商业地产案例课》，机械工业出版社，2015。

宋泓明：《文化创意产业集群发展研究》，《上海经济研究》2007 年第 12 期。

于苗：《CBD 零售业布局及消费者特征研究》，《特区经济》2011 年第 4 期。

于慧芳：《CBD 现代服务业集聚研究》，首都经济贸易大学博士学位论文，2010。

新经济篇

New Economy

B.17

共享办公空间：动因、现状与趋势

刘 奕[*]

摘 要： 共享经济理念在商业地产领域的渗透，造就了以工位出租、空间设计和社区构建为特征的共享办公空间（Coworking Spaces）在全球的崛起。本报告表明，"互联网＋"时代技术创新、非标准劳动兴起和关系型生产的外部环境，加之政府推动、用户需求升级和城市中心商业地产去库存等内在动力，共同促成了共享办公行业的形成和发展。在过去的两年里，国内共享办公产业逐渐从粗放扩张走向深度整合和产业升级，但租赁成本持续上升、收益极端依赖租金、客户黏性不够、招商成本较高、运营人才缺乏、服务网络尚未形成等问题逐步显现，部分项目存在一定的政策风险，共享办公需要在中

---

* 刘奕，中国社会科学院财经战略研究院服务经济研究室副主任，副研究员，经济学博士，研究方向为服务经济。

国的文化语境下进行模式重塑。展望未来，共享办公行业将
呈现五大趋势，即越来越多的跨国公司将成为共享办公平台
的客户，或者在其内部打造共享办公空间，共享办公将嵌入
共享居住功能，并与其他行业跨界深度融合，共享办公行业
也将日益走向标准化、精细化、分众化。

关键词： 共享经济　共享办公空间　动因　趋势

一　起源与动因

共享经济模式在全球范围内的成功和扩散，拉开了一切物质和人力
的、时间和空间的、有形和无形的、商业和非商业的资源进行分享的序
幕；新的共享经济实践在各个层面不断涌现，改变着社会资源的配置方式
和人们的生活方式。共享经济理念在商业地产领域的渗透与创新整合，则
推动了以工位出租、空间设计和社区构建为特征的共享办公空间
（Coworking Spaces）在全球范围内的崛起，并迅速发展成为共享经济产业
领域的又一大亮点。

（一）概念源起

共享办公空间又名联合办公空间，指的是受雇于不同机构、从事不同行
业的人共同使用的物理办公场所及社群平台。共享办公并不是简单的分租，
以往写字楼市场上对于小单位、短租期办公的需求已由商务中心（Business
Center）补足，共享办公强调的是线上平台与公共设施使用率提升。通过为
使用者提供开放式办公空间，共享办公实现了企业间空间及物理位置的共
享，与此同时，通过提供工具、设施及社会交往场所，促进了服务和资源的
共享；而协作空间和合作社群的激发，也将通过信任、互动、反馈、学习、
合作、鼓励和推荐等机制（Spinuzzi，2012）帮助使用者实现从个体工作者

到团队合作者再到跨界合作团队的转变。由于适应了次贷危机后写字楼空置、创新创业公司和自由职业者大量涌现的大环境，加之使用者对共享、低成本、灵活、开放和社群等理念的认同，以 WeWork 为代表的共享办公租赁模式在全球的 CBD 持续风靡。使用 Google Trend 对共享办公的搜索频次进行的跟踪分析表明①，自 2013 年起，对该行业的关注度持续升高，在 2018 年 4 月达到顶峰，与去年同期相比，搜索增加了接近 50% （如图 1 所示），是 5 年前的 5 倍以上。在中国大众创业、万众创新的热潮下，共享办公从 2016 年开始在我国一、二线城市的中央商务区逐渐兴起，推动传统办公空间由集约经营到共享经济、由空间硬件供应到软性服务支持变革的同时，也将引领传统办公模式向资源共享、价值共创、主体共赢的方向发展。

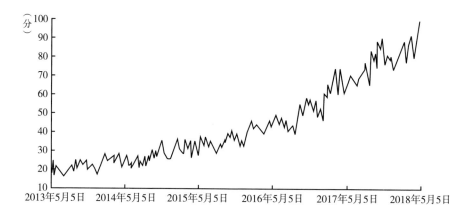

图 1　2013 年 5 月~2018 年 4 月 Google 共享办公的搜索频次统计

（二）发展动因

"互联网+"时代技术创新、非标准劳动兴起和关系型生产的外部环境，加之政府推动、用户需求升级和城市中心商业地产去库存等内在动力的共同作用，投射到特定的物理空间，造就了共享办公模式的形成和扩散。

---

① 这里剔除了每年圣诞假期的影响。

1. 技术进步和非标准型工作模式的兴起

信息技术降低了在固定地点、固定时间进行劳动的必要性，移动终端和社交网络也使得人们工作和生活的界限越来越模糊。基于项目的分散式、移动性的特点，远程和独立型劳动者的比例不断增加，城市专业人员朝九晚五的传统工作模式正日益被远程办公、SOHO 办公、游牧办公等灵活、自由、分布式的新型即时办公模式（office-on-the-run）所取代——目前全球 31 亿办公人群中，移动办公的约有 13 亿人（罗韬，2016）。然而在现实中，在图书馆、咖啡馆、公园、购物中心等城市公共空间工作，存在着干扰过多、效率低下的弊端，而缺少办公服务设施、群体监控和激励，过分依赖远程通信导致的社会网络和专业网络的缺失，也是独立工作者不得不面对的问题。以 WeWork 为代表的共享办公服务，在配备低成本开放宽敞办公空间的同时，还提供充满活力的创业社区环境，故而成为独立工作者和小型创业团队的福音。

2. 从空间生产到关系生产的嬗变

在新的经济模式下，城市作为生产的物质空间的功能，正日益被社会关系的生产空间的功能所取代。对于创新和跨领域的工作来说，知识外溢、信息流动以及基于空间的社会化、专业化网络是生产必不可少的要素，企业更加看重城市特别是 CBD 所带来的资源、机会和平台等附加值，而不是物质空间本身。城市空间里到处弥漫着社会关系，它不仅被社会关系支持，也生产社会关系和被社会关系所生产（包亚明，2003）；人们对办公场所的新价值诉求，表现为 3E——为求共识的亲面沟通（Elaborative Communication）、为求归属感的办公氛围（Empathic Organizing）和为超越体验（Emancipative Moments）而求的集体环境（刘珊等，2013）。共享办公顺应了关系生产阶段社会关系生产的要求，强调在办公空间内部构建相遇、交流、协作和激发的环境，使用者共享的不再是办公室、会议室等物理空间，而是基于通信技术之上多层互联的组织结构。Deskmag（2017）进行的 2017 年全球共享办公调查显示，接近 60% 的用户出于社交及与他人交流的目的选择了共享办公空间（如图 2 所示）。

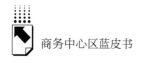

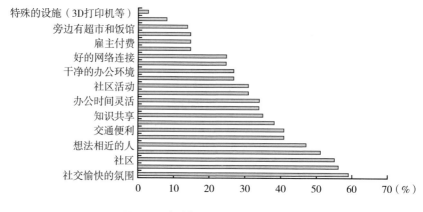

图2　用户选择共享办公空间的原因

资料来源：Deskmag（2017）。

（三）千禧世代①的创新创业热潮

近两年来，在国家支持创业创新各项政策的激励下，我国新增注册企业持续增长，创业人群的规模也日益扩大。根据国家统计局数据，2015年我国日均新增注册企业达1.2万户，2016年和2017年分别超过了1.5万户和1.6万户，其中80%由信息技术、文化、体育、娱乐、教育等领域的服务企业贡献。小微企业和初创服务企业对办公空间的多元化、个性化需求，直接推动了共享办公空间的产生和发展。特别的，根据高力国际发布的《2017年灵活办公空间展望报告》，千禧世代目前占亚洲劳动力总数的47%，逐渐成为劳动力市场的主力军。千禧世代通常被认为将工作时间与个人时间相混合，追求灵活的工作时间、注重工作和生活的平衡，因而更愿意选择共享办公模式。根据Deskmag（2017）的调查数据，目前全球共享办公空间的使用者平均年龄为36.4岁，其中30～39岁的用户比例最高，占所有用户的37%，18～29岁的用户次之，占28%；亚洲地区参与人员年龄最轻，为

---

① 千禧世代（millennials）是millennial generation的缩写，是人口统计学家用来描述出生于1980～2000年的一代年轻人，也被称为"Y世代"。

30.8 岁（如图 3 所示）。从教育程度看，大学本科以上的用户占 86%，其中研究生及以上人员占到了 45%。

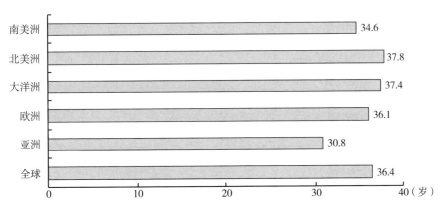

图 3　全球共享办公参与者的平均年龄

资料来源：Deskmag（2017）。

（四）企业对灵活办公需求的增长

从国内一、二线城市中央商务区的租户群体来看，金融和科技行业近年来快速成长为需求增长的主力。与第一代科技公司倾向于选择服务业园区进行研发不同，为提升形象、吸引年轻人才，规模更小的第二代及第三代科技公司更加青睐拥有便利交通、丰富零售业态和娱乐设施的中央商务区。大量涌入的科技公司正切实改变着 CBD 办公空间的生态，而共享办公的产生正好适应了科技公司难以预测人员配置和变化、签订短期租约以控制成本等灵活要求（如表 1 所示）。此外，作为中央商务区需求主力的跨国公司，近年来受到租赁会计准则变化的影响，也倾向于将特定项目团队安排在共享办公空间中。一方面，12 个月以下的短期租约将不受新的会计准则的影响，不用承担各种长期的租约义务，而且可以在规模上实现更大的灵活性；另一方面，将特定的项目团队置于共享办公空间中，也更加有利于在动态的环境中实现创新。

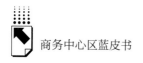

商务中心区蓝皮书

表1 传统办公空间和共享办公空间企业需承担的费用对比

费用类型	服务	传统办公空间	共享办公空间
物业成本	租金	√	√
	房产税	√	×
	服务费	√	×
	租户改造费用	√	×
	水电费	√	×
运营成本	设施管理	√	×
	建筑管理	√	×
	维修保养	√	×
	设备维护	√	×
	保险费	√	×
	安保	√	×
	支援团队	√	×
	前台接待	√	×
	电话及接线费用	√	×
	计划管理	√	×
	茶饮费用	√	×
购置成本	法律费用	√	×
	代理费用	√	×
资金成本	打印机、复印机、扫描仪	√	×
	布线	√	×
	电话系统	√	×
	IT基础设施	√	×
	邮递管理服务	√	×
	家具	√	×

资料来源：CRESA（2017）。

（五）城市中心写字楼的去库存压力

2014年以来，我国经历了新一轮的写字楼供应潮。戴德梁行调查显示，2014~2016年国内16个一、二线城市计划新增甲级写字楼供应量2559万平方米，相当于前三年新增供应量的3倍；其中存量最高的北上广深，新增供应量占所有城市计划供应量的48%；二线城市新增供应量规模均超现有

274

存量的一倍以上。根据仲量联行的统计，2017 年北京、上海甲级和乙级写字楼的存量规模突破 2000 万平方米，成都、广州、深圳等城市则超过 1000 万平方米。与此同时，国内一、二线城市中心区写字楼租金高企，2004～2016 年中原地产监测的一线城市写字楼租金指数稳步上涨，其中北京和上海涨幅均超 250%；北京 2017 年二季度五大核心商圈甲级写字楼有效净租金则高达 585.3 元/（月·米^2）。受此影响，近年来我国办公楼和商业市场增速明显下滑，大多数重点城市商办市场均处于供过于求的状态。国家统计局数据指出，截至 2016 年 11 月，我国商品房待售面积 7 亿平方米，其中占库存超过 30% 的办公楼及商业营业用房待售面积同比增速接近 10%，显示空置率总体较高、去库存压力大。由美国的实践可知，2015～2016 年这两年开设的共享办公空间，超过 90% 都设在甲级或乙级写字楼里，而且三分之二都位于城市中心区。共享办公空间作为一种创新商业业态，以轻资产运营的方式消化存量资产，是很好的存量资产去库存方式；若将空置的办公楼及商业市场升级改造为共享办公空间，两三个月时间就可重新推出。

二　发展现状与趋势

（一）国外发展历程

2005 年 8 月，全球第一个官方共享办公空间在旧金山成立，作为一个非营利的合作组织，Spiral Muse 一周仅开放两天，提供 8 张桌子、午餐、休息场所并组织共同旅行。自此，共享办公在全世界范围内迅速发展为一项运动，全球的共享办公网络空间也逐渐开始搭建。2008 年出现了共享办公签证，一些共享办公空间之间自愿达成协议，允许其他空间的成员免费访问。2010 年，关于共享办公的第一本在线杂志 Deskmag 上线，并首次发起全球共享办公联合调查。2011 年，共享办公商业化领域的开创者 WeWork 在纽约开办了第一间办公室，向自由职业者、小微企业和创业者们提供灵活的办

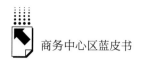

公空间租赁服务，并逐渐开始搭建起线上社区和服务商体系。2012 年，全球共享办公非正式会议（GCUC）正式召开。

2007 年至今，全球共享办公空间的数量增长了 184 倍。据 Deskmag 统计，截至 2017 年，全世界范围内的共享办公空间已经达到了 13800 个，参与会员 118 万人；其中亚洲的空间数量和参与人数分别达到 2100 个和 16 万人（如图 4 所示）。2011～2017 年，全球共享办公空间和会员的年均增长率分别达到了 58% 和 79%；2017 年，人口超过 100 万人的大城市中共享办公空间的数量是 2016 年的一倍以上。平均每个共享办公空间提供 58 个工位，每个工位面积为 10.7 平方米；出于空间窄小、人员密集等原因，亚洲的共享办公空间向体量大且集中方向发展的趋向明显，平均提供 96 个工位，这个数字在 2016 年时为 59 个；每个办公桌占据的空间为 7.8 平方米。

图 4　2007～2017 年全球及亚洲共享办公空间和会员数量增长情况

资料来源：Knoll（2016）和 Deskmag（2017）。

作为行业领跑者，WeWork 强调空间即服务，通过会员制的方式，致力于为入驻企业和个人提供办公空间应用解决方案。WeWork 的运营模式是在城市中心地段以折扣价格与业主签订长期整租合同，再经过个性化、时尚化的重新设计后转租。作为共享办公的倡导者和实践者，WeWork 标榜为一家互联网公司而不是房地产开发公司，它至今不持有一处房产，但全球客户数量已超 12 万，在 15 个国家的 49 个城市中拥有 156 个办公地点，2017 年 7 月的 G 轮融资中估值已达到 200 亿美元。

（二）国内发展现状

2007 年，中国大陆第一家共享办公空间三术沙龙在上海开幕，由于其主要面向艺术、技术、学术领域的专业人士，很长时间内少有人知晓。百度指数显示，自 2016 年起在创业创新热潮的推动下，共享办公才逐渐进入媒体和大众视野（如图 5 所示）；在传统房地产龙头企业的融资助力下，共享办公这一新兴业态迅速在一线、二线城市的中央商务区发展壮大。目前，全球共享办公领域的著名运营商 WeWork、Regus 等已在国内开设多个服务空间，我国也已形成了 SOHO 3Q、无界空间、方糖小镇、裸心社、WStudio、酷窝 CoWork 等接近 300 家本土共享办公品牌。克而瑞研报显示，截至 2016 年底，全国共拥有超过 3500 家共享办公运营商，提供 10 万余张工位；高力国际的统计进一步指出，北京和上海已分别拥有 860 个和 235 个共享办公网点。短短两年时间，北京和上海已位列全球共享办公城市 Top10 之中；优客工场（UrWork）已经成长为估值超过 90 亿元、在全球 30 座城市拥有 100 个共享办公空间、服务 3500 家创新型公司、营业面积将近 30 万平方米的"独角兽"级别企业。世邦魏理仕对上海的统计发现，从 2015 年开始截至 2018 年一季度，共享办公无论租赁面积抑或工位数均有近十倍的增长；选址上主要以传统中央商务区为主，其中有 23% 的面积位于世邦魏理仕定期追踪的优质写字楼中。

过去的两年里，在激烈的存亡淘汰机制下，我国共享办公产业逐渐从粗放扩张向深度整合和产业升级方向迈进，通过战略合作、合并、合资、互换股权和品牌加盟/整合等方式，由单一"数桌子"向提升连锁运营能力和网络覆盖能力转型，由当二房东的收租模式向云端、生态、硬件设施开放方向转变。比如，优客工场与阿里巴巴创新中心深度合作，将阿里的大数据、云平台全面接入；战略投资 WeDo 创业合作社，围绕粤港澳大湾区开展资源共享；与方糖小镇互换部分股份并成立新的合资子公司，全力打造先进的共享办公服务体系；与无界空间进行战略性股权合作，在品牌推广、商务拓展、空间运营等方面开展长足合作；此外还有同网络行销营销、会计师事务所和健身品牌的跨界合作等。营收模式也逐渐从高度依赖租金收入向商务服务、股权投资、流量搭载、管理输出、跨界服务等方面的收益转型（如图6所示），同时服务内容不断推陈出新，如小时计费工位、定制空间服务等。高力国际发布的《2017年灵活办公空间展望报告》预测，中国共享办公空间将保持年均30%的增长率，到2020年，共享办公空间将占整个办公市场的7%~10%，2030年将会达到30%，届时共享办公空间在中国排名前20的城市中将形成一个超千亿级规模的市场。截至目前，北京共享办公占办公市场的比例仅为2.3%，上海为5.0%，显示未来共享办公尚存较大发展空间。

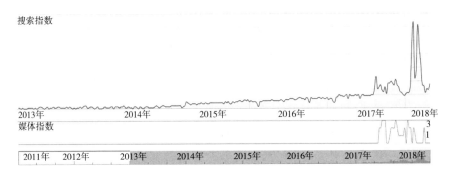

图5 2013~2018年共享办公百度指数

同国外共享办公巨头的一个显著区别是，国内各共享办公企业均致力于建立和完善办公生态系统，努力将综合办公服务、社交网络、创业辅导服务甚至孵化服务在物理空间内相互拼接，孵化器、众创空间与共享办公空间正日益走向融合。从组建方式、产品线及服务内容看，我国的共享办公空间主要可以分为创投驱动、产业链资源驱动、宣传推广驱动和综合服务整合四种模式，其中创投驱动模式具有孵化器的属性，产业链资源驱动和宣传推广驱动模式更接近众创空间，而综合服务整合模式则更像是国外传统意义上的共享办公空间的升级版本。创投驱动模式以洪泰空间为代表，是创投为了寻找优质创业项目而开设的空间，重点在边辅导边甄选；产业链资源驱动模式的代表是上海新车间，主要侧重于为初创企业提供产业链资源支持、社交网络和专业技术平台等服务；宣传推广驱动模式多数是以为创业项目做推广为起点，重点在于利用新媒体为企业提供宣传、投资、信息等线上线下相结合的创业服务，并借此衍生出一系列的培训辅导功能，典型的运营商如36氪、黑马会等。综合服务整合模式如优客工厂、SOHO 3Q 等，则是侧重打造全要素解决方案服务平台与创业生态圈，囊括了金融、招聘、运营、政策申请、培训辅导、法律顾问乃至住宿等各项服务。为了打造个性化的资源整合平台，一些企业甚至拥有自己互联网团队和投资团队，一方面，通过开发App 等线上体系，将入驻企业和会员整合起来进行价值共享；另一方面，自身投资的企业也将作为服务生态系统的有机组成部分，对共享办公内部生态和内部赋能所需的功能进行有针对性的补足。此外，共享办公行业还在不断向着个性化、订制化、精品化的方向发展，一些企业在细分市场上也做得风生水起，如 DayDayUp 国际化联合办公社区就致力于连接国内和国外两种资源，帮助中国企业在海外融资或推广业务的同时，也帮助外国企业在中国市场落地。

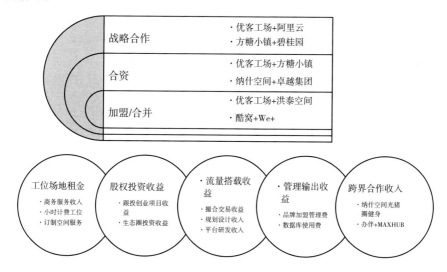

图6　国内共享办公企业的整合模式、营收模式及案例

注：上图为整合模式；下图为营收模式。

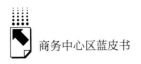

三　存在的主要问题

（一）需在中国的文化语境下进行模式重塑

需求是一个经济问题，更是一个文化问题，不同的文化将导致对共享办公空间的迥异需求。中国市场在经济结构、社会结构和商业环境方面都有自己的特殊性，作为移植自海外的新兴业态，共享办公空间脱胎于国外成熟的创业氛围，因此需要在本土的文化语境下对其发展模式进行重塑。比如，Deskmag 在 2017 年的调查就表明，同全球其他地区以自由职业者为主不同，亚洲共享办公空间的主要用户为团队雇员（如图 7 所示）；而且，中国的创业项目更多的是以团队为单位，较注重办公私密性，共享办公"资源共享"的理念如何同创业办公的独立环境有机融合，是首要解决的问题。在这样的语境下，较之 WeWork 那种以大量 HotDesk 为主的移动工位模式，以团队为单位的空间区隔或独立办公室模式显然更适应国情；资源共享可能带来的办公空间商业机密泄露、重要文件和财产丢失，与服务场所的跨界合作可能带来的安全隐患也是不得不考虑的问题。

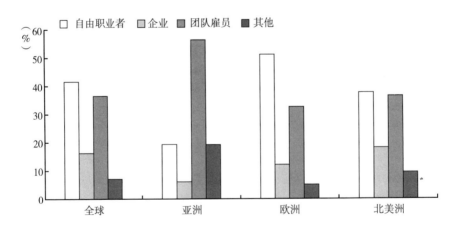

图 7　全球各地共享办公空间使用者构成

资料来源：Deskmag（2017）。

（二）租赁成本存在失控风险

近年来，国内一、二线城市楼市持续火爆，办公楼盘业主逐年提高租金的意愿较强。在这样的背景下，为维持已有项目的持续运营和新项目的拓展布局，如何对租赁成本进行有效管控，提高自身的议价能力，是共享办公行业特别是轻资产模式运营的共享办公平台企业面临的主要风险和难题。WeWork 初涉共享办公业务时，正是凭借美国房地产市场尚未从 2008 年的金融危机中恢复，从业主手中拿到了大量低价长期租约，才为公司后续的健康发展留足了利润空间。目前，已经有一些企业在尝试"非业主直租"的租赁模式，但共享办公企业本身贷款和再融资都较为困难，未来能否成功推广尚需时日考察。事实上，由于大部分坐落于城市中央商务区，共享办公空间仍然面临着传统写字楼和商务中心的激烈竞争，普通初创企业和创业团队若无资金扶持，入驻共享办公空间成本已然十分高昂。世邦魏理仕对于上海的调研显示，位于陆家嘴及南京西路的共享办公空间，自由工位和独立办公空间中的固定工位平均租金较其他地区分别高出 32% 和 36%。以 4 人的创业团队为例，北京世贸天阶附近的共享办公空间工位单价为 2800 元左右，而以同等价格可以在附近租到一间 80 平方米左右的独立办公室；入驻无界空间和 WeWork 望京的独立空间，一年费用分别为 9.84 万元和 16.8 万元，而租用望京面积约 50 平方米的写字间仅需花费 12.7 万元。

（三）尚未找到可持续的商业模式

对于目前国内的绝大多数共享办公企业来说，90% 以上的收入来自租金，政府资金支持为辅，这使得这种新兴业态的存亡极端依赖于租客的入驻率。据业内人士估计，一个典型的共享办公项目要想达到盈亏平衡，必须保证在开业后 3 个月内入驻率超过 60%；而优客工场目前全部开业项目的平均入驻率刚好是 60%。也就是说，目前国内几乎所有共享办公项目均处于亏损状态；国外的情况也类似，估值高达 170 亿美元的 WeWork 也尚未盈利。而对于以失败率极高的创业企业作为主要客户的国内共享办公企业来说，如何实现企业整体运营活动的盈利和商业模式的可持续发展，是整个行业面临的共性问题。目前，一些企业正朝着优化生态圈环境、获取多元化收入来源的方向进行有益尝试，如销售基于 SaaS 理念的办公空间管理系统，建立电商平台、大数据平台和企业征信平台以实现流量变现等；还有一些企业看好将孵化器和创业加速器功能嵌入，从跟投优质创业项目获取投资收益等，这些模式能否成功有待实践进一步检验。

（四）客户黏性不够，招商成本较高

持续招租和客户黏性低，几乎是目前所有正在运营的共享办公空间都要面对的棘手问题。据不完全统计，共享办公空间的租户换手率较高，平均租期仅为 6～7 个月，而 60%～70% 的租户均来自中介渠道，共享办公企业需要为此支付高额的招商中介费。加之鼓励双创大环境下，免费孵化器、众创空间较多，创业企业生存率不高，而被寄予厚望的投融资对接、合作资源对接等高阶服务其实仅适用于小部分创业公司。如何回归共享办公空间的本质，在深耕企业基础及高频次服务的基础上提升入驻企业的依赖度，国内共享办公企业还有较长的路要走。

（五）运营人才缺乏，服务网络尚未形成

由于直击创业痛点且能够享受政策红利，共享办公行业在国内以罕见的速度和复制模式迅速扩张，同运营面积极速增长不相匹配的是，概念的泛化、运营商能力的良莠不齐和行业标准的缺失，共享办公空间的小、散、乱，独立且不互通的空间散落在各地，达到规模经济所需的服务网络尚未形成。而由于共享办公企业在一开始就标榜为互联网平台企业，目标是以空间提供为载体，重点提供资源对接服务，这对企业的运维筹措、资源嫁接和系统服务能力提出了很高的要求。创客发起的共享办公平台专注于技术开发，运营组织模式简单，缺少对资源、资本、团队等的整体规划和顶层设计；地产商发起的空间则不了解客户需求、缺

少培育社区的专业知识——成熟的运营团队和专业运营人员短缺，制约着行业的健康发展。

（六）部分项目存在着一定的政策风险

除了一些承租现成产权范围清晰的写字楼再分割转租的共享办公项目之外，还有一些是利用旧厂房、空置的商业设施等闲置物业改造而成的共享办公空间，其中工业用地的使用性质改变也让部分项目面临着较大的违规风险，而入驻企业也会因土地属性不符合国家规定而陷入无法注册的窘境。在目前的政策体系中，除了中关村国家自主创业示范区这样的"特区"，非商业用途场所改造后用作商业用途存在较大的政策风险，比如《北京市市场主体住所（经营场所）登记管理若干规定》中虽然明确，科技及文化创意企业符合《经营活动类别与房屋权属证件记载用途对照目录》规定的，可予办理登记；但由于该目录的制定主体是规划、住房城乡建设和国土等部门，这意味着房屋权属证件与经营活动不对应，就将承担相应的法律责任。再比如，颇为流行的共享居住模式，就存在着同现有商事制度冲突的问题。目前大部分地方虽允许将居民住宅登记为经营场所，但实际操作中，提供利害关系业主的同意证明文件对于公司和个人是个劳心费力且难以企及的事情；虽然也有部分地方有条件放开了住宅经商的登记条件，如陕西、重庆等地区规定从事特定行业（如创意、设计、电子商务、无实体店铺的网络交易服务等）的企业不需出具业委会同意，但对于绝大多数共享办公企业来说，在目前的政策框架下，共享居住商业模式的落地是一个颇费思量的问题。再者，共享办公空间的身份认定依然不明确，虽然国内绝大多数共享办公空间都具备孵化器、创客空间等双创功能，但其脱胎于商业房地产的行业属性决定了其在享受政府相关优惠政策上的尴尬地位；虽然一些企业通过向双创企业借用牌照的形式实际上享受到了中央和地方的优惠政策，即便不考虑其产生的牌照费用问题，其所形成的行业间的不公平竞争环境也将在长期阻碍整个行业的健康有序发展。

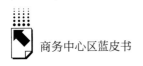

四 发展趋势分析

(一)越来越多跨国公司把特定部门搬进共享办公空间

传统写字间一直是大企业的传统领地,近两年这个惯例也逐渐被打破,越来越多的大企业开始倾向于使用共享办公空间。WeWork 的客户就包括微软、通用电气、毕马威、德勤、三星这样的世界五百强企业,其中微软把70%的纽约销售人员都搬进了共享办公空间。在亚洲,大企业进驻共享办公空间的趋势也非常明显,2016 年普华永道在新加坡 Collective Works 租用了100 个工位,汇丰银行在香港 WeWork 租赁了超过 400 个工位,亚马逊中国也已正式入驻优客工场。为在降低租金成本、获得灵活租期的同时,寻求创新性和协作性更强的环境,未来会有更多的跨国企业把一些特定部门如数字、创新或技术团队搬进共享办公空间。世邦魏理仕《2017 年亚太区租户普查报告》的调研显示,64%的受访跨国企业计划在 2020 年之前引入第三方空间解决方案。不同规模和性质企业的进驻,将进一步提升共享办公平台在招商引资、社群交互、吸引人才、业务开发等方面的一系列“附加值”。

为了满足跨国公司的需要,共享办公空间单体项目的面积也在逐年增长。在欧美国家,传统共享办公空间的面积一般在 1 万~2 万平方英尺,主要面向的是初创企业;为了吸引到超过 100 个工位的大型企业入驻,近来在新兴市场国家,优客工场、WeWork、The Working Capitol、JustCo 和裸心社等共享办公企业甚至尝试租用 4 万平方英尺以上的新场地,比如 WeWork 在香港租用了一个 9.3 万平方英尺的单位,首尔 CBD 的空间甚至达到了 20 万平方英尺,裸心社在上海建立的最新网点面积也达到了 13 万平方英尺。

(二)从 Co-working 到 Co-living

为适应互联网时代工作和生活界限日益模糊的趋势,共享办公平台近来开始推出集工作和生活服务于一体的综合解决方案。WeWork 率先在美国提出 Co-living 模式，尝试向小微企业和自由职业者推广结合办公空间和生活住宿的打包式合租服务品牌 WeLive；预测显示，2018 年 WeLive 将占到 WeWork 整体收入的 21%，年营收将超过 6 亿美元。其后该理念迅速输出到亚洲地区，裸心社已率先开始在国内打造将共享办公空间、餐饮和健身融合起来的共同生活样本。然而，共同居住模式可能同现有的关于建筑用户限制的政策存在一定冲突，而且只有部分地方有条件地放开了住宅经商的登记条件，未来该模式在我国的发展前景如何尚需进一步考察。

（三）大企业开始在其内部打造共享办公空间

另一个值得关注的趋势是，越来越多的大企业开始在其办公区域内部打造商业孵化器和共享办公空间，以促成企业的创新和增长。美国的电讯运营商 Verizon 就拿出其位于纽约总部中约 1 万平方英尺的利用不充分的面积，重新升级改造为面向初创企业和自由职业者的共享办公空间。

1. 共享办公与其他服务行业的跨界融合

观察国内共享办公行业，一个明显的趋势是与服务行业的跨领域融合。共享办公企业与零售、互联网、旅游等传统服务行业的合作基础，就在于共同客户群体的习惯和生活方式；在传统的服务产业上嫁接共享办公业态，有利于拓展传统服务行业的功能，同时帮助共享办公企业打通上下游产业链，实现多样化经营，从而打造一体化集成办公、研发、零售、购物、餐饮、住宿、休闲、娱乐、社交、体验、展示等综合服务功能的生态圈。在商业领域，优客工场与银泰签订了战略投资协议，银泰以其全国 8 个商场 10 年的租赁权入股；同物美在"商场+内容产业+共享办公"领域开展深入合作等。在互联网领域，优客工场和阿里云通过品牌合作的方式发起了北京、深圳、天津三个项目，优客工场负责项目运营；阿里巴巴作为全国首批双创示范基地之一，为项目冠名并提供生态资源赋能，并以借用"双创示范基地牌照"的方式争取当地政府的场地和补贴等支持。在旅游领域，共享办公行业介入得更为深入彻底，酒店作为闲置物业的持有方，同共享办公企业这个需求方的对接切中了彼此的痛点，因而"酒店+共享办公"的模式迅速

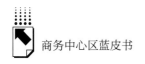

被市场接受，共享办公已成为我国酒店业转型的重要方向。在这种模式下，酒店管理公司向共享办公企业提供非客房空间，共享办公企业负责改造和具体管理运营，为酒店及周边的商务客人提供灵活办公、工位时租、会议室时租、智能娱乐、智能商务、酒店住宿和休闲餐饮等服务包。华住和锦江集团早在 2016 年时就通过投资参股 WeWork、方糖小镇的方式布局共享办公领域，而首旅如家酒店集团则是与优客工场在运营上开展深度合作，范围覆盖如家全国 380 余个城市的 3400 多家酒店。

2. 共享办公行业走向标准化、精细化、分众化

经历了前两年的快速扩张和野蛮生长，为了更好地与市场需求进行精准对接，国内的共享办公领域正朝着差异化、精细化、分众化、专业化的方向迭代升级，行业标准被不断定义并不断刷新。目前，优客工场已针对不同办公人群规划了不同的产品线——Elite，其关键词为商务、高效、精英，是服务大中型企业和跨国公司的共享办公空间，选址为 CBD 甲级以上写字楼；Clash 针对细分领域领先的中型成长型企业，核心理念是领先、科技、前沿，将极大程度上为各种创意阶层和创新企业提供思想碰撞、灵感迸发和 Mix 的机会；Box 是为中小型创新企业服务的办公空间，着眼于创新、活力和未来，是一个充满多种可能性的集成盒子；Heritage 瞄准了传承、经典和人文，是定位于历史建筑中的共享艺术空间，将为入驻企业提供一种超越现代场景的办公体验；Matrix 则是头部创新企业的大本营，定位于旗舰、标杆、国际化，是共享办公空间群落的集成。优客工场等领军企业对品牌的重新定义和产品线的精确细分，将引领整个共享办公行业标准的进一步深化。

参考文献

Spinuzzi C. "Working Alone, Together: Coworking as Emergent Collaborative Activity." Journal of Business and Technical Communication, 2012, 26（4）: 399 – 441.

罗韬：《联合办公的"战国时代"》，一财网，2016 年 4 月 1 日，http://www.yicai.com/news/4769540.html。

包亚明：《现代性与空间的生产》，上海教育出版社，2003。

刘珊、吕拉昌、黄茹等：《城市空间生产的嬗变——从空间生产到关系生产》，《城市发展研究》2013 年第 9 期。

Deskmag. "The 2017 Global Coworking Survey". www. deskmag. com/en/background – of – the – 2017 – global – coworking – survey.

CRESA. "Canadian Coworking and Shared Office Study：Welcome to the Future". Report of Commercial Real Estate Tenant Advisory Services，October 2017.

Knoll. "The Rise of Co-working：A Growing Workplace Movement". Knoll Report 2016，https：//www. knoll. com/knollnewsdetail/the – rise – of – co – working.

B.18
新经济背景下 CBD 新兴业态研究

刘金凤*

摘　要： 在新经济背景下，中央商务区（CBD）作为创新最为活跃的区域，积极推动传统产业与互联网技术融合发展，新兴业态开始不断涌现。本文首先分析我国 CBD 出现的跨境电子商务、互联网金融、文化创意以及智能制造等四种主要的新兴业态及其发展现状，然后展望这四种新兴业态的未来发展趋势，最后总结这四种新兴业态发展过程中面临的现实问题，并提出相应的对策建议。

关键词： 新经济　CBD　新兴业态

一　中国 CBD 新兴业态的发展现状

（一）新兴业态的内涵

新兴业态是指传统的服务业和制造业采用信息技术、互联网技术、数字技术等新兴技术，以应用模式、业态创新、信息技术为内核，实现相互融合发展形成的新兴产业业态①。在以知识经济、虚拟经济和网络经济为标志的

＊　刘金凤，中国社会科学院农村发展研究所博士研究生，研究方向为城市与区域经济。
①　罗先智：《新兴业态培育：因素催生、作用机理与因应策略》，《河北工业大学学报》（社会科学版）2017 年第 4 期，第 15～21 页。

新经济时代，由业态创新带来的产业创新已成为产业结构优化升级的重要途径。在我国经济进入新常态下，积极鼓励和培育以"互联网＋"为载体的新兴业态发展是推动产业结构转型升级进而实现经济高质量增长的必然选择。

（二）中国 CBD 的主要新兴业态及现状分析

中央商务区（CBD）作为城市的功能核心区，集金融、贸易、购物、展销、文化、娱乐和服务等功能于一体，也是城市中创新最为活跃的区域。在"互联网＋"时代下，CBD 主要的传统产业，例如商务、金融和文化等产业积极与互联网技术相互融合发展，新兴业态开始不断涌现。目前，中国CBD 的新兴业态主要包括跨境电子商务、互联网金融、文化创意、智能制造等四种形式。

1. 跨境电子商务

跨境电子商务，简称跨境电商，是指跨境的企业或个人通过电子商务平台进行交易、支付结算，并通过跨境物流进行运输的一种新型国际贸易方式①。近年来，在世界经济低迷和贸易主义保护抬头的情况下，我国的传统外贸增速降低，但是跨境电子商务开始进入快速的发展阶段。由图1 可知，中国跨境电商的市场交易规模在 2011 年只有 1.7 万亿元，但是到了 2016 年，中国跨境电商市场交易规模达到 6.7 万亿元，同比增长24%。

根据货物进出口的流向，跨境电商可划分为出口跨境电商和进口跨境电商两大类。总体来说，中国的出口跨境电商市场交易规模在整体交易中占比较高，而进口跨境电商市场交易规模则相对占比较低。由图2 可知，2016年，中国出口跨境电商的市场交易规模达到 5.5 万亿元，在总体交易中占比达到 82.08%，而进口跨境电商的市场交易规模仅为 1.2 亿元，在总体交易

---

① 来有为、王开前：《中国跨境电子商务发展形态、障碍性因素及其下一步》，《改革》2014年第 5 期，第 68～74 页。

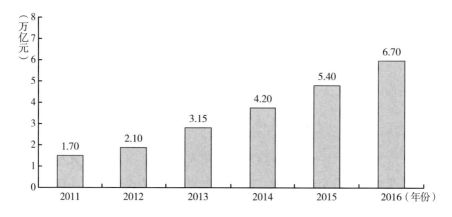

图1　中国跨境电子商务的交易规模

资料来源：2016年度中国电子商务市场监测数据报告。

中占比仅为17.92%。但我国进口跨境电商的市场交易规模在整体交易中的占比处于不断上升的阶段，由2011年的占比8.8%增加到2016年的占比17.92%。

图2　中国跨境电商的进出口占比

资料来源：2016年度中国电子商务市场监测数据报告。

根据商业模式的不同，跨境电商可划分为外贸企业间的电子商务交易（B2B）、外贸企业对个人零售电子商务（B2C）和外贸个人对个人网络零售

业务（C2C）①。目前，中国跨境电商的商业模式主要以外贸 B2B 和 B2C 为
主，并且 B2B 交易处于主导地位。根据图 3 可知，2016 年，中国跨境电商
B2B 交易规模在总体交易规模中占比达到 88.7%，虽然相比 2011 年的占比
97.5%，下降了 8.8 个百分点，但 B2B 交易规模在总体交易规模中占比仍
超过 80%。而跨境电商 B2C 交易规模在总体交易规模中占比虽然由 2011 年
的 2.5% 提高到 2016 年的 11.3%，但 B2C 交易规模在总体交易规模中占比
仍然较低。

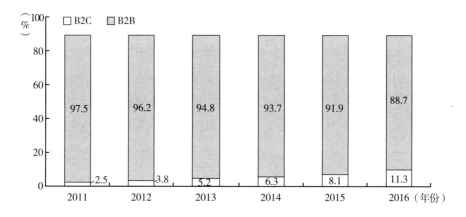

图 3　中国跨境电商 B2C 与 B2B 交易规模占比

资料来源：2016 年度中国电子商务市场监测数据报告。

2. 互联网金融

互联网金融是指传统金融机构和互联网企业利用互联网技术和信息通信
技术实现资金融通、支付、投资及信息中介服务的新型金融业务模式。总体
来看，互联网金融行业发展迅速。据麦肯锡统计，中国互联网金融的交易规
模在 2015 年已超过 12 万亿元，相当于 GDP 的 20%。同时，中国的互联网
金融用户人数位居世界第一，已达 5 亿人。从增速角度来看，互联网金融交

---

① 来有为、王开前：《中国跨境电子商务发展形态、障碍性因素及其下一步》，《改革》2014
　年第 5 期，第 68~74 页。

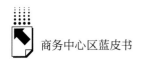

易规模一直处于快速增长阶段，在 2013 年增速达到了 223%[①]。

自 2011 年以来，我国互联网金融的业务和模式不断创新发展，互联网支付、股权众筹融资、网络借贷、供应链金融、汽车金融以及区块链金融等新兴业态涌现。根据麦肯锡的统计，在 2015 年，互联网支付在互联网金融交易规模中的占比最高，达到 88%，而互联网信贷（P2P、小微贷款、众筹等）和互联网理财（基金销售、信托、私募等）在互联网金融交易规模中的占比则相对较小，均为 5%，其他（保险、直销银行等）的规模占比为 2%。

3. 文化创意

文化创意产业是指传统的文化产业利用网络、软件、计算机服务等新媒体技术，以创意策划为核心，将文化制品和服务转换为商品与服务的新兴产业[②]。中国文化产品和服务的生产、传播、消费的数字化、网络化进程不断加快，依托互联网和移动互联网技术的户外媒体、网络媒体、数字电影、数字出版、数字电视、创新设计、版权产业等新兴业态不断涌现出来。总体来看，文化创意和设计服务业发展强劲。在 2015 年，文化创意和设计服务业的增加值达到 4953 亿元，与 2013 年相比增加了 1237 亿元，年平均增长速度为 15.4%，比文化产业年平均增长速度 13.7% 高 1.7 个百分点；文化创意和设计服务业的增加值占文化产业总产值增加值的比重为 18.2%，比 2013 年提高了 1.2 个百分点。并且，根据划分的文化产业的 10 个行业类别，2015 年，以"互联网＋"为主要形式的文化信息传输服务业的产业增加值达到 2858 亿元，与 2013 年相比增加了 1055 亿元，年平均增长速度为 25.9%；在互联网技术基础上发展起来的文化信息传输服务业占文化产业增加值的比重为 10.5%，相比 2013 年提高了 2.3 个百分点[③]。

---

① 倪以理等：《颠覆与连接——解密中国互联网金融创新》，麦肯锡中国，2016。

② 张蔷：《中国城市文化创意产业现状、布局及发展对策》，《地理科学进展》2013 年第 8 期，第 1227～1236 页。

③ 国家统计局：文化强国建设稳步推进文化改革发展成绩显著——党的十八大以来经济社会发展成就系列之十七，http://www.stats.gov.cn/ztjc/ztfx/18fzcj/201802/t20180212_1583201.html。

4. 智能制造

智能制造是指在制造研发、生产、销售服务各个环节，采用新一代信息技术，制造过程、系统和模式具有信息深度自感知、精准控制自执行、智慧优化自决策等功能的新兴产业①。在互联网时代下，传统制造企业寻求在商业模式、组织形式等方面创新，向智能制造行业方向发展。

总体来说，与中国制造业增长低迷形成鲜明对比，中国智能制造行业呈蓬勃发展态势。由图 4 可知，从制造业的产值增加值情况来看，2011～2017年，我国制造业增加值呈现出逐年增长的趋势，但是增速越发趋于平缓。2017 年，我国制造业增加值为 24.06 万亿元，同比增长 7.65%。

但近年来，我国的智能制造行业处于快速发展时期。由图 5 可知，从智能制造行业的产值规模和增长速度情况来看，智能制造业的产值规模一直增加较快，2017 年的智能制造行业的产值规模达到 15000 亿元，是 2011 年的产值规模 4200 亿元的近 3.6 倍。智能制造产值规模的增长速度也一直较快，智能制造产值规模的平均增长速度在 2012～2017 年期间均超过了 20%。

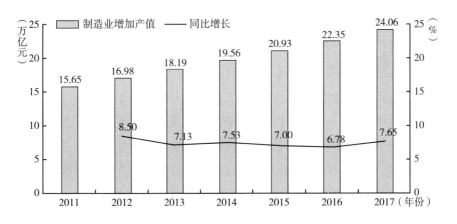

图 4 中国制造业增加产值规模

资料来源：2017～2022 年中国智能制造装备行业发展前景与转型升级分析报告。

---

① 马为清等：《智能制造新模式、新业态发展研究》，《智能制造》2017 年第 7 期，第 24～28 页。

图5 中国智能制造行业产值规模

资料来源：2017～2022年中国智能制造装备行业发展前景与转型升级分析报告。

二 中国 CBD 新兴业态的发展趋势

（一）跨境电子商务的发展趋势

1.行业规范化

在网络跨境交易中，假冒产品以及侵权产品时有发生，中国政府制定相关法律法规来规范行业生态环境是未来的必然趋势。首先，政府需要在法律上加强在网络跨境交易中知识产权的保护，并进行行政监管，如建立事前风险防范机制，加大督导检查力度，严格追究侵权者的责任。政府可以与平台进行合作，联合打击网络跨境领域的侵权行为，并授予平台相关权限，进行有限、低层次的合法性审查。其次，政府需要着手建立简捷、公正、有效在线纠纷机制，增强消费者在线交易的信心。最后，政府需要加紧出台各种适应跨境网购发展的管制政策，来惩治逃税漏税行为，规范市场公平竞争环境。

2.分工专业化

根据产业发展规律，跨境电商行业未来的发展趋势必然是专业化、分工化。跨境电商行业将会出现参与主体的专业化与职能再分工，进行一系列变革，未来将会呈现出行业分工专业化，例如专业策划商提供品牌打造方案，专业 IT 商提供电商平台搭建和数据挖掘等技术综合解决方案，专业物流企业提供商品通关、货物运输解决方案等。这些专业化主体将在网络跨境交易的业务过程中，发挥比较优势和竞争优势进行专业化经营，提高自身的核心竞争力。因此，未来跨境电商行业将会出现专业化与分工化的发展趋势。

3. 产品品牌化

目前，跨境电商进行贸易的产品，同质化问题比较严重，为了提高产品竞争力，国内外跨境电商开始开发自有品牌和建立独立渠道。其中，跨境电商开发自有品牌可以通过品牌效应获得较高利润，也可以通过数据挖掘建立技术壁垒，提升产品销售的灵活性，改善营销，减少投入费用，进而提升企业盈利水平。并在外贸环境日益严峻的情况下，企业利用"互联网＋外贸"进行贴牌生产的生产方式，不再适应于新的环境。因此，跨境电商企业纷纷利用电子商务创建自主品牌，产品品牌化将是未来的发展趋势。

（二）互联网金融的发展趋势

1. 行业规范化

自 2013 年以来，互联网金融得到了快速发展，但同时伴随着各种风险问题。2016 年，我国政府加强了对互联网金融的监管，出台了《互联网金融风险专项整治工作实施方案》《国家信息化发展战略纲要》等，以此来降低互联网金融风险，建立健全互联网金融监管机制，引导和规范互联网金融的发展。2017 年，博鳌亚洲论坛发布了《互联网金融报告 2017》，表示将会继续加大监管力度，重点防范互联网金融风险。而且随着互联网金融市场的逐渐成熟，以及互联网金融监管体系的完善，互联网金融行业逐渐走向规范化发展道路。

2. 行业科技化

近几年来，大数据、云计算、人工智能、区块链等新兴技术的快速发展，将对互联网金融行业产生重大影响。首先，互联网金融行业的工作效率

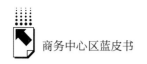

将会得到快速提升，例如，新兴科技可以以更高的效率完成金融需求的精准匹配、以更低成本完成长尾资产的收集与证券化等。其次，金融科技将引领互联网金融的发展。根据麦肯锡的统计，全球投资在金融科技上的资金规模在 2015 年达到了 191 亿美元，是 2010 年的 8 倍左右，表明金融科技是全球投资重点，互联网金融行业的科技化是未来的发展趋势，将引领互联网金融行业的发展。

3. 支付移动化

随着通信技术和互联网科技的快速发展，移动支付逐渐取代传统支付方式。根据《中国支付清算行业运行报告（2018）》数据显示，近年来，我国移动支付行业发展迅速，移动支付业务规模保持高速增长态势。2017 年，国内商业银行共处理移动支付业务 375 多亿笔、金额 202 多万亿元，同比分别增长 46.06% 和 28.80%。非银行支付机构共处理移动支付业务 2390 多亿笔、金额 105 多万亿元，同比分别增长 146.53% 和 106.06%。随着移动支付和移动智能终端的快速普及，未来互联网金融服务和移动互联网将进行深度融合，发展以用户体验为导向的社交金融。

（三）文化创意的发展趋势

1. 产业组织微型化

我国当前的产业组织形式中既存在航母型企业，小微文化企业也同样大量地存在。并且，在中国，小微文化企业的数量更是占到文化企业总数的 80% 以上，北京的规模以下文化（含文化、体育和娱乐业）企业占比甚至高达 96.1%[①]。其中，小微文化企业的大量存在，可以满足人民日益多样化的文化需求。大型文化企业的规模化生产更多为标准化产品，而小微文化企业生产的产品更为个性化，更能满足消费者的多样化需求。从文化内容的生产层面来看，小微文化企业的个性化产品是对航母型文化企业的补充。微型

[①] 王林生：《互联网文化新业态的产业特征与发展趋势》，《甘肃社会科学》2017 年第 5 期，第 9 ~ 16 页。

化的产业组织形式可以使小微文化企业更具灵活性和创新性，可以及时创造出个性化产品来满足消费者的多样化需求。

2. 产业形式多样化

随着互联网与文化产业的融合发展，文化创意产业形式日益多样化。例如，北京故宫依托厚重的文化底蕴，开发文化创意产品。文化创意产品的研发不仅注重把握传统文化脉络，也注重探索现代表达方式，尤其是迎合了年轻人的消费需求。故宫利用优秀传统文化资源以文化创意产品的形式进行普及，成功引发了社会公众的吸引力，有效推广了故宫博物院的文化资源。为了进一步推动文化创意产品的开发，2016 年 11 月，国家的四个部门联合出台了《关于推动文化文物单位文化创意产品开发的若干意见》，鼓励具备条件的文化文物单位开发文化创意产品。

3. 消费主体年轻化

当前，文化产业的文化消费发展迅速，尤其是互联网文化消费的用户规模和收入均呈现较快的发展趋势。在 2016 年，互联网视频付费消费用户规模已达到 6000 万人次，收入也迅速激增至 107.9 亿元，比 2013 年的 4.6 亿元增长了数倍[1]。在互联网文化消费中，北京的互联网文化消费占总体文化消费的比重已达 40%。其中，在互联网文化消费的群体中，"90 后"（含部分 "85 后"）等新生代成为主要的消费群体，在移动支付用户中 21~30 岁群体约占 54.5%[2]。可以发现，"90 后" 群体的消费能力正在日益增强，已经成为互联网文化新兴业态的主要消费群体。

（四）智能制造的发展趋势

1. 产品智能化和服务化

在互联网时代下，智能制造和网络技术、计算机技术、精密传感器技术

---

① 王林生：《互联网文化新业态的产业特征与发展趋势》，《甘肃社会科学》2017 年第 5 期，第 9~16 页。

② 中国支付清算协会：《2015 年移动支付用户调查报告》，http：//www.199it.com / archives / 471990. html。

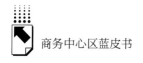

等新一代信息技术融合发展，制造业产品越来越智能化。另外，制造业企业不仅关注产品制造本身，开始更多关注市场调查、产品开发、销售及售后服务等产品的整个生命周期过程。从某种意义上来说，随着服务在制造价值链中的占比增大，一些制造企业正在转型成为服务企业，产出的服务化是智能制造出现的新兴业态。

2. 制造智能化和标准化

在工业大数据、传感器和物联网等技术的驱动下，产品制造趋于智能化。在工业机器人、制造设备等安装智能传感器，利用现代网络通信技术实现相互连接，进行信息分享，并利用 RFID 等技术实时采集数据。同时，利用工业大数据的管理和挖掘技术对制造设备本身和产品制造过程中产生的数据进行深入分析。另外，制造技术标准化是未来的发展趋势。目前，我国的制造技术标准存在不一致的问题。未来争取制定国际技术标准将对我国智能制造的发展产生重大影响，因此，我国亟须统一国内制造技术标准，并与国际技术标准接轨，进而进一步争取获得制定智能制造国际技术标准的权利。

3. 价值链环保化和网络制造化

在智能制造时代，绿色制造是制造业实现可持续发展的重要途径，因此价值链环保化是智能制造的未来发展趋势。另外，智能制造企业以互联网技术为基础，以市场和消费者需求为导向，通过互联网动态连接整个生产环节，在全球范围内实现资源配置并进行生产，因此，网络制造化是智能制造的另一未来发展趋势。制造业企业通过互联网配置全球制造资源来完成设计和生产，可以对市场需求做出灵活、快速反应，从而全球制造资源的利用率可以大大地提高。

三　中国 CBD 新兴业态发展面临的问题及对策

（一）跨境电子商务发展面临的问题及对策

1. 改进跨境电商的通关服务

当前跨境电商贸易的发展，一方面，面临时效性较差问题，即申报通关和检验检疫太过烦琐。另一方面，面临结汇和退税操作繁杂问题，即对于小企业来说由于没有进出口经营权，结汇和退税操作难，对于月营业额达到数十万美元的跨境电商企业来说，外汇管理制度所规定的人均年兑换上限为5万美元亦为其结汇操作带来困难。

为了改进跨境电商的通关服务，一方面，通过建立交易的跨境电商企业主体的认定机制来打造报关服务和电商企业的关联体系，监管进出口的电商货物，但对货物清单可先进行快速核放通关，后由电商企业汇总申报。另一方面，通过大力发展跨境电子支付服务企业来完善跨境电子支付体系，如鼓励试点支付企业办理境外收付汇和结售汇业务。

2. 完善跨境电商的市场监管体系

目前，我国缺乏对跨境电商的交易行为规范、消费者权益保障等方面的相关法律法规，导致一些不法电商利用电商平台虚假宣传并销售假冒伪劣商品，招致众多海外消费者的投诉；另外，在电商平台上亦经常发生知识产权被侵犯等行为。因此，我国亟须完善跨境电商市场监管法规来规范市场行为。首先，政府需要出台相关法律、法规和文件，明确规定跨境电子商务的市场开放顺序和交易业务范围。其次，完善跨境电子商务监管的法制体系，保障跨境电子商务企业和消费者的权益，保护知识产权。最后，构建监管服务云系统，包括交易云平台、金融服务云平台、物流服务云平台以及政府监管服务云平台等，监管跨境电子商务企业和交易商品。

3. 加强跨境电商国际合作

我国跨境电商企业在跨境交易过程中由于地缘关系经常遇到一些如中俄海关交易清关程序冗繁、交易货物时有丢失等实际问题。因此，针对以上问题，需要推进我国相关部门与其他国家制定跨境电商贸易规则，例如在通关服务方面，制定简单统一的手续，并进一步完善相关配套服务，在邮件快件检验检疫方面，制定有效的监管模式和管理制度等，积极建立国际合作机制，促进跨境电商企业发展。并积极搭建平台引导国内电商企业适应WTO等相关国际组织的标准和协商体系，有助于跨境电商有效处理贸易纠纷。

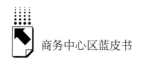

（二）互联网金融发展面临的问题及对策

1. 完善互联网金融市场监管体系

我国在互联网金融方面的法律定位不明确，缺乏约束和政策引导，并且相关监管机构的监管职责亦不明确。因此，亟须完善现有的法律法规，规范互联网金融的发展，在金融创新和监管之间实现有效平衡，在市场和监管者之间实现信息共享，进而有效防范互联网金融风险。另外，要适当整合银监、证监、保监、工商、财政、公安等部门的力量并根据当前的混业经营状况做出明确分工，进行分业监管和混业监管，并进一步推进全国一体化的金融监管体系，进而对互联网金融进行有效监管，有效防范互联网金融风险。

2. 规范互联网金融制度平台

由于互联网金融进入门槛相对较低，没能严格约束注册资本金比例、业务范围和风险监控等，互联网金融的信用评价体系亦未完全建立，容易发生骗贷跑路等风险问题。

针对上述风险问题，一方面，建议对互联网金融企业施行牌照准入制度，即设立准入门槛。准入互联网金融企业必须拥有一定规模比例的持续自有资本金，还要对不同条件的准入企业适当区分，并设立分类分级的业务范围。另一方面，积极引导互联网金融企业加强自身信用建设，公开接受社会的监督与评价，增强自身的公众形象。央行统一的征信管理体系亦可引入互联网金融企业，即对企业和个人用户均实行实名制用以完善客户信用识别系统和认证机制，进一步规范互联网金融的操作流程，增强资金安全及出现信用问题时的处置力度。

3. 提高互联网金融技术安全性

近些年来互联网金融行业发展迅速，然而黑客团体和经济犯罪等敌对的安全威胁亦在与日俱增。支撑互联网金融发展的信息技术和安全技术有待进一步提升，目前各种恶意钓鱼网站、病毒木马攻击、泄密及篡改用户信息等情况时有发生，金融的低技术安全水平严重影响了资金参与各方对互联网金融的信心。

因此，为了提高互联网金融技术安全性，首先，需要提高互联网金融的自主研发能力，不断提升信息技术和安全技术，构建安全的互联网金融网络，防范钓鱼网站、黑客和病毒攻击，提高应对信息安全事故的能力。其次，需要提高互联网金融用户的自我保护意识，加大对用户关于互联网金融安全意识的宣传，进而进一步防范互联网金融风险。

（三）文化创意发展面临的问题及对策

1. 转变对文化创意的认知观念

基于互联网技术的文化创意产业被普遍误解为简单地以搭建网上商城等方式把线下的内容搬迁至线上，或者以开发独立的 App 等方式将互联网的强大传播、营销和推广功能融入文化产业中。然而这种高成本投入纯粹嫁接的结合方式，仅仅是发挥了互联网的工具或载体作用，并非互联网文化创意的真正核心与本质。

因此，发展文化创意产业的首要在于转变现在的认知观念。互联网成为时代发展最基础的生产力已是大势所趋，所以当代必须用互联网思维来改造传统的文化生产模式、组织模式、消费模式、销售模式、盈利模式，进而创造一种新兴文化业态。文化创意所强调的文化产业与互联网技术的融合，是指运用互联网思维重新整合各种文化要素，进而改进甚至颠覆旧的行业传统，逐步完善文化产业机理和发展路径，不断创新产业发展模式。

2. 规范文化创意的发展秩序

文化创意产业经历着萌生、培育、发展、壮大、成熟的过程，也是一个由乱而治的过程。我国文化产业的市场经济体系和法律法规体系都不完善，形而上的产业伦理很难规范文化创意产业的运营，导致出现百度公司的"魏则西事件"和快播公司的"涉黄案"等混乱事件。因此，亟须加快《文化产业促进法》等法律的起草出台来规范和确保文化产业新业态的健康发展。另外，我国必须不断提升文化创意产业市场的主体责任意识，不断增强文化创意产业市场主体对产业伦理的认识，逐步提升产业伦理至自主和自觉的高度。

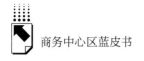

3. 保障文化创意资金供给

近年来文化创意产业虽然不断跨界发展拓宽范围，然而在起步阶段仍存在投入多而产出少的问题。为了培育和扶持这些产业，使得投融资环境低成本和高效率运行。首先，拓宽文化创意产业的融资渠道，一方面，可以通过专门设立的小额贷款公司为文化创意产业提供资金供给；另一方面，可以通过创业板上市为文化创意发展提供融资。其次，引导社会资本进入文化创意产业，在完全竞争市场下，促进文化创意产业充分发展。最后，充分发挥财政资金的引导作用，实行贴息、减税、免税、贷款担保等多种优惠政策，另外重点扶持具有较高附加值和科技含量的优势文化创意产业项目。

（四）智能制造发展面临的问题及对策

1. 制定统一的智能制造行业标准

我国大部分传统制造业的自动化系统仍存在严重的技术参数不统一问题。尽管各学科领域和协会机构中使用其中一些标准，但是并不协调统一，严重的异质异构问题广泛存在于各大网络和设备之间。智能制造行业更是缺乏统一的行业标准，尤其是在产品标准、基础共性技术标准和关键技术标准等方面。

因此，我国亟待成立智能制造标准委员会，制定并推广统一的智能制造行业标准。政府需扮演好顶层设计的角色，根据我国智能制造行业的实际情况和国际标准，制定统一的产品标准、基础共性技术标准和关键技术标准等，然后推广应用于智能制造的核心行业及企业。

2. 提高智能制造的自主创新能力

我国近些年在智能制造领域侧重于技术引进，而缺乏自主创新能力，行业技术水平与先进技术国家尚存在巨大的差距，尤其在智能制造基础技术、关键技术和基础研究能力等方面，还无法立足于制造产业链的顶端。

因此，我国应该着力提高智能制造的自主创新能力，完善智能制造的创新体系。一方面，着力推动智能制造企业与研究机构和高校的高层次人才的合作，引导社会资本投资智能制造业的研发过程，提高智能制造的自主创新能力。另一方面，鼓励国内智能制造企业"走出去"，与先进技术的国家和地区进行项目合作。例如，支持内地智能制造企业与港、澳、台等地区的企业合作，在智能制造领域建立合作机制，加强技术交流与合作。

3. 发展智能制造相关的现代服务业

智能制造业的发展离不开生产性服务业的支撑，但中国的生产性服务业发展比较滞后。例如，在智能技术供应、智能设计、智能系统软件、智能物流等方面的生产性服务业发展滞后，在虚拟网络、现实机器、工厂控制系统和生产管理系统等方面的智能制造技术人才培训和供应发展滞后。

为了加快发展我国的智能制造服务业，首先，大力打造智能生产网络平台，促进各大智能制造企业之间的信息资源共享，实现资源的最优化配置。其次，引导智能制造相关的生产性服务业进一步集聚发展，尤其是智能制造技术研发和供应、智能系统软件开发及智能制造物流等企业，为智能制造业的发展提供完善的服务体系。最后，完善智能制造技术人才培训服务体系，加强人才队伍建设，并积极引进智能制造领域的高端人才，为智能制造业的发展提供充足的人才供给。

参考文献

吴悠悠：《我国互联网金融：问题、前景和建议》，《管理世界》2015 年第 4 期。

刘星星：《智能制造的发展：现状、问题及对策研究》，《齐齐哈尔大学学报》（哲学社会科学版）2016 年第 7 期。

B.19
跨境电子商务现状、问题与政策创新

王健 周勍*

摘 要： 近些年，互联网和信息技术在国际贸易领域的应用已经带来全球市场的生态变化。跨境电子商务模式创新，大大降低了参与国际贸易的门槛；第三方平台为全球中小企业赋能，在全球贸易中起到越来越重要的作用。加上中国政府的政策支持和环境营造，中国跨境电商发展已经走在了世界前列。与此同时，我们也要看到，跨境电商发展既存在机遇，在全球也面临挑战。本文旨在总结中国跨境电商发展现状，分析其发展存在的问题，特别是指出了未来贸易监管改进和政策创新的方向。

关键词： 中国跨境电子商务 现状 政策 监管

一 中国跨境电子商务发展现状

跨境电商的发展让中国的中小企业和个人能够更好参与国际贸易，也能够享受来自世界各地的优质商品和服务。通过跨境电商将真正实现买全球、卖全球，普惠贸易将成为未来发展的新趋势。

---

* 王健，对外经济贸易大学国际商务研究中心主任，教授，研究方向为国际贸易实务、跨境电子商务、国际贸易惯例规则；周勍，中轻总公司跨境电商工作组组长，跨境电商 50 人论坛秘书长，研究方向为国际贸易、跨境电子商务、商业模式创新与贸易监管制度。

（一）跨境电子商务整体发展情况

2017 年，我国跨境电子商务交易规模达到 7.2 亿元，跨境电商占中国进出口贸易比例会逐步提高到 20% 以上，年增长率已经超过 30%。跨境电子商务依托互联网发展壮大，"十三五"规划建议提出"建立便利跨境电子商务等新型贸易方式的体制"，是我国实现"互联网 + 外贸"的主要途径。2017 年，各地借助"一带一路""互联网 +"、创新驱动以及自贸区建设等重要国家战略，都相应地出台了许多扶持跨境电商发展的政策，各个地方政府也积极响应号召，着力发展跨境电子商务。跨境电商已成为推动全球电子商务发展的引擎，电子商务平台的成功模式被不断放大，移动互联网爆发带来移动购物越来越普及，也成为影响中国电子商务增长的重要因素。跨境电商为中小企业提供了外贸的便捷通道，也为发展中国家公平参与国际贸易提供了机会。

（二）跨境电子商务平台发展现状

跨境电商的发展依赖于平台的发展，许多电商平台开始涉足跨境领域，越来越多的传统企业开始通过跨境电商实现产品和服务的"走出去"。跨境电子商务平台的发展呈现出多样化、生态化的特点。

1. 跨境电商平台以及线上线下多样化经营模式

按照服务类型，跨境电子商务平台可以分为：信息服务平台，在线交易平台和外贸综合服务平台（如图 1 所示）。

2017 年我国跨境电子商务平台市场日趋成熟，进、出口领域主要平台经过模式探索，逐渐培养出竞争优势。一般平台有两种，一种是综合类的第三方服务平台；另一种是自营型的平台。第三方综合服务平台，其优势主要在于其拥有绝对数量的买家和卖家、强大的电商品牌优势。这些平台一般能够在较短的时间内获得一定的市场份额，如网易考拉、天猫国际等。而自营型平台由于其自营的特点，精耕细作的运营模式可以更好实现对平台商品品类的选择，同时具有较好的品牌优势，能够更好地满足消费者的基本需求，

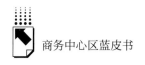

如蜜芽、宝宝树等。

每年，跨境电子商务平台稳步发展，注册的新经营主体中，中小企业和个体商户一直占到90%以上。2017年跨境电子商务出现了很多线上线下融合的新模式。各跨境电商试点城市和综合试验区不断探索，尝试设立跨境电商线下体验店。如郑州中大门O2O跨境自提馆的创新模式在全国率先落地，并开始向全国复制推广。宁波保税区进口商品直销中心的洋洋海购城模式，即"精品＋美食＋电商＋体验"模式。该模式的核心价值是服务和体验，可以提升消费者线上线下的购物体验。深圳"保税＋实体新零售"模式试点于2017年3月正式启动，该模式以"协同共治、创新监管、先行先试、便利贸易"为原则，支持零售企业在大型商业体开设实体店面，集中展示销售完税商品、普通保税商品和跨境电商进口商品，实现"线上交易、线下体验、到店提货"，促进实体零售与保税贸易的融合发展。上海市跨境电商综合试验区内集聚的知名电商企业以及线下大型商业企业纷纷推出保税展示、前店后库等模式实现跨境电商线上线下互动。

图1 跨境电商平台模式发展

除了上述跨境电商平台之外，还有一种特殊的模式，即"协同平台"。这种模式通过对其他国家跨境电商各平台网站的信息进行整合，以实现一账户多平台的使用方式。另外一个是通过语言来整合的平台，传神外贸通WMT365平台，面向全球跨境电商市场打造的全中文服务平台，整合全球优质B2B平台，为中小企业跨越语言和渠道障碍，提供了跨境贸易的语言服务和营销推广支持平台。

2.跨境电商生态系统逐步形成

B2B的成长经历了从信息撮合的互联网兴起，到数据沉淀催生了交易服务平台，提升了交易响应的速度。跨境电子商务生态体系已经开始逐渐形成，生态化开始产生，从上下游交易的单边模式向多方共存互助的生态模式演进。跨境电子商务生态系统涵盖资金流、单证流、物流、信息流。

跨境电子商务生态系统不断演进，不断发展，特别是，跨境电子商务的各种市场主体，包括物流公司、在线支付、代运营公司、软件公司等配套企业纷纷聚集并围绕跨境电商企业展开业务。它们的服务内容涵盖网店装修、网站运营、物流、图片翻译描述、金融服务、质检、退换货、营销、保险等内容。整个行业生态体系分工更清晰，越来越健全。跨境电商的生态化的特征逐渐形成。阿里巴巴已经开始形成比较完整的服务产业链，数据开始业务化，并且产生增值服务。阿里巴巴综合服务平台数据与交易前数据整合，跨境平台服务延伸到线下服务，例如，阿里巴巴"一拍档"的推出让一达通将更多服务商纳入合作体系。该服务合作体系以往是以平台为核心，现在逐步升级为外贸服务生态圈。"一拍档"的服务创新以客户为视角，把"对手"变成"合作伙伴"。一达通以此方式能够更好地服务于外贸出口中小企业。

（三）海外仓和保税区共同助力跨境电商发展

跨境电商不断拓展自己的海外市场，国家支持保税区和海外仓的建设，保税区和海外仓形成了特殊的监管区域，对跨境电商来说，这是一条更加正规、便捷的渠道。

1. 政府出台政策支持海外仓建设，机遇和挑战并存

跨境电商向海外延伸，为解决小包物流成本高、配送时间长的问题，开始加速建设海外仓。目前，中国已经有许多大型出口跨境电商企业在国外建立了海外仓。每个海外仓的面积都提高到 4 万～6 万平方米，而进口跨境电商的海外仓通常建立也基本上在 2000～3000 平方米。由此可以判断，跨境电商海外仓建设迎来政策驱使的发展期。李克强总理在主持国务院工作会议时曾强调，要促进跨境电子商务健康快速发展，就需要把握好"互联网＋外贸"的政策和做法，努力实现优进优出。国家政策出台鼓励跨境电子商务零售进出口，特别是鼓励出口企业通过海外仓、体验店等方式拓展营销渠

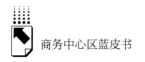
道。在条件允许的情况下，企业应该尽力培育自有品牌。

早在 2015 年，商务部就发布《"互联网 + 流通"行动计划》①，提出了运用市场化机制，推动建设 100 个电子商务海外仓的计划。同时，还提出鼓励电子商务企业"走出去"，特别是建立海外营销渠道，在海外创立自有品牌，实现多渠道、多方式建立海外仓储设施等，以此来有效提高电商企业全球化经营方面的各种能力。同年 6 月，国务院出台《关于促进跨境电子商务健康快速发展的指导意见》②。该文件的内容大致可以概括为：（1）加强跨境电子商务零售出口企业与境外企业合作。（2）支持企业通过规范的海外仓、体验店和配送网店等模式，融入境外零售体系。（3）支持企业逐步实现管理专业化、经营规范化、物流生产集约化和监管科学化。

从出口跨境电商而言，海外仓的建立，可以帮助出口企业抢占市场，与此同时，提高中国企业的竞争优势；对于进口跨境电商而言，海外仓的建立可以提高企业的供应链效率，还可以降低进货门槛。这让中国消费者拥有更丰富商品的选择权。但是，大规模兴建跨境电商海外仓也同样存在空置危险，因此，海外仓的建设要考虑多重因素，不能一哄而上，需要考虑企业自身规模、特点、需要等多重因素。

2. 保税区、试点城市等助力跨境电商增长

保税区是由海关实施特殊监管的区域。它一般具有"保税仓储、出口加工、转口贸易"三项功能，一般也同时拥有"免证、免税、保税"政策，另外，还实行"境内关外"运作方式。保税区按功能可以分为指定保税区、保税货栈、保税仓库、保税工厂、保税展厅。保税区作为一个特殊的监管区域，给跨境电商进口提供了便利，商家可以事先将货物存放到保税仓库，消费者下单后直接从保税区发货，大大提高了送货效率，而且在海关的监管之下，更加安全可靠。

---

① 商务部：《"互联网 + 流通"行动计划》，2015 年 5 月 13 日，http：//dzsws. mofcom. gov. cn/article/zcfb/201505/20150500972952. shtml。

② 国务院办公厅：《关于促进跨境电子商务健康快速发展的指导意见》（国办发〔2015〕46号），2015 年 6 月 20 日，http：//www. gov. cn/gongbao/content/2015/content_ 2893139. htm。

2018 年，为保持跨境电商零售进口监管模式总体稳定，国务院批准对跨境电商零售进口商品暂按照个人物品进行监管。此外，为推动跨境电子商务综合试验区"先行先试"，选择了杭州、天津、上海等 15 个城市作为新监管模式的试点城市。

（四）自贸区、试点城市及综试区跨境电商发展状况

1. 自贸区发展情况

自贸区指在某一国境内设立的实行特殊政策的小块特定区域，属一国境内关外的行为。特殊政策包括但不限于税收优惠、特殊监管、放松商业管制、激励计划等。一般来说，自贸区以口岸为中心，根据地区比较优势，功能定位不同，功能包括物流、保税、加工、展示等。自贸区作为自由贸易的试验区，对我国参与国际竞争，与国际接轨意义重大。

上海自贸区：面向全球，侧重金融中心。金融创新成效显著，到 2015 年 8 月，累计开设自由贸易账户 2.9 万家，有 70 多家企业获准开展跨国公司总部的外汇资金的集中运营管理，自贸区通过自由贸易账户跨境本外币的结算总额超过了两万亿元。上海海关从以下三个方面积极开展监管服务制度创新的探索。

（1）通关便利：即从报关到通关过程的便利。

（2）安全高效：即在提高效率基础上保证安全。

（3）功能拓展：即把效率和便利拓展到其他功能。

另外，上海海关还试验凭舱单"先入区、后报关""分送集报、自行运输"等模式，探索多方面的便利化。

广东自贸区：面向港澳，侧重服务贸易自由化。广东自贸区分为三大片区，南沙、前海、横琴这三个片区，总面积 116.2 平方公里。估计，目前前海入驻企业超过 2.6 万家，注册资本达 2 万亿元，其中金融或类金融企业超过 1.7 万家，入驻前海的香港企业达到 1000 多家，世界 500 强企业至少有61 家。

天津自贸区：面向东北亚，促进京津冀制造业升级。天津自贸区区域面

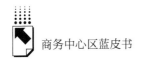

积 119.9 平方公里，天津自贸区是北方首个自贸区。自贸区建设努力做到与京津冀协同发展，助力"一带一路"建设。滨海新区开发开放等政策的实施给天津带来了历史发展的机遇，带动天津未来发展。天津市政府也提出，用制度创新服务实体经济，特别是，有"一带一路"发展契机，用制度创新带动环渤海经济发展。另外，天津的发展还突出航运，旨在打造航运税收、航运金融等特色产业。

福建自贸区：面向台湾，侧重两岸经贸合作。福建自贸区面积 118.04 平方公里，涵盖平潭、厦门和福州三个片区，重点推进与台湾地区投资贸易自由化。福建自贸区的建立有利于台湾金融企业到福建发展，辐射福州乃至周边地区，此外福建自贸区也是两岸贸易的一个很好的桥梁。

2. 保税及综试区发展情况

我国自贸区和各试点城市都开始设立保税商品展示交易中心，"保税展示交易"业务具有三大特点。

（1）享受海关保税政策，减少了进口贸易商资金占压时间。

（2）品质保证，进口商品属法检类的要经过检验检疫局检验，海关实施物理围网和电子围网互联互通，全程进行监管，保证商家提供的货品是真正的进口商品。

（3）价格优势，由于进口贸易商直接从国外采购商品，因此大大降低了中间货物流通的成本和费用①。

通关政策的推动，使得很多地区的经济得到了飞速发展。例如重庆两路寸滩保税港区，展场内展示、交易的进口商品已达 2 万多种，商品来源地已超过 40 个国家和地区。

设立跨境电子商务综合试验区（以下简称综试区），该政策的基本宗旨是通过先行先试区域的创新试验，形成促进中国跨境电子商务健康发展的可复制、可推广的经验。自 2015 年杭州综试区成立以来，截至 2017 年底，我

---

① 宁波进口商品展示交易中心：《保税展示交易前景看好》，2015 年 9 月 30 日，http：//www. nbimp. com/info. aspx？Id = 1565。

国共设立了 13 个综试区。2017 年 13 个综试区的创新举措主要涉及综合服务平台、金融支持模式、通关便利化、检验检疫监管模式、统计监测和人才培育等六个方面。

（五）跨境网购消费者发展现状

我国的跨境网购消费者不断增加，一方面，是由于跨境网购平台逐步完善和规范；另一方面，体现出我国消费者参与跨境网购的意愿十分强烈，消费潜力巨大。

1. 跨境网购消费者新时期的主要特征

据亚马逊中国的报告，目前中国的跨境网购用户呈现年轻化、高学历、高收入的特征：80% 的消费群体集中在 35 岁以下。这说明了网购人群年轻化趋势明显。另外，90% 以上的用户拥有本科及以上学历，一半用户拥有 5000 元以上的月收入水平。这显然表明，高学历和高收入的用户占比显著[1]。

此外，中国的跨境网购交易规模也在不断扩大。2015 年，中国消费者在全球站点购物花费总额同比增长了六倍多，从 2015 年 1 月到 10 月期间，中国消费者在亚马逊海外站点的购物花费已经相当于过去 20 年的消费总和。

2. 跨境网购消费者购物选择多样化

随着跨境电子商务平台不断向海外各个国家和地区拓展业务，消费者的购物选择也越来越多，从刚开始的日韩、英美、澳洲等市场，开始延伸到德国、英国、法国、加拿大、意大利和西班牙等国家。购物商品的种类也从鞋靴、个人护理、母婴、电子产品等，拓展到户外装备、玩具等更多的商品。从消费城市来看，虽然北京、上海以及沿海发达城市仍然处于消费者居多的地方，但是新疆、青海、西藏等地区的消费者也开始参与跨境网络购物。

---

[1] TechWeb：《亚马逊中国发布 2015 跨境电子商务趋势报告》，2015 年 12 月 10 日，http：//www. techweb. com. cn/news/2015 - 12 - 10/2239570. shtml。

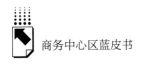

（六）跨境电子商务国际合作主要成果

2017 年我国不断开拓电子商务国际发展空间，扩大国际影响力，积极参与并推动建立多双边合作机制，寻求共同发展。

一是跨境电商纳入"一带一路"议题，"丝路电商"成为新亮点。2017年我国与七个沿线国家建立双边电子商务合作机制，并签署了相应的谅解备忘录（如表 1 所示）。我国将在政策沟通、公私对话、行业互动、人员培训、能力建设、联合研究等方面与这七个国家展开合作。

表 1　双边电子商务合作备忘录签署情况

时间	合作签署国	签署文件名称
2017 年 11 月 27 日	爱沙尼亚	《中华人民共和国商务部和爱沙尼亚共和国经济事务和通信部关于电子商务合作的谅解备忘录》
2017 年 11 月 28 日	匈牙利	《中华人民共和国商务部和匈牙利外交与对外经济部关于电子商务合作的谅解备忘录》
2017 年 11 月 12 日	越南	《中华人民共和国商务部和越南社会主义共和国工贸部关于成立电子商务合作工作组的谅解备忘录》
2017 年 11 月 10 日	柬埔寨	《中华人民共和国商务部和柬埔寨商业部关于电子商务合作的谅解备忘录》
2017 年 9 月 15 日	澳大利亚	《中华人民共和国商务部和澳大利亚外交与贸易部关于电子商务合作的谅解备忘录》
2017 年 9 月 1 日	巴西	《中华人民共和国商务部和巴西联邦共和国工业外贸和服务部关于电子商务合作的谅解备忘录》
2017 年 5 月 11 日	越南	《中华人民共和国商务部和越南社会主义共和国工业贸易部关于电子商务合作的谅解备忘录》

二是积极构建电子商务国际规则体系，完成了中国—格鲁吉亚、中国—智利自贸协定和中国—欧亚经济联盟经贸合作协议的电子商务议题谈判（如表 2 所示）。在自由贸易协定中，承诺货物零关税比例达到 90% 以上，简化通关流程，保障货物物流通畅。

表 2　自由贸易协定签署情况

时间	协定签署国	签署文件名称
2017 年 11 月 11 日	智利	《中华人民共和国政府与智利共和国政府关于修订〈自由贸易协定〉及〈自由贸易协定关于服务贸易的补充协定〉的议定书》
2017 年 10 月 1 日	欧亚经济委员会	《关于实质性结束中国与欧亚经济联盟经贸合作协议谈判的联合声明》
2017 年 5 月	格鲁吉亚	《中华人民共和国政府和格鲁吉亚政府自由贸易协定》

三是积极参与多边贸易机制和区域贸易安排框架下电子商务议题磋商，促成金砖国家电子商务工作组成立并达成《金砖国家电子商务合作倡议》。

该倡议有三点主要内容：一是有关金砖国家电子商务合作机制建设，包括建立电子商务工作组，推进务实合作；二是有关金砖国家电子商务产业之间互动，开展交流对话；三是有关电子商务联合研究，主要总结金砖国家电子商务发展现状，拓展更深层次研究合作。

二　中国跨境电子商务新政策

总体而言，2017 年我国跨境电子商务发展的政策是以创造空间、鼓励发展为主。主要体现在如下几个方面。

（一）以消费结构升级为目标激励跨境电子商务发展

2017 年 8 月 24 日，国务院公布《关于进一步扩大和升级信息消费持续释放内需潜力的指导意见》（国发〔2017〕40 号）。在该指导意见中明确指出，国家鼓励发展电子商务服务，包括鼓励培育基于社交电子商务、移动电子商务及新技术驱动的新一代电子商务平台，支持重点行业骨干企业建立在线采购、销售、服务平台，推动建设一批第三方工业电商服务平台，鼓励和支持建立并完善新型平台生态体系等。

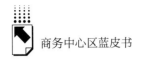

（二）降低部分进口消费品的关税

2017年11月24日，在国务院关税税则委员会发布的《关于调整部分消费品进口关税的通知》（税委会〔2017〕25号）中指出，自2017年12月1日起，用暂定税率方式降低部分消费品进口关税。调整范围共涉及187个8位税号。此次降低关税的情况是将平均税率由17.3%降至7.7%。进口关税调整将促进更多国外产品通过正规渠道进入国内，对跨境电商平台来说是一个直接的利好。

（三）再次延长了跨境电商零售进口过渡期监管政策并进一步拓展试点范围

2017年9月20日，国务院指出将跨境电商监管过渡政策延长到2018年底。2017年12月7日商务部例行新闻发布会上指出：自2018年1月1日起，跨境电商零售进口监管过渡期政策使用范围将扩大至合肥、成都、大连、青岛和苏州等五个城市。过渡期监管政策的延长以及试点城市的扩围使跨境电商企业有更多的时间去调整自身的策略；同时也为正式的监管政策出台提供了充足的时间。

（四）搭建法律框架，规范市场环境

2017年10月31日，第十二届全国人大常委会第三十次会议对《中华人民共和国电子商务法（草案）》（以下简称"草案"）进行了二次审议。"草案"二审稿中，明确指出，国家鼓励促进跨境电子商务的发展；国家推动建立适应跨境电子商务活动需要的监督体系；国家推进跨境电子商务活动通关、税收、检验检疫等环节的电子化；国家推动建立国家之间跨境电子商务交流合作等。这个"草案"，为下一步跨境电商的监管体系的形成提供了法律依据，实现有法可依、有据可查。

（五）复制跨境电商综试区的做法

2017年11月27日，商务部、工信部、海关总署、财政部等14部门发

布《关于复制推广跨境电子商务综合试验区探索形成的成熟经验做法的函》
（商贸函〔2017〕840 号）。意见表示：跨境电商线上综合服务和线下产业
园区"两平台"及信息共享、金融服务、智能物流、风险防控等监管和服
务"六体系"等做法已成熟，可面向全国复制推广。综合试验区经验的借
鉴和复制有助于加快外贸转型升级的步伐，进一步推动跨境电子商务健康快
速发展。

（六）增强检验检疫信息化管理，加快推进信息资源共享

2017 年 8 月 1 日，国家质量监督检验检疫总局发布《关于跨境电商零
售进出口检验检疫信息化管理系统数据接入规范的公告》（国质检执
〔2017〕42 号）。公告指出：免费提供总局版跨电系统清单录入功能；公开
总局版跨电系统经营主体对接报文标准；所提供的电子数据需承担法律责
任；总局版跨电系统可接收经营主体、第三方平台提供的业务单证信息；总
局版跨电系统的附件文档的变更需通过质检总局官网进行发布。检验检疫系
统数据的对接，有助于加快我国"智慧口岸"的建设步伐，为促进通关便
利化创造了良好的环境。

三　中国跨境电子商务存在的问题

（一）政策不明朗，监管问题仍然存在

对于跨境电子商务来说，与传统国际贸易相比，涉及的管理和监督等有
所不同。从出台的文件看，如何协调、如何配套还较为笼统。这还需要进一
步细化和规范。问题是，完整有效的监管体系尚未建立。市场的迅速扩张，
给监管带来了很大的压力，消费者权益维护渠道有待完善，跨境网络交易的
知识产权问题也未明确。

跨境电子商务仍然存在一些问题。这些问题反映在通关、物流、支付和
退税等方面。

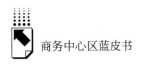

（1）高频率、低货值的订单，对海关的监管提出了新的挑战。

（2）跨境物流虽然多种多样，但是多数依靠空运，增加了物流成本。跨境物流尚存在一定滞后性，还未赶上跨境贸易电子商务的步伐。而且，跨境电子商务体系建设不合理，包括基础设施不完善。爆发式增长的跨境电子商的交易让跨境物流成为瓶颈，严重制约了跨境贸易电子商务的发展。

（3）在跨境电子商务中，人民币无法实现自由兑换，也无法作为结算货币进行支付。这也影响了跨境电子商务发展，呼吁出台跨境贸易电子商务支付业务的管理办法及实施细则。

（4）由于跨境电子商务主要以邮件为主，卖家提供不了报关单，因此多数卖家享受不到退税政策。

（二）跨境电商产业园有待规范

自 2015 年以来，跨境电商产业园不断新建，但是如何去运营一个跨境电商产业园并没有一个确定的答案。跨境电商产业园是跨境电商的集聚生态群，包括仓储、物流、货源等经营平台，最终目的就是要产生集聚效应，减少企业的运营成本。跨境电商产业园要发挥其孵化器、催化剂和助力器的作用，防止打着跨境电商的旗号做商业地产的买卖，更不能成为套取政府资金的帮手。

（三）跨境电商人才缺乏

跨境电子商务属于国际贸易和电子商务的交叉学科，因此对人才的综合性要求较强，有研究表明，企业希望跨境电商人才类型更多为复合型人才。跨境电子商务的企业越来越感觉到：合适的跨境电商人才不容易招到。目前的应届毕业生在解决实际问题方面能力不强。再加上这些应届毕业生专业知识不扎实，很多学生知识面窄，视野不够宽。

根据阿里调查数据显示，超过 80% 的被调查企业认为跨境电商人才存在很大的缺口。在跨境电商人才的培养方面，需要与企业紧密联系，增强学生的实践能力和创新能力，拓宽学生的眼界。

（四）各国对跨境电商的政策调整，冲击了传统的电商模式

随着我国跨境电商的快速发展，各主要贸易国为了保护本国利益出台了对跨境电商发展有所限制的政策。如 2017 年欧盟 VAT 新规定取消 22 欧元进口免税额度，还拓展了现有欧盟范围内网站的远程销售增值税登记。2017年俄罗斯电商企业协会对俄罗斯《税法》和《信息法》做了修改：针对1000 欧元、31 公斤以下的交易免征增值税和关税的商品，征收最终价格15.25% 的增值税。

澳大利亚税务局推出一项新政：自 2018 年 7 月 1 日起，所有向澳大利亚出售的商品总额在一年内达到 7.5 万澳元的海外企业或电商平台需要在澳大利亚税务局注册（通过 GST 系统），并每季度缴纳商品总价 10% 的增值税。目前执行的政策是，对于中国电商平台及 B2C 商户销往澳大利亚的产品价值，如果不大于 1000 澳元，则不予征税。目前征税的政策是针对高于1000 澳元的商品及香烟、酒精类饮料。

对平台型或服务型跨境电商企业而言，主要贸易国新政策的出台，会对原有的经营模式造成极大的冲击，甚至会影响整个行业的发展。

四　中国跨境电子商务发展趋势和建议

跨境电子商务不仅为服务贸易提供新的渠道，开辟新的发展空间，也将为服务贸易发展提供新的领域和内容。大力发展跨境电子商务，对扩大我国国际贸易市场份额，转变外贸增长方式，形成适应和引领全球跨境电子商务发展的管理制度和规则，具有越来越重要的意义。

（一）结合"一带一路"跨境电商起到先导作用

"一带一路"倡议是中国为世界经济增长、治理、发展提出的中国方案，跨境电商作为外贸新业态，为沿线国家的经济发展提供了新的动力。根据海关总署统计，2017 年，中国对"一带一路"沿线国家的进出口总值达

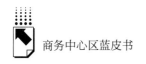

7.37万亿元，同比增长17.8%，增幅高于全国外贸增速3.6个百分点，但与"一带一路"沿线国家的贸易额在中国外贸进出口总额中的占比只有26.5%。"一带一路"沿线国家的跨境电商进出口总额占比6.7%左右。"一带一路"沿线的65个国家，为我国跨境电商带来了潜力巨大的市场，跨境电商也将为沿线国家创造更多就业机会，在多个方面促进沿线国家和地区的经济和社会发展。

一方面，随着"一带一路"沿线国家的网购普及率逐渐提升，跨境电商政策也会逐渐放开。随着"一带一路"国家的经济增长，消费者购买力也随之提升。加之移动互联网、支付、物流等设施的进一步完善，跨境电子商务将会迎来飞速增长的时期。

另一方面，"一带一路"沿线国家的中小优质品牌也将依托跨境电商平台进入中国市场，实现当地产业升级与中国市场消费升级的双赢。

因此，跨境电商在"一带一路"建设中已经起到先导作用。

（二）对中国跨境电子商务发展的建议

从全球形势看，中国跨境电子商务已经走在世界前列。如何抓住机遇，改善政策环境，为跨境电商发展创造更好的条件就成为关键问题。特此建议如下。

第一，进一步支持"单一窗口"建设，健全外贸综合服务体系。不仅要开放小包行邮这种零售方式，更应该针对传统行业提供更多的外贸便利。降低贸易成本，促进贸易便利化，才能让更多中小型企业参与全球贸易。

第二，跨境电商企业参差不齐，监管不到位、存在滞后性，这就给某些不良商家提供了"钻空子"的机会，这就需要建立跨境电商平台行业自律机制，推动平台发展。企业在自身发展过程中，会面临很多实际问题，不断趋于成熟，行业自律可以使业界形成良性的监督体系。同时，跨境电商的商业模式仍然面临许多实际问题，需要相应的新的商业规则，推动其更好地发展。

第三，推动跨境电商B2B发展，鼓励整合供应链，利用网络技术建立全球供应链，政府建立配套监管措施。

第四，积极探索监管制度创新。建议开展我国贸易监管创新机制，以促进我国跨境电商的发展。未来我国贸易监管创新机制应该在如下几个方面进行考虑。

（1）统一并简化监管类别。将货物和个人物品的监管合二为一，实行统一税制。

（2）落实自然人海关申报主体，取消跨境电商零售进口的限额要求。

（3）简化低价值的货物的监管流程，减少行政成本。

（4）研究并确立外贸综合服务平台的法律地位。

（5）推行 PPP 监管制度，如果满足交易、支付、物流信息的"三单对比"，海关就予以方便放行。

跨境电商的监管不仅涉及众多管理部门、多种产业领域，更涉及我国的改革和开放等重大国家问题；既涉及我国贸易转型升级，也关系我国如何借力跨境电商发展，重塑国际贸易规则的重大战略问题。这是我国拓展与全球各国在贸易领域的最佳合作时机。我们应抓住机遇，顺势而上，制定出更为超前的带有引导新业态发展、抢占全球制高点的贸易监管规则，以支持和引导跨境电商持续健康发展。

参考文献

《人大代表：扩容保税区建"快速消费中心"》，《广州日报》，2015 年 6 月 2 日，http：//gzdaily. dayoo. com/html/2015 – 06/02/content_ 2937855. htm。

重庆两路寸滩保税港区：《重庆保税商品展示交易中心全面开放》，2015 年 10 月 21 日。

国际经验篇

International Experiences

B.20

法国勒芒市的商业振兴战略：
混合模式的电子商务创新

步睿飞　阿尔诺·嘉斯尼耶*

摘　要： 电子商务的发展对于消费者的行为产生了一定的影响，他们越来越多地上网购物。这一新模式是造成法国许多城市中心区域活力逐渐降低的一部分原因，因为商品储存越来越趋向城市郊区发展和集中，并且随之出现了高效的物流网络。但是，这一模式也具有局限性，而且还出现了越来越脱离实体的发展趋势。在本文中，我们举出法国勒芒市的实例来加以说明，在城市中心的商业活动中，某些混合消费方式可以采用各

---

* 步睿飞（Emmanuel Breffeil），法国勒芒耐道研究中心主任（Directeur du Centre de Recherche NaiDao, Le Mans, France）；阿尔诺·嘉斯尼耶（Arnaud Gasnier），法国勒芒大学地理与城市规划学院助理教授（Assistant professor in geography and urban planning, Le Mans University, France）。

种新兴电子商务技术，同时又可以在城市规划方面和实际感受方面带来更加丰富多样的体验，并且结合利用高效的新媒体、电子商务和联网物体，从而使城市中心区域得以振兴。

关键词： 中央商务区 互联网 电子商务 混合商业 振兴 顾客来源

一 引言

互联网的兴起催生了一些新型购物行为，电子商务交易的发展更是为这些新行为提供了有力支持。城市中心区域的活力逐渐降低，而对于法国的中等规模城市而言这一变化尤其明显。本文旨在分析探讨城市商业活力降低的原因，并试图证明数字化电子商务并非这一现象的原因之一。相反，电子商务的发展代表了一种活力复原的过程，更是日益老旧的城市街区恢复其中心作用的一种振兴方式。实际上，任何新兴商业技术如果切合实际需求，能够被商家所选中，又受到当地政府部门和工商协会组织的支持推广，那么将其纳入当地的创新发展战略的框架之中就会成为城市商业振兴的有力工具。在回顾法国城市中心的商业活动转变后，我们将会详细讲述勒芒市的实例，以便具体说明在一个城市中心的衰落和振兴过程中电子商务所产生的实际效果。

二 法国电子商务与城市中心区域转变之间的关系

（一）法国中小城市中心区域的衰落

从20世纪70年代开始，某些小城市的中心区域就已逐渐衰落。面对商业分销的现代化过程，工作岗位不断向城市新街区集中，就地购物也成为主流消费方式。因此，过去的小型商业中心开始衰败，经营活动日益困难。由于对商业交易和商业地产的金融控制不断增强，这一现象在新世纪越发明显，并且由大都市周边的中小城市扩展到其他地区。极高的商业空置率使得政策制定者和商界人士忧心忡忡，因为这一现象不仅代表了城市的衰落，更揭示出现代城市的诸多问题，包括吸引力下降、人口流失、服务业缺失、公共设施落后、商业活动与就业大幅度流向城郊地区等①。

表1　有关中心城区商业空缺的地方性与结构性因素

	商业轻度空缺的相关因素	商业严重空缺的相关因素
经济结构	失业率较低	失业率较高
	收入中位数较低	收入中位数较高
	住宅空置率较低	住宅缺失率较高
	人口增加	人口流失
环境	旅游吸引力较高	未被列入旅游景点分级/没有海滨
	列入旅游景点分级/海滨	税务负担较重（TF,CFE）
	医护供给增加	医护供给减少/设施供给减少
		交通困难
		房屋租金上涨
		存在电子商务竞争
平衡	城市中心有大量商业活动	与城市中心相比，近郊大型购物中心大量增加
	城市近郊人口增加	

资料来源：IGF-CGEDD，http：//www.economie.gouv.fr/files/files/PDF/Rapport_ RevitalisationcentresvillesVdef_ octobre2016.pdf，2016。

根据普罗克斯研究所（Procos）的研究，2017年法国城市中心区域的商业空缺率达到11.5%，而2012年和2001年分别为7.8%和6.1%。当商业空缺率高出临界值（10%）时，就会产生一个严重问题，也就是中心城区的衰落。在法国，这一现象从2012年起日益严重（Duhamel & al，2016年，第3页）。在中小城市里（人口5万~10万人），商业空缺率同样极高，2017年加来（Calais）和贝济耶（Béziers）的空缺率甚至超过了25%。

---

① 见普帕尔（Poupard）2017年的论文，第11页。

在法国，购物商店在 20 世纪 20 年代迎来了自己的巅峰。当时商店总数达到近 150 万家，但随后开始逐渐下降。从 1920 年至 2015 年，法国居民人口从 3890 万人增加到了 6427.7 万人，增加了近 65%，而同一时期，商店总数却减少到 85 万家，仅为原来的 57%[①]。造成这一状况的主要原因是 20 世纪五六十年代出现的新型销售和批发方式：大型购物中心、超级市场、连锁店和大型批发网络改变了城市的面貌，顾客来源和区域物流则随之变化，全球化更是将这一变化的影响放大化。在当今社会，商业正成为一个纵向发展的综合贸易领域（法国商业活动中有近 50% 的份额属于综合贸易），并且集中于网络领域（85% 的零售商业活动都是通过分销网络实现的）、经济领域（9% 的零售企业是销售经营面积在 300～1000 平方米的大中型销售商店，占商业购物份额和营业总额的 60% 以上）和不同地域（城市近郊的购物区域占法国商业营业额的 60%，而城市中心区的份额不过接近 25%）[②]。这种商业贸易的现代化进程，只会伴随着汽车工业和城市近郊地区的发展而不断前进；在这三十年的辉煌时期里，随着家庭收入的普遍提高，大规模的批发销售活动也满足了具有消费能力的大众的需求。

在法国，从 20 世纪 80 年代开始，大中型购物中心在大城市迅速兴起，使得郊区的大量建筑群集中出现；随后，大中型购物中心又在 90 年代出现在中等城市。到了 2010 年左右，法国进入了一个商业建筑过度发展的阶段，各种各样的建筑群纷纷涌现。面对市场的饱和和过度的竞争，金融投资热潮与社会需求的脱节日益严重，建筑群还在继续膨胀。企业之间的蚕食和吞并导致中心城区和近郊的商业空缺进一步加剧。从 2015 年开始，这种变化似乎开始降温，营业额与营业面积的比例每年降低 1%，而占有成本则每年增加 3%。

面对超大型购物中心（2000～4000 平方米）回报率降低的境遇，加之电子商务的兴起，法国大型商业销售集团开始重新审视其行动计划，并加强

---

① 见普罗克斯研究所的报告，2016，第 3 页。

② 玛德里（Madry）2013 年的论文。

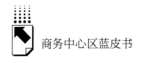

了对其投资的利用和保护。

从 20 世纪 60 年代至今，法国城市近郊的商业活动方兴未艾，其商业机制出现了新的组织方式，它们与中心城区和街坊商业活动之间所形成的持续竞争，导致了城市核心区域的衰落，但是这并非唯一的因素。然而，某些中心城区的街区比其他街区更具活力，这一方面是因为商店、批发商和零售业开发商的再投资能力（包括具有活力的经济利益体①，便利商业点，中心城区的购物中心，综合商圈）；另一方面原因则是地方政府和有关部门所实施的城市激励和更新改造政策（创新活动，改造，遗产保护，整修，公共设施政策），而这些政策的核心是提升中心城区所具有的吸引力②。

（二）法国电子商务的实践及其对商业实体店的影响

2017 年，法国居民在互联网购物上的支出高达 817 亿欧元③。这一数字比 2016 年增加了 14.3%，比 2012 年增加了两倍。2017 年在线支付的数量增加了 20.5%，增长的主要原因是商业交易网站的快速发展（1 年内增长了 10%），以及使用移动设备人数的急剧增加。移动商业指数（ICM）④ 是用来衡量移动互联网销售状况的指标，它在 2017 年增加了 38%：这一数字接近互联网销售额的三分之一，且都是在移动设备上实现的。

然而，这些数字并未显示出实体店销售额的下降。在服装（增加了 91%）、美容化妆品等领域，实体店的数量仍然在增加，增加的原因来自咨询服务和试用方面的重要性（增加了 36%）；面对电子商务的激烈竞争，图书业务也借助于咨询和阅览的优势而保持了其稳定性。而其他一些领域的销售额则明显出现了大幅下降，例如：音像光碟（降低了 57%），日用电器（降低了 16%），电话（降低了 16%）⑤。

① 经济利益体（Groupement d'Intérêt Economique）。
② 见嘉斯尼耶（Gasnier）2017 年的论文，第 269 页。
③ 见布阿泽斯（Bouaziz）2018 年的统计。
④ 移动商业指数（Indice Commerce Mobile）。
⑤ 见杜阿梅尔等人（Duhamel & al）2016 年的论文，第 262 页。

互联网和数字化等方面带来的客源，往往是一些相当厉害的商业贸易提供商，这些竞争性的供给形式当然会使一些经营活动、商号和机构完全消失。但是，目前的电子商务并不是在淘汰传统的商业形式，而是对商业形式进行重新组合与构建。实体商业网络和数字信息化的融合正代表了第三次商业革命的内核。

城市空间正日益成为现有实体网络与虚拟数字网络之间的混合物。事实上，两种网络之间并非完全对立，而是相互补充完善并融为一体。在功能和商业方面，代表流动贸易方式的"城市物流空间"（ELU）已成为新型的城市设施。就像正在实验的家乐福购物亭一样，它们已经出现在法国的一些火车站里，顾客可以通过自己的智能手机订购产品，并选择送货日期和时间，自己在寄存箱、快递点或者家里取货。从现在起，零售商业需要构建一个功能强大的物流系统，能够满足消费者的需求，并成为他们的个人时空机器。

在社会领域，诸如脸书之类的动态社交数字媒体工具，常常是一些新型的城市生活载体。城市当下的生活方式，越来越依赖于实体的交通网络和数字信息化之间的融合。互联商业可以适应城市、生活方式和消费者行为的变化，并融合虚拟和实体商业销售网络、短途和远程商业渠道，以及不同的客源时空，其背后的理念——此处或者别处的消费，可以同步进行，也可以连贯进行。

此外，第三方贸易地点开始出现。火车站摇身一变，成为购物中心，而传统的商场则成了娱乐场所。与此同时，商业活动的瞬时性增强，比如弹出式商店（pop-up stores）。某些商店变成了展示橱窗（show-rooms），或抽象的显示屏幕，随时可以为在线联网的客户提供智能应用服务。咖啡店演变为图书馆，书店却成了咖啡店或者快餐店①。

（三）在中心城区振兴过程中的电子商务及其应用

根据 2014 年的一项研究，法国企业仅有 11% 通过互联网销售，而 59%

---

① 见嘉斯尼耶（Gasnier）2017 年的论文，第 137 页。

的法国人已经习惯于互联网购物，其中有四分之一用手机购物①。法国销售商特别是中心城区诸多独立商店所面临的挑战是，努力使自己适应数字化商业的技术，以便满足移动消费者移动在线购物的需求，同时更好地利用时间，进一步优化客源，为消费者提供多渠道购物和多方式购物的途径。城市购物具有多种连接方式，消费者使用家里的电脑或者出门在外时使用智能手机均可购物。现在，移动网络无处不在，消费者可以合理地、有计划地，甚至可以随时地采取这些消费方式，节约时间，并将时间更好地用于消遣娱乐和家庭生活②。而在实体商业数字化方面的投资，属于新型的销售策略范畴，以适应那些希望获得最广商业覆盖范围的客户的需求，并在时间和空间上双重受益③。

然而，个体商家很难拥有优秀的创新能力并且获得相应投资，从而使他们融入新的连接方式和物流网络。公共机构，比如工商咨询机构，应当保证发挥其协助作用。当地政府部门也可以参与进来，推动企业在这一领域的发展，帮助它们接入当地的商业数字平台，扩展客源。

此外，电子商务的参与方更加致力于开发针对独立商家的服务供给。通过构建中间平台，可以将商家的实体供给数字化："在线交易＋实体交货"（click & collect）能够承担独立商家的产品物流和送货，将它们的产品分送到取货点、工作场所，或者社区。事实上，在线销售会影响并提升63%的实体店面的销售。因此，商业融合是一项必经的途径，以适应消费者的新型购物方式。

同样，某些电子商务运行方的经营活动已经彻底非物质化了，成为所谓的"纯粹经营者"（pure players）。但一部分的经营者改变了他们的策略，以便融入实体销售，例如采用"在线交易＋实体店"（click and mortar）的销售形式。这样可以将数字化供给与街道上的"传统"实体店结合，可以将其作为销售点，也可以将其作为取货点，还可以用来分销和支付产品。此

① 见费瓦德（Fevad）2017年的论文。
② 见嘉斯尼耶（Gasnier）2015年的报告。
③ 见杜阿梅尔及其同事（Duhamel & al）2016年的论文，第58页。

类经营增加了销售、接待和取货的网点。因此，经营方可以同时运行两种表面上相互矛盾的商业模式。无论怎样，目前电子商务与零售商业之间的融合，正通过三种主要策略在世界范围内加速进行：设立商品展示橱窗，例如，法国的批发商 La Redoute 或者 Miliboo，并购实体店铺，美国的亚马逊集团已经于 2017 年并购了 Whole Foods 所拥有的 460 家有机产品店，还有 Cdiscount 和 Sarenza 集团已经启动的临时性商店。

由此，一种混合形式的互联网商业正在兴起，它发挥了在线销售（搜索信息、节省时间、实时下单）和实体销售（接触、即刻拥有、产品测试和现场试用）的优势，并涵盖多样的内容，包括融合型商业贸易/电子商务，数字网络连接，生物环境购物中心，生产并销售温室蔬菜水果的大型购物中心，物流转运和流动贸易，还有"城市快递"（Cityssimo）寄存处和快递取送点，商品展示橱窗，以及弹出式商店（pop-up shops）等。这些内容都代表了一种时空的重新规划，有助于保持城市的商业活力①。

振兴中心城区仍然是一项发展中的项目，尽管近来越来越受到法国政府战略发展规划的支持。实际上，小型商家既分散又独立，它们很少和全国性和国际性集团合作，其行动能力有限，财务融资也居于劣势。上述特点决定了小型商家与国家推行的商业战略，例如英国的"商业改善区域"（Business improvement districts）计划，或加拿大的"商业发展协会"计划背道而驰。民营商家与公共决策者们之间也常常缺乏对话交流。在法国，一种新的商业计划和多方合作的观念正在出现。2018 年 3 月，法国政府出台了一项被称为"市中心行动"的政府计划，5 年内投入 50 亿欧元，由法国信托局（Caisse des dépôts）、住房行动计划（Action logement）、国家住房管理局（Agence nationale de l'habitat）联合参与。按照重新振兴 222 个中等城市（人口介于 1.5 万人～10 万人）中心区域的目标，通过统一的财务管理计划和由国家支持的量体裁衣式的框架合同，大大简化了财务需求，使该计划所有的参与方在明确了各自工作范围与权限的同时享有更多自主性，以应对各

_____

① 见嘉斯尼耶（Gasnier）2017 年的论文，第 95 页。

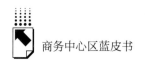
地区不同的困难与问题。安德烈·马尔孔（André Marcon）参加并且主持的一项前瞻性工作（2018年2月）就是要振兴中小城市的商业活动，这一工作包括4个方面的内容，其中一些行动极具创新性，比如：成立公私混合管理委员会（Comités de Gouvernance Publics-Privés）增加，在城市中心区发展移动互联网（Wi-Fi）和光照互联网（Li-Fi），积极探讨构建数字寄存处的可能性，将新型创新活力注入商业活动之中，再比如：临时商店，实验商店，共享办公室等将商业活动与互联网生活模式连接起来的多种新型组织。上述创新行动提供了一系列可资借鉴的机制，应该在各地区以及全国性的政府部门中推广。

从人文角度出发，一个可持续发展的互联网城市中心区域，能够从新技术中不断获益，也能够超越一种单纯的商业发展逻辑，增加高等教育机构、科研单位、创新中心和新兴企业的参与度，发挥自身在科研和教育等领域的作用①。重振一个城市中心区域，也是为了实现城市居民的现代化和多元化。吸引更加年轻、更具创新和发展理念的人才来到这里。对于电子商务的发展和新型消费客源的培育，这一点至关重要。

因此，城市中心区域的商业活动有可能会经历不同的变化：普遍衰退，被全国性商家品牌控制（专门化的商家或者大型批发商家），或者由发挥引领作用的品牌与那些组织起来的当地独立商家联手。在这一局面下，地区的现有资源，所采取的发展策略，以及国家和公共参与方的意愿，就成为城市中心区域振兴和商业发展的决定性要素。

三 勒芒市案例分析

（一）近郊商业区的发展与城市中心区域的演变

勒芒市地处法国西部，位于卢瓦尔河大区（région des Pays de la Loire）

---

① 见步睿飞（Breffeil）2017年的论文。

的萨尔特省（département de la Sarthe），是该省的省会城市，也是大都市群中的一个城市单位。该市具有以下特点：邻近巴黎（200km）；承办全球驰名的 24 小时汽车大赛；部分市中心地区拥有丰富的历史和文化遗产；杰出的人文内涵、较低的城区人口密度、兼收并蓄的多样化建筑；拥有大学，在某些领域具有科研创新发展潜力，其中包括声学、机器人、计算机信息科学、工程、城市规划、地理等。

在勒芒市，地方政府了解如何吸引投资者和开发商，且尽可能地限制投机性资本。与此同时，勒芒市政府十分重视房地产业内人士的作用（尤其是那些办公楼和商业房地产的开发商），这是因为他们具有财务基础，可实现一些雄心勃勃的项目。

城市近郊的商业服务区逐步兴起、日益蓬勃，从而产生了一些新的竞争性供给。与此同时，2012~2017 年，市中心街区的人口减少 5% 以上；国家的分散化公共服务部门（DDT）、勒芒保险互助公司（MMA）、医疗健康行业自由职业人士等纷纷撤离了市中心（火车站、翻新改造街区）和近郊地区（城郊边缘地区的自由免税贸易区和第三产业商业服务园区）。在这种情况下，市中心的购物街区和商业中心吸引力下降，商业空缺率持续升高，商店供给产品不断萎缩，这些都显示出中心区域的脆弱化。而这与郊区的企业数量增加，其专业性的增强及所提供服务的完善恰恰形成了反差[1]。

在《城市治理与规划指导纲领》（SDAU[2]）的指导下，新型活动区域不断出现，该城市南部工业园区和北部修士磨坊商业园区发展起丰富多样的商业服务区域，从 20 世纪 90 年代末期，市中心空间日渐衰落的问题被重新提起。在 21 世纪，这些新建的活动区域往往出现在大型购物中心附近，周围是由云集的各种店铺构成的购物长廊，各品牌店占据着一座座个体建筑，或共享一座"购物中心"（shopping centers）；它们在城市近郊的偏向性发展对市中心的影响日益突出。这里有种类齐全的商业活动，从快餐店、个人家庭

---

① 见嘉斯尼耶（Gasnier）2000 年的论文，第 354 页。

② "城市治理与规划指导纲领"（Schème Directeur d'Aménagement et d'Urbanisme）：一份城市规划与发展计划文件，根据 1967 年发布的"土地指导法"（Loi d'Orientation Foncière）制定。

用品到娱乐消遣商品与服务（自行车、运动用品、游泳设备、激光游戏、保龄球、卡丁车、综合影剧院等），无所不有。时至今日，这些区域商品服务供给的丰富性和多样性还在不断发展，从而持续对市中心不断萎缩的商业活动形成了竞争性威胁。

在这种背景下，如何才能保持市中心的吸引力，避免其萎缩呢？与法国其他城市所实施的解决方案相比，勒芒市政府所采取的解决方案并无不同之处，也获得了来当地各类行业协会和公共组织机构的支持，比如混合经济体（Cénovia）的方案。这些方案均求助于城市治理手段：城市布局、行人优先、构建购物长廊和购物中心等，这些都属于回应措施，或者至少是为了保护中心区。一直到21世纪初期，这类方案的结果并非一无是处，这是因为市中心区域的商业活动逐渐趋于稳定，而且各种服务也在回升。据1999年的统计数据，在勒芒市中心的955家店铺和服务单位中，其商业空缺率仅维持在5%上下[1]。

直到现在，从量化的角度来看，超级市中心集中了勒芒地区商业供给的1/4以上（27.4%），这使其成为第一级的中心内核。1972～1999年，勒芒市中心的商业服务率上升了57.3%，这一观察结果与人们通常所认为的市中心萎缩状况恰恰相反[2]。

在20世纪70年代至80年代，市中心的商业活动持续增加，但在90年代开始下降（1991～1999年下降了9%）。与此同时，在同一时期内服务类商业活动的数量增长了3倍，占1999年市中心区域各类商业活动的31%，而在1978年这一数字仅为16%。在90年代，16.1%的店铺都转变成了服务业，它们大多集中在超级市中心的核心区域内。

面对商业供给的专业化、供给产品的萎缩、传统小商业的衰退以及一部分竞争性供给（商业购物长廊以及超级市中心的南部），勒芒市中心的销售点却在持续不断地增加，而且在21世纪初期，市中心的各种商业活动出现

---

① 见嘉斯尼耶（Gasnier）2017年的论文。
② 见嘉斯尼耶（Gasnier）2000年的论文，第263页。

了反常的日趋专业化现象。这一现象普遍并非例外，可以推及法国西部以及其他地区许多同等规模的城市。

但是，勒芒商业中心的实例在以下方面具有其独特性：它与勒芒市政府在 20 世纪八九十年代在中心区所拥有的雄厚房地产资源有关，这使其能够进行大规模的公共设施建设，比如会议中心、图书馆等。此时也出现了一些民营建设项目，各自独具特点并获得了成功。然而，这些项目为市中心空间转变做出重大贡献，仅仅在于它们带来了新的城市功能吗（比如 Novaxix 商务中心、高铁火车站、雅各宾星型商业中心）？在 21 世纪初期，当时的主要问题在于如何提供方便快捷的商业服务，而以有轨电车为代表的"城市出行计划"（Plan de Déplacement Urbain）则考虑到了这个问题。两条有轨电车线路分别于 2007 年和 2014 年建成通车，这使其公共交通的运输量大大增加，特别是两条线路还通向勒芒商业超级中心的各个站点。在 2014 年，位于雅各宾的综合文化中心和综合影剧院得以建成，在 2009 年，位于火车站的综合交通枢纽整治顺利完工，伴随这些项目，一些公共空间也成功翻修改造，然而，1999~2016 年，商业店铺的数量却下降了大约 10%（减少了85 家店铺）。这一商业供给的显著下降对某些行业的影响要大于对其他行业的影响（如表 2 所示）。与此同时，商业空缺率也经历了急剧上升，从 1999 年的 45 个空缺单元增加到了 2016 年的 104 个空缺单元，相当于增加了 6 个百分点。这些数字表明，在 2016 年勒芒市中心整体出现了 11% 的商业空缺率。

表 2　1999~2016 年按照行业统计勒芒市中心商业活动的变化

商业类别	1999 年时的商业单位数量(个)	2016 年时的商业单位数量(个)	变化
食品	66	49	↓
酒店、餐厅、咖啡馆	193	178	↓
个人用品	189	203	↑
家居用品	101	72	↓
个人日常用品	97	76	↓

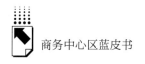

续表

商业类别	1999 年时的商业单位数量(个)	2016 年时的商业单位数量(个)	变化
体育、娱乐、文化	102	69	↓
百货商店	7	1	↓
服务业	113	133	↑
医疗护理	35	37	↑

资料来源：莱尔米特（Lhermitte），2016。

这一对比表明，建设项目和城市翻修改造工程并不足以带来市中心商业供给的复兴，即便它们是加强城市中心功能必不可少的因素。为了完善老旧城市的中心区域，实现商业振兴，还需要协调各方的参与，将它们纳入横向的整体政策框架内（比如设立商业管理监督委员会、聘请一位市中心经理等），善加管理房地产资源，更好地保证市中心和近郊之间的多极平衡。此外，还要帮助那些独立商家，实现其商业活动的数字化转变〔例如培训、设施和多渠道商业贸易数字平台的构建、编程马拉松（hackathon）等〕①。

因此，这种理念需要振兴某种社会组织结构，将更加年轻和/或更加富于创新活力的人们汇聚在城市中心区域，尤其需要引入高等教育培训、科研中心以及创新型企业。勒芒大学科研活动中心的发展起到了一种尤为重要的积极作用，中心吸引了很多新型人口，我们期待他们为这座城市提供与自己经验相关的互联网服务和工具。在这一框架下，法国耐道研究中心在勒芒市成立，它的附加值在于表明这座城市要在规划和创新培训方面重新焕发活力，并且要注入、加强勒芒的国际性发展前景。

借助以上初步分析我们可以看到，商业园区的发展当然应当起到某种重

_____

① 编程马拉松（hackathon），又称骇客松、骇客节，或者编程节，这是一个流传于黑客（hacker）当中的新词汇。它是一种活动，电脑编程员和其他与软件发展相关的人员自愿地相聚在一起，在几天内以紧密合作的形式去进行某项软件专案。这是一种经常被用来进行数字创新领域的创造性过程。

要的经济作用，但是，我们同时也应考虑到城市在规划层面的可持续发展，还要为当地居民带来更多的经济回报效益。

（二）勒芒市中心区域振兴的混合项目（"互联网＋实体经济"）

1. 未来的多渠道市中心振兴模式

从网络到商店、从商店到网络、连锁超市、"在线交易＋实体交货"（click & collect）、寄存处、取送点等，这些模式都代表着某种商业重组形式，它们取自数字化工具与实体商店之间的互补性，"跨渠道"（cross-canal）成为一种越来越受欢迎的商业化模式。实际上我们可以翘首以待，通过互联网商业增加客源且增加吸引力。

在这一方面，勒芒市中心振兴战略框架内所使用的工具可以在政府的各种报告中看到。在这一振兴框架内，关于使用互联网和电子商务，首要的战略建议旨在鼓励创建一种品牌以及与之对应的网站，然后构建联网互动终端和移动终端。同时，移动电话应用可以提供进入市中心的信息，比如人行道路，车行道路，还可以是到达目的地的公交系统线路。为此，勒芒市提出了一项"市中心光缆"（Fibre centre-ville）计划，以便使该领域较落后的中心街区启动必要的技术手段，将商业店铺与客户整体连接起来，这些客户正在变得日益"移动联网"。移动互联网的普及也方便商家实时跟随那些出没于市中心的客户，尤其是老主顾们的行动轨迹。

此外，我们预计新的社交媒体技术也将获得应用，这类技术可以创建市中心区域的客户资料，并且给他们定向发送具有针对性的短信，传播商业促销活动。同时，某些"在线交易＋实体交货"（click & collect）的终端，也可以让消费者利用互联网在线购物，然后前往商店取货，或者当他们方便时在预选的专门用于存放商品的货柜里取货。

2. "在线交易＋实体交货"

"在线交易＋实体交货"是一种住宅以外的送货方式，它由一些实体分销集团创建，通过自己专门的网站实现。这一系统可以让消费者在网上在线下单购物，然后在一个寄存的商店里收到商品。这种"在线交易＋实体交

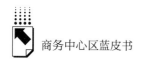

货"模式有三个特点：在互联网上搜索某品牌商品的电子预订，可以让顾客在前往商店购买之前预先随意选择自己喜欢的商品；按照商家存货而组织销售的"在线交易＋实体交货"，可以让商家在很短时间内交易；基于库存的"在线交易＋实体交货"可以让买家选择更加重要的商品，但是前往商家取回商品的时间可以更长。这种模式都已经在勒芒市开始应用，尤其是在服装、家居家饰等行业，在市中心一些商家也开始应用这种模式。C&A 是一个全国性的成衣品牌，其商店位于勒芒的超级市中心，目前的销售速度是平均每天三件商品（根据 Logicité 2017 的统计）。利用这种模式，分销商可以通过免费送货吸引客户来商店，他们可以在店里继续完成网上的初始订货。在这种情况下，这种便捷的接触商品的形式利用了跨渠道的物流网络链，其自动寄存处代表着一种新型商品取货工具且邻近客户的出行活动线路，这样就巩固了电子商务的流量。

3. 自动寄存处

送货到家的方式往往会出现许多买家无法收到商品的问题，此时只好返回送货方（增加了人员和商品的出行运送量），与此相反，寄存处旨在将客户下单购买的商品重新组合分配，集中在一些客户的工作和居住场所，或者在客户的出行线路上。取送货需要遵守商店的营业时间，而寄存处的使用则更加灵活，并且更加适应经常出行在外、匆匆赶路的个人的需要。它有数种不同模式，其中有两种已开始在这座城市发展起来，不过它们在市中心仍较少出现。

首先，在法国，农产品货物收取寄存处目前正在城市近郊发展起来，同时也在某些地区的一些大城市的旧城区发展起来（甚至在巴黎的一些繁华地段）。鉴于重振商业的考虑，勒芒市管理监督委员会目前正考虑在市中心构建一些农产品自动取货点和寄存处（比如在公共汽车和有轨电车的车站、自动计费停车场、超级市中心的繁华街道、火车站的交通枢纽处等）。这些产自当地或本地区的农商品的分销形式，将利于加强商业销售活动，并且在萨尔特省找到新的销路。而目前这些当地农业产品，无论它们是否属于有机产品，都处于固定市场之中，在市中心完全见不到它们。

勒芒市也正研究在市中心建设其他的一些"集体"寄存处，目前近郊已经有 9 处，它们位于车站服务区，或位于超市的停车场，又或邻近环城道路的交通繁忙地段。

在法国有两种重要的寄存网络，一种是 Abricolis，另一种是 Pickup。前者属于寄存运营商（例如 InPost-Abricolis），后者则拥有一个取货点网络（Pickup-La Poste）。

因此，这就出现了一些新型的转口商业形式，既没有商店也没有橱窗，但是连锁超市的创建可以用虚拟的方式，即网站来加强商业品牌的可见性。目前这种连锁超市尚未接入互联网，但今后这种连锁超市必会加强商业融合。

4. 在市中心创建一家连锁超市的项目

这一系统旨在创建一个互联网门户，在此之上邻近商家可以介绍自己的商品。这一系统存在数种模式：拥有自己网站的商家可以利用商品目录做商业广告；另外一种是直接购买模式，这种模式也更加先进，商家自己融合订单管理和支付管理（取货和/或送货），部分地或者全部地集中处理。后一种模式可以为联网的客户提供多种服务：一项是与连锁超市的网站相融合的商品订单模块；还有一项是商品的收货和重组服务，即在预先选择的地点提供取货或者送货服务。所有这些不同模式服务的经验在法国各地都有所不同，而连锁超市的不同之处在于它可以被纳入一个更加广泛的城市和商业振兴的项目之中①。

融合取货和送货服务的商家集市（包括便利店）可以在城市中心创建一个商品互联网集市。在这个框架内，它尤其适用于那些并不拥有自己网站的商家，还有那些可以从这种联合行动中获益的商家。因此，这种互联网销售服务适用于在市中心活动的居民，在勒芒市中心城区工作的人（送货到工作地点），那些路过此地的人，特别是那些定时出现在这里的人。Dropbird 是一家连锁超市公司，它于 2014 年由克劳德·勒布利兹（Claude

---

① 见 2016 年 Logicités 的论文。

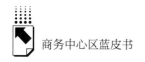

Le Brize）创建，克劳德也成为大巴黎协会（Société du Grand Paris）的奖章获得者。当时他对在勒芒火车站设立集体寄存处非常感兴趣，设立 Dropbird 后，那些每天乘坐公共交通工具上下班的人可以在此取回在连锁超市公司的品牌店所购买的商品，然后再乘坐火车回家。

毫无疑问，互联网商业时代的到来代表着明天的分销系统，彼时的商店将不只是一扇进入并且接触商品的大门，它将涵盖更加高级的利用互联网信息网络、交易网络以及人员和商品的实体运送网络。商店转变为货物订单的进出、取回、发送等的站点，这既引起了一场分销领域的革命，也带来了一场物流领域的革命。

5. 创建一个城市物流空间

预计到 2019 年，勒芒将在超级市中心建成一个"城区物流空间项目"（ELU），它位于共和国广场的地下，配备有服务点，可以在这里收取、退还包裹，下单购物，试用、寄存商品等。这一项目旨在繁荣中心城区街区的商业活动，它将在城市核心的超级市中心集中商品流量。各类商品由传统交通工具运送到这里，然后按照局部巡回的方式，采用轻便工具（电动汽车，运货轮车，三轮送货车，或者步行送货）为那些国际快递或者邮政企业重新进行配送，运作模式既包括 B to B 模式，也包括 B to C 模式。

在人口密集的城市街区，该项目可以通过轻便工具运作。但这一项目需要当地政府的参与，即勒芒都市圈（Le Mans Métropole），以及作为中心城区地下停车场管理方的混合经济体（Cénovia）的参与。未来的"城区物流空间项目"可以采用 B to C 运营模式的潜在送货方式，可以在 2 公里的半径范围内为 91100 位居民提供服务，在 5 公里的半径范围内为 14 万居民提供服务。在 B to B 模式下，"城区物流空间项目"可以为 1000～1500 个商家提供送货服务，同时为个人提供一种新型服务（夜晚送货到家，收取包裹，收回未交付的商品，等等）[1]。

无论如何，混合功能性空间诞生于城市内部，它代表了商业供给在城市

① 见 2016 年 Logicités 的论文。

中的再生（车站、机场、医院、地铁站、高速公路的商业服务，农业流动贸易，在旅游景点收取短途运输送达的商品等）。十多年来，这一模式一直在发展之中。但它并不能排除多模式进出商业空间的最大化条件，以便更好地连接、弥合城市里的商家。商业区域的实体与数字连接，正从中心市镇扩展到地区性和全国性的大都市，成为一个城区商业振兴的可行性方案，但与此同时，它也越来越受到消费者精准时空的制约①。

四　结论

互联网与电子商务并非振兴中心城区及区域内小型商家的唯一选择。从20世纪60年代开始，由于大型购物超市和大规模分销方式的出现，已经出现了多次商业振兴运动。此后，在80年代至90年代，城郊地区多极化商业进一步发展，在20世纪末期，由于商业融资的介入，商业机构开始与实体消费市场和客户购买力分离。这一现象的出现一方面是因为无法预期商业结构与空间的变化；另一方面则是由于无法调节各方面参与者（政治，经济，社会）经济与就业的动力。法国式的城市商业发展规划往往基于政策与城市管理的抉择，过于强调财务与功利主义的方式②，因此往往很难准确地预判商业模式变化的影响。

电子商务和"纯粹经营者"的竞争，改变了消费者的购买习惯。新的消费方式造成了中心城区的商业危机，但它并非致命因素。实际上，中心城区的商家拥有很好的机会和资源，创建混合商业形式，借助于互联网和电子商务工具，提升自身吸引力。而这些新型媒介既能用作中心城区商家品牌的联网虚拟展示橱窗，又可以不断升级换代，成为更大范围的服务的一部分。而这一切，仅仅通过网上购物是无法实现的，而需要振兴中心城区的城市规划和治理行动的互补，商业企业经济复兴理念（差异化战略，当地行业分

---

① 见嘉斯尼耶（Gasnier）2017年的论文，第132页。

② 见戴斯（Desse）2013年的论文。

工，各种临时性商店或者西班牙式购物商场之类的市场理念创新）的互补。新型数字技术所带来的供给与需求方面的快速革命正在颠覆着城市商业。毫无疑问，它代表着城市商业所面临的无法回避的方向，尤其是在那些大型都市的核心市区。"商店并未消亡，它甚至将会从购买行为开始，影响全部的消费过程，成为分销体系中的一个渠道，从而获得新生"①。

构建中的勒芒中心城区振兴项目，展示出一种全新的参与和创新途径。在管理方面，它是如此（动员所有商业生产的参与方在各个层面上协同规划：Sraddet，Scot，PLUI），在实施后续行动计划的各个方面也是如此 [商业监督和评估汇集了当地政府、勒芒城市联合体 Scot、行业公会和工商组织、国家的分散化公共服务部门（DDT）和勒芒大学、当地商业发展战略计划、市中心经理]。在与之相关的数字转变计划中，具有良好前景的首批项目已经启动。

无论是城市规划，商业发展，还是商业的数字化工具，它们都不能被认为是振兴中心城区的唯一路径。它们是一项整体工程中所必需的要素，且相互关联。只有充分结合这些路径，才能够使我们正在研究的商业衰退发生逆转。

参考文献

Degen M M，Rose. The sensory experiencing of urban design：the role of walking and perceptual memory. Urban Studies，2012，49（15）：3271 - 3287.

Deprez Samuel，Gasnier Arnaud. De la vente à distance au cross canal：Quand la technologie renouvelle le regard des géographies du commerce，BSGLg，2016，66：71 - 76.

DESSE R. -P.，La fin de l'urbanisme commercial à la française，Annales de la Recherche Urbaine，2013，no 118，p. 5 - 16.

DUHAMEL Pierre-Mathieu & al，Rapport：La revitalisation commerciale des centres-villes，Inspection générale des finances，Juillet 2016，471 p.

---

① 见玛德里（Madry）2013 年的论文，第99页。

GASNIER Arnaud, Commerce et dynamique de centre-ville: l'exemple du Mans, Norois, N°187, 2000, pp. 353 – 366.

GASNIER A. & A. RAVENEAU, Effets territoriaux de la connectivité des drives. , R. - P. DESSE & S. LESTRADE (dir.), Mutations des espaces marchands, Rennes, Presses Universitaires de Rennes, 2016, p. 45 – 58.

GASNIER Arnaud. , Le commerce dans la ville, entre crise et résilience. Vers une reterritorialisation soutenable ? Mémoire d'Habilitation à Diriger des Recherches, Le Mans Université, 2017, 389 p.

GWIAZDZINSKI L. (dir.), L'hybridation des mondes, Elya Éditions. , collection L'innovation autrement, 2016, 344 pages.

Logicités, Samarcande, Logistique urbaine et commerces dans l'agglomération mancelle. Rapport d'étude réalisée pour la DDT 72, 2016, 67 pages.

Klingman, A. , 2007) . Brandscapes: Architecture in the Experience Economy. Cambridge, England: MIT Press.

LESTOUX D. , Revitaliser son coeur de ville. L'adapter au commerce de demain, Territorial Éditions, collection Dossier d'experts, 2016, 78 pages.

LIBESKIND J. , Logistique urbaine, les nouveaux modes de consommation et de livraison, Fyp. , 2015, 192 pages.

MADRY P. , Le commerce est entré dans sa bulle, N. LEBRUN (dir.), Commerce et discontinuités. Quand la frontière et la discontinuité structurent le commerce. Arras, Artois Presses Université, 2013, p. 221 – 234

MADRY P. (Ré) aménager les rez-de-chaussée de la ville, Paris, Le Moniteur, 2013, 144 pages.

MADRY P. & Bouvier M. , La vacance commerciale dans les centres-villes en France: Mesure, facteurs et premiers remèdes, Cahiers de l'Institut pour le commerce et la ville, Numéro 1, Paris, 2017, 58 pages.

MARCON André & al, Mission prospective sur la revitalisation commerciale des villes petites et moyennes, CCI, Février 2018, 114 p.

MOATI P. , Modes et lieux de consommation. Des facteurs de changement 2, Territoires 2040, La documentation française, 2012, no 6, p. 27 – 42.

Ogden-Bames, S. , & Barclay, D. (2011) . Store sense. Reclaiming the four walls with sensory engagement. Melbourne, Australia: Deakin University.

PICOT-COUPEY K. , Les voies d'avenir du magasin physique à l'heure du commerce connecté, Gestion-HEC Montréal, 2013, vol. 38, p. 51 – 61.

POUPARD Mélanie, Face à la dévitalisation commerciale des centres-villes de villes moyennes: quels sont les outils des collectivités pour lutter contre la vacance? Architecture,

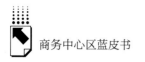
aménagement de l'espace, 2017, p 96.

PROCOS, Une nouvelle progression de la vacance commerciale des centres-villes en 2015, Rencontre Presse, 22 juin 2016, 22 p.

RALLET A. , A. AGUILERA & C. GUILLOT, Diffusion des TIC et mobilité: permanence et renouvellement des problématiques de recherche, Flux, 2009, vol. 4, no 78, p. 7 – 16.

SIEYS L. , HUYGHE M. , & BAPTISTE H. , Le e-commerce, facteur d'atténuation des iniquités territoriales en termes d'offre commerciale?, Netcom. Réseaux, communication et territoires, 21 octobre 2016, no 301/2, p. 09 – 28.

B.21
东京大都市圈的产业结构
转换和地区重组

藤田直晴　李国庆 译*

摘　要： 本文的主要目的是实证分析东京大都市区域产业的结构变迁，在此基础上论述产业结构的变化如何影响城市空间重组，最后揭示最新出现的空间体系的现代含义。首都圈产业的区域特性是除基础材料型的千叶县之外均向加工组装产业转变。最大的生产地区从东京都转移到神奈川县和埼玉县。从特化系数看，东京都的信息通信产业等知识·技术集约型产业、神奈川县的学术·研究机构、埼玉县的仓储业、千叶县的航空运输·钢铁·娱乐产业比重高，形成了地区分工。最近的产业转移对于固化更加广泛且具有阶层特性的空间结构发挥了重要作用，超越了以往的范式，人脑与电脑相结合、新型的、合理且功能整合的东京大城市圈正在展现出来。

关键词： 东京大都市地区　产业转移　空间分工　先端技术产业　地区阶层性重组

---

* 藤田直晴，日本明治大学名誉教授，研究方向为城市地理学、经济地理学；李国庆，中国社会科学院城市发展与环境研究所研究员、博士生导师、城市政策与城市文化研究中心主任，研究方向为城市社会规划、环境规划、日本社会论。

一 东京的世界都市特性

伴随着经济发展，人口规模"世界第一大城市"处于不断轮换之中。在 19 世纪，伦敦是世界经济的首都，而在两次世界大战期间，纽约登上了这一宝座，第二次世界大战之后则转至东京。在此期间，世界第一大城市的人口规模从 500 万人增长到 1000 万人，后来又增长到 3000 万人。这样的变化，反映出各国内部特殊的社会经济状况，也反映出首位城市担当的联系国家经济体系与世界资本主义经济体系的中介作用，同时显示了各国经济在世界经济中所占比重。今天，东京与纽约、伦敦一道成为世界资本主义经济体系中最重要的城市，形成三足鼎立之势。

这些城市具有世界都市共有的功能与作用，但由于不同的历史背景，也存在诸多的差异性。伦敦是一个拥有帝国时代历史的首都，是在阶级政治下产生的移民城市。与此相对，纽约是民族政治下产生的移民城市。东京的世界都市特性主要源自企业经济。伦敦和纽约不仅拥有经济实力，作为包容文化多样性的城市，在非经济领域也起到了世界性活动中心的作用，在这一点

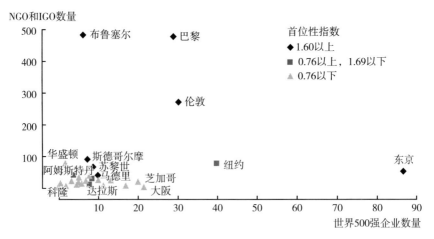

图 1 基于三种主要功能的世界城市分类

资料来源：藤田直晴编译《世界都市的逻辑》，鹿岛出版会，1997，第 16 页。

上，东京与二者之间的世界都市特性存在很大的差异。

主导世界都市发展的力量是在各自时代起着引领作用的经济部门（leading center）。例如，跨国公司、国际金融、全球规模的批发·零售业、运输及信息通信事业，以及带来全球价值标准化的革新性技术、理念、流行·论说、娱乐等，世界都市作为信息发源地而显得十分突出。

二 东京一二三产业结构的地域差异及其变化

伴随着经济社会的发展，东京的产业结构也发生了变化。在东京大都市圈地区，第一产业的比重一直持续下降，第二产业比重经历了上升、停滞不前和下降。与此相对，第三产业的比重一直处于上升状态。另外，由于城市化的发展，在市中心向郊区城镇扩大这一常规性的城市发展模式基础之上，在东京大都市圈地区，按照由市中心向南部地区（神奈川县方向）、西部地区（多摩地区、山梨县方向）、北部地区（埼玉县方向）、东部地区（千叶县方向）扩散的顺序，城市化进程呈现螺旋式的推进形式。这些区域之间的产业结构也形成了明显差异。

日本 2015 年全国人口普查中各产业就业人口数据显示，东京大都市圈地区的第一产业就业人口比例如下：东京都 0.4%、神奈川县 0.9%、埼玉县 1.7%、千叶县 2.9%；这一数据在 1965 年时的情况是东京都 1.5%、神奈川县 6.1%、埼玉县 22.2%、千叶县 33.0%。两者相比，可以看出现在第一产业就业人口比例显著下降，反映出了东京大都市圈地区独特的形成史。

第二产业的比例没有像第一产业那样剧烈变化，但也显示了下降趋势。特别是在东京都，从 1965 年的 41.5% 下降到 2015 年的 17.5%，是"一都三县"中下降率最大的。到 1970 年为止，以高速高度经济增长为背景，东京都作为京滨（东京一横滨）工业带的核心，其下降比例并不是那么大。但是此后，随着城市化的加速，后工业化的趋势随之加快，工厂的关闭和转让也随之提速。

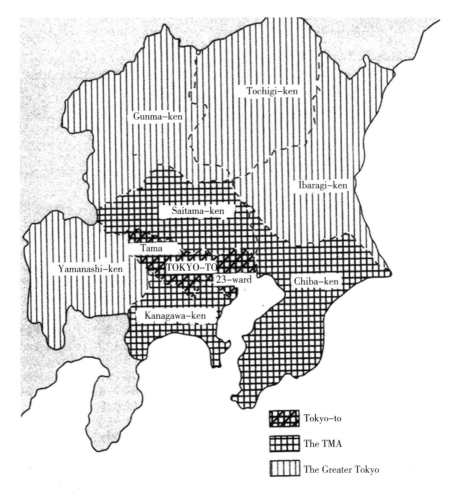

图2 东京大都市圈（TMA）及首都圈

注：图例中的TMA指由"一都三县"组成的东京大都市圈地区。

资料来源：N. Fujita: Geographical Researches on the Urban Problems in Japan, China Urban Studies, Vol. 5, The Commercial Press（商务印书馆），2012.

　　神奈川县的第二产业比例在1965年占到44.7%，超过当时东京都的水平。之后，这一比例逐渐下降，到1985年达到37.2%，低于38.1%的埼玉县。2015年的这一比例为22.4%。虽然埼玉县的比例也呈现出下降趋势，但作为东京都后工业化最大的承接地，其下降趋势并没有其他地区剧烈，第二产业在"一都三县"中保持着最高的比例。到2000年为止，虽然超过全国的第二产业比例，但到 2015 年出现下降。千叶县从 1965 年的 26.4% 下降到 2015 年的 20.6%，其第二产业比例是"一都三县"中最低的，是唯一没有超过全国第二产业比例的地区。但是，千叶县的低工业化率并不意味着工业化的延迟。伴随着京滨工业带的衰退，位于东京湾一带的京叶工业带（东京—千叶）作为新兴工业带所发挥的作用正在日益显著，值得关注。

东京都在 20 世纪 50 年代后期迎来第二产业比例的顶峰，神奈川县和埼玉县在 60 年代初，千叶县是在 70 年代，交替迎来了这一顶峰。

第三产业比例的变化呈现出与第一产业和第二产业完全相反的趋势。1965 年国民经济水平的第三产业比例为 43.0%，而当时超过这一数值的仅有 57.0% 的东京都和 49.1% 的神奈川县。千叶县为 40.5%，埼玉县为 39.1%，低于全国水平。但到了 2015 年，全国平均水平将上升到 71.0%，东京都达到 82.1%，神奈川县 76.7%，千叶县 76.5%，埼玉县 73.4%，均呈现出超过全国平均水平的高比例。

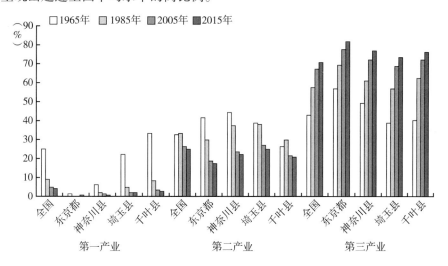

图 3　各产业就业人口结构的地域变迁

注：竖轴为百分比。
资料来源：《地理统计》，古今书院（1968 年版、1990 年版）；
根据《地理　统计要览》二宫书店（2011 年版、2017 年版）制作。

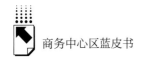

总的来说，东京大都市圈地区产业结构的地域变化在于作为地区核心的东京都形成了第一产业几乎消失、第二产业比例大幅下降、第三产业比例最高这一最为先进的产业结构。与东京都形成鲜明对比的是千叶县。在"一都三县"当中，千叶县形成了第一产业比例最高、第二产业比例最低、第三产业比例相对较高的相对滞后的产业结构。处于东京都和千叶县中间的是神奈川县和埼玉县。在东京大都市圈地区，按照产业结构的先进性进行排列，可以大致描绘出东京都⇒神奈川县⇒埼玉县⇒千叶县这一结构。

三 从"产业三分类法"来看东京大都市圈的产业和地区特性

下面我们依据日本标准产业分类规则下"大类F—造业"中的"产业三分类法"（基础材料型、加工组装型、生活相关型）来分析一下东京大都市圈的产业特点和变化。

从1965年的制造业出货量来看，东京都以约2600万日元占全国约13.4%，居全国第1位。其周边三县，神奈川县排在第3位，埼玉县第7位，千叶县第9位，"一都三县"占据了全国的30.5%。此外，大阪府排第2位，兵库县第4位，静冈县第5位，福冈县第6位，广岛县第8位。可以看出，主要是上述这些位处京滨工业带、阪神（大阪—神户）工业带、中京工业带、北九州工业带的当时的四大工业带的府县占据了前位。

截至1970年，一直延续着东京都第1位、大阪府第2位、神奈川县第3位的排名。但此后，在从钢铁·造船等"重厚长大型"产业迈向运输机械·电器机械工业等产业的产业转移浪潮中，作为丰田汽车据点的爱知县上升为全国第1位，作为日产汽车据点的神奈川县地区占据第2位，地区重组在不断推进，而这一排名保持至今。在此期间，东京都排名下降，大阪府虽然有时排在第4位，但大体上仍保持着第3位的位置。

从2014年的制造业出货量来看，东京都仅占全国合计金额约30300万日元的2.7%，居全国第13位。神奈川县以5.8%排在第2位，千叶县为

4.5%，排在第 6 位，埼玉县为 4.1%，位居第 7 位。"一都三县"的合计比例下降到全国的 17.1%。虽然其比例有所下降，但仍有 15%~20% 的规模，作为国民经济重要生产地区的地位并未改变。整体而言，制造业出货量排在前几位的仍然还是东京大都市圈到大阪大都市圈这一太平洋沿岸经济带，以及位于其延长线上的广岛县和福冈县等一些有限的都府县。

根据"产业三分类法"来分析东京大都市圈地区的特点，从 1965 年到 1995 年，东京都的基础材料型产业从 32.9% 下降到 16.9%，之后呈停滞倾向。与此相比，加工组装型从 32.6% 上升到 43.3%，到 2014 年增加到 53.6%。生活相关型的产业比例从 34.6% 上升到 39.8%，但之后下降，2014 年为 28.8%。1965 年东京都的产业结构中，三种类型各自占据了三成左右，结构均衡。但后来逐渐向加工组装型转变，按行业来看，电气机械工业和运输用机械工业的比重上升，钢铁行业和食品工业等的比重下降显著。

在神奈川县，生活相关型产业几乎占到 10%~20%。从加工组装型和基础材料型的动向来看，在 1965 年的时候，二者的比例均在 40%~50%，呈现相互抗衡的态势。之后，加工组装型的比重上升，到 2014 年达到 49.0%，基础材料型呈下降趋势，2014 年为 37.1%。与东京都相比，神奈川县虽然集中度比较弱，但以加工组装型为中心、基础材料型也占一定比例的这种结构从 1965 年开始到现在一直很稳定。从行业的具体情况来看，运输用机械工业受日产等工厂向海外迁移而导致本地工厂关闭的影响，从 1965 年的 22.4% 到 2014 年变为 20.9%，呈现出小幅下降趋势，但仍保持第 1 位。与此相反，1965 年占据前 2 位到前 4 位的比重为电器机械工业 16.0%、化学工业 10.8%、食品工业 10.0%。到了 2014 年，上述行业都开始从前列中消失，取而代之的是第 2 位石油制品工业 17.3%、第 3 位化学工业 10.4%。加工组装型+基础材料型这一趋势开始显现。

埼玉县 1965 年的产业结构中，基础材料型占 37.0%，加工组装型占 32.3%，生活相关型占 30.6%，紧随东京呈现出一种较为平衡的结构。从 1965 年到 1995 年，生活相关型的构成比从 30.6% 降至 20.3%，相反，加工组装型从 32.3% 上升到 45.1%，基础材料型从 37.0% 下降到 34.5%。从"产业三分类法"的结构这一角度来看，埼玉县是"一都三县"中各类别之间差距最小的地区。从行业角度来看，1965 年运输用机械工业为 14.7%，到 2014 年达到 17.8%，依然是第 1 位。食品工业从 11.3% 增加到 12.9%，居第 2 位，原本以 8.7% 的比例位居第 3 位的电气机械工业被占比 12.5% 的化工行业所取代。从"产业三分类法"的角度看，每种产业里都有一项业种进入了前 3 位，形成一种相对均衡的产业结构。

从千叶县的情况来看，与其他三都县相比，基础材料型的比例非常高。在 1965 年基础材料型占 61.2%，与生活相关型的 27.0%、加工组装型的 11.8% 相比，数值十分突出。此后，基础材料型的构成比在不断呈现出大的变动，2014 年的比例高达 72.9%。另外，2014 年的生活相关型的比例为 16.0%，加工组装型 11.1%，加工组装型的比例基本不变，与 1965 年相比，生活相关型相比 1965 年减少了 11 个百分点，这一变化与基础材料型的增加有关。由此，千叶县成为基础材料型的一大工业带。从各行业的情况具体来看，1965 年排在前列的钢铁产业占 27.6%，食品产业 17.1%，石油制品 13.2%。到了 2014 年，石油制品占 25.3%，化学工业 22.7%，钢铁产业 13.7%，基础材料型占据了绝对主导地位，千叶地区成为专门性较高的工业地带。

表 1　东京大都市圈地区的产业构成趋势和地区变化

单位：%

地区	年份	基础材料型	加工组装型	生活相关型
东京都	1965	32.9	32.6	34.6
	1980	22.4	39.0	38.6
	1995	16.9	43.3	39.8
	2014	17.9	53.6	28.8
神奈川县	1965	40.2	44.7	15.1
	1980	41.1	47.2	11.7
	1995	30.4	59.1	10.5
	2014	37.1	49.0	13.9

地区	年份	基础材料型	加工组装型	生活相关型
埼玉县	1965	37.0	32.3	30.6
	1980	35.0	40.3	24.7
	1995	34.5	45.1	20.3
	2014	39.5	44.1	16.4
千叶县	1965	61.2	11.8	27.0
	1980	74.0	10.7	15.4
	1995	58.7	21.3	20.0
	2014	72.9	11.1	16.0

注：表中的数值100%未调整制造业产品出货量。
资料来源：《工业统计表》各年度版本。

总的来说，东京大都市圈"一都三县"的产业特性，东京都由基础材料型+加工组装型向加工组装型转变，神奈川县是加工组装型的中心地区，埼玉县从基础材料型向加工组装型+基础材料型转换，千叶县是基础材料型的专业化地区。这样的产业结构变化的背景，主要是日本经济及世界经济的变动，中国等亚洲地区的旺盛的原材料需求，此外还受到生产向日本国外转移带来的日本国内产业空洞化等各种因素的直接或间接影响。

表2　东京大都市圈地区的产业转移

	产业类型	向量	产业类型
东京都	基础材料型+加工组装型	⇒	加工组装型
神奈川县	加工组装型	⇒	加工组装型
埼玉县	基础材料型	⇒	加工组装型+基础材料型
千叶县	基础材料型	⇒	基础材料型

注：作者制作。

四　从特化系数看东京大都市圈的产业与地域特征

如果关注整个产业分类的特化系数，可以看出特化系数在3.0以上的产

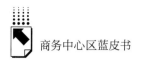

业都集中于东京都。以互联网依存服务业和影像·声音·文字信息业为代表，商品批发、证券、期货交易等产业，都需要专业的知识和技术，由此可以看出尖端行业多集中于东京都，其系数极为突出。

在特化系数为2.0~2.9的范围内，可以看出"一都三县"的产业各具特色。神奈川县是学术·研发之地。其中最典型性的是川崎，其从过去的"重厚长大"型产业集中城市和环境污染城市成功转型为研发型城市，与同样成功实现后工业化（Remaking Pittsburgh）而在世界闻名的美国的匹兹堡有很多可以类比的地方。埼玉县的特色产业是仓储业。说起仓储业，埼玉县曾打算将仓库集中选址于东京湾地区，但由于高科技的使用及仓储管理系统的更新，最终选择了地价低廉、内陆交通便利的地区。千叶县的特色产业主要有航空运输业、钢铁业、娱乐业等，其原因也是十分明确的。千叶不仅拥有成田国际机场，更拥有新日铁和JFE等大型炼钢炼铁厂。除此之外，浦安拥有东京迪士尼乐园和迪士尼海洋乐园等大型娱乐设施，这些都在系数中如实地体现了出来。东京都也涉猎广告业、负责地区冷暖保障的供暖行业、辅助金融业、纤维·服装等的批发业、贷款业、皮革·皮毛制品业等多种多样的产业。在这些基础之上，以巨大的市场为背景，广告、批发、金融等城市型产业的数值也极高。

接着，我们关注一下特化系数在2.0~2.9之间的制造业。埼玉县的特色产业主要为纸浆·纸品制造业、印刷及相关产业、塑料制品制造等产业，而千叶县的特色产业则为钢铁业、石油产品制造业，神奈川县为石油产品制造业、信息通信设备制造业，东京都为皮革·皮毛制造业等产业。由此可见，"一都三县"的特色产业存在一定的差异。从1990年前后，"一都三县"的制造业从业人员数量开始减少，其中东京都和神奈川县的减少规模较大。在这样的情况下，直至2000年前后，专业·技术型职业从事者的比例上升，特别是神奈川县的上升势头十分明显，甚至追赶上了东京都。神奈川县特别是川崎·横滨地区的研发功能趋于集中化证明了这一点。

表3 从特化系数看东京大都市圈地区的产业分布特征

特化系数	埼玉县	千叶县	东京都	神奈川县
4.0~4.9			互联网依存服务业	
			影像·声音·文字信息制造业	
3.0~3.9			各类商品批发业	
			证券业	
			期货交易业	
			信息服务业	
			航空运输业	
2.0~2.9	仓储业	航空运输业	广告业	学术·开发研究机构
		钢铁业	供热行业	
		运输及相关服务业	辅助金融业	
		娱乐行业	纤维·服装类批发行业	
			贷款业	
			皮毛制造业	
1.5~1.9	纸浆·纸品制造业	石油制品制造业	印刷及相关行业	石油制品制造业
	印刷及相关行业	天然气业	通信业	信息通信器械制造业
	塑料产品制造业	广播业		信息服务业
	革·皮毛制品业	仓储业	水运业	仓储业
	精密机械制造业	各类商品零售业	机械器具批发业	不动产交易行业
	其他制造业	机器修理业	其他批发行业	
	道路货物运输业		银行业	
	邮政政府金融机关		邮政政府金融机关	
			不动产租赁业	
			专业服务行业	
			政治·经济·文化团体	

注：特化系数 =（某区域某行业就业人数/全国该行业的就业人数）/（该区域所有行业就业人数/全国所有行业就业人数）、全国 = 1。

资料来源：松原宏《東京における産業構造の変化》《地学雑誌》285~297、2014年、p.289。

尽管东京大都市圈地区的工业规模的整体比重正在逐渐减少，但随着产业的发展与衰退，大城市地区间的重组正在进行。但是制造业并不一定处于

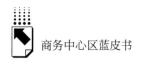

绝境，制造业依然占据了工业中 10% 的重要地位。

据 2015 年度《都民经济计算推计结果》（东京都）显示，东京大都市圈地区的中心——东京都的产业特化系数（产业大分类）中，特化系数最高的部门是系数为 2.13 的信息通信产业，这也是唯一特化系数超过了 2.0 的产业。此外，金融·保险业的系数为 1.29，专业·科学技术、业务支援服务业为 1.60，批发·零售业为 1.44，其他服务行业为 1.01。1.0 以上意味着该系数超过了全国系数，东京都的知识·技术密集型产业或是被称为高端服务业类的公司服务业的相关系数较高，也就是说，东京都的产业目前正在朝此类产业进行转换。尤其是被称为 FIRE 的金融·保险·不动产等行业，高度聚集于日本经济中枢神经的东京都。另外，在传统产业方面，重型产业自然不必说，就连尖端产业中的老旧型产业也在被强制地淘汰和转移，东京都已经成为不断推陈出新的强力竞争型都市。

五 东京都中心及周边地区集中开发的产业选址倾向

（一）对东京都的分析

在东京都相对全国各个产业构成比例（产业大分类）中，信息通信业的公司数量以及从业人员数量的比重上升最为明显。公司数量从 2004 年的 2.8% 上升为 2014 年的 34.1%，实现 31.3 个百分点的增长，从业人员数量也从 8.3% 上升到 51.1%，超过全国半数以上。学术研究·专业技术服务业的上升也十分显著，尽管 2004 年的比例仅在 1.0% 以下，但到了 2014 年，公司数量达到 18.8%、从业人员数量达到 26.1%，占比达到全国 1/4 以上。第三大变化显著的行业则为金融业、保险业。公司数量从 2004 年的 1.5% 上升到 2014 年的 13.0%、实现 11.5 个百分点的增长，从业人员数则从 4.4% 上升到 26.7%，实现了 22.3 个百分点的增长。公司数量与从业人员数量所占比重之所以差别较大，是因为金融行业具有地区黏性这一特性，它们一方面在全国范围内开办公司；另一方面，三大巨头银行、信托银行、主要的人身保险公司与伤害保险公司、证券公司均在东京集中选址扩张业务。

另外，批发业、零售业与制造业的构成比例却在不断减少。批发业与零售业 2004 年的公司数量为 26.1%、从业人员数量为 23.4%，占据了压倒性地位。到了 2014 年，公司数量的占比为 11.2%、从业人员数量也降为 16.6%，不再成为地区的主力产业。由公司数量的减少比例大于从业人员数量的减少比例可以看出，批发业与零售业的公司正在趋于集中化。同样占比在持续减少的还有制造业。尽管 2004 年的公司数量与 2014 年的公司数量基本没有变化，但是从业人员数量的比例却减少了 3.6 个百分点，规模趋于逐渐变小。此外我们还需注意到其他服务行业（其他未被分类的行业下面统称为服务业）。在这个类别中，包含了各种各样的行业。例如，既包含了废弃物处理行业等静脉产业、洗衣行业等个人服务行业，也包含了公司服务业与广告、法律·会计事务所等高端服务行业。服务行业的公司数量与在全国的占比从 2004 年的 19.7% 减少为 2014 年的 11.0%。但是，从业人员数量却从 2004 年的 19.1% 上升到了 2014 年的 21.9%，实现了 2.8 个百分点的增长。这个数据中也包含了低端服务业与高端服务业之间比例的上下变动，受到行业的淘汰以及新行业加入的影响。东京都的产业变化主要体现在事务所规模的扩大以及向信息通信业，金融·保险业、学术研究·专业技术服务行业等的转换。

在这样的产业变化背景之下，近年来增加最为显著的还是医疗与福利，这也正是在老龄化社会这一背景下快速发展的产业。2012 年到 2014 年的短短两年间，从业人员的增加率达到了 22.3%。服务行业的增加率也达到了 13.4%，与社会福利相关、政府的"工作方式改革"政策相关的人才派遣以及咨询等相关行业的增长也十分显著。此外，学术研究·专业技术服务行业则达到了 10.5% 的增长率。

为与东京都进行比较，我们可以看一下纽约和伦敦的产业构成。由 2006 年的 GDP 产业构成（名目）来看，依次为：金融·保险业 15.4%、不动产·租赁业 14.3%、政府机关 10.0%、专业·科学技术业 8.3%、信息业 7.8%、医疗·社会福利 7.7%、制造业 6.4%。伦敦 2006 年的各行业公司数量则依次

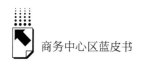

为：不动产·商业服务业 38.4%、行政服务 12.2%、零售业 12.1%、旅馆·送餐服务业 7.1%、批发业 6.8%、建筑业 6.0%、制造业 5.5%。

表4 东京都相对全国各个产业构成比例的变迁

单位：%

	公司数量		从业人员数量	
	2004 年	2014 年	2004 年	2014 年
全产业	11.6	11.8	13.3	16.0
建筑业	6.5	8.2	6.0	12.3
制造业	10.0	10.1	11.4	7.8
信息通信业	2.8	34.1	8.3	51.1
运输业、邮政业	3.3	12.2	5.0	14.7
批发业、零售业	26.1	11.2	23.4	16.6
金融业、保险业	1.5	13.0	4.4	26.7
不动产行业、物品租赁行业	7.6	16.1	3.1	23.2
学术研究·专业技术服务业	—	18.8	—	26.1
住宿业、饮食服务行业	15.1	12.8	9.7	16.2
生活相关服务行业、娱乐业	—	9.9	—	14.0
教育、学习支持行业	2.4	10.8	3.5	20.1
医疗、福利	4.8	11.4	5.5	11.0
服务业（其他未被分类的行业）	19.7	11.0	19.1	21.9

资料来源：东京都《東京の産業と雇用就業》2006 年版与 2007 年版。

虽然通过上面的资料无法直接将东京与纽约和伦敦进行比较，但是通过把握这两大都市的产业构造概况，也可以将其与东京进行对比。从以上数据可以看出，东京在信息通信、金融·保险、学术研究·专业技术服务领域所占的比重较高，纽约则是在金融·保险、不动产·租赁行业、政府机关所占的比重较大，伦敦则是在不动产·商业服务、行政服务、零售等行业所占的比重较大。制造业的构成比例在这三个城市的所占比例均较低，其比例按东京、纽约、伦敦的顺序依次递减。萨森的"东京的制造业所占比例相比于其他两个城市更高"这一论述也证明了这个事实。

（二）对东京都中心地区及副中心地区的分析

通过东京都《东京的产业与雇用就业 2017》，可以进一步细看在东京都比例较高的产业详情。从各产业、各地区的公司数量构成比例来看，信息通信业、学术研究·专业技术服务业、金融·保险业、服务业这几类行业在东京的公司高度集中于城市中心的三大地区（千代田区，中央区，港区）。

1. 信息通信业

该产业在东京的公司数量在各区域所占比例依次为，港区 14.1%、千代田区 12.7%、中央区 10.5%，也就是说，城市中心的三大区域占比为37.3%。此外再加上新宿、文京、涩谷、丰岛区这四个副中心地区的27.9%的占比，合计占比可以达到 65.2%。由此我们可以看出，该产业主要集中于东京大都市圈地区的少数中心地区。

2. 学术研究·专业技术服务业

同样，该产业的公司在城市中心 3 个地区中占比 33.7%、城市副中心地区占比 22.2%，两者合计达到 55.9%，居半数以上。城市中心 3 个地区的占比分别为，千代田区 12.2%、港区 11.6%、中央区 10.0%，成为仅次于信息通信业的集中分布在东京大都市圈地区的少数中心地区的产业。

3. 金融业·保险业

金融业、保险业在城市中心 3 个地区中占比为 33.6%，城市副中心区域为 17.5%，两者合计可达 51.1%。千代田区 13.1%、中央区 11.6%、港区 8.9%的占比，由其可见其在城市中心 3 个地区的占比之高。三大巨头银行均将总部设立在城市中心区域，信托银行等大型金融机构也集中于此。保险公司则多选址在城市副中心地区。

4. 其他服务业

正如前面说到的，这个产业分类中包含了各种各样的产业。从公司所在地区来看，城市中心地区占 26.8%，城市副中心地区占 17.1%，也就是43.9%集中于东京的中心区域。在各个区中，港区 9.9%、千代田区 9.1%、中央区 7.8% 位列前三。这类产业由生活相关的产业以及公司服务业等各类行业构成，地区间占比的区别不大。与此同时，由于其中也包含了如公司服务业等高端服务行业，所以也会呈现集中于城市中心地区的倾向。

在其他产业中，大田区在制造业中占比最大，为 9.5%。墨田区、足立区等东部三角区域的占比也居于前列。足立区在建筑业中占比为 6.4%，其次为练马区、大田区。大田区在运输业、通信业的占比为 9.3%，其次为足立区、江户川区。批发业、零售业在城市中心占比为 17.6%、城市副中心地区为 13.7%，即 31.3% 集中在中心地区。占比较高地区依次分布于：日本桥和银座所在的中央区 7.1%、浅草所在的台东区 5.3%、东京站所在的千代田区 5.2%。不动产行业、物品租赁业在新宿区占比最大，为 6.2%，其次为港区 5.4%、大田区 5.2%。生活相关服务业、教育·学习支持、医疗·福利这三个行业占比最大的区域为 23 区中面积和人口均位于首位的世田谷区，涩谷区、新宿区、练马区、大田区的占比也相对较高。

综上所述，信息通信业、学术研究·专业技术服务业、金融·保险业、服务业中以公司服务为中心、批发·零售中以批发为中心，聚集于东京大都市圈地区的核心区域。与此同时，城市中心的三大地区也各自分担着不同的行业领区，信息通信业多在港区、金融·保险业多在千代田区、批发·零售业则多在中央区。此外，制造业在大田区和东部三角地区、生活相关产业与建筑业则分布得较为均等，多数位于面积广大的多摩地区。

表5　东京都各产业的地区分布构成（2014 年）

	城市中心 3 区	城市副中心 4 区	其他 16 区	多摩地区等	合计
所有产业	17.0	14.7	48.3	20.0	100.0
建筑业	7.1	8.4	55.5	29.0	100.0
制造业	9.0	8.9	66.9	15.2	100.0
信息通信业	37.3	27.9	25.2	9.6	100.0
运输业、邮政业	14.8	5.4	65.8	14.0	100.0
批发业、零售业	17.6	13.7	49.2	19.5	100.0
金融业、保险业	33.6	17.5	33.6	15.3	100.0

	城市中心 3 区	城市副中心 4 区	其他 16 区	多摩地区等	合计
不动产业·物品租赁业	13.9	16.4	50.5	19.2	100.0
学术研究·专业技术服务业	33.7	22.2	30.2	13.9	100.0
住宿业、饮食服务业	17.5	16.4	46.8	19.3	100.0
生活相关服务业、娱乐业	9.6	14.2	51.6	24.6	100.0
教育、学习支持行业	9.0	15.8	44.4	30.8	100.0
医疗·福利	9.4	11.5	52.0	27.1	100.0
服务业（其他未被分类的行业）	26.8	17.1	38.7	17.4	100.0

注：城市中心为千代田、中央、港区，城市副中心为新宿、涩谷、丰岛、文京区，多摩地区包含了岛屿。表中的数字表示的是百分比。

资料来源：东京都《東京の産業と雇用就業 2017》。

关于城市中心、城市副中心的主要产业，从产业小分类中可以详细地看出，软件行业 2006 年在港区的占比为 14.5%、2014 年为 13.0%，为占比最大的地区，其次在千代田区这两年的占比分别为 13.8%、12.5%。出版业 2006 年在千代田区的占比为 23.6%，2014 年也保持了 21.7% 的最大占比。在新宿区的占比则分别为 13.8%、13.9%，位居第二。信息处理·提供服务行业 2006 年在千代田区占比为 16.5%，居于首位，其次在港区的占比为 16.1%。2014 年，千代田区的占比下降到 13.1%、停留在 13.9% 的港区成了占比最大的地区。影像信息制作·配给业 2006 年在港区的占比为 30.9%、2014 年为 21.7%，均居于首位，涩谷区则以 17.8%、16.3% 紧随其后。互联网依存服务业 2006 年在涩谷的占比为 25.5%、2014 年为 20.3%，均居于首位，其次为港区的 24.7%、15.6%。整体来看，港区在 2006 年，2014 年分别是二大类行业和三大类行业的最大集中地。相反，千代田区的行业最大集中地从 2006 年的二大类行业减少到 2014 年的一大类行业。涩谷区则在 2006 年与 2014 年同样作为一类行业的最大集中地，和一类行业的第二大集中地。新宿区在这两个年份中，均为出版业的第二大集中地。

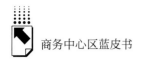

表6　东京城区主要产业的地区构成

主要产业	年份	公司数量	公司（%）	城市中心（a）	城市副中心（b）	（a+b）	其他共计
软件行业	2006	7882	44.2	40.9	27.8	68.7	100.0
	2014	9001	49.6	36.2	25.5	61.7	100.0
出版业	2006	3263	18.3	42.6	39.7	82.3	100.0
	2014	2688	14.8	37.2	37.2	74.4	100.0
信息处理·提供服务业	2006	3102	17.4	45.9	26.9	72.8	100.0
	2014	2346	12.9	39.3	21.8	61.1	100.0
影像信息制作·配给业	2006	2138	12.0	45.0	30.1	75.1	100.0
	2014	2200	12.1	33.7	27.9	61.6	100.0
互联网依存服务业	2006	2449	8.1	24.7	38.7	63.4	100.0
	2014	1906	10.5	34.5	37.0	71.5	100.0
合计	2006	17834	100.0				
	2014	18141	100.0				

注：城市中心：千代田、中央、港区；城市副中心：新宿、文京、涩谷、丰岛区；其他：其他的16区。

资料来源：东京都《東京の産業と雇用就業2017》。

将城市中心和城市副中心结合起来看其集中趋势，可以发现在公司数量中，软件行业占比将近五类主要行业总数的一半，2006年在城市中心占比40.9%、城市副中心占比27.8%，合计占比68.7%。成为支撑东京城市中心产业的重要因素。虽然其2014年城市中心占比为36.2%、城市副中心占比也降到25.5%，但合计占比仍高达61.7%，依然稳居重要地位。

此外，既被认为是都市型产业，又被认为是信息关联产业的出版业的地区分布状况表现为，2006年城市中心地区占比42.6%、城市副中心地区占比39.7%、合计占比82.3%，基本处于城市中心垄断。2014年占比为74.4%，基本没有太大改变。信息处理·提供服务业2006年为45.9%，2014年为39.3%，集中于城市中心，是城市中心集中度最大的行业。城市副中心2006年占比26.9%、2014年为21.8%，与出版业相比该比例非常之低，两个地区的合计占比2006年为72.8%、2014年为61.1%。影像信息制作·配给业是城市中心集中度第二高的行业。城市中心2006年占比为

45.0%，城市副中心为 30.1%，合计为 75.1%，显示了较高的集中度。2014 年城市中心为 33.7%，城市副中心为 27.9%，合计占比降低到了 61.6%。互联网依存服务行业是唯一的城市中心集中度在上升的行业。从 2006 年的 24.7% 上升到 2014 年的 34.5%。此外，城市副中心则是 2006 年占比 38.7%，2014 年占比 37.0%，合计占比从 2006 年的 63.4% 上升到 71.5% 的唯一的占比增加的行业。

整体来说，媒体信息等最前沿的行业都是趋于城市中心发展，稍边缘化的前沿产业则是往都市周边进行扩张。就算同样属于前沿产业，但根据其前沿性的不同，其事业发展也有一定的区别。

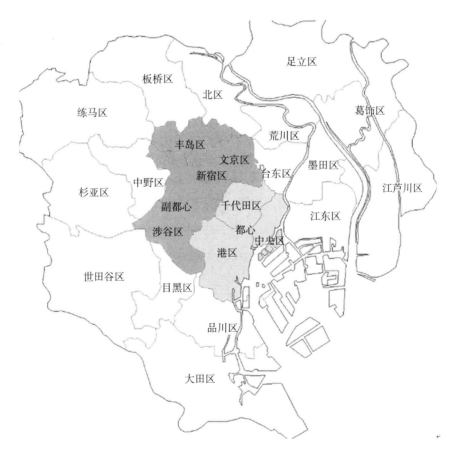

图 4　东京各区的划分

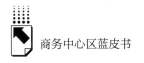

六　小结：产业结构的转换与地区结构的变化

综上所述，我们可以看出东京大都市圈地区中第一产业的全面衰退和第二产业的比重下滑。但是，旧产业也在不断向新产业进行转换，东京大都市圈依然保持着重要的工业地区的地位。随着第三产业的比重增加，这里已经趋近于拥有最先进的产业结构。

构成东京大都市圈地区的"一都三县"的产业特性，除了以基础材料型著称的千叶县，其他地区均体现了显著的向加工组装型转换的趋势。从制造业产品出货量来看，第一名从东京都变为了神奈川县，如今则是在向埼玉县转移，生产据点趋于都市化的这一特性愈发明显。

需要高度专业化知识·技术的产业偏向集中于东京都，神奈川县的学术·研究机构、埼玉县的仓储业、千叶县的航空运输业·钢铁业·娱乐业等均表现了较高的特化系数，这也体现了不同产业的地区分布情况。

在东京都，信息服务业的全国占比，从业人员数量均超过半数，金融·保险·不动产（FIRE）、学术研究·专业技术服务业等体现世界都市性的产业急速扩张，向城市中心集中选址的倾向也十分明朗。我们更能清楚地看到，信息通信业位于港区，金融业位于千代田区，批发业位于中央区的产业地区划分。

通过对产业小分类的分析，可以明显地看到，信息处理·提供服务业、影像信息制作·配给业、软件业等位于都心3区，出版社和互联网依存服务业等则集中在城市副中心，制造业则集中分布在大田区和东部三角地带的周边16区。

综上所述，东京正在进行着快速的产业转换，知识及技术集约型产业等尖端产业正在向城市中心集中、聚集。信息通信、媒体、政治·经济团体等超越旧有范式，人脑与电脑交融并用的全国性商务中心空间正在成为大都市圈的中心地区。

参考文献

藤田直晴（编著）:《東京：巨大空間の諸相》，大明堂，2001。

藤田直晴（译著）:《世界都市の論理》，鹿岛出版会，1997。

松原宏:《東京における産業構造の変化》,《地学雑誌》，123（2），pp. 285～297，2014 年。

Fujita N. Geographical Research on Urban Problems in Japan,《中国城市研究》第 5 辑，商务印书馆，2012。

藤田直晴:《东京商务空间的结构转换》（李国庆译），载《中国商务中心区发展报告 No. 2（2015）》，社会科学文献出版社，2015。

Sassen S. The Global City：New York、London、Tokyo. Princeton Univ. Press，1991.

B.22
伦敦金融城的产业发展

乔 淼*

摘　要： 随着金融在世界经济中的地位越来越重要，金融中心建设成
　　　　 为很多国家和城市经济发展策略的重要内容。本篇报告将通
　　　　 过深入研究伦敦金融城产业发展历程，理解金融中心与经济
　　　　 运行的基本关系，解析金融中心城市的关键竞争要素，探索
　　　　 金融中心建设与发展的可行路径。

关键词： 伦敦金融城　全球金融中心　产业发展　区位竞争优势　开
　　　　 放创新

　　金融中心的成长一般经历三个阶段：本地金融中心—区域金融中心—国
际金融中心。在为数不多的国际金融中心中，伦敦、纽约、东京在全球范围
内的影响力尤为显赫，是公认的老牌全球金融中心。城市研究领域的重量级
学者萨森（1991）在其专著中称这三座城市为"全球城市（Global City）"。
英国学者弗里德曼（1986）也论述过伦敦、纽约、东京这三座城市在全球
化资本经济时代中的核心地位，并称其为"世界城市（World City）"。全球
金融中心的影响力来源于专业和完善的金融产品与服务、覆盖全球的商业网
络、处理大额交易的资产流动性以及它们在高效的市场机制和公平的法律制
度等方面的声誉。根据商业智库 Z/YEN 所公布的报告，2018 年度全球金融

---

* 乔淼，曼彻斯特大学都市研究所研究员，博士，研究方向为产业集聚与区域发展、生态城镇化、学习型经济。

中心排名前十的城市为：伦敦、纽约、香港、新加坡、东京、上海、多伦多、旧金山、悉尼和波士顿。伦敦不仅位居当前全球第一，同时也是历史最为悠久的金融中心。从"日不落"的帝国时代，历经两次世界大战，再到如今的全球化时代，伦敦始终坐拥世界金融中心。以伦敦金融城为代表，伦敦之于世界金融版图的领先地位，虽诞生于帝国荣耀，但立足于不断的改革、创新、开放和竞争。

一 伦敦金融城概况

（一）基本概况

伦敦金融城，英文称为"the City of London"或"the City"，坐落于伦敦中心，传承自公元1世纪起由罗马人建立的古伦敦城，面积约1.12平方英里（2.9平方公里），因此获昵称"平方英里（Square Mile）"。伦敦金融城（the City）是一个富有多层含义的地理概念。首先，"the City of London"是伦敦最重要的中央商务区（CBD），集中了大量金融业及相关行业的公司机构，其中就包括伦敦证券交易所（London Stock Exchange）和英格兰中央银行（Bank of England），因此在中文表达中，使用"伦敦金融城"来特指"the City of London"的产业特色。值得注意的是，与一般城市功能分区中的金融城、金融区概念不同，伦敦金融城是一个享有高度自治的行政单元，并不受伦敦市政府管辖。伦敦金融城的地方管理机构称为"伦敦金融城集团"（City of London Corporation），是英国最古老的民主自治机构，历史可追溯至1191年，其最高行政长官为"伦敦金融城勋爵市长"（the Lord Mayor of the City of London），勋爵市长的选举延续了自中世纪以来的选举制度，一年一度，由金融城内的行业协会推举候选人，以企业为投票主体，选举成功的勋爵市长为金融城义务服务，不领取任何物质报酬。

伦敦金融城是英国最具经济活力的地区，以"平方英里"的弹丸之地，带领着伦敦屹立于世界金融中心。根据最新发布的统计数据，2017年，金融城就业总数为 48.3 万人，占伦敦就业总人口的 9%，其中 36.1 万人从事金融行业及其相关的商业服务业，比重约 3/4（如表 1、图 1 所示）。2010~2016 年，金融城就业总数增长了约 36%，大部分新增就业同样来自金融行业。金融城是英国金融产业最集中的地区，金融产业就业总人数方面，金融城占伦敦的 46%，伦敦次级金融区金丝雀码头占伦敦的 18%。金融城内聚集了约 24420 个公司，其中 99% 都是中小型企业，只有 240 个是雇员超过 250 人的大型企业，但是金融城超过一半的就业集中在这 240 个大型企业中；金融产业就业更加集中于大企业，约有 75%。金融城每年约有 1200 家初创企业，45% 的初创企业来自专业服务业和商业服务业，13% 来自信息服务业。每年约有 1200 家企业迁入金融城，净增加企业数约为 375 个。金融城的 GVA 产出（Gross Value Added，经济增加总值）约 470 亿英镑，占伦

表 1 金融城就业数据

单位：人

总就业人数（Total employment）						
金融城（City of London）	483000	454700	413500	391200	400800	388600
哈姆雷特塔（Tower Hamlets）	282000	277400	260000	254200	240400	237700
威斯敏斯特（Westminster）	730000	724700	702100	693400	666300	644200
大伦敦地区（Greater London）	5151000	164000	161600	147600	159300	155000
金融业就业人数（Financial services）						
年份	2016	2015	2014	2013	2012	2011
金融城（City of London）	182000	72400	67900	72400	72600	74600
哈姆雷特塔（包括金丝雀码头）（Tower Hamlets Inc. Canary Wharf）	72000	362100	356100	343600	360000	357900
大伦敦地区（Greater London）	393000	362100	356100	343600	360000	357900
英国（Great Britain）	1055000	1025400	1037400	1022000	1045500	1051900

资料来源：Office for National Statistics。

敦经济总产出的 12% 和英国经济总产出的 3%。近十年来，金融城的平均经济增长速度为 6%，人均年收入中位数为 5.5 万英镑，平均每个工作的年产出为 10.3 万英镑。

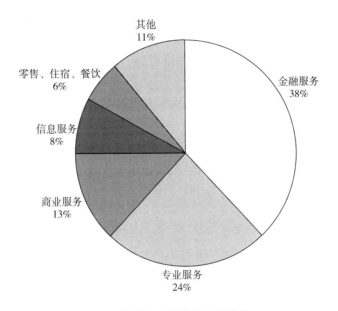

图 1　伦敦金融城就业行业结构

资料来源：City of London。

伦敦金融城的另一显著特征是高素质和高度国际化的劳动力市场。金融城约有 68% 的就业属于高技能职业，比如经理、主管或律师等其他要求专业技能的职业，高于伦敦高技能职业比重的 58% 和英国全国范围的 45%。金融城中 61% 的工作者在 22 岁到 39 岁之间，男女比例约为 61∶39，约 21% 为少数族裔（比如黑人和亚裔）。金融城拥有一个高度国际化的劳动者群体，约 41% 的就业人员非英国出生，其中 18% 来自欧盟国家，23% 来自世界其他各地。

金融及相关服务业是英国国民经济的支柱。2016 年，英国金融和保险服务出口额为 790 亿英镑，创造了 680 亿英镑的服务业贸易顺差，占英国全部服务业贸易顺差的 74%。2017 年英国金融服务业贡献税收 721 亿英镑，

占英国总税收的11%。2016年英国金融服务业的GVA为1152亿英镑，占英国全国GVA的6.6%。金融城占据了英国金融业GVA的27%，伦敦占54%。金融业是英国生产效率最高的行业，平均每个工作年产出为10.7万英镑。

作为国际金融中心，伦敦金融城具备三大特征：第一，金融机构高度集聚。银行、经纪公司、投资公司、对冲基金、保险公司以及律师、会计和信息技术等相关专业服务的聚集，共同造就了一个既有深度又有广度的伦敦金融市场。第二，高技能和国际化的劳动力队伍。他们承载着广泛的金融及相关行业的专业知识和实战经验。金融城庞大而多样的劳动力市场使企业可以根据业务需求进行聘用。第三，政府大力支持金融服务业。英国金融监管机构具有深厚的行业知识和监管经验，并通过行业和监管机构之间强有力的合作，提供高标准的市场监管。

（二）区位优势

区位优势简单而言是一个特定的地理区位所产生的优势。区位优势的产生根本在于资源分布在空间上的不均衡，这种不均衡可以是自然的、历史的，也可以是人为干预形成的。因此，对于区位优势的分析需把握资源的空间流动性特征，那些很难移动、很难复制的优势是区位优势的根本内涵。然而，移动和复制的难度是会随着交通、通信、知识扩散等外部条件不断变化的，因此，区位优势是"建立在流沙上的城堡"。人类发展历史上，不同城市在经济版图上的起起伏伏正是反映了区位优势的不稳定和脆弱性。

伦敦金融城的区位优势包括以下方面。

（1）时区和语言。伦敦位于零时区保证了伦敦在一个交易日的工作时间可以覆盖同一日期在全球的交易活动，比如伦敦可以在早晨处理与东京（东九区）的交易，在下午和晚上处理与纽约（西五区）的交易。此外，因为英语是全球最通用的商务语言，伦敦也拥有语言的天然优势。

（2）产业集群。集群最大限度地降低了金融公司与客户、高技能人才、专业机构交流的空间阻力。金融及相关专业服务的日常经营活动中包含大量的面对面交流，因此临近客户是减少交易成本、提高生产效率的关键要素。金融交易中的灵活性和人才的高流动性又使得临近本地高级人才市场十分必要。企业与各类行业监管机构的交流也需要面对面交流，因此，临近也是必需的。

（3）社交网络。伦敦金融城自18世纪以来就流行着咖啡馆文化，金融精英在咖啡馆里非正式的交流形成了一个本地化的社交网络，对于行业信息的扩散，乃至整个地区的"金融氛围"非常关键。

（4）信誉光环。由于金融城长期形成的全球知名度和可信度，落址金融城的企业自动获得一种潜在的信用保障，为赢得客户信任和深入发展关系奠定一个好的开端，特别是活跃在全球市场中的金融企业，落址伦敦几乎是唯一的选择。

（5）城市魅力。伦敦作为一个国际化的大都市，生活方式、文化艺术的多样性和繁荣都是吸引人才来到伦敦生活工作的因素。

在诸多区位优势之中，产业集群所带来的优势最为关键。在金融行业，集聚的特征尤为明显。不论企业规模，它们都倾向于集聚在都市中心区来获得方方面面的集群优势，比如高等专业技能人才供给，临近会计、保险精算、法律等专业服务机构，临近需求市场，享受非正式交流情景中的信息和知识扩散。Pandit 等（2001）的研究表明，位于核心集群中的金融企业的增长速度高于行业平均速度，并且核心集群吸引了大多数的初创企业。伦敦金融城内拥有四大产业集群，分别是金融服务、保险服务、专业服务、科技与传媒。

表2　伦敦金融城产业集群

集群	企业数量（个）	从业人数（个）	GVA 产值（亿英镑）
金融服务（Financial Services）	2230	87000	97
保险服务（Insurance Services）	1200	50500	104
专业服务（Professional Services）	3780	79800	81
科技与传媒（Technology, media and telecommunications）	1300	25550	23

资料来源：City of London。

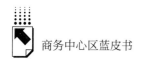

集群优势作为区位优势同样存在集群效应下降、吸引力不足、产业转移等风险。因此，一个集群发展的驱动力特别关键，驱动力的持续才能确保集群优势的持续。伦敦金融城的集群驱动力主要来自以下两个方面。

（1）汇聚全球金融人才的伦敦劳动力市场是金融城集群发展最大的驱动力。相比欧洲其他国家，伦敦人才市场拥有更高的灵活度和开放程度，因此，来自欧洲大陆、北美、亚洲以及中东等地区的人才更愿意来到伦敦。对金融城内企业的调查表明，企业们非常看中伦敦人才市场的规模和质量，认为它们提供了无可比拟的"智力基础设施"。而人才们则受到金融城职业发展潜力和工作转换的灵活程度吸引。

面对面交流的需求是维持伦敦金融集群的重要因素。伦敦金融集群内企业、客户、供应商、专业机构、政府及其他监管部门之间亲密的人际关系是产生了大量即时性的面对面交流的需求。面对面交流本身是一项非常具有生产力的商业活动，尽管电子信息技术日渐发达，面对面交流仍然是传递复杂信息最有效的方式，与此同时，"露面"实质上提供了一份信用担保，能最有效地解决远程交流中的信任问题。因此，有学者强调，面对面交流才是最"先进"的信息技术。金融产业中对面对面交流的需求进一步促进了企业及其他机构间的集聚。

（2）创新的需求促使金融产业集聚。一方面，客户需求推动创新。客户多变和日趋复杂的要求是很多金融行业创新的源泉，随着金融行业内部交易的扩张，金融企业需要临近彼此来更好地掌握对方的需求，以此驱动创新。另一方面，竞争压力推动创新。临近竞争对手可以更好地理解竞争对手的发展动态，并以此来迫使自身通过创新来维持竞争力。

伦敦在拥有诸多区位优势的同时，也面临着三方面的区位劣势。第一，租金的高昂已成为伦敦最大的区位劣势。第二，伦敦地铁系统老化影响通勤，市内商务出行，还有去机场的便捷性。第三，政府的某些政策正在损害伦敦的亲商氛围，比如监管范围的扩张，赋税上升，以及英国政府不能有效参与欧盟政策的制定。因此，很多金融城企业也在考虑迁出金融城。很多银行在考虑迁往伦敦金融产业的次中心金丝雀码头，以便降低租金成本。对于大型机构而言，它们内部的某些非核心部门开始剥离迁出金融城，到较偏远的新兴商业区中。而其他小型企业在平衡租金成本的同时，无法脱离集群优势，因此，它们更愿意迁往紧邻金融城的周边区域。

二 伦敦金融城的重生

第一次世界大战之前，伦敦金融城是国际贷款（loan）、债券（bonds）以及其他形式证券（securities）等金融交易的绝对核心。到 1945 年，英国作为世界经济实力第一大国的历史结束了，世界经济体系的调整促使英国重新审视自己在世界经济版图中的地位。尽管伦敦的金融中心地位大大地削弱，伦敦作为世界金融中心的长期历史一方面奠定了金融服务收入在国家经济中的重要地位；另一方面积累了大量金融领域的人才和专业知识，这些都深刻影响了 1945 年之后伦敦金融中心的转型。

20 世纪 50 年代，美国强势崛起，但美国并没有取代英国在跨国银行交易领域全球中心（world's centre for international banking）的地位。一方面，由于帝国时期积累的海外优势，伦敦金融机构在全球的地理覆盖面积要远远高于美国；另一方面，1945 年以及随后的几十年中，美国银行一直受到严格的金融管治，美国银行的海外扩张并没有全力出击。此外，伦敦在金融产业的区位竞争优势依然明显，包括英语语言优势，利于商业的法律环境，丰沛的人才供给，完善的通信基础设施，还有金融机构集聚所带来的规模效应。综合以上种种原因，美国金融体系并没有取代伦敦的国际地位。经过一系列金融业务的调整和转型，伦敦金融城并没有遭遇"滑铁卢"式的崩溃，然而，重生后的伦敦金融中心严重依赖美国信贷（US credit）。

20 世纪 70 年代是伦敦金融中心转型的关键时期。进入 70 年代，国际金融形势又产生了新的动态，一方面，国际油价上涨导致石油进口国对 OPEC 国家产生了巨大的贸易逆差，因此大大增加了国际金融交易的总量。另一方面，欧盟一体化进程加快，英国需要面对来自欧洲，尤其是德国对英国金融中心地位的挑战。

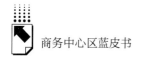

伦敦金融中心经过分化发展，逐渐形成了独特的功能角色。美元市场和欧元市场（euromarket）的发展，是伦敦金融中心成功转型的关键因素。这一时期，美国金融系统存在着两条严苛的管制法令，"管制Q（Regulation Q）"和"利率平价税（Interest Equalisation Tax）"，使得很多美国国内资金无法自由地进行跨境投资。当境外投资能产生更高的回报率时，美元资金有很大的动力绕过金融监管，而伦敦金融中心则为这些资金的"出逃"提供便利的路径。与此同时，欧元市场为"监管套利（regulatory arbitrage）"提供了足够的空间，使得很多绕过本国金融监管的交易成为可能。伦敦的众多金融机构正是欧元市场"监管套利"的行家，因此吸引了大量海外资金进入伦敦。

"二战"后，垄断资本主义的发展态势日趋显著，大型企业的资金运作需求刺激了欧元市场的快速发展。伦敦金融中心在欧元市场中的核心地位吸引了大量外国银行，尤其是美国银行，进驻伦敦。由于英国政府对于银行处理外币交易没有限制，大量为了绕过美国金融监管的美元资金流入位于伦敦的银行。到1971年，一共有来自48个国家的160家外国银行落址伦敦。在英镑式微的背景下，外币交易在伦敦的集聚为伦敦金融产业带来巨大的利润空间。伦敦金融行业不仅能从别人的资产上赚钱，甚至能从"别人的货币"上赚钱。鉴于金融产业对英国国民经济做的巨大贡献，英国政府一直对跨国银行交易保持宽松的政策环境。伦敦金融中心在国际货币交易领域的优势延续到后来的欧元债券（eurobonds）交易中，伦敦逐渐成为欧元债券和其他离岸市场证券的发行中心。伦敦金融中心由第一次世界大战前的资金出借方，转变为交易中间商。

1970年底，当时世界上的两大经济强国美国和日本大幅度放松了对本国金融行业的监管力度，美国和日本的金融机构开始在国际金融市场大举进攻，到了80年代，越来越多的国家不同程度地放开了本国的金融管制，因此，越来越多的国家开始直接参与到国际金融交易之中，伦敦金融中心的政策优势开始减弱，迫切需要改革来应对来自全球的挑战。从1979年开始，英国政府陆续出台了两项金融松绑政策：全面放开外汇管制和伦敦证券交易所的"大爆炸"改革（the Big Bang reform）。这两项政策为伦敦维持全球化金融中心铺平了道路。英国金融政策一直秉承"敞开大门做交易"（open for business）的态度应对金融世界的变化，只要符合伦敦的利益，英国政府将尽其所能地消除来自政策和制度的障碍。尽管英国国家经济实力以及英镑交易在世界范围的地位下降，伦敦金融产业成功转型，以服务全球的中间商姿态，一如既往地稳坐全球金融中心。

在伦敦金融城的带领下，英国金融业占据了国际金融市场的多个"第一"：外汇交易份额世界第一（37%）；跨境银行出借份额世界第一（16%）；国际保险费收入欧洲第一、世界第四（6%）。

表 3　国际金融市场份额（2016）

单位：%

	英国	美国	日本	法国	德国	新加坡	中国香港	其他
跨境银行出借	16	10	12	8	8	3	5	38
外汇交易	37	20	6	3	2	8	7	18
利率衍生品场外交易	39	41	2	5	1	2	4	7
资产管理	7	46	8	4	4	—	—	—

资料来源：TheCityUK。

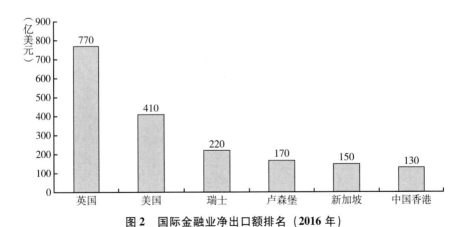

图 2　国际金融业净出口额排名（2016 年）

资料来源：TheCityUK。

2016 年，英国金融业净出口额高达 770 亿美元，比排名第二位和第三位（美国和瑞士）的总额还要多，其中，美国和欧盟是英国金融业最大的贸易伙伴。

三 伦敦金融城与中国

随着中国经济的快速发展，英国金融业十分看好中国金融市场。在过去十年中，中英贸易持续稳定增长。截至 2016 年，来自中国的进口额占英国总进口额的 7.2%，排在德国、美国、荷兰之后的第四位，比十年前增长了 3.2 个百分点；英国对中国出口额占英国出口总额的 3.1%，交易额从十年前的 54 亿英镑增长到 168 亿英镑。2016 年，中英之间的金融贸易只占到贸易总额的 10% 左右，其中英国金融业对中国出口 2.86 亿英镑，进口 3800 万英镑，出口额是进口额的 7.5 倍，反映了英国金融业的领先地位。然而，英国金融业对中国的出口额只占到其金融业出口总额的 0.4%。因此，随着中国经济实力的进一步提升，中国对外投资逐年上升，中英金融贸易存在巨大的增长空间。

作为国际金融服务的头号中间商，伦敦自然十分看重与中国相关的金融服务市场。伦敦金融城在中国设立了北京和上海代表处，并在 2010 年组建了金融城中国顾问委员会（The City of London Advisory Council），定期商讨中英金融产业发展。目前，伦敦金融城与中国金融业的合作主要集中在三大领域：“一带一路”计划（Belt and Road Initiative），绿色金融（Green Finance）和人民币国际化（RMB Internationalisation）。

“一带一路”计划将涉及 65 个国家，约占全球 64% 的人口和 29% 的 GDP。预计到 2030 年，“一带一路”计划在亚洲的资金需求将高达每年 1.7 万亿美元，巨大的资金缺口无法完全由政府承担，必须借助金融市场的力量。在国际贷款和基础设施融资方面，伦敦金融中心有着强大的实力和丰富的经验。2016 年，有超过 180 亿美元的全球基础设施融资（Global infrastructure financing）在英国完成，其中超过 12 亿美元流向了新兴市场；超过 40 亿美元的全球项目融资债券（Global project finance bonds）在英国发行；有三分之一的“一带一路”成员国家在伦敦证券交易所发行了债券。同时，英国是第一个申请加入亚洲基础设施投资银行（Asia Infrastructure

Investment Bank）的西欧国家，伦敦金融中心参与"一带一路"计划得到了英国政府的高度支持。

绿色金融是促进经济低碳可持续发展的重要金融工具，伦敦是开展绿色金融业务最全面的金融中心，有48种绿色债券在伦敦证券交易所发行，筹集资金超过了110亿美元。鉴于中国在推动绿色金融方面的关键角色，伦敦金融城积极寻求与中国金融界达成合作。2016年，英格兰银行和中国人民银行共同主持G20绿色金融研究小组，并发布"绿色金融体系构建指南（Guidelines for Establishing the Green Financial System）"。2017年，伦敦金融城与中国金融学会绿色金融专业委员会合作成立中英绿色金融工作组，共同解决全球绿色金融发展将面临的挑战，包括金融机构对环境风险的评估能力不足、缺乏对绿色资产的明确定义、ESG表现与融资成本的关系未被市场普遍认可、"一带一路"绿色投资标准缺失、国际投资者对中国绿色债券市场缺乏了解等。

早在2012年，时任英国财务大臣的George Osborne发起了"人民币计划（RMB Initiative）"，旨在推动伦敦成为人民币离岸交易的全球中心。该计划取得了巨大的成功，到2015年，伦敦人民币外汇交易增长了146%。根据国际SWIFT组织在2018年发布的最新报告，伦敦是离岸人民币外汇交易确认量最大的市场，占全球份额的38.63%；同时，伦敦是除香港之外最大的离岸人民币清算中心，占全球份额的5.94%。2018年初，上海清算所与伦敦R5FX电子平台合作，成立中国首个跨境外汇清算平台。随着人民币境外交易和投资活动的增长，伦敦将进一步提高境外人民币交易的份额。与此同时，"伦敦—上海股票互通"制度也已经达成突破性协议，伦敦势必将成为中国投资者进入海外市场的重要途径。

四 伦敦金融城产业发展战略及其借鉴

（一）产业战略

伦敦金融城的发展同样面临着诸多的挑战，其中，最大的挑战来自

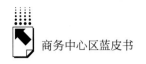

"脱欧"以及英国政局的不稳定。英国在重大政治事件上的摇摆不定动摇了投资者信心,也影响了伦敦金融机构进入外国市场的权利。与此同时,伦敦金融城也不同程度地面临核心人才供给、基础设施更新、生活成本高昂等压力。因此,金融城集团制定了一份金融与专业服务业发展战略,着眼于促进金融城的持续增长和包容性,确保金融城、伦敦、英国继续保持世界金融中心的领先地位。这份发展战略为金融城提出了四个战略主题和13项细分目标(如表4所示),以进一步增强金融城的竞争优势。

表4 伦敦金融城产业发展战略

战略目标(Strategic Objective)	核心区域(Focus Area)	目标(Aim)
有竞争力的经济(Competitive Economy)		
维护和增强英国具有竞争力的监管政策与经济环境,促进全球市场的准入和参与	欧盟市场准入(EU Market Access)	争取脱欧谈判的最优结果
	国际市场准入(International Market Access)	促进伦敦海外市场的发展,包括成熟市场(美国)和新兴市场(印度和中国)
	英国监管框架(UK Regulatory Framework)	确保英国金融和专业服务的高标准,促进全球监管的协调性
有责任感的商业(Responsible Business)		
通过有责任感和包容式的商业环境,保持经济的良性发展	培育信用(Cultivating Trust)	促进有社会责任感的企业行为,提升金融城公众形象
	吸引和培养人才(Attracting Talent and Building Skills)	促进金融与专业服务业引进所需人才和培养相关技能
	支持创业(Supporting Enterprise)	增加初创企业数量,引导它们成长成熟
	活力金融城(Thriving City)	明确和应对作为全球竞争力城市的挑战,确保包容式发展
创新中心(Innovation Hub)		
在英国建立更具有竞争力的创新生态环境	绿色金融(Green Finance)	确保英国是绿色金融的全球中心
	网络安全(Cyber Security)	确保伦敦是应对网络攻击能力最强的金融中心
	金融科技(FinTech)	促进英国成为金融创新和科技应用的市场领导者

战略目标（Strategic Objective）	核心区域（Focus Area）	目标（Aim）
全球雄心（Global Ambition）		
吸引和留住投资，促进出口	外国直接投资 （Foreign Direct Investment）	促进新型金融和专业服务业进入伦敦
	保留与扩张 （Retention and Expansion）	促进金融和专业服务留在英国，并在全国范围内扩张
	出口（Export）	明确首要市场并增加出口

资料来源：伦敦金融城金融与专业服务业产业战略规划。

（二）启示借鉴

帝国实力的历史遗产、金融行业的创新活力，以及国家政策的全力支持，共同造就了伦敦金融城世界金融中心的地位。尽管金融城的诸多优势难以复制，其历经沧桑巨变却长盛不衰的经验，向我们展示了金融中心发展的一些关键要素，比如商业环境、金融市场基础设施、监管和法律、人才、对外开放和连接程度。

一个国家总体商业环境，比如发展速度、经济政策、税率以及经商成本，是吸引和聚集商业活动的基本要素。金融公司具有高度的流动性，这意味着它们对于区位有广阔的选择空间，因此它们将落址于最能满足其业务需求的国家和城市。首先，稳定的政治环境最为重要。政治动荡，内乱或腐败将窒息金融中心的发展。除了一般性的商业环境，金融行业对利率、货币稳定和货币政策也十分敏感。此外，一个开放的资本市场能够吸引外国公司的进驻，它们需要被允许收购、合并或与当地公司合作。

金融行业非常依赖政府来创造一个稳定、透明的法律和监管环境，提供有关当地行政程序的明确信息，并能够针对企业需求做出快速和可靠的回应。然而，监管并非越少越好。虽然历经了多次监管"松绑"的改革，健全和完善的监管体系仍然是伦敦金融城得以吸引大量国际业务的关键因素。因此，金融业监管是一个平衡的问题，拿捏的分寸，考验着监管方的智慧。如果监管过于烦琐，企业将设法规避高昂的合规成本，甚至迁往其他金融中

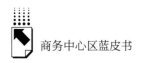

心；相反，缺乏监管只会吸引那些野蛮生长的冒险家。金融行业需要合理适度的监管来避免系统风险。金融中心必须能够平衡监管力度，它的关键性质包括：清晰、透明、公平、支持创新、合规、成本合理、兼容国际标准以及跨境友好。

　　然而，政府并不能包办金融中心建设的所有必需要素，金融行业的发展依赖高质量的本地服务，比如电信网络、数据服务、电力供应、交通住宿、办公空间等其他必要的支持服务。金融服务公司往往是一个要求苛刻的客户，能够带动一群高质量和高度竞争的当地供应商。自金融危机以来，金融市场的基础设施越来越突出。G20 国家已经协商确定了一个统一的变革计划，其中大部分都侧重于支持金融市场的基础设施，比如交易所、市场信息系统、清算中心、中央证券托管处、交易资料库、付款系统。随着金融中心变得更加国际化，金融市场基础设施（国内和国际间）之间的联系变得越来越重要。在电子通信的容量和速度方面，金融市场对电信和互联网基础设施要求极高。金融公司需要及时传输和处理总量巨大的价格数据，对电子订单的传输速度要求精确到毫秒级别。因此，与其他金融市场之间高质高速的通信联系至关重要。一个便捷的国际枢纽机场对于金融中心的发展同样举足轻重，金融中心越是国际化，机场所需提供的路线范围就越大。此外，要发展国际商业，英语语言技能是必不可少的。

　　人才是金融业最重要的资源。有一类专业精湛、人脉广泛、精力旺盛的"空中飞人"是国际金融中心的活力源泉。这些"空中飞人"代表了具有高度流动性的金融业人才，他们能够灵活地切换不同国家之间的工作环境，跟踪和挖掘商机。因此，这些"流动着"的金融人才是金融中心产生对外（海外）业务的关键，他们需要能够快速建立高素质的本地团队，国际和当地员工之间的互动可以显著提高本地劳动力素质。金融业劳动力市场的高流动性同样体现在企业在全球范围内灵活调动人力的需求。因此，移民政策也是金融中心发展的一个关键方面，金融中心需要保持对国际化人才的开放。与此同时，金融中心所在城市对国际化人才的吸引力也很重要，比如薪酬水平、税收政策、生活成本，以及是否容易获得高质量的住房、国际学校、良好的医疗保障、人身安全和有活力的文化生活等因素，都可能影响外来人才的区位选择。

五 结语

伦敦金融城产业发展的历程向我们展示了金融中心的确立离不开政府政策和国家实力的支撑，更加依赖的是金融行业植根于本地的竞争优势。尽管伦敦金融城执全球金融业之牛耳，在众多金融交易领域全球份额遥遥领先，金融城的管理者们却十分警醒来自其他国际金融中心的挑战。对于伦敦再次名列全球金融中心排行第一的成绩，伦敦金融行业协会（TheCityUK）首席执行官 Mile Celic 评论道："我们不能陷入自我沉湎的自满之中。其他金融中心，特别是来自北美和亚洲的竞争对手正逐渐增强实力并将持续对伦敦的市场份额发起挑战。如果我们停滞不前，竞争对手将很快赶上我们。"一个开放创新的伦敦金融城是英国金融业最好的名片，也启示其他金融中心不断走向成功和成熟。

参考文献

Saskia Sassen. The Global City：New York，London，Tokyo，（New Jersey：Princeton University Press，1991）.

Friedmann，John. "The world city hypothesis. " Development and change 17. 1 1986：69 – 83.

Y/Zen，Global Financial Centre Index 23，2018.

City of London，City statistics Briefing，2017.

Office for National Statistics，UK business register and employment survey（BRES）Statistical bulletins，2016.

City of London，City statistics Briefing，2017.

Clark，Gordon L. "London in the European financial services industry：locational advantage and product complementarities. " Journal of Economic Geography 2. 4 2002：433 –

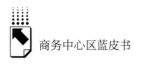
453.

Pandit, Naresh R. , Gary AS Cook, P. G. M. Swann. "The dynamics of industrial clustering in British financial services." Service Industries Journal 21. 4 2001：33 – 61.

City of London Corporation, The changing face of the City of London, Secondary research briefing paper, 2015.

Peter Taylor, Jonathan Beaverstock, Gary Cook, Naresh Pandit. Financial services clustering and its significance for London, Full report, 2003.

Storper, Michael. Keys to the city：How economics, institutions, social interaction, and politics shape development. Princeton University Press, 2013.

Tony Norfield. The City：London and the Global Power of Finance, London：Verso, 2016.

高小真、蒋星辉：《英国金融"大爆炸"与伦敦金融城的复兴》，中国证监会研究中心，2006。

TheCityUK. Key facts about the UK as an international financial centre, Report, 2017.

City of London, Greater China webpage, 2018. https：//www. cityoflondon. gov. uk/business/asia – programme/greater – china/Pages/default. aspx.

中国金融学会绿色金融专业委员会，"中英绿色金融论坛在京举行，中英绿色金融工作组报告发布"2017，http：//www. greenfinance. org. cn/displaynews. php？id = 1464。

City of London Corporation, Financial and professional services strategy, 2017. https：//www. cityoflondon. gov. uk/business/economic – research – and – information/Documents/financial – services – strategy. pdf.

City of London Corporation, From local to global：Building a modern financial centre, Special Interest Paper, 2013.

Thecityuk. com, Leading Index finds London number one-TheCityUK warns against complacency, 2018. https：//www. thecityuk. com/news/leading – index – finds – london – number – one – thecityuk – warns – against – complacency/.

CBD 发展大事记

Appendix

B.23
2017年度 CBD 发展大事记

一月

1月1日　杭州下城区政府联合杭州日报报业集团在武林广场举办"Hello 杭州，Hello2017"杭州城市光阴音乐季（新年音乐光影展）。

1月3日　郑东新区 CBD 的中原证券在上海证券交易所成功上市交易。

1月4日　杭州下城区杭州王星记扇业有限公司、杭州张同泰药业有限公司、浙江小巷三寻文化创意发展有限公司 3 个项目保护单位被浙江省文化厅公布为第二批浙江省非物质文化遗产生产性保护基地名单。

1月6日　郑东新区 CBD 的郑州国际陆港开发建设有限公司与卢森堡国铁多式联运股份公司签订合作备忘录。

1月11日　宁波广告产业园区管委会迎接国家工商总局广告司相关领导以及全国专家组一行对国家级广告产业试点园区三年运营成效进行考评验收。

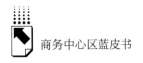

1月12日 北京 CBD 传媒产业商会第十一届会员代表大会顺利召开。会议对 2016 年度表现突出的 21 家企业分别授予"北京 CBD 突出贡献奖""最具成长潜力奖""北京 CBD 传媒之星"和"优秀会员奖",对 6 家企业授予"特别鼓励奖"。

1月15日 广州天河 CBD 管委会常务副主任黄德树带队参加在香港会议展览中心举办的第十届亚洲金融论坛。同时,在港期间还拜会了香港品质保证局、迪拜 Maiasim 投资集团、三菱日联金融集团等企业。

1月21日 北京 CBD 核心区 Z14 正大侨商项目北塔主体结构全面封顶。

1月22日 上海虹桥商务区被列入新一批上海市智慧新城试点建设区域。

二月

2月10日 北京 CBD 跨国公司俱乐部举办政策解读会,对《中共中央、国务院关于深入推进农业供给侧结构性改革加快培育农业农村发展新动能的若干意见》的出台背景、主要亮点与意义等进行解读。沃尔玛、芬欧汇川等 20 多家俱乐部成员单位参加活动。

2月13日 山东聊城市东昌府区政府考察团一行 15 人考察银川阅海湾 CBD。

2月20日 经西安市编办批复,碑林区政府批准设立长安路中央商务区管理委员会,原长安路中央商务区管理委员会办公室机构名称不再沿用。

2月23日 北京 CBD 管委会召开 2016 年工作总结暨 2017 年工作部署会,领导带头签署了党风廉政建设责任书。

2月28日 区委常委、广州天河 CBD 管委会主任丘卫青带队赴北京开展整体提升项目前期调研考察活动,拜访了清华同衡规划院、Woodsbagot 伍兹贝格、扎哈·哈迪德建筑事务所等国际知名设计机构,了解国际机构的最新规划设计理念,为整体提升拓宽思路。

2月28日 杭州市下城区教育局和国际教育专家顾问委员会(IEAC)联合主办中澳学校教育国际化战略论坛,签署教育合作备忘录。

三月

3 月 5 日　新疆政协副主席刘志勇一行 12 人考察银川阅海湾 CBD。

3 月 8 日　新加坡国际企业发展局一行 10 人考察银川阅海湾 CBD。

3 月 9 日　贵州省委一行 13 人考察银川阅海湾 CBD 运行情况。

3 月 9 日　广州天河 CBD 领导赴深圳、上海、杭州开展整体提升项目前期调研考察活动，吸收借鉴国际知名策划机构先进策划理念和杭州筹备 G20 峰会以及优化提升区域城市品质的先进经验和做法，为整体提升拓宽思路，顺利推进天河 CBD 整体提升工作。

3 月 13 日　宁波广告产业园区携骐骥传媒参加第 21 届香港国际影视展。

3 月 14 日　长沙市芙蓉区制定下发《长沙市芙蓉区楼宇经济工作联席会议制度》《长沙市芙蓉区县级领导联系重点楼宇工作方案》，创新推出重点楼宇"楼长制"，31 名县级领导担任"楼长"，联系服务 31 栋重点楼宇。

3 月 16 日　宁波南部 CBD 管委会开展"礼拜四课堂"，传达贯彻市、区两会精神，并进行"抓住时代机遇，建设楼宇经济制高点"的招商专题辅导。

3 月 20 日　"第二届中国金融启蒙年会"在郑东新区 CBD 开幕。

3 月 20 日　青岛市规划局一行 13 人考察银川阅海湾 CBD。

3 月 21 日　苏黎世中国广东分公司开业典礼暨风险管理创新论坛在广州四季酒店隆重举行。瑞士驻广州领事馆总领事博智东先生、广东省保险行业协会副秘书长樊晓国先生、广州市天河区金融局及天河 CBD 管委会领导代表、广东省企业代表越秀集团以及保险同业伙伴代表和金融保险行业媒体记者代表出席典礼。

3 月 21 日　广州市政府研究室一行 12 人考察银川阅海湾中央商务区。

3 月 22 日　长沙市芙蓉区召开加快现代服务业暨楼宇经济发展工作大会，会上下发了《关于促进产业发展的扶持办法》《芙蓉区 2017 年招商引

资办法》等一系列促进现代服务业和楼宇经济发展文件，明确了帮扶企业等各项措施。

3月23日 马来西亚马来民族统一机构（巫统）干部考察团一行17人考察银川阅海湾CBD。

3月24日 郑东新区CBD与首都贸易大学合作，编制完成《郑东新区中央商务区"十三五"发展规划》和《郑东新区中央商务区发展三年行动计划（2016~2018）》。

3月26日 80位国内外艺术家创作的大型雕塑作品在武汉中央商务区景观轴广场集中展出。

3月27日 北京CBD核心区LEED-ND金级预认证授牌仪式在CBD举行，常务副主任郭亮、USGBC（美国绿建委员会）执行副主席Sarah、市场总监程乃立、绿建顾问公司及核心区15个地块相关负责人出席此次活动。

3月28日 2017中国广州国际投资年会在白云国际会议中心召开，广州天河CBD管委会邀请辖内企业参加投资年会，管委会常务副主任黄德树出席会议。

3月30日 北京CBD管委会新能源商务班车开始上线运行。

3月30日 澳大利亚前外长澳中关系研究院院长一行11人考察银川阅海湾中央商务区。

3月31日 北京CBD核心区Z2b三星项目主体结构全面封顶。

四月

4月1日 西安市人民政府下发《关于小雁塔历史文化片区综合改造项目的通告》。

4月1日 广州天河区区委书记林道平带领的6人招商团队以及由天河中央商务区管委会党组书记、常务副主任黄德树带队的3人专责小组赴阿联酋迪拜参加第七届国际投资年会，召开天河区专场推介会，并与穆巴达拉发展公司和伊斯兰私营部门发展集团（ICD）两家基金公司、国际投资年会执行主席达伍德·阿尔·叙扎伊先生、国际投资年会双创项目平台 Startups 等进行公务座谈。

4 月 5 日 世界技能组织评估考察团主席西蒙·巴特利、首席执行官大卫·霍伊、竞赛部主任斯多基等一行赴上海虹桥 CBD 参观考察。国家人社部副部长汤涛、副市长时光辉等领导陪同考察。

4 月 6 日 广州天河 CBD 管委会在天河 CBD 数字化展厅召开天河 CBD 整体提升项目媒体通气会，会议由区委常委、区委宣传部部长陈晓晖主持，市编研中心主任、天河 CBD 城市设计总顾问吕传廷，区委常委、天河 CBD 管委会主任丘卫青，管委会常务副主任黄德树及中央、省、市、区的媒体约 40 人出席通气会。

4 月 9 日 郑东新区 CBD 获得 2016 年度河南省"十强商务中心区"、"六星级"服务业"两区"荣誉。

4 月 10 日 北京 CBD 组织开展跨国公司投资贸易专题交流会。

4 月 12 日 郑州郑东新区 CBD 管委会办公室副主任徐会军一行到西安长安路 CBD 管委会进行考察交流。

4 月 15 日 2017 首届私募高峰论坛在郑东新区 CBD 成功举办。

4 月 17 日 东亚银行（中国）有限公司杭州分行入驻钱江新城（杭州 CBD）。

4 月 19 日 我国第二个商品期权——白糖期权在郑东新区 CBD 的郑交所上市交易。

4 月 19 日 悦洋实业集团（香港）有限公司董事长一行 10 人考察银川阅海湾 CBD。

4 月 25 日 由杭州 CBD 管委会投资建设的杭黄铁路项目淳安段实现全线贯通。

4 月 25 日 山东众工集团董事长一行 16 人考察银川阅海湾 CBD。

4 月 26 日 全国工商和市场监管部门广告工作座谈会在珠海召开，宁波广告产业园区正式获得国家工商总局授予"国家广告产业园区"牌匾。国家工商行政管理总局副局长甘霖、珠海市副市长阎武等领导参会。

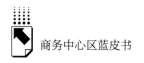
4月26日　西班牙马德里大区旅游局代表参观杭州钱江新城，市委领导潘琳陪同。

4月28日　杭州市下城区世界500强企业三菱东京日联银行杭州分行正式开业，三菱东京日联银行2007年进入中国，位列2016年世界500强企业第191位。

4月30日　北京CBD核心区Z14正大项目南塔主体结构封顶。

五月

5月4日　中国宋庆龄基金会办公室主任水源松一行就陕西会客厅项目与西安市碑林区政府座谈，区政府副区长程默，长安路CBD管委会，区文体局，区经贸局等相关负责同志参加座谈交流。

5月8日　广州天河区区委书记林道平会见国际投资年会组委会总裁瓦利德·法哈，双方就将年会引入广州的时间、形式、主题、规模及嘉宾邀请范围等交换意见。

5月10日　国土资源部党组成员、副部长赵龙赴宁波南部商务区考察调研，听取了宁波市土地利用总体规划调整完善、国土规划编制、村土地利用规划编制、年度用地计划管理等情况汇报，实地考察了南部商务区地下空间综合开发、下沉式广场建设等资源集约节约利用情况。

5月12日　国内首家相互人寿保险机构——信美人寿相互保险社正式落户北京CBD。

5月16日　"大趋势：城市国际化"高峰论坛在浙江展览馆举行。论坛特邀世界著名经济学家、未来学家约翰·奈斯比特及夫人多丽丝·奈斯比特，作"'一带一路'与城市国际化"为主题的主旨演讲和分享活动。

5月18日　2017福布斯中国潜力企业创新峰会在郑东新区CBD开幕。

5月19日　西安市商务局、西安市旅游局、碑林区人民政府主办，长安路CBD管委会、碑林区中小企业局、区旅游局具体承办的2017年中国旅游日西安分会场"长安龙脉·魅力南门"碑林美食购物节活动在西安南门历史文化景区盛大开幕，大南门商圈联盟成立，"大南门商圈发展论坛"成功举办。

5 月 25 日 杭州市政府王宏副市长和国家体育总局领导参观杭州钱江新城。

5 月 25 日 西安长安路 CBD 商会举行第一届第二次会员代表大会，商会会长、副会长、理事及会员单位代表参加会议，区工商联、长安路 CBD 管委会有关领导同志应邀出席会议。

5 月 26 日 2017 年碑林区商务楼宇招商合作签约暨华侨城·长安国际 E 座，首批客户入驻仪式在华侨城·长安国际中心举行。

5 月 27 日 经过八年建设，杭州下城区国大城市广场正式开业，国大城市广场位于武林 CBD 延安路和体育场路交会处，主体建筑 28 层，总建筑面积 15 万平方米，购物中心 6 万平方米。

六月

6 月 1 日 宁波广告产业园区协办的 2017 中国宁波青年大学生创业大赛数字文化创意行业赛启动仪式正式召开，本次大赛主题为"科技 + 引爆创意革命，文化 + 引领消费升级"。

6 月 5 日 美国科诺公司一行 6 人考察银川阅海湾 CBD。

6 月 7 日 杭州钱江新城 CBD 来郑东新区 CBD 考察交流。

6 月 7 日 世界技能组织副主席施泰芬·普拉绍尔和来自 20 个国家和地区的 30 名代表来到上海虹桥 CBD 参观考察，并经由虹桥综合交通枢纽搭乘高铁赴苏州，国家人社部国际司吕玉林副司长、市人社局余成斌副局长陪同。

6 月 8 日 秘鲁国家检察院检察长巴布罗·桑切斯一行参观杭州钱江新城 CBD。

6 月 9 日 杭州市钱江新城建设管理委员会党委委员、副主任宋德成一行到西安长安路 CBD 进行考察交流，考察组实地参观了华侨城·长安国际、

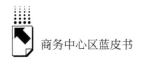

舌尖上的南门等重点项目，在长安路CBD管委会进行座谈交流。

6月9日 杭州市首家城区非遗展示馆——下城区非物质文化遗产展示中心开馆。非遗馆以"江南市井间"为主题，将区属19个非遗项目贯穿其中，全面展示下城区非物质文化遗产保护成果。

6月13日 郑东新区CBD与卢森堡签证中心正式签约。

6月15日 江苏省人大常委会副主任、工商联主席一行59人考察银川阅海湾CBD。

6月16日 重庆解放碑CBD企业服务中心、人才服务中心暨重庆平安国际金融中心全球招商启动仪式在重庆平安国际金融中心启幕。

6月18日 浙江省首个电竞数娱小镇正式落户下城。电竞数娱小镇总规划面积5平方公里，以"电竞+体育+动漫+影视+旅游+教育+大数据"为发展路径，构造电竞全产业链发展的综合生态圈。

6月22日 海南省三亚市天涯区人大常委会副主任一行15人考察银川阅海湾CBD。

6月23日 北京CBD核心区市政管网工程北区项目正式开工。

6月27日 钱江新城CBD国际化发展研究报告发布会在杭成功举办。

6月27日 上海虹桥CBD经批准成为上海市首批低碳发展示范区。

6月27日 长沙市芙蓉区启动示范商务楼宇评选活动，对楼宇硬件配置、软件服务、经济效益和功能配套等方面的20余项指标进行具体评价。

6月29日 杭州市金融工作会议暨钱塘江金融港湾建设推进大会召开。

6月29日 上海虹桥CBD管委会党组成员、副主任费小妹赴上海世博展览馆参加由上海股权托管交易中心举办的金融服务科创中心发展论坛，并代表管委会与上海股权托管交易中心签订战略合作协议。

6月30日 上海虹桥商务区管理委员会与闵行区政府举行"闵行律工委虹桥商务区法律服务工作站"揭牌仪式，正式启动法律服务共建活动。

6月30日 浙商银行西安长安路支行进驻西安长安路CBD签约仪式在陕西高速大厦举行。碑林区政府副区长程默、长安路CBD管委会（招商分局)、区经贸局、区金融办、长安路街道办事处主要负责同志参加活动并见证签约。

七月

7月5日　"浙商进碑林"经贸合作交流座谈会在西安皇冠假日酒店举行，碑林区政府区长卢光文出席活动，西安长安路CBD管委会与浙商银行西安分行签订战略框架协议。

7月5日　"中国杭州·芬兰新地省对话论坛暨芬兰新地省芬中贸易平台与杭州跨贸小镇战略合作签约仪式"在浙江展览馆举行。

7月11日　"天河CBD整体提升"公众参与系列活动暨"CBD自由讲"有奖征集活动新闻发布会在珠江城大厦四楼会议厅举行。

7月11日　西安长安路CBD管委会联合长安控股（集团）有限公司共同举办"长安龙脉　商务领袖"长安国际中心F座全球招商启幕暨碑林区CBD总部楼宇客户入驻签约仪式，同时盛大开启全球招商。

7月13日　广州天河区区长陈加猛带队出访英国、德国、意大利等欧洲国家，参加国际金融与银行协会在牛津大学举办的2017年会并在开幕式上致辞。访欧期间，出访团先后拜访了德国威尔堡市政府、德国汉堡城市规划与城市发展局、德国法兰克福城市规划局、意大利威尼斯市政府及国际金融银行协会、金丝雀码头集团、蔚来汽车英国公司、德国爱事德贸易有限公司等各国城市政府、相关机构和知名企业。

7月18日　重庆解放碑CBD工会联合会迎接全国总工会集体协商工作调研。

7月26日　宁波南部商务区2017年度半年度物业联席会、安全生产工作会议顺利召开。

7月　由杭州市钱江新城管委会负责建设的"杭州市钱江新城CBD核心区夜景照明工程"荣获"中照照明奖"照明工程设计奖（公园、广场）一等奖。

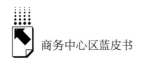

八月

8月3日　河南省内首家民营银行——河南华贸银行在郑东新区CBD运营操作。

8月7日　武汉CBD高新科技企业武汉海星通技术股份有限公司与武汉大学共建医学人工智能联合实验室，主要从事医学人工智能领域的研究开发及成果转化。

8月7日　陕西外办一行6人考察银川阅海湾CBD。

8月7日　香港城市大学校长郭位一行6人考察银川阅海湾CBD。

8月9日　威海市人大一行9人考察银川阅海湾CBD。

8月10日　郑州郑东新区CBD与龙湖凯越酒店正式签约。

8月11日　在杭州举办的第三届全国楼宇经济圆桌峰会上，郑东新区CBD获评"中国楼宇经济十大潜力城区"。重庆解放碑CBD荣获"2016年中国最具活力商务区"称号。

8月11日　广东清远市政协一行14人考察银川阅海湾CBD。

8月15日　宁夏籍海外人才归巢团一行60人考察银川阅海湾CBD。

8月15日　广东省金融科技竞赛项目展示暨广东金融学会金融科技专业委员会创立会在广州农村商业银行总行召开。

8月18日　郑东新区CBD的郑商所第17个交易品种——棉纱上市交易。

8月18日　俄罗斯圣彼得堡主流媒体记者团一行15人考察银川阅海湾CBD。

8月21日　中国工商联房地产商会商业地产研究会会长王永平、全国购物中心俱乐部副秘书长张萍、远洋太古里副总经理毛乌孟元一行15人考察银川阅海湾CBD。

8月22日　北京CBD核心区Z15中信项目主体结构全面封顶。

8月24日　澳大利亚移民局一行6人考察银川阅海湾CBD。

8 月 24 日　全国工商联发布 2017 中国民营企业 500 强，下城区杭州华东医药集团有限公司、浙江新湖集团股份有限公司、泰地控股集团有限公司入选。

8 月 28 日　北京 CBD 安委会召开第一次全体会议，标志着 CBD 安委会工作机制正式启动。

九月

9 月 2 日　重庆解放碑 CBD 荣获中国广告协会颁发的 "2017 中国城市户外广告规划执行奖"。

9 月 4 日　钱江新城单元 JG1302 – 06、JG1302 – 05 地块成功出让，由太平财产保险公司、太平养老保险服务股份有限公司共同竞得。

9 月 5 日　2017 中国宁波青年大学生创业大赛 "数字文化创意行业赛总决赛"在宁波泛太平洋大酒店成功举办。

9 月 7 日　西安长安路 CBD 商会会员联谊会暨企业家沙龙在大话南门中柏林会议厅举行，30 余家会员企业负责人参加沙龙活动，长安路 CBD 管委会、碑林区中小企业促进局、区工商联相关负责同志受邀出席。

9 月 8 日　AF 团一行 13 人考察银川阅海湾 CBD。

9 月 8 日　为了贯彻落实省司法厅关于惠企便民活动和区委区政府关于"大脚板走一线，小分队破难题"专项行动要求，宁波南部 CBD 律师服务团正式成立，切实为企业提供完善的法律服务。

9 月 8 日　2017 第二届中国（郑州）国际期货论坛在郑东新区 CBD 召开，并发布《中国金融中心发展指数（CDI CFCI）报告（第九期）：走进郑州》。以郑东新区 CBD 金融行业为带动，助推郑州在全国金融城市的排名由 2011 年的第 20 位攀升至 2017 年的第 13 位，首次进入全国 28 个区域金融中心"综合实力十强"，并取得综合得分"进步五强"的成绩。

9 月 12 日　由麦迪生置业主办、思科协办，宁波南部 CBD 管委会支持的南部商务区三期 MC 大厦项目媒体发布会暨思科 MOU 签约仪式在开元名

都大酒店拉开帷幕，预示着南部 CBD 三期的全面启动。

9 月 13 日 西安长安路 CBD 管委会副主任关军强受邀赴京出席 2017 北京 CBD 创新发展年会活动及中国商务区联盟闭门会议，就中国商务区的发展和联盟工作展开交流探讨。

9 月 13 日 2017 北京 CBD 创新发展年会顺利召开。年会以"创新融合，开放共享，建设国际一流商务中心区"为主题，分为商务、金融、文化、科技四大主题板块，包含了 2017 北京 CBD 国际论坛、2017 北京 CBD 创新发展年会未来论坛、2017 北京 CBD 国际金融圆桌会、2017 国家文化产业创新实验区发展论坛四场主要活动及系列商务文化活动。

9 月 13 日 2017 北京 CBD 国际论坛在北京朝阳规划艺术馆成功举办，主题为深化服务业扩大开放综合试点，优化升级加速动能转换，高标准建设世界级 CBD。

9 月 14 日 2017 中国商务区联盟闭门会议成功在北京举行。

9 月 14 日 郑东新区 CBD 在北京与法国拉德芳斯方面会晤，商讨加入世界商务区联盟相关事宜。

9 月 18 日 希腊总检察长瓦塞洛普罗一行参观杭州钱江新城。

9 月 18 日 2017 年重庆青年智能科技创新大赛决赛在重庆解放碑 CBD 举行。

9 月 20 日 宁波首家自助便民联合办税服务站在南部 CBD 公共事务服务中心揭牌并投入使用。该服务站投用意味着国地税部门三分之一以上的日常业务可在自助办税服务站办理。

9 月 20 日 青岛即墨市民族宗教代表人士一行 35 人考察银川阅海湾 CBD。

9 月 22 日 印度尼西亚西努沙登加拉省代表团一行 10 人考察银川阅海湾 CBD。

9 月 27 日 全国人大常委会办公厅、中联办及在澳全国人大代表一行 25 人考察银川阅海湾 CBD。

9 月 28 日 河南省首家国际金融结算中心——友嘉集团全球结算中心

落户郑东新区 CBD。

9 月 28 日 内蒙古兴安盟乌兰浩特市人大代表一行 9 人考察银川阅海湾 CBD。

十月

10 月 1 日 杭州市下城区武林广场举办《辉煌中国》暨"厉害了我的国"城市灯光秀。

10 月 3 日 2017MMUN 模拟联合国国际青少年峰会在杭州下城区开幕（6 日闭幕）。峰会期间，下城区政府正式与 MMUN 组委会签署合作项目。

10 月 10 日 重庆解放碑 CBD 组织解放碑街道、梧桐子公司赴成都考察崇德里、太古里、春熙路等城市更新及产业调整项目。

10 月 10 日 世界顶级水上摩托艇赛事——世界摩托艇锦标赛在郑东新区 CBD 龙湖金融岛成功举办。

10 月 17 日 上海虹桥 CBD 管委会与上海政法学院签署战略合作协议。

10 月 18 日 尚青春、创未来——宁波南部商务区 2018 校园招聘携商务区近千家企业及万余个职位于浙江工业大学、宁波大学、杭州电子科技大学等高等院校开展。

10 月 18 日 郑州郑东新区 CBD 启动《关于进一步优化升级郑东新区中央商务区配套服务的若干办法》和实施细则的制定工作。

10 月 18 日 广州天河区区委常委、天河 CBD 管委会主任丘卫青带队赴澳门参加第二十二届澳门国际贸易投资展览会，作为广州市唯一参展机构在会议主论坛"安哥拉—广东省—澳门贸易投资论坛"上专题推介天河 CBD 的营商环境、产业发展、创新创业情况及投资优势。

10 月 21 日 以"百舸争流·融汇天下"为主题的第 24 届中国国际广告节在长沙盛大开幕，宁波国家广告产业园区带领连邦财智、远见传媒、玖策公关、未有文化、沃杜科技、炬星传媒等园区代表企业参与此次盛会，国家工商总局副局长甘霖出席开幕式并致辞。

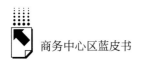
10 月 25 日 重庆解放碑 CBD 参加 2017 年中国（深圳）商业街区行业年会暨全国商业街区创新转型发展经验交流会。

10 月 26 日 杭州《市委办公厅 市政府办公厅关于建立杭州市"拥江发展"领导小组的通知》（市委办发〔2017〕74 号）印发，明确领导小组下设办公室（设在杭州市钱江新城管委会）。

10 月 30 日 中国商务区联盟组织联盟成员一行 47 人来访广州天河 CBD，来访团参观了花城广场、数字化展厅、广州大剧院及周大福金融中心，并在周大福金融中心 26 楼会议室进行了座谈，联盟各成员单位就中央商务区招商管理服务企业经验、未来商务区的特色发展之路等问题进行了探讨。武汉 CBD、宁波南部 CBD 就 CBD 的招商、企业管理服务、整体提升项目、楼宇建设等方面分别与天河 CBD 进行了深入交流。

十一月

11 月 2 日 杭州"城市之星"德中同行馆启幕，世博遗产落户杭州市下城区。它由德国设计师马库斯·海因斯多夫担纲设计，曾为"德中同行之家"2010 年上海世博会展馆之一。

11 月 5 日 首届中国国际进口博览会倒计时一周年启动仪式在北京和上海两地同时举行，上海市委副书记、市长应勇出席上海启动仪式并讲话。

11 月 6 日 武汉 CBD 企业金澳科级带领深圳市同心俱乐部到武汉 CBD 考察并签订四项合作协议，在区委书记张俊勇陪同下，同心俱乐部企业家一行参观了商务区规划沙盘、中轴线、地铁商务区站、地下综合管廊及电影制片厂片旧城改建项目。

11 月 7 日 重庆解放碑 CBD"城市之门"双屏联控广告项目荣获 2017 年全国 LED 最佳场景创新案例大赛铜奖。

11 月 8 日 MFG 创客联邦项目即将落户长安路 CBD，碑林区政府区长卢光文实地走访 MFG 创客联邦项目，并与长安国际中心开发企业长安建设投资开发有限公司、MFG 创客联邦项目运营企业深圳鼎晟实业控股有限公司座谈，现场解决有关问题，强力推进项目落地。

11 月 12 日 2017 年重庆市第三届国际登楼大赛暨第十届解放碑 CBD 城市登高楼大赛在 WFC 举行。

11 月 13 日 郑州郑东新区 CBD 第二次入库单位全面核查专项工作启动。

11 月 13 日 杭州新天地集团与芬兰企业正式签署关于芬兰国家馆、芬兰冰球馆、新天圣诞老人主题乐园等项目落户杭州下城跨贸小镇。

11 月 18 日 2017 年阿拉音乐节暨宁波草莓音乐节在宁波南部 CBD 三期 B 地块举行。

11 月 21 日 北京 CBD 管委会组织开展核心区工程项目廉洁共建活动，与各地块项目参建单位签署廉洁从业共建协议。

11 月 21 日 北京 CBD 管委会常务副主任郭亮带队参加了世界商务区联盟主办，在法国巴黎拉德芳斯举行的 Revolution@ Work 大会，就国际商务区的建设与发展进行交流，并在会上同全球主要城市商务区分享了北京 CBD 建设发展的成果与经验。

11 月 22 日 世界商务区联盟发布了全球商务区吸引力报告，北京 CBD 排名全球第九、中国第一。

11 月 24 日 由跨境零售电商巨头丰趣海淘打造的户外智能无人便利店"Wow！"正式亮相重庆解放碑 CBD。

十二月

12 月 1 日 重庆解放碑 CBD 辖区内 18 家服务业企业获得"2016 年度重点专业服务机构"表彰。

12 月 1 日 "对标世界名城之拥江发展与世界名城经验"专家咨询会在杭州之江饭店召开，国务院参事室参事、中国城市科学研究会理事长仇保兴，中国工程院院士、东南大学教授程泰宁等专家参加会议。

12 月 6 日 第十届国际跨国公司领袖圆桌会议在北京朝阳亮马河会议

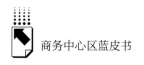
中心举办。会议以"新时代、新目标，跨国公司的机遇与发展"为主题，来自政府及世界500强跨国公司企业家发表主旨演讲，多国驻华使节、工商协会、海内外相关投资贸易促进机构负责人及200余家中外跨国公司500强企业高管、知名企业家参加。

12月6日 武汉市第二批招商引资重大项目集中开工（江汉区分会场），分别在中海青年路及商务区洲际酒店项目现场举行集中开工仪式。

12月15日 LGD电竞影视文化中心开业仪式在中国（杭州）电竞数娱小镇隆重举行。

12月15日 重庆解放碑CBD举办2017年解放碑商圈品牌招商推介会。

12月16日 长沙市芙蓉区举行2017年示范商务楼宇授牌暨楼宇经济（商贸）信息平台发布仪式。

12月18日 Z14正大项目实现热力管线热水循环，暖气进入项目热力站，成为北京CBD核心区第一个供应大市政的项目。

12月21日 "招才引智"活动上海外服专场在武汉CBD泛海喜来登酒店举办。现场，江汉区政府与上海外服签订战略合作协议。

12月22日 全球首个鲜果期货品种——苹果期货在郑东新区CBD郑商所上市交易。

12月25日 郑东新区CBD第二届星级楼宇评定工作正式启动。本届共评定出五星级商务楼宇1栋，四星级商务楼宇3栋，三星级商务楼宇3栋。

12月28日 宁波南部CBD管委会创新推行"租赁安装"改造方式，于12月底，全面完成园区所有高层楼宇的瓶装液化石油气整治工作，共整治清理瓶装液化石油气100余只，使南部CBD彻底告别了"提瓶上楼"的时代。

12月29日 北京CBD管委会机关党总支召开全体党员大会，选举产生了新一届党总支委员会。

Abstract

At present, the transformation of new and old kinetic energy in the world is accelerating. The Chinese economy has shifted from a high-speed growth stage to a high-quality growth stage. An important trend in the development of China's CBD is to promote growth power conversion and industrial transformation and upgrading through the development of high-tech industries. The "China Business Center Development Report No. 4 (2018)" (hereinafter referred to as the "Report") is based on the theme of "CBD-moving towards a highly sophisticated industry". Under the background of promoting innovation drive and economic structure transformation in the new era, the Report puts forward the general idea, key tasks and countermeasures for CBD to promote industrial transformation and upgrading and lead the high-quality development of the economy. The overall framework of the Report includes eight chapters, including comprehensive articles, building economics articles, headquarters economics articles, financial business articles, cultural and creative articles, new economic articles, international experience articles, and CBD development memorabilia.

The Report pointed out that with the deepening of the supply-side structural reform in 2017, China's economic growth was generally stable, and the contribution rate of service industry growth to national economic growth reached 58.8%. As an important force driving regional economic growth, CBD has entered a high-quality development stage of improving quality and efficiency. Actively cultivating and developing high-tech industries is not only the economic situation, but also the evolution of the CBD's own industrial structure. The Report analyzes the progress and achievements of the transformation and upgrading of China's CBD industry from four aspects: high, fine, sophisticated and business environment.

First, the high-end leading and driving action of the industry is remarkable.

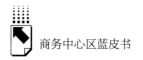

The resource endowment with high knowledge and technology and active innovation in CBD has given it a "natural mission" to develop high-tech industries, with a focus on attracting high-end links in R&D, brand services, accounting consulting and operational decision-making in the industry chain. Emerging economic formats such as headquarters, knowledge, platform and Internet are also emerging in CBD.

Second, the development is refined, and the efficient and intensive features are outstanding. The low input of production factors, high resource allocation efficiency, and good economic and social benefits are important features of CBD industry. In 2017, the average GDP of Shenzhen Futian CBD, Beijing CBD, Chongqing Jiefangbei CBD and Guangzhou Tianhe CBD exceeded 10 billion yuan/平方公里. CBDs are built around green and low-carbon development, and establish a long-term mechanism for green economy development by promoting green transportation, green buildings, and promoting industrial and energy structure adjustment.

Third, the quality is very cutting-edge, and the innovation-driven effect is highlighted. Each CBD promotes the formation of a complete innovation chain and a good innovation ecosystem through talent system construction, enterprise service innovation, space carrier innovation and building service innovation.

Fourth, the environment is excellent and the business environment is continuously optimized. Each CBD creates a good business environment for the development of high-tech industries through innovative and sophisticated industrial land use methods, strengthening corporate credit assessment and supervision, promoting building service management standardization and improving industrial development policies to support the environment.

Although China's CBD has made remarkable achievements in the process of developing high-tech and high-quality industries, its development still faces problems such as the misunderstanding of the concept of "high-precision", the relative shortage of high-end talents, the lag of intellectual property protection, and the inaccuracy and long-term effectiveness of industrial policies due to historical and institutional limitations, development stages and conditions.

From the perspective of development trends, the industrial development of

CBD at home and abroad is increasingly showing the trend characteristics of production technology, management wisdom, service refinement, structure ecology, industry integration and product sharing. Looking at the international market, the industrial structure of the global CBD is also undergoing profound changes, such as the City of London's transition to financial technology, Eindhoven's transition to creative industries, Manhattan's transition to a technological innovation industry, Singapore's transition to deepening financial services, etc.

In view of the current problems and deficiencies, and drawing on relevant international experience, this report proposes that we should focus on key areas and actively cultivate new economic growth points; base on higher levels to further deepen the opening up of service industries; connect international standards and focus on optimizing the business environment; improve the incentive mechanism, build a high-end talent gathering highland; build a multi-platform and strengthen the construction of industrial innovation system. Through a multi-pronged approach, we will promote the transformation and upgrading of the CBD industry in an all-round way and achieve high-quality economic development.

Keywords: CBD; high-tech industry; transformation and upgrading; innovative development; business environment

Contents

I   General Report

Abstract: As China's economy shifts from a high-speed growth stage to a high-quality development stage, the development of high-tech industries to promote growth power transformation and industrial transformation and upgrading is an important trend in the future development of China's CBD. High-end industrial level, efficient resource allocation, low resource and environmental costs, significant innovation-driven features, and good business environment are favorable conditions for CBD to achieve industrial transformation and upgrading, and high-quality economic development. However, due to differences in historical and institutional limitations, development stages and conditions, the development of China's CBD still faces deviations in the understanding of the concept of "high-precision", the relative shortage of high-end talents, the lag of intellectual property protection and the accuracy of industrial policies. And long-term problems and other issues. In view of the current problems and deficiencies, and drawing on relevant international experience, the report proposes that we should focus on key areas and actively cultivate new economic growth points; base on higher levels to further deepen the opening up of service industries; and dock international standards to fully optimize the business environment; Improve the incentive mechanism, build a high-end talent gathering highland; build a multi-platform platform and strengthen the construction of industrial innovation system. Through

398

a multi-pronged approach, we will promote the transformation and upgrading of the CBD industry in an all-round way and achieve high-quality economic development.

Keywords: CBD; High-tech Industry; Transformation and Upgrading Innovation; Development; Business Environment

B. 2　Evaluation of China's CBD Development in 2017

General report writing group / 042

Abstract: With the deepening of the structural reform of the supply side, the pace of transformation and upgrading of China's CBD has accelerated, and the CBDs in various regions have shown a transition from incremental development to reduction development, transformation from traditional industries to high-tech industries, and optimization from facilities construction to business environment. The characteristics and trends of transformation. This paper focuses on the economic dimension, industry dimension, open dimension and environmental dimension, and quantitatively evaluates 21 CBDs of China Business District Alliance. The evaluation results show that in 2017, China's CBD has outstanding economic contribution, remarkable high-efficiency intensive characteristics, sustained export-oriented economy, and marked improvement in the business environment, and has advanced towards a high-quality development stage of improving quality and efficiency. In the future, the CBD should accelerate the construction of high-end talents from the perspective of attracting and cultivating high-end talents, innovating high-tech industrial land use methods, and docking internationally to optimize the business environment.

Keywords: CBD; Reduction Development; High-precision Industry; Business Environment

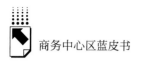商务中心区蓝皮书

II Building Economy

B. 3   The Development Trend and Improvement Path of CBD

Building Economy in the New Era   *Zhang Jie* / 056

Abstract: CBD Building Economy represents the new height in development of urban service economy. In new era, China's economic development presents a series of new features, new development trends and upgrading paths. This paper outlines new developments in new standards, new developments, and new transformations of CBD economic development in current era, points out new development characteristics such as management intelligence, service flexibility, and economic ecology, and proposes new connotations of community governance. New development trends in new clusters of ecological networks and new flows of digital wealth. The article finally proposes to gradually embark on a new path to develop a new era of global CBD building economy.

Keywords: Building Economy; Transformation; Trend; CBD

B. 4   Research on The Institutional System of Developing

High-quality Skyscraper Economy in CBDs

Huang Shude, Lin Huisheng, Zhang Menge,

Lu Junfeng and Wu Mengying / 071

Abstract: Due to the growing trend of global economic integration, skyscraper economy has become a significant indicator to measure the level of urban economic development. With CBDs (central business districts) epitomizing regional economy and skyscraper economy being a distinctive feature of CBDs, both CBDs and skyscraper economy present an outstanding ability at gathering enterprise headquarters and providing the driving force for economic growth for the region.

Through comparing and analyzing the experience of major CBDs in Chinese and non-Chinese cities, this dissertation examines the intrinsic operating mechanism behind skyscraper economy. It also looks at the current development of the Tianhe CBD, aiming at providing useful reference to better develop skyscraper economy.

Keywords: Central Business District; Skyscraper Economy; Concept; Strategy

B. 5 Local Practice and Experience to Promote Standardization of Building Economy   *Wu Xiaoxia* / 086

Abstract: As a product of China's social and economic development to a certain stage, the building economy has certain particularity. In recent years, the concept of building economy and standardization of building economy has appeared successively in China, and some of the more developed cities are gradually exploring the "standardization of building economy". Through sorting out the process of standardization of building economy in Beijing, Chengdu and Guangzhou Tianhe CBD, the experience of reference can be summed up, that is, to improve the standard of building grade construction, to establish the building construction plans gradually, to strengthen the economic management and service of buildings, to strengthen the modernization of building economy, and to reduce the cost of building operation and so on.

Keywords: Building Economy; Standardization of Building Economy; Smart building; Green Building.

B. 6 Thoughts on the Building Economy of Yinchuan Yuehai Central Business District   *Luo Dan* / 098

Abstract: With the development of modern service industry, building

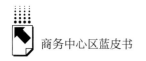

economy which is important to the sustained and healthy development of urban economy, has become an important method for an central city to change the pattern of economic development, optimize industrial structure, increase employment and tax revenue and break bottleneck of development space. Yinchuan Yue Bay Central Business District is the significant platform of building economy and headquarters economy. Based on the limited administrative area and development, how to change land promotion to building Investment promotion, benefit from the space and find a new growth point for regional economic development, has become a research topic for Yinchuan Yue Bay Central Business District. This article aims to play a certain function of reference for Yinchuan Yue Bay Central Business District in developing building economy.

Keywords: CBD; Building Economy; Characteristics

Ⅲ Headquarters Economy

B. 7 Development Trend and Countermeasures of Headquarters Economy in Beijing CBD under the New Circumstances

Zhao Yanxia / 109

Abstract: Headquarters economy has become an important economic form of Central business district, which embodies the regional competitiveness of CBD. Beijing CBD is an important area where the regional headquarters of multinational corporations gather. In the context of promoting high-quality economic development in China and removing non-capital functions in Beijing, the headquarters economic development of Beijing CBD has also entered a new stage, which should improve the development quality and energy level, focus on serving the strategic positioning of the capital city and the construction of the advanced economic structure.

Keywords: Headquarters Economy; Central Business District; high-quality Development; Non-capital Functions

B. 8   Demand Preferences of Headquarters Economy and
　　　Construction Requirements of the 'Soft' and
　　　'Hard' Environment in the Central Business District

Bao Xiaowen, Tang Qi and Zeng Gang / 124

Abstract: Developing headquarters economy is an important strategy of China's opening economy at a higher level and an effective development model for promoting China's regional industrial transformation and coordination development. Based on the relative researches about space choices and decision-making behaviors of corporate headquarters, as well as the existing theories about formation conditions and dynamic mechanism of headquarters economy, the paper analyze the demand preferences of headquarters economy from four aspects of spatial position, economic factors, agglomeration conditions and business environment, by applying Location theory. And then, according to demand preferences of headquarters economy in the new era, the paper put forward several requirements for 'soft' and 'hard' environment construction in the Central Business District, with considering the spatial structure evolution effected by the agglomeration of corporate headquarters and the development trend of global urban planning and construction.

Keywords: Headquarters Economy; Demand Preference; Central Business District; Environment Construction

B. 9   Headquarter Economic Development and Urban Functional
　　　Transformation
　　　—*Practice and exploration in Shanghai*　　　　　*Qian Jie / 143*

Abstract: The paper focuses on the current active headquarters economy from the perspective of urban functional transformation in Shanghai. The

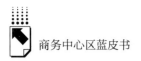

definition, classification and development process of headquarters economy in Shanghai have been discussed in detail. Meanwhile the paper highlights some outstanding problems behind the development of headquarters economy in Shanghai systematically, then put forward various policy suggestions for the rise of Shanghai as a global city.

Keywords: Headquarter Economic; Urban Functional; Functional Transformation

Ⅳ Financial Business

B. 10 The Development Situation, Facing Situation and
Preliminary Countermeasure on Science and
Technology Finance *Zhang Ming-xi* / 157

Abstract: The research on science and technology finance has been gradually enriched in recent years. Then summarizes financial development present situation of science and technology in our country, points out that financial policy system of science and technology and gradually perfect the work mechanism, financing way constantly optimized, more active venture investment activities, and enrich the bank credit products, multi-level capital market to improve, a new breakthrough in science and technology insurance, financial service platform of science and technology will be improved. After entering the new era, China's financial development is facing the revolution of science and technology for science and technology, especially the complex situation of financial science and technology, science and technology the development of economy and finance and complex challenges, facing the reform way of thinking and path selection dynamic adjustment of complex background, facing the flexibility of innovation system and the demand of globalization, facing the potential supply funds for effective supply difficulties, facing the complex foundation of innovative entrepreneurial enterprises relatively light assets. Deepening the market-oriented reform of science and technology finance and giving play to the decisive role of the market in allocating resources for scientific and technological innovation are still the major direction and the main theme. Power is the core of the financial reform of science and technology innovation goals, speed up the construction of an innovative country is financial strategic task of the reform of science and technology, speed up the building of new industrial system is the root of the financial reform follow science and technology, speed up the formation of diversified, multi-level and multi-channel investment and financing system of science and technology.

Keywords: Science and Technology Finance; Development Status; Innovation-driven; Reform

B. 11   Mobile Payment Development Status, Problems
and Suggestions   *Yuan Qi* / 171

Abstract: With the rapid development of mobile Internet technology, the application of mobile payment based on two dimensional code has increased rapidly in recent years. It provides more convenient and quick payment services for users, and has become a new point of information consumption growth in the information service field. This report firstly expounds the definition, characteristics, industry chain and development process of mobile payment, analyzes the current situation of mobile payment at our country and abroad, studies the problems faced by the development of mobile payment in China, and puts forward some suggestions for the development of mobile payment in China.

Keywords: Mobile Payment; Payment Based on two-dimensional code; Payment Based on NFC

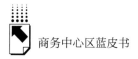

B. 12   Promoting the Construction of Business Integrity

Ecosystem of Beijing CBD   *Zhang Jiongyang* / 187

Abstract: Under the new situation of modern market economy development and global economic integration, the credit environment has received more and more attention from the whole society. It is more and more important to establish a good credit management system. China's social credit system has been built more than half a century later than the West. In recent years, the state has paid more and more attention to the construction of social credit system, and has continuously introduced various policies. The ministries and localities have also carried out preliminary explorations of personal credit and corporate credit management in various industries and fields, and social credit construction has entered a fast lane of development. However, the construction of the credit system of the whole society is still in the exploration stage. Taking the construction of Beijing CBD credit system as an example, this paper introduces the innovative application of the government-led credit management model in the enterprise credit management branch of social credit management. In particular, the use of big data and Internet technologies to break down data barriers, explore data applications, build credit platforms, build credit mechanisms, and discover illegal fund-raising ventures explores a new direction for regional credit management, and is a typical innovative application case for the construction of regional credit system and the creation of a credible environment.

Keywords: Credit System; Beijing CBD; Corporate Credit; Illegal Fund Raising; Innovative Application

B. 13   Study of Further Opening-up China's Service Sector

Wang Haifeng / 192

Abstract: Further opening-up China's service sector is requirements of formation of high-level opening economic system and market-driven structural reform. Its objectives are to comply with international advanced systems, regulations and standards in large scale. The criterion is to emancipate the mind, serve China's own development strategy, implement gradually, and make breakthrough in key areas. Opening-up China's service sector should focus on liberalization of market access system associated with government management reform.

Keywords: Service Sector; Further Opening-up; Reform

V   Cultural and Creative

Abstract: The cultural and creative industries are strategic emerging industries of China. Agglomeration is the basic phenomenon of its development and also the carrier for its development. Based on big data of investing behavior, this paper uses social network analysis method to analyze the industrial agglomeration spatially from three dimensions: country, region and city, and initially obtains the geographic location and spatial characteristics of aggregation of cultural and creative industry. The connotation of the investment network was extended to resource networks, cooperation networks, social networks, and innovation networks and was proposed that there are rents for location, relationship, ideas and technology between these networks, and based on this, the investment networks were taken as the core to obtain the motional mechanism of industrial agglomeration. Finally, this paper puts forward several suggestions in light of the actual situation.

Keywords: Cultural and Creative Industry; Industrial Agglomeration; Investment Network; Motional Mechanism

B. 15　The Current Situation, Problems and Countermeasures

of New Media in China　　　*Huang Chuxin*, *Diao Jinxing* / 241

Abstract: In 2017, in the field of new media, users continue to grow, and people get video and personalized information in the time of mobile fragmentation, and the booming of live video and short video became a hot topic. While the content has grown exponentially, the demand for value has returned, and the technology and commercial liquidity model have also been innovative. The development of new media in China is remarkable, but there are also problems such as the proliferation of inferior content, copyright disputes and technological risks. Adhering to the content as the king, it has become a trend to promote the sound development of new media under platform empowerment and technology-driven.

Keywords: New Media; Content; Technology; Video; Intelligence

B. 16　The Development and Cultivation of Chinese CBD

Fashion Industry

RET China Commercial Real Estate Research Center / 256

Abstract: In recent years, fashion industry has seen rapid development in China. Driven by the concept of new retail and consumption upgrade, China's fashion consumption is growing. It has received unprecedented attention from transnational brands and capital, and China's fashion industry has attracted worldwide attention. Meanwhile, the hardware conditions, service levels and rental levels in China's CBD continue to develop, becoming a key area for fashion brands to lay store networks. This paper first describes and analyzes the important characteristics of the CBD fashion industry in China and the driving role of CBD in the development of fashion industry. In the light of the mature experience of foreign countries and some current phenomena, the development trend of CBD regional fashion industry is prospected.

Keywords: Industry Agglomeration; luxury Goods; Consumption Upgrade; Consumption Characteristics; Trend Outlook

Ⅵ New Economy

B. 17 Shared Office Space: Motivation, Status and Trends

Liu Yi / 268

Abstract: The penetration of the shared economy concept in the commercial real estate sector has led to the global rise of Coworking Spaces featuring workstation rental, space design and community building. This report shows that the Internet + era technological innovation, the rise of non-standard labor and the external environment of relational production, coupled with the internal driving force of government promotion, user demand upgrading and urban center commercial real estate destocking, have contributed to the formation and development of the shared office industry. . In the past two years, the domestic shared office industry has gradually moved from extensive expansion to deep integration and industrial upgrading, but the rental cost continues to rise, the income is extremely dependent on rent, the customer is not sticky enough, the investment cost is high, the operation talent is lacking, and the service network has not yet Problems such as formation gradually emerged, some projects have certain policy risks, and shared office needs to be remodeled in the cultural context of China. Looking into the future, the shared office industry will present five major trends, that is, more and more multinational companies will become customers of shared office platforms, or create shared office space within them, shared office will be embedded in shared residential functions, and cross-border with other industries Deep integration, the shared office industry will also increasingly become standardized, refined, and differentiated.

Keywords: Shared Economy; Shared Office Space; Motivation; Trend

商务中心区蓝皮书

B. 18　Research on New Types of CBD Under New

Economy Background　　　　　　　　　　*Liu Jinfeng* / 288

Abstract: Under the background of new economy, the central business district (CBD), as the most active area of innovation, actively promotes the integration and development of traditional industry and Internet technology, and the emerging industry is constantly emerging. This paper first analyzes four major emerging industries, such as cross-border e-commerce, Internet finance, cultural creativity and intelligent manufacturing, and their development status in China's CBD. Then we look forward to the future development trend of these four emerging industries. Finally, it summarizes the realistic problems faced by these four emerging industries, and puts forward corresponding countermeasures and suggestions.

Keywords: New Economy; CBD; Emerging Industry

B. 19　Status, Issues and Policy Innovation of Cross-border

E-commerce　　　　　　　　　*Wang Jian*, *Zhou Qing* / 304

Abstract: In recent years, the application of the Internet and information technology in the field of international trade has brought about ecological changes in the global market. Cross-border e-commerce model innovation has greatly reduced the threshold for participation in international trade; third-party platforms have empowered global SMEs and played an increasingly important role in global trade. In addition, the Chinese government's policy support and environmental construction, China's cross-border e-commerce development has been in the forefront of the world. At the same time, we must also see that there are opportunities for cross-border e-commerce development and challenges across the globe. This paper aims to summarize the current situation of China's cross-border e-commerce development, analyze its development problems, and especially point out the future direction of trade regulation improvement and policy innovation.

Keywords: Cross-border e-commerce in China; Status; Policy; Supervision

Ⅶ International Experiences

B. 20 Commercial Revitalization Strategy in Le Mans, France:
Mixed Mode E-Commerce Innovation

Emmanuel Breffeil, Arnaud Gasnier / 320

Abstract: The development of e-commerce has a certain impact on consumer behavior, and more and more consumers are starting to shop online. This new model is part of the reason for the gradual decline in the vitality of many urban centers in France, as commodity storage is gradually concentrated in the suburbs with the development of efficient logistics networks. However, this model also has limitations, and there are also trends that are getting more and more out of the entity. In this article, we give an example of the Le Mans city of France to illustrate. In the business activities of the city center, some hybrid consumption methods use a variety of emerging e-commerce technologies to bring a richer and more diverse experience to urban planning and actual experience, combined with efficient new media, e-commerce and Internet of Things technologies. The city center area was revitalized.

Keywords: Central Business District; the Internet; E-commerce; Mixed business; Revitalize; Customer source

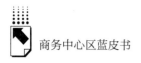

B. 21　Structural Change of Industry and Spatial Restructuring

in the Tokyo metropolitan area

Fujita Zhiqing （Li Guoqing Translator） / 341

Abstract：The purpose of this paper is firstly to analyze empirically the structural change of industry in the metropolitan area of Tokyo. Then how the change has effected on the spatial reorganization will be discussed. And finally the contemporary meaning of a newly emerging spatial system will be clarified. The regional characteristics of industries in the Tokyo metropolitan area have shifted to processed assembly type except for Chiba-ken of basic material type. The largest production area also changes from Tokyo-to to Kanagawa-ken and further to Saitama-ken in conjunction with urban development in this area. As specialization coefficients, for knowledge and technology intensive industries such as information and communication industry in Tokyo-to, academic and research institutes in Kanagawa-ken, warehouse industry in Saitama-ken, air transport, steel and entertainment industry in Chiba-ken are high, regional division of labor can be seen. Recent industrial shifts have contributed to strengthen even more extensive and hierarchical spatial structure. As result, a new rationally and functionally integrated mega-city space where the brain and the electronic brain are combined, which exceeds the paradigm of the past, is emerging.

Keywords：Tokyo Metropolitan Area; Industrial Shift; Spatial Division of Labor; High-technology Industry; Hierarchical regional Organization

B. 22　The City of London：Global Financial Centre and

its Development　　　　　　　　　　　　　*Qiao Miao* / 362

Abstract：As the role of finance in world economy is increasingly important, to develop a financial centre becomes the key component of economic strategy across different nations and cities. This report examines the development processes of financial sectors in the City of London. Drawn upon the understanding of general relationships between financial centre and the wider economy, this report analyses the competitive factors of financial centres and explore pathways towards a robust model of developing financial centre.

Keywords: The City of London; Global Financial Centre; Industrial Development; Locational Competitive Advantage; Open and Innovation

Ⅷ Appendix

权威报告·一手数据·特色资源

皮书数据库
ANNUAL REPORT(YEARBOOK)
DATABASE

当代中国经济与社会发展高端智库平台

所获荣誉

- 2016年，入选"'十三五'国家重点电子出版物出版规划骨干工程"
- 2015年，荣获"搜索中国正能量 点赞2015""创新中国科技创新奖"
- 2013年，荣获"中国出版政府奖·网络出版物奖"提名奖
- 连续多年荣获中国数字出版博览会"数字出版·优秀品牌"奖

成为会员

　　通过网址www.pishu.com.cn访问皮书数据库网站或下载皮书数据库APP，进行手机号码验证或邮箱验证即可成为皮书数据库会员。

会员福利

- 使用手机号码首次注册的会员，账号自动充值100元体验金，可直接购买和查看数据库内容（仅限PC端）。
- 已注册用户购书后可免费获赠100元皮书数据库充值卡。刮开充值卡涂层获取充值密码，登录并进入"会员中心"—"在线充值"—"充值卡充值"，充值成功后即可购买和查看数据库内容（仅限PC端）。
- 会员福利最终解释权归社会科学文献出版社所有。

社会科学文献出版社　皮书系列
SOCIAL SCIENCES ACADEMIC PRESS (CHINA)

卡号：491942683946
密码：

数据库服务热线：400-008-6695
数据库服务QQ：2475522410
数据库服务邮箱：database@ssap.cn
图书销售热线：010-59367070/7028
图书服务QQ：1265056568
图书服务邮箱：duzhe@ssap.cn

基本子库

中国社会发展数据库（下设 12 个子库）

全面整合国内外中国社会发展研究成果，汇聚独家统计数据、深度分析报告，涉及社会、人口、政治、教育、法律等 12 个领域，为了解中国社会发展动态、跟踪社会核心热点、分析社会发展趋势提供一站式资源搜索和数据分析与挖掘服务。

中国经济发展数据库（下设 12 个子库）

基于"皮书系列"中涉及中国经济发展的研究资料构建，内容涵盖宏观经济、农业经济、工业经济、产业经济等 12 个重点经济领域，为实时掌控经济运行态势、把握经济发展规律、洞察经济形势、进行经济决策提供参考和依据。

中国行业发展数据库（下设 17 个子库）

以中国国民经济行业分类为依据，覆盖金融业、旅游、医疗卫生、交通运输、能源矿产等 100 多个行业，跟踪分析国民经济相关行业市场运行状况和政策导向，汇集行业发展前沿资讯，为投资、从业及各种经济决策提供理论基础和实践指导。

中国区域发展数据库（下设 6 个子库）

对中国特定区域内的经济、社会、文化等领域现状与发展情况进行深度分析和预测，研究层级至县及县以下行政区，涉及地区、区域经济体、城市、农村等不同维度。为地方经济社会宏观态势研究、发展经验研究、案例分析提供数据服务。

中国文化传媒数据库（下设 18 个子库）

汇聚文化传媒领域专家观点、热点资讯，梳理国内外中国文化发展相关学术研究成果、一手统计数据，涵盖文化产业、新闻传播、电影娱乐、文学艺术、群众文化等 18 个重点研究领域。为文化传媒研究提供相关数据、研究报告和综合分析服务。

世界经济与国际关系数据库（下设 6 个子库）

立足"皮书系列"世界经济、国际关系相关学术资源，整合世界经济、国际政治、世界文化与科技、全球性问题、国际组织与国际法、区域研究 6 大领域研究成果，为世界经济与国际关系研究提供全方位数据分析，为决策和形势研判提供参考。

法律声明

"皮书系列"（含蓝皮书、绿皮书、黄皮书）之品牌由社会科学文献出版社最早使用并持续至今，现已被中国图书市场所熟知。"皮书系列"的相关商标已在中华人民共和国国家工商行政管理总局商标局注册，如 LOGO（ ）、皮书、Pishu、经济蓝皮书、社会蓝皮书等。"皮书系列"图书的注册商标专用权及封面设计、版式设计的著作权均为社会科学文献出版社所有。未经社会科学文献出版社书面授权许可，任何使用与"皮书系列"图书注册商标、封面设计、版式设计相同或者近似的文字、图形或其组合的行为均系侵权行为。

经作者授权，本书的专有出版权及信息网络传播权等为社会科学文献出版社享有。未经社会科学文献出版社书面授权许可，任何就本书内容的复制、发行或以数字形式进行网络传播的行为均系侵权行为。

社会科学文献出版社将通过法律途径追究上述侵权行为的法律责任，维护自身合法权益。

欢迎社会各界人士对侵犯社会科学文献出版社上述权利的侵权行为进行举报。电话：010-59367121，电子邮箱：fawubu@ssap.cn。

社会科学文献出版社